구속사의 관점에서 본

시편 파노라마

중

구속사의 관점에서 본
구약성경 파노라마

시편 · 중 (증보판)

초판 1쇄 발행 1997년 11월 8일
증보 1쇄 발행 2012년 5월 21일
증보 2쇄 발행 2015년 11월 1일

지은이 유도순
펴낸이 유효성
펴낸곳 도서출판 머릿돌

등록번호 제17-240호
등록일자 1997년 5월 20일
주소 서울 동작구 노량진1동 205-7
      TEL. 031-607-7678 / Mobile. 010-94728327
      http://edendongsan.onmam.com
E-mail yoodosun@hanmail.net / yoohs516@hanmail.net

총판 기독교출판유통
      경기도 고양시 일산동구 장항동 585-12
      (031) 906-9191

ISBN : 978-89-87600-64-2 (03230)

구속사의 관점에서 본

시편 파노라마(중)

유 도 순 지음

머릿돌

차례

머리말

시편을 대할 때에 시인(詩人)은 시적인 관점으로 보려고 할 것이요, 교육자는 교훈적인 면을 찾으려고 할 것입니다.

그러나 망극하신 구속의 은총을 입은 자들은 주님께서 친히, "시편에 나를 가리켜 기록된 모든 것이 이루어져야 하리라"(눅 24:44) 말씀하신 그리스도를 만나려 할 것입니다.

시편에는 그리스도의 "탄생, 고난, 부활, 승귀, 재림" 등 전 사역이 다 계시되어 있습니다. 표현양식이 "시"로 되어 있기 때문에 구구절절이 영광스러움이 농축(濃縮)이 되어 있는 것입니다.

그러므로 시편을 해설한다는 것은 불가능에 속합니다. 한 편을 가지고 한권의 책으로도 모자랄 것입니다. 참으로 시편은 성경 66권에 대한 집약이요, 보물창고라 할 수가 있습니다. 저는 "시편 파노라마"를 오직, 예수 그리스도와 복음을 증거하기 위해서 썼습니다. 그리고 이것은 제가 주님을 처음 만났을 때의 약속입니다.

그러므로 본서를 읽는 분들이, "우리가 메시아를 만났다"(요 1:41) 하고 말하게 된다면 더 바랄 것이 없다 하겠습니다. 이를 위해서가 아니라면 "시편 파노라마"를 쓸 이유가 무엇이란 말인가?

주님께서는 가룻 유다를 가리켜, "차라리 나지 않았다면 좋을 뻔하였다" 하고 말씀하셨습니다. 유다만이 아닙니다. 이 땅에 태어났다가 그리스도를 만나지 못하고 떠난다면 그 누구라도 "차라리 나지 않았다면 좋을 뻔한 사람"인 것입니다.

"시편 파노라마"는 전에 쓴 책의 증보판이 아니라, 다윗이 향수한 나이만큼 된 제 자신이 경건에 이르기를 사모하는 마음으로 다시 쓴 책입니다. 이 책을 읽으시는 분들도 하루에 한 편씩을 묵상한다면 6개월 정도를 동행하는 것이 될 것입니다.

도움을 드리기 위해서 성경 본문을 도표로 나타냈고, 도표의 번호와 해설의 번호를 일치하도록 했습니다. 바라기는 읽으시는 모든 분들에게, "주의 말씀을 열므로 우둔한 자에게 비춰어 깨닫게"(119:130) 하시기를 구할 뿐입니다.

유도순 목사

시편 51편 개관도표
내가 죄악 중에 출생하였음이여

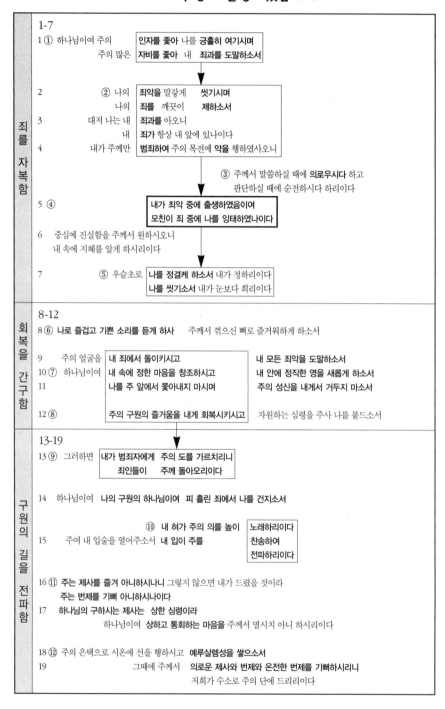

죄를 자복함

1-7

1 ① 하나님이여 주의 인자를 좇아 나를 긍휼히 여기시며
　　　　주의 많은 자비를 좇아 내 죄과를 도말하소서

2 ② 나의 죄악을 말갛게 씻기시며
　　　나의 죄를 깨끗이 제하소서
3 대저 나는 내 죄과를 아오니
　　　내 죄가 항상 내 앞에 있나이다
4 내가 주께만 범죄하여 주의 목전에 악을 행하였사오니

　　③ 주께서 말씀하실 때에 의로우시다 하고
　　　판단하실 때에 순전하시다 하리이다

5 ④ 내가 죄악 중에 출생하였음이여
　　모친이 죄 중에 나를 잉태하였나이다

6 중심에 진실함을 주께서 원하시오니
　내 속에 지혜를 알게 하시리이다

7 ⑤ 우슬초로 나를 정결케 하소서 내가 정하리이다
　　　　나를 씻기소서 내가 눈보다 회리이다

회복을 간구함

8-12

8 ⑥ 나로 즐겁고 기쁜 소리를 듣게 하사 주께서 꺾으신 뼈로 즐거워하게 하소서

9 주의 얼굴을 내 죄에서 돌이키시고 내 모든 죄악을 도말하소서
10 ⑦ 하나님이여 내 속에 정한 마음을 창조하시고 내 안에 정직한 영을 새롭게 하소서
11 나를 주 앞에서 쫓아내지 마시며 주의 성신을 내게서 거두지 마소서

12 ⑧ 주의 구원의 즐거움을 내게 회복시키시고 자원하는 심령을 주사 나를 붙드소서

구원의 길을 전파함

13-19

13 ⑨ 그러면 내가 범죄자에게 주의 도를 가르치리니
　　　　죄인들이 　주께 돌아오리이다

14 하나님이여 나의 구원의 하나님이여 피 흘린 죄에서 나를 건지소서

　　　　　　⑩ 내 혀가 주의 의를 높이 노래하리이다
15 주여 내 입술을 열어주소서 내 입이 주를 찬송하여
　　　　　　　　　　　　　　　　　　　전파하리이다

16 ⑪ 주는 제사를 즐겨 아니하시나니 그렇지 않으면 내가 드렸을 것이라
　　주는 번제를 기뻐 아니하시나이다
17 하나님의 구하시는 제사는 상한 심령이라
　　　　하나님이여 상하고 통회하는 마음을 주께서 멸시치 아니 하시리이다

18 ⑫ 주의 은택으로 시온에 선을 행하시고 예루살렘성을 쌓으소서
19 그때에 주께서 의로운 제사와 번제와 온전한 번제를 기뻐하시리니
　　　　　　　　　저회가 수소로 주의 단에 드리리이다

51편
내가 죄악 중에 출생하였음이여

내가 죄악 중에 출생하였음이여 모친이 죄 중에 나를 잉태하였나이다(시 51:5).

51편에는 "다윗이 밧세바와 동침한 후 선지자 나단이 저에게 온 때에"라는 표제가 있습니다. 그러므로 본편은 다윗의 참회 시입니다. 그런데 다윗은 "내가 죄악 중에 출생하였음이여"(5) 하고 진술합니다. 그렇다면 다윗만이 "죄악 중에 출생"했단 말인가 하는 물음을 제기하게 합니다. 그러므로 이 참회 시는 원죄 하에 있는 모든 사람의 문제임이 드러납니다. 즉 다윗의 참회를 통해서 나 자신의 모습을 보게 하시려는 것입니다.

그러므로 중심점은 "내가 죄악 중에 출생하였음이여"에 있습니다. 도표를 보시면 이를 중심으로, "죄를 자복하면서"(첫째 단원), "회복을 간구하고"(둘째 단원), "구원의 길을 전파하리니"(셋째 단원), "죄인들이 주께 돌아 오리이다"(13) 합니다.

성경은 문제에 대한 해답입니다. 그렇다면 "내 죄과를 도말하소서(1), 말갛게 씻기시며, 깨끗이 세하소서"(2)가 이렇게 가능하여 지는가 하는 점입니다.

첫째 단원(1-7) 죄를 자복함

둘째 단원(8-12) 회복을 간구함

셋째 단원(13-19) 구원의 길을 전파함

첫째 단원(1-7) 죄를 자복함

첫째 단원은 명제라 할 수가 있는데, 51편을 통해서 말씀하려는 바가 다 들어 있습니다. "죄, 죄과, 범죄" 등이 8번이나 등장합니다. 그런가 하면 이런 절망적인 죄인이 의지할 "주의 인자, 긍휼, 자비"(1) 등이 있습니다. 그리하여 "죄과를 도말하소서, 제하소서" 합니다. 그런데 놀라운 것은 사해달라고만 하는 것이 아니라, "의로우시다 하리이다" 하고 말하고 있다는 것입니다. 이는 복음이지 의문이 아닌 것입니다.

① "하나님이여 주의 인자를 좇아 나를 긍휼히 여기시며 주의 많은 자비를 좇아 내 죄과를 도말하소서"(1) 합니다.

㉠ 다윗은 자신의 "죄"를 자복하는 마당에,

㉮ "주의 인자를 좇아 나를 긍휼히 여기시며", ㉯ "주의 많은 자비를 좇아 내 죄과를 도말하소서" 하고, "주의 인자와 자비"를 내세우고 있다는 점입니다.

성경역사를 보면 "죄"의 권세는 다윗만이 아니라 모든 주의 신실한 종들을 잡아먹기 위해서 계속적으로 공격하는 것을 보게 됩니다. 이 죄의 권세를 하나님께서는, "그러나 죄가 더한 곳에 은혜가 더욱 넘쳤나니"(롬 5:20) 하고, 은혜, 즉 "인자, 긍휼, 자비"로 막아주셨던 것입니다. 그런데 다윗이 "주의 인자와 자비"를 내세우고 있다는 것은 이를 알았다는 것이 됩니다.

㉡ 다윗은 자신의 죄과를 "주의 인자", 즉 은혜로 "도말해 달라",

즉 지워버려 달라고 간구하고 있습니다. 계시록에 등장하는 심판 장면을 보면, "자기 행위를 따라 책들에 기록된 대로 심판을 받는다"(계 20:12) 하고 말씀합니다. 그러니까 다윗은 그 행위 책에 기록된 자기 죄를 지워버려 달라고 간구하고 있는 셈입니다.

ⓒ 그런데 바사 왕 아하수에로는, "왕의 이름을 쓰고 왕의 반지로 인친 조서는 누구든지 취소할 수 없음이니라"(에 8:8), 즉 도말할 수 없다고 말합니다. 하물며 공의로 세상을 심판하실 하나님께서 다윗의 죄를 도말해 버리실 수는 없는 것입니다. 그러면 의로우신 재판장이신 하나님께서 어떻게 죄를 도말하실 수가 있단 말인가?

㉮ 하나님께서는 다윗이 붙잡고 기도하는 대로, "인자, 긍휼, 자비"가 풍성하신 분이십니다. 그 하나님은 우리의 죄를 도말하시기를 원하십니다. ㉯ 반면 죄를 미워하시는 하나님의 공의(公義)는 도말하실 수가 없으신 것입니다.

ⓔ 이 난제를 해결하기 위해서 고안해내신 방법이, 다윗에게 세워주신 메시아언약이었던 것입니다. 즉 "하나님이 죄를 알지도 못하신 자로 우리를 대신하여 죄를 삼으시고자"(고후 5:21) 하는, 대속의 방법인 것입니다. 하나님께서는 다윗의 귀를 통하여, "제사와 예물을 기뻐 아니하시며 번제와 속죄제를 요구치 아니 하신다"(40:6) 하고 복음의 비밀을 깨닫게 하셨던 것입니다.

㉮ 그러므로 다윗이, "허물의 사함을 얻고 그 죄의 가리움을 받은 자는 복이 있도다"(32:1) 하고 증거하고 있다는 것은, 대속교리를 알고 있었다는 증거입니다. ㉯ 결정적인 증거가 "주께서 말씀하실 때에 의로우시다"(4) 하리이다 하는 말에 나타납니다. 이는 대속교리를 모르고는 말할 수 없는 복음인 것입니다.

② 그래서, "나의 죄악을 말갛게 씻기시며 나의 죄를 깨끗이 제하소서"(2) 합니다.

㉠ 다윗은 7절에서도 "우슬초로 나를 정결케 하소서 내가 정하리이다 나를 씻기소서 내가 눈보다 희리이다"(7) 합니다. 이처럼 "말갛게 씻기고, 깨끗이 제하고, 정결케 하고, 씻기어 눈보다 희게 하는" 방법이 무엇인가?

㉮ 구약시대에는 "송아지와 염소의 피와 및 물과 붉은 양털과 우슬초를 취하여 그 책과 온 백성에게 뿌려 이르되 이는 하나님이 너희에게 명하신 언약의 피라 하고 또한 이와 같이 피로써 장막과 섬기는 일에 쓰는 모든 그릇에 뿌렸느니라 율법을 좇아 거의 모든 물건이 피로써 정결케 되나니 피 흘림이 없은즉 사함이 없느니라"(히 9:19-22) 하는 방법으로 주어졌습니다. ㉯ 그런데 이는 "육체의 예법만 되어 개혁할 때까지 맡겨 둔 것이니라"(히 9:10) 합니다. 왜냐하면 "이는 황소와 염소의 피가 능히 죄를 없이하지 못하기"(히 10:4) 때문이라는 것입니다. 그러니까 구약시대 예법은 참 것이 오기까지 죄를 보류하는 그림자로 주어진 것이라는 말씀입니다. 이점을 계속되는 말씀에서 확인하게 될 것입니다.

㉡ "대저 나는 내 죄과를 아오니 내 죄가 항상 내 앞에 있나이다"(3) 하고, 자신의 죄를 인정을 합니다. 이는 17절과 결부되는 말씀으로, 단순히 죄를 인정하는 그런 차원이 아니라, "상한 심령으로 통회하는" 것을 가리킵니다.

㉢ 그런데 "내가 주께만 범죄하여 주의 목전에 악을 행하였사오니"(4상) 하는 뜻이 무엇인가?

㉮ 다윗은 자신이 범한 죄가 당사자인 우리아는 물론, 온 백성 앞에 죄얼을 미치게 한 것임을 모르고 있단 말인가? 이를 대할 때에 문자

만을 볼 것이 아니라 다윗의 심정을 헤아려야만 합니다. 이를 알기 위해서는 사건 현장(삼하 12장)으로 가보아야만 합니다. ⑭ 나단 선지자가 "당신이 그 사람이라" 하고 지적하자 다윗은 즉각적으로, "내가 여호와께 죄를 범하였노라"(삼하 12:13) 하고 자복합니다. 이 말은 사람에게는 죄를 범하지 않았다는 뜻이 결코 아닙니다. 모든 죄가 궁극적으로는 "여호와께 죄를 범한 것"이라는 인식은 회개의 중요한 요점이 됩니다.

왜냐하면 다윗의 범죄는, "여호와의 말씀을 업신여긴"(삼하 12:9, 10) 것이요, 결국은 "이 일로 인하여 여호와의 원수로 크게 훼방할 거리를 얻게 한"(삼하 12:14) 것이기 때문입니다. 우리는 이점에 얼마나 둔감합니까? 이웃에게 악을 행한 것이 하나님께 죄를 범한 것임을 모르고 있습니다. 다윗은 이점을 "주께만"이라고 강조적으로 표현을 하면서 통회하고 있는 것입니다. ⑮ 이점에 한 가지를 부연을 한다면, "주께만 범죄하여"란 말은, "이가 그니 일어나 기름을 부으라"(삼상 16:12) 하신 "기름 부음"과 결부시켜서 생각해야 한다는 점입니다. 다윗은 개인 신분이 아니라, 기름부음을 받은 "왕이요, 백성의 대표자"인 것입니다. 그런 신분인 다윗이 "백성에게 죄를 범했다" 하고 인정을 하게 되면 어떻게 되는가? 마땅히 왕위(王位)가 폐하여져야 하는 것입니다.

그러나 다윗의 위는 다윗 개인을 위해서 주어진 것이 아니라 메시아왕국에 대한 예표라는 점입니다. 그러므로 어떤 경우에도 폐하여질 수가 없고 폐하여져도 안 되는 왕위인 것입니다. 사탄은 이를 파괴하려 하나, 하나님께서는 주권적으로 보존하시어 그리스도에게 계승시키시려는 것입니다.

그래서 하나님께서는 "징계하려니와, 폐하지 아니 하시겠다"(시 89:32-33), 하신 것입니다. 이런 의미가 "주께만 범죄하여"라는 고백 속에 들어 있다고 여겨집니다. 묻습니다. 사람 앞에 죄를 범했다는 것과 "주께만 범죄하였다"는 말 중 어느 것이 더 무겁습니까?

③ 이상에서 살펴본 의미들이, "주께서 말씀하실 때에 의로우시다 하고 판단하실 때에 순전하시다 하리이다"(4하) 한 말씀에 분명히 나타납니다.

㉠ 의로우신 하나님께서 엄청난 죄를 범한 다윗을 어떻게 "의롭다, 순전하다" 하실 수가 있으시단 말인가? 다윗은 도대체 무엇을 믿기에 이렇게 말하고 있는가 하는 점입니다. 여기에는 두 가지 요점이 있다 하겠습니다.

㉮ 첫째는 하나님의 이름과 영예입니다. 구원계획에는 거룩하신 하나님의 이름과 명예가 걸려 있기 때문에 "의롭다"고 여겨주셔야만 한다는 것입니다. 하나님의 이름을 위하여! ㉯ 둘째는 위에서 언급한 대로 다윗은 "복음"을 듣고, 믿고 있었다는 것이 됩니다. 그렇지 않고는 이처럼 엄청난 말을 진술할 수가 없는 것입니다. 칭의를 알았다는 점이 32:1절에서, "허물의 사함을 얻고 그 죄의 가리움을 받은 자는 복이 있도다" 한 고백이 증거가 됩니다.

㉡ 32:1절은 두 마디로 되어 있는데

㉮ 첫째는 "허물을 사함을 얻고" 합니다. 죄는 마치 "더러운 옷"(사 64:6; 슥 3:4)과 같은 것인데 그것을 벗겨버려 주셨다는 것입니다. 그런데 복음은 여기가 끝이 아니라, ㉯ "죄의 가리움을 받은 자"라고 더 나아가고 있는 것입니다. 더러운 옷을 벗겨버린 것만이 아니라, "아름다운 옷, 의의 옷"을 입혀주셨다(가려주셨다)는 것입니다. 이것이 "의

로우시다 하고, 순전하시다 하리이다"는 뜻입니다. 그리하여 "주께서 말씀하실 때에 의로우시다"(4) 하리라는 놀라운 말을 합니다. 이 말씀이 본편의 절정입니다.

④ 다윗의 "죄"에 대한 진술의 전진을 보십시오. 1-3절에서는, "내 죄과, 나의 죄악, 나의 죄" 하고, 자신에게 국한을 시켰습니다.

㉠ 그런데 5절에 이르러서는, "내가 죄악 중에 출생하였음이여 모친이 죄 중에 나를 잉태하였나이다"(5) 하고, 원죄(原罪)하에 태어났다는 근본적인 문제로 나아가고 있는 것입니다.

㉮ 왜냐하면 "허물의 사함을 얻고 그 죄의 가리움을 받아야 할 자"는 다윗만이 아니라, "모든 사람이 죄를 범하였으매 하나님의 영광에 이르지 못하더니"(롬 3:23) 한, 온 인류의 문제이기 때문입니다. ㉯ 또한 "의롭다" 함을 얻어야만 하나님 앞으로 돌아갈 수 있다는 "복음"은 다윗만이 아니라 모든 사람에게 필요하다는 점을 역설하고 있는 것입니다. 그래서 13절에서는, "그리하면 내가 범죄자에게 주의 도를 가르치리니 (복음을 전하리니) 죄인들이 주께 돌아 오리이다" 하는 것입니다.

㉡ 그러면 회개, 즉 주께로 돌아옴에는 무엇이 절대적으로 요청이 되는가?

㉮ "중심에 진실함을 주께서 원하시오니"(6상) 한, "진실"입니다. 이점을 히브리서에서는, "우리가 마음에 뿌림을 받아 양심의 악을 깨닫고 몸을 맑은 물로 씻었으니 참마음과 온전한 믿음으로 하나님께 나아가자"(히 10:22) 합니다. ㉯ 그리고 "내 속에 지혜를 알게 하시리이다"(6하) 합니다. 그러면 지혜가 무엇인가? 호세아 선지자는 "누가 지혜가 있어 이런 일을 깨달으며 누가 총명이 있어 이런 일을 알겠느

냐"(호 14:9) 하는데, 온전한 "지혜"는 "곧 유일하신 참 하나님과 그의 보내신 자 예수 그리스도를 아는 것"(요 17:3)입니다.

⑤ 그래서 "우슬초로 나를 정결케 하소서 내가 정하리이다 나를 씻기소서 내가 눈보다 희리이다"(7) 하는 것입니다. 구약시대에는 "우슬초"에 속죄 피, 또는 정결케 하는 물"(출 12:22; 민 19:18)을 묻혀 뿌림으로 정결케 하였던 것입니다.

㉠ 이점을 신약성경에서는, "너희 조상의 유전한 망령된 행실에서 구속된 것은 은이나 금같이 없어질 것으로 한 것이 아니요 오직 흠 없고 점 없는 어린양 같은 그리스도의 보배로운 피로 한 것이니라"(벧전 1:18-19), "그 아들 예수의 피가 우리를 모든 죄에서 깨끗하게 하실 것이요"(요일 1:7) 하고 말씀을 합니다. 그러면 "예수의 피"가 어디 있으며, 어떻게 씻을 수가 있단 말인가?

㉡ 이런 표현들은, 구약시대에 그림자로 보여주셨던 것이, 신약시대에 실체로 성취가 되었다는 일관성(一貫性)을 드러내기 위해서 구약적인 용어를 그대로 차용한 표현들입니다. 그런데 이를 문자적으로 여겨 잘못된 이단 사상들이 등장하는 것을 봅니다.

이는 법정적인 것으로, 우리의 죄 값을 주님이 대신 지불하셨다는 것(구속)과 "이제 우리가 그 피를 인하여 의롭다 하심을 얻었다"(롬 5:9), 즉 칭의를 뜻하는 것입니다.

둘째 단원(8-12) 회복을 간구함

둘째 단원의 중심점은, "주의 구원의 즐거움을 내게 회복시키고"(12) 한, "회복"에 있습니다.

⑥ 그래서 "나로 즐겁고 기쁜 소리를 듣게 하사"(8상) 합니다.

㉠ 다윗이, 그리고 "죄악 중에 출생한" 모든 자들이 듣기를 원하는, "즐겁고 기쁜 소리"가 무엇이겠는가? 이점에 대해서 사도 바울은 시편 32:1-2절을 인용하여, "일한 것이 없이 하나님께 의로 여기심을 받는 사람의 행복에 대하여 다윗이 말한 바 그 불법을 사하심을 받고 그 죄를 가리우심을 받은 자는 복이 있고 주께서 그 죄를 인정치 아니하실 사람은 복이 있도다 함과 같으니라"(롬 4:6-8) 하고 대답합니다. 이보다 "즐겁고 기쁜 소식"이 달리 무엇이 있단 말인가?

㉡ "주께서 꺾으신 뼈로 즐거워하게 하소서"(8하) 한 뜻이 무엇인가? 이는 문자적인 뜻이 아니라, 죄로 말미암은 처절한 고통을 나타내는 표현입니다. 그러니까 율법은 "꺾으신 뼈"라고 표현한 정죄하는 것이요, 복음은 "즐거워하게 하소서"(8하) 한, 기쁜 소식인 것입니다.

죄는, "뽑으며, 파괴하며, 파멸하며, 넘어뜨리는"(렘 1:10) 파괴자입니다. 반면 회복의 역사는 "그날에 내가 다윗의 무너진 천막을 일으키고 그 틈을 막으며 그 퇴락한 것을 일으켜서 옛적과 같이 세우고"(암 9:11) 하신, 건설하는 것을 의미합니다. 다윗은 마치 "꺾어진 뼈"와 같이 된 자신을 회복시켜주심으로 "즐거워하게 하소서" 하는 것입니다.

㉢ 이점이 "주의 얼굴을 내 죄에서 돌이키시고 내 모든 죄악을 도말하소서"(9) 하는 데서도 드러납니다.

⑦ "하나님이여 내 속에 정한 마음을 창조하시고 내 안에 성실한 영을 새롭게 하소서"(10) 하고, 간구하는데 이것이 회복인 것입니다.

㉠ 여기 중요한 낱말이 나타나는데 그것은 "창조"라는 말입니다. 이는 "태초에 하나님이 천지를 창조하시니라"(창 1:1) 한 "창조"와 같

은 단어인 "빠라"입니다. 이 단어가 "이 일이 장래 세대를 위하여 기록되리니 창조함을 받을 백성이 여호와를 찬송하리로다"(102:18)와, "주의 영을 보내어 저희를 창조하사 지면을 새롭게 하시나이다"(104:30)에도 등장합니다. "정한 마음을 창조하고, 영을 새롭게 하는 것"은 "의문"(儀文)으로는 불가능한 것입니다.

ⓛ "나를 주 앞에서 쫓아내지 마시며 주의 성신을 내게서 거두지 마소서"(11) 하는 것은, 중생과는 반대되는 부정적인 면으로 한 말이고,

⑧ "주의 구원의 즐거움을 내게 회복시키시고 자원하는 심령을 주사 나를 붙드소서"(12) 한 말은, 긍정적으로 한 말입니다.

㉠ 거두지 말아달라는, "성신"(11),

ⓛ 주시기를 구하는 "자원하는 심령"(12) 등은 의문에 속한 말이 아니라, 영에 속한(고후 3:6), 즉 복음적인 말씀이라는 점입니다. 이 일이 의문으로 가능한 양 말한다면 "그리스도께서 헛되이 죽으신 것"(갈 2:21)으로 만드는 것입니다.

예레미야 선지자를 통해서는 "새 언약을 세우리라"(렘 31:31) 말씀하시고, 에스겔 선지자를 통해서는, "새 영, 새 마음, 내 신을 너희 속에 두어"(겔 36:26, 27)라고 말씀하십니다. 이것이 "정한 마음을 창조하시고, 영을 새롭게" 하시는 중생(重生), 즉 거듭남입니다. 이점이 셋째 단원에서 더욱 명백하게 드러납니다.

셋째 단원(13-19) 구원의 길을 전파함

셋째 단원의 중심점은 "주의 도를 가르치리니(13), 전파하리이다"(15) 한, "전파"에 있습니다. 첫째 단원에서 죄를 자복하고, 둘째 단원

에서 회복시켜주심을 받은 자라면, 셋째 단원에서는 필연적으로 이 기쁜 소식을 "전파"하게 된다는 문맥인 것입니다. 그리하면 "죄인들이 주께 돌아오리이다" 하는 것은, 51편의 문제가 다윗 자신만이 안고 있는 문제가 아니라 모든 사람들이 해결함을 받아야 할 문제라는 점이 확연히 드러납니다.

⑨ "그러하면 내가 범죄자에게 주의 도를 가르치리니 죄인들이 주께 돌아오리이다"(13) 합니다.

㉠ 자신의 죄로 인하여 탄식하며 참회하는 마당에, "범죄자에게 주의 도를 가르칠" 생각을 하다니 이는 놀라운 비상(飛翔)이라 할 수가 있습니다. 어떻게 이런 마음이 우러나오게 되는가? 13절은 "그러하면" 하고 시작이 되는데 이것이 무엇을 가리키는가? 1-12절을 받는 말씀인데 그 중에서 몇 가지를 든다면,

㉮ "주의 인자와 긍휼을 좇아 내 죄과를 도말하여 주시면"(1), ㉯ "말씀하실 때에 의로우시다" 하시면(4), ㉰ 그리하여 "나로 즐겁고 기쁜 소리를 듣게 하여 주시면"(8), ㉱ "주의 구원의 즐거움을 내게 회복시켜"(12) 주신다면, "그러하면 범죄자에게", 죄 사함을 받고 의롭다 함을 얻는 길이 있다는 복음을 전해주어서 "죄인들이 주께 돌아오도록" 하겠다는 뜻입니다.

㉡ 이와 같이 한 대표적인 인물이 사도 바울입니다. "훼방자요, 핍박자요, 포행자"였던 자신이, "그러나 내가 긍휼을 입은 까닭은 예수 그리스도께서 내게 먼저 일체 오래 참으심을 보이사 후에 주를 믿어 영생 얻는 자들에게 본(本)이 되게 하려 하심이니라"(딤전 1:16) 하고 증언합니다.

이런 뜻입니다. "저런 자도 용서를 받아 사도가 된 것을 보니, 나도 구원 얻을 수가 있겠구나" 하고 본으로 삼게 된다는 것입니다. 그래서

다윗은, "하나님이여 나의 구원의 하나님이여"(14상) 하고 부르고 있는 것입니다. "전도하라, 전도하라" 독려하지만, 왜 전도를 못하는가? 자신에게 구원의 "기쁨과 즐거움"이 없기 때문입니다.

⑩ "내 혀가 주의 의를 높이 노래하리이다"(14하) 하는데, 문맥적으로 보면 높이 찬양할 "주의 의"(義)가 무엇을 가리키는가?

㉠ 하나님께서는 "공의와 칭의"를 갖고 계시는 것이 아닙니다. 하나님은 언제나 "의로우심" 하나뿐입니다. 그런데 이 "의"가 다윗에게 직접 임하게 되면 죄에 대한 심판을 시행하는 공의가 되고, 그리스도의 대속을 통(通)해서 임하게 되면, "주께서 말씀하실 때에 의로우시다 하리니"(④) 한, "칭의"가 되는 것입니다. 그렇다면 다윗이 "주의 의를 높이 노래하리이다" 한 "의"는 칭의인 것이 됩니다.

㉡ 그래서 "주여 내 입술을 열어주소서 내 입이 주를 찬송하여 전파하리이다"(15) 하는 것입니다. 어찌하여 "내 입술을 열어주소서" 하는가? 에스겔서에는 "입을 여셨다"는 말이 강조(겔 24:27; 29:21; 33:22)되어 있는데, 이는 하나님께서 "전파할 말씀"을 그에게 주셨다는 것을 의미합니다.

㉮ 그래서 선지자는 "내가 다시는 잠잠하지 아니하였노라"(겔 33:22) 말씀하고, ㉯ 다윗도, "내가 대회 중에서 의의 기쁜 소식을 전하였나이다 여호와여 내가 내 입술을 닫지 아니할 줄을 주께서 아시나이다"(40:9) 하고, ㉰ 사도 바울은 "내게 말씀을 주사 나로 입을 벌려 복음의 비밀을 담대히 알리게 하옵소서"(엡 6:19) 하는 것입니다.

⑪ "주는 제사를 즐겨 아니하시나니 그렇지 않으면 내가 드렸을 것이라 주는 번제를 기뻐 아니 하시나이다"(16) 합니다.

㉠ 이는 당시로는 가히 혁명적인 깨달음이라 할 수가 있습니다. 다윗은 이를 어떻게 알았는가? 40:6절에서는, "주께서 나의 귀를 통하여 들리시기를 제사와 예물을 기뻐 아니하시며 번제와 속죄제를 요구치 아니 하신다" 하고, 다윗의 귀를 열어서 깨닫게 해주셨던 것입니다. 이는 죄가 생축의 피로는 해결될 수 없다는 점을 나타냅니다.

㉡ "하나님의 구하시는 제사는 상한 심령이라 하나님이여 상하고 통회하는 마음을 주께서 멸시치 아니 하시리이다"(17) 합니다. 이점에 분별력이 필요합니다. "제사를 즐겨 아니 하신다"는 16절과 "하나님이 구하시는 제사는 상한 심령이라" 한 17절의 문자만을 본다면 어떤 뜻으로 여겨지는가? "죄 사함"은 "통회"만 하면 주어진다는 것이 됩니다. 통회는 죄를 자복하는 것일 뿐이요, 죄 사함은 "피 흘림이 없은즉 사함이 없느니라"(히 9:22) 한 대속을 통해서만이 가능하여지는 것입니다.

⑫ 그래서 "주의 은택으로 시온에 선을 행하시고 예루살렘 성을 쌓으소서"(18) 합니다.

㉠ 18-19절은 결론이면서 51편의 중심점이 여기에 있다 해도 과언이 아닌 중요한 대목입니다. 왜냐하면 개인적인 참회에서, "시온, 예루살렘 성"을 위하여 간구하는, "그의 나라와 그의 의"를 구하는 대목으로 확장이 되고 있기 때문입니다. 이를 달리 표현하면 "이스라엘의 구원이 시온에서 나오기를 원하도다"(14:7) 하는 간구와 맥을 같이 합니다.

㉡ 이점이 "그때에 주께서 의로운 제사와 번제와 온전한 번제를 기뻐하시리니 저희가 수소로 주의 단에 드리리이다"(19) 한 말씀에 나타납니다. 16절에서는 "제사를 즐겨 아니 하시고, 번제를 기뻐 아니

하신다" 말씀하고, 19절에서는, "온전한 번제를 기뻐하시리니" 한 대
조를 주목하시기를 바랍니다. 19절은 "그때에" 하고, 미래시제로 말
씀하고 있는데,

㉮ 16절의 번제는 짐승으로 드리는 번제를 가리키는 것이나, ㉯
19절에서, "그때에, 의로운 제사, 온전한 번제를 기뻐하시리니" 하는
것은, "염소와 송아지의 피로 아니 하고 오직 자기 피로 영원한 속죄
를 이루사 단번에 성소에 들어가셨느니라"(히 9:12) 한 그리스도의
대속을 전망하는 것으로 보아야만 합니다.

㉰ 성경이 말씀하는 "의로운 제사, 온전한 번제"란, "여호와께서 그
로 상함을 받게 하시기를 원하사 질고를 당케 하셨은즉 그 영혼을 속
건제물로 드리기에 이르면 그가 그 씨를 보게 되며 그 날은 길 것이요
또 그의 손으로 여호와의 뜻을 성취하리로다"(사 53:10)에서 성취될
말씀이기 때문입니다.

이것이 "주의 은택으로 시온에 선을 행하시고"(18상) 한, "은혜요,
선"인 것입니다. 이것이 "즐겁고 기쁜 소리"(8)요, "내가 범죄자에게
주의 도를 가르치리니"(13) 한 "주의 도"요, "주를 찬송하여 전파하리
이다"(15) 한 복음인 것입니다.

적용

형제에게도 죄 사함을 받고, 정한 마음과 영을 새롭게 하여주신 구
원의 기쁨이 있으시겠지요? 우리가 힘써야 할 일은, "찬송하며 전파
하는" 일입니다. "주여 내 입술을 열어주소서" 하고 간구하십시다. 그
리하여 "죄인들이 주께 돌아오도록" 이 복음을 담대히 전하십시다.

묵상

㉠ "인자, 긍휼, 자비"를 의지하여, 죄과를 도말해 달라고 간구하는 점에 대해서,

㉡ "의로우시다, 순전하시다 하리이다" 한, 신학적인 의미에 대해서,

㉢ "가르치고, 전파하리이다" 하는 점에 대해서,

㉣ "의로운 제사, 온전한 번제"의 신학적인 의미에 대해서.

시편 52편 개관도표
강포한 자와 하나님의 인자를 의지하는 자

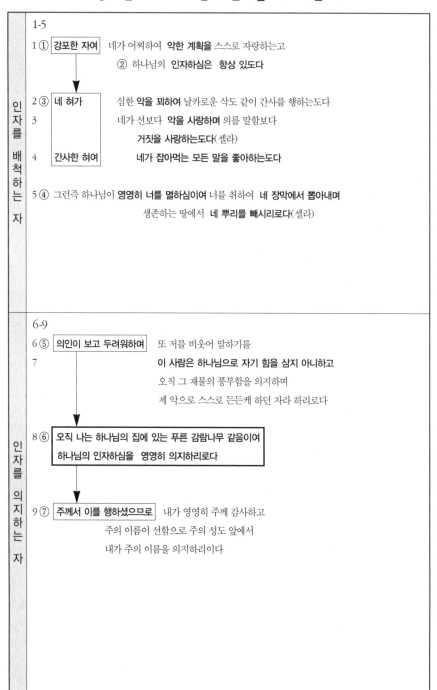

인자를 배척하는 자

1-5

1 ① 강포한 자여 | 네가 어찌하여 **악한 계획을** 스스로 자랑하는고

② 하나님의 **인자하심은** 항상 있도다

2 ③ 네 혀가 | 심한 **악을** 꾀하여 날카로운 삭도 같이 간사를 행하는도다

3 | 네가 선보다 **악을 사랑하며** 의를 말함보다

거짓을 사랑하는도다(셀라)

4 간사한 혀여 | 네가 잡아먹는 모든 말을 **좋아하는도다**

5 ④ 그런즉 하나님이 **영영히 너를 멸하심이여** 너를 취하여 **네 장막에서 뽑아내며**

생존하는 땅에서 네 **뿌리를 빼시리로다**(셀라)

인자를 의지하는 자

6-9

6 ⑤ 의인이 보고 두려워하며 | 또 저를 비웃어 말하기를

7 | **이 사람은 하나님으로 자기 힘을 삼지 아니하고**

오직 그 재물의 풍부함을 의지하며

제 악으로 스스로 든든케 하던 자라 하리로다

8 ⑥ 오직 나는 하나님의 집에 있는 푸른 감람나무 같음이여

하나님의 인자하심을 **영영히 의지하리로다**

9 ⑦ 주께서 이를 행하셨으므로 | 내가 영영히 주께 감사하고

주의 이름이 선함으로 주의 성도 앞에서

내가 주의 이름을 의지하리이다

52편
강포한 자와 하나님의 인자를 의지하는 자

오직 나는 하나님의 집에 있는 푸른 감람나무 같음이여 하나님의 인자하심을 영
영히 의지하리로다(시 52:8).

52편에는 "에돔인 도엑이 사울에게 이르러 다윗이 아히멜렉의 집
에 왔더라 말하던 때에"라는 표제가 있습니다. 이는 52편의 역사적인
배경을 제공해주고 있는데, 도엑은 다윗을 사울에게 밀고한 배신자만
이 아니라, 제사장 85명과 "제사장들의 성읍 놉의 남녀와 아이들과 젖
먹는 자들과 소와 나귀와 양을 칼로 쳤더라"(삼상 22:19) 한, 강포한
자의 대명사이기도 합니다.

52편의 구조는 "강포한 자(1)와 의인"(6)이 대조되어 있는 구조입
니다. 이는 대적 자가 발등상 되는 최후심판의 날까지 유지될 구조입
니다. 그리하여 여자의 후손의 진영을 대적하는 "강포한 자"는 "하나
님이 영영히 멸하시는"(5) 반면, 그리스도께 속한 "의인"은 "하나님의
집에 있는 푸른 감람나무 같음이여"(8) 합니다. 핵심은 두 번 등장하
는 "하나님의 인자"(1, 8)에 있는데, "강포한 자(1)외 의인"(6)이 갈라
지게 되는 것은, 하나님의 인자를 의지하느냐? 배척하느냐에 있기 때
문입니다.

첫째 단원(1-5) 하나님의 인자를 대적하는 자

둘째 단원(6-9) 하나님의 인자를 의지하는 자

첫째 단원(1-5) 하나님의 인자를 대적하는 자

첫째 단원은 하나님의 인자를 대적하는 "강포한 자"에 대한 진술입니다.

① "강포한 자여 네가 어찌하여 악한 계획을 스스로 자랑하는고"(1상) 합니다.

㉠ "악한 계획"이란, "음모"를 가리킵니다. 여자의 후손에 의하여 멸망당하리라는 선고(창 3:15)를 받은 사탄은, 계속적으로, "악한 계획"을 꾸미고 대적하는 것이 구속의 역사입니다.

② 그러나 "하나님의 인자하심은 항상 있도다"(1하) 합니다.

㉠ 어찌하여 "강포한 자"를 질책하는 중에 "하나님의 인자"를 말씀하는가? 두 방면으로 생각할 수가 있습니다.

㉮ 첫째는 저들이 회개하면 용납하실 하나님의 인자는 항상 기다리고 계신다는 것과 ㉯ 둘째는 악하고 거짓된 인간의 "강포"와, 하나님의 "인자"를 대조하여 보여주기 위해서입니다. 대적하는 자는 끈질기게 공격해 오지만, 그때마다 하나님은 은혜로 막아주시고, 분쇄해 나오셨던 것입니다. 이점을 사도 바울은, "사람은 다 거짓되되 오직 하나님은 참되시다 할지어다"(롬 3:4) 하고 말씀합니다.

③ "네 혀가 심한 악을 꾀하여 날카로운 삭도 같이 간사를 행하는도다"(2) 합니다.

㉠ 강조점이 "혀"(2, 4)에 맞춰져 있는데 혀에서 나오는 해독을, "간사(2, 4), 날카로운 삭도(2), 잡아먹는 말"(4)이라 합니다. 그러므로 본문에서 "다윗과 도엑"만을 본다면 그것은 원시(遠視)치 못하는 일입니다.

"간사하고, 잡아먹는" 혀가 다윗에게는 도엑으로 나타나지만, 위로 올라가면, "먹는 날에는 너희 눈이 밝아 하나님과 같이 되리라"(창 3:5) 한 것으로 나타나고, 아래로 내려오면 "내가 예수를 너희에게 넘겨주리니 얼마나 주려느냐? 랍비여 안녕하십니까 하고 입을 맞추니"(마 26:15, 49) 하는 말로 나타나는 것입니다. 이것이 "잡아먹는 말"입니다. 얼마나 간사합니까?

그러므로 경각심을 가져야 할 것은, 영적 싸움은 "혀"에 의한 "말들"의 전쟁이라는 점입니다. 계시록에서는 주님의 입에서는 "좌우에 날선 이한 검"(계 1:16; 2:12, 16; 19:15)이 나오는 반면, "또 내가 보매 개구리 같은 세 더러운 영이, 용의 입과 짐승의 입과 거짓선지자의 입에서 나온다"(계 16:13) 하고 말씀합니다. 얼마나 경각심을 가져야 할 대목인가? 본문의 주제가 이와 무관하지 않은 것입니다.

하나님께서는 인간에게 "언어"라는 최대의 특권을 주셨습니다. 만일 인간에게 언어를 주시지 않았다면, 인류의 문명은 일으킬 수가 없었을 것이요, 복음전파도 구원도 불가능한 일이었을 것입니다. 간교한 사탄이 이를 놓칠 수가 있단 말인가? 구약시대에는 거짓선지자를 통해서, 신약시대에는 거짓 교사, 목자를 통해서 "잡아먹는 말"을 하도록 사주하고 있는 것입니다.

㉡ "네가 선보다 악을 사랑하며 의를 말함보다 거짓을 사랑하는도다(셀라)(3), 간사한 혀여 네가 잡아먹는 모든 말을 좋아하는도다"(4) 합니다. "악을 사랑하고, 거짓을 사랑"하는 자가 누군가? 그 주동자는

사탄이요, "의를 말함보다, 거짓"을 말하는 자들은 하수인들인 것입니다. 이점을 사도 바울은, "저희로 깨어 마귀의 올무에서 벗어나 하나님께 사로잡힌바 되어 그 뜻을 좇게 하실까 함이라"(딤후 2:26) 합니다.

㉮ "마귀의 올무에 사로잡힌 자"가 거짓선지자요, ㉯ "하나님께 사로잡힌 자"가 참 목자인 것입니다. ㉰ 그런데 "저희로 깨어" 하는 것을 보면, 거짓선지자 자신도 자기가 마귀의 올무에 걸려든 것을 모르고 있다는 것이 됩니다.

④ "그런즉 하나님이 영영히 너를 멸하심이여 너를 취하여 네 장막에서 뽑아내며 생존하는 땅에서 네 뿌리를 빼시리로다(셀라)"(5) 합니다.

㉠ "영영히 멸하심이여, 뽑아내며, 뿌리를 빼시리로다" 하고 말씀하는데, 이에 대한 대조를 둘째 단원에서 보게 될 것입니다. 이것이 "하나님의 인자를 대적하는 자"들의 결국입니다.

둘째 단원(6-9) 하나님의 인자를 의지하는 자

둘째 단원의 중심점은 "강포한 자"(1)와 대조되는 "의인"(6)에 대한 진술입니다.

⑤ "의인이 보고 두려워하며 또 저를 비웃어 말하기를"(6),

㉠ "이 사람은 하나님으로 자기 힘을 삼지 아니하고 오직 그 재물의 풍부함을 의지하며 제 악으로 스스로 든든케 하던 자라 하리로다"(7) 합니다. 우선적으로, "이 사람"(7)이 누구를 가리키는가 하는 점입니다. 본문에 국한시킨다면, "이 사람"은 "강포한 자", 곧 도엑을 가리

키는 것이 되는데, 이점에서 본문이 "다윗과 도엑"을 예표로 한 말씀임이 드러납니다.

ⓛ "이 사람"은,

㉮ "하나님을 자기 힘으로 삼지 아니하는"(7상) 사람이요, ㉯ "오직 그 재물의 풍부함을 의지하는"(7중) 사람이요, ㉰ "제 악으로 스스로 든든하게 하던 자"(7하)라고 말씀합니다. 이런 사람은 어느 시대나 있어 왔고, 이 사람이 현대판 "도엑"인 것입니다.

문제의 심각성은 "이런 사람"은, "하나님이 영영히 너를 멸하심이여 너를 취하여 네 장막에서 뽑아내며 생존하는 땅에서 네 뿌리를 빼시리로다"(5) 하고, 그 종말은 영원한 멸망이라는데 있는 것입니다.

"의인이 보고 두려워한다" 하고 말씀하는데, 73편에 보면 악인의 형통과 오만한 자를 질시하다가 "거의 실족할 뻔"(2) 하던 경건한 자가, 그들의 종말을 보고는 "내 마음이 산란하며 내 심장이 찔렸나이다"(21) 하는 말씀이 있습니다. 이것이 "의인이 보고 두려워하며"의 뜻입니다.

⑥ 이 악인과는 대조적으로, "오직 나는 하나님의 집에 있는 푸른 감람나무 같음이여"(8상) 합니다.

㉠ 92:12-14절에서는, "의인은 종려나무같이 번성하며 레바론의 백향목 같이 발육하리로다 여호와의 집에 심겼음이여 하나님의 궁전에서 흥왕하리로다 늙어도 결실하며 진액이 풍족하고 빛이 청청하여"라고 말씀합니다.

ⓛ 두 종말이 무엇에 의하여 갈라지게 되는가?

㉮ "하나님으로 자기 힘을 삼지 아니함"(7)과 ㉯ "하나님의 인자하심을 의지함"(8)으로 갈라지게 되는 것입니다.

ⓒ "강포한 자여"(1) 하고 시작한 52편은, "주께서 이를 행하셨으므로 내가 영영히 주께 감사하고 주의 이름이 선함으로 주의 성도 앞에서 내가 주의 이름을 의지하리이다"(9) 하고 마치고 있습니다.

㉠ "주께서 이를 행하셨다" 말씀하는데, 유념해야할 점은 주께서 "행하심"은 보응(報應)이 먼저가 아니라. "인자"를 베푸심이 우선한다는 점입니다. 그래서 "강포한 자여" 하면서, "하나님의 인자하심은 항상 있도다"(1) 한 것입니다. 성도들이 "영영히 감사"하게 되는 것은 심판하시기 때문이 아니라, "인자" 곧 은혜를 베풀어주셨기 때문입니다.

그러므로 저들이 "영영히 멸하심을 당하고, 뽑아내며, 뿌리를 빼시는" 심판을 당하게 되는 것은 "하나님의 인자"를 배척했기 때문인 것입니다. 이것이 "강포한 자와 하나님의 인자를 의지하는 자"입니다.

적용

52편에는 "혀와 말"이 강조되어 있습니다. "죽고 사는 것이 혀의 권세에 달렸다"(잠 18:21) 하신 경계를 명심하십시다. 그리고 형제의 입은 복음을 증거하고 찬양하라고 주어졌다는 점을 잊지 마시기 바랍니다.

묵상

㉠ 인간의 강포와 하나님의 인자에 대한 대조에 대해서,

㉡ 성경에서 "혀, 입, 말"에 대한 경계에 대해서,

㉢ "의인이 보고 두려워한다"는 의미에 대해서.

시편 53편 개관도표
인간의 타락과 구원의 소망

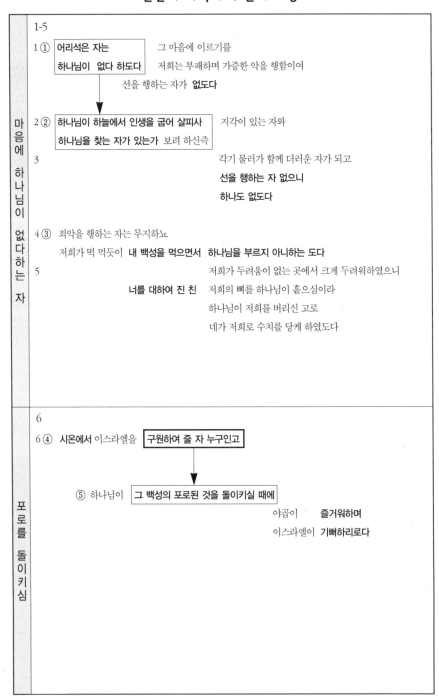

마음에 하나님이 없다하는 자	1-5

1① 어리석은 자는   그 마음에 이르기를

하나님이 없다 하도다   저희는 부패하며 가증한 악을 행함이여

                 선을 행하는 자가 **없도다**

2② **하나님이 하늘에서 인생을 굽어 살피사**   지각이 있는 자와

하나님을 찾는 자가 있는가 보려 하신즉

3   각기 물러가 함께 더러운 자가 되고

                    선을 행하는 자 없으니

                    하나도 없도다

4③ 죄악을 행하는 자는 무지하뇨

저희가 떡 먹듯이 **내 백성을 먹으면서 하나님을 부르지 아니하는 도다**

5   저희가 두려움이 없는 곳에서 크게 두려워하였으니

         너를 대하여 진 친   저희의 뼈를 하나님이 흩으심이라

                    하나님이 저희를 버리신 고로

                    네가 저희로 수치를 당케 하였도다

포로를 돌이키심   6

6④ **시온에서 이스라엘을 구원하여 줄 자 누구인고**

⑤ 하나님이 **그 백성의 포로된 것을 돌이키실 때에**

                    야곱이   **즐거워하며**

                    이스라엘이 **기뻐하리로다**

53편
인간의 타락과 구원의 소망

시온에서 이스라엘을 구원하여 줄 자 누구인고 하나님이 그 백성의 포로된 것을 돌이키실 때에 야곱이 즐거워하며 이스라엘이 기뻐하리로다(시 53:6).

53편은 14편과 대동소이합니다. 그래서 소홀히 다루기가 쉽습니다만, 성령님은 무의미한 반복을 하지 않으십니다. 이점이 표제에 나타나는데 14편은 "영장으로 한 노래", 즉 예배 용으로 되어 있으나, 53편은 "다윗의 마스길", 즉 교훈 시(詩)라고 말씀합니다. 그러니까 "전도를 위한 시"라고 구분할 수가 있습니다. 이점이 하나님의 호칭이 14편은 언약과 결부되는 "여호와"로 되어 있으나, 53편은 창조와 결부된 "하나님"으로 바뀌었다는 데서도 드러납니다.

그렇다면 53편을 통해서 가르치려는 교훈이 무엇인가? 두 가지를 들 수 있는데 첫째는 "의인은 없나니 하나도 없도다" 한 인간의 전적 타락과 부패, 즉 "죄론"입니다. 이점이 "없도다, 없으니, 없도다"(1-3) 하고 강조하는 부정사(不定詞)에 나타납니다. 그런 후에 둘째는 "시온에서 이스라엘을 구원하여 줄자가 누군고"(6) 하는, "구원론"입니다.

첫째 단원(1-5) 마음에 하나님이 없다 하는 자
둘째 단원(6) 백성의 포로를 돌이키실 때

37

첫째 단원(1-5) 마음에 하나님이 없다 하는 자

① 첫째 단원은 "죄론"인데, "어리석은 자는 그 마음에 이르기를 하나님이 없다"(1상) 하고 말한다는 것입니다.

㉠ 그런데 이러한 자들을 "어리석은 자"라고 말씀합니다. 바울은 로마서에서 본문 1-3절을 인용하여, "기록된바 의인은 없나니 하나도 없도다"(롬 3:10) 하고 죄론의 결론으로 삼고 있습니다.

왜 저들이 어리석은 자냐하면, "이는 하나님을 알만한 것이 저희 속에 보임이라 하나님께서 이를 저희에게 보이셨느니라 창세로부터 그의 보이지 아니하는 것들 곧 그의 영원하신 능력과 신성이 그 만드신 만물에 분명히 보여 알게 되나니 그러므로 저희가 핑계"(롬 1:19-20) 할 수 없기 때문이라는 것입니다.

"마음에 하나님이 없다" 하는 이점을 로마서에서는, "또 저희가 마음에 하나님 두기를 싫어하매", 즉 마음에서 하나님을 추방하였다고 말씀합니다. 그런데 이어지는 말씀은 "하나님께서 저희를 그 상실한 마음대로 내어버려 두사"(롬 1:28) 하고, 버림을 당한 것은 하나님이 아니라 바로 "저들 자신"이라고 말씀합니다. 본문에서도 "하나님이 저희를 버리신고로"(5) 하고 말씀합니다.

㉡ "저희는 부패하며 가증한 악을 행함이여 선을 행하는 자가 없도다"(1하) 합니다. 여기 두 부류의 죄가 있습니다.

㉮ 첫째는 "하나님이 없다" 하는 죄인데, 이는 신학적인 죄이고, ㉯ 둘째는 "선을 행하는 자가 없도다" 한 죄인데, 이는 이웃에 대한 불의를 가리킵니다. 본문은 이를 반복적으로 지적하고 있습니다.

② "하나님이 하늘에서 인생을 굽어 살피사 지각이 있는 자와 하나

님을 찾는 자가 있는가 보려 하신즉"(2),

㉠ "각기 물러가 함께 더러운 자가 되고 선을 행하는 자 없으니 하나도 없도다"(3) 합니다. 2-3절에서 지적하고 있는 죄악도,

㉮ "하나님을 찾지도 않고, ㉯ 선을 행하는 자가 없도다" 합니다. 이점을 로마서 1:18절에서는 "경건치 아니함과 불의"라고 말씀하면서, 하나님의 진노가 여기에 임한다고 경고합니다.

죄들에는 억 만 가지가 있다 하여도, 크게 나누면 하나님과의 관계인 "경건치 아니함"과 이웃에 대한 "불의" 두 가지로 나누어집니다. 그런데 이 세상은 신학적인 죄, 즉 "하나님이 없다" 하는 근원적인 죄는 죄로 인정하지를 않고, 불의(不義)만을 죄로 여기는 오류를 범하고 있는 것입니다. 그런 세계관, 윤리관으로는 "사람의 본분"(전 12:13)을 회복시킬 수는 없는 것입니다.

③ 4절에서도, "죄악을 행하는 자는 무지하뇨", 즉 몰라서 그런단 말이냐 하면서, "저희가 떡 먹듯이 내 백성을 먹으면서 하나님을 부르지 아니하는 도다"(4) 하고, "하나님을 부르지 않는 것과 죄악을 행하는" 두 가지의 죄를 지적합니다.

㉠ "떡 먹듯이 내 백성을 먹는다"는 말은, 저들을 잡아먹는 "짐승"에 비유하여 성도들을 박해함을 나타내는 말입니다. 그런데 "저희가 두려움이 없는 곳에서 크게 두려워하였다"(5상)는 뜻은 무엇인가? 궁극적으로는 "저희가 평안하다 안전하다 할 그때에 잉태된 여자에게 해산 고통이 이름과 같이 멸망이 홀연히 저희에게 이르리니 결단코 피하지 못하리라"(살전 5:3) 한 종말적인 말씀이라 하겠습니다.

㉡ 이점이 "너를 대하여 진 친 저희의 뼈를 하나님이 흩으심이라 하나님이 저희를 버리신 고로 네가 저희로 수치를 당케 하였도다"(5

하) 한 말씀에 나타납니다. 로마서에서는 불신자들을 가리켜, "다만 네 고집과 회개치 아니한 마음을 따라 진노의 날 곧 하나님의 의로우신 판단이 나타나는 그날에 임할 진노를 네게 쌓는도다"(롬 2:5) 하고 말씀합니다. 심판 날에 가서야 "때에 사람의 말이 진실로 의인에게 갚음이 있고 진실로 땅에서 판단하시는 하나님이 계시다"(58:11) 하게 되리라는 것입니다. 그래서 심판은 있어야 하는 것입니다. 이것이 "마음에 하나님이 없다 하는" 어리석은 자입니다.

둘째 단원(6) 백성의 포로를 돌이키실 때

④ 둘째 단원은, "시온에서 이스라엘을 구원하여 줄 자 누구인고"(6상) 한, "구원론"입니다.

㉠ 이점을 14편에서는, "이스라엘의 구원이 시온에서 나오기를 원하도다" 하고 말씀했습니다. 뜻은 같다 하여도, 14편의 강조점은 구원자를 사모하는 인간의 "원함"에 있고, 53편의 초점은 "누구인고" 하는 "구원자" 곧 그리스도에 맞춰져 있는 것입니다. 다윗은 구원자가 시온에서 나올 것을 알고 있는 것입니다.

⑤ "구원자와 하나님이 그 백성의 포로된 것을 돌이키실 때에"(6중) 한 "포로"와 결부되어 있는데, 이는 바벨론의 포로 귀환을 가리키는 것이 아닙니다.

㉠ 이점이 주님께서 "나를 보내사 포로 된 자에게 자유를, 눈먼 자에게 다시 보게 함을 전파하며" 한 이사야의 예언을 읽으시고는, "이 글이 오늘날 너희 귀에 응하였느니라"(눅 4:18, 21) 한 말씀에서 드러납니다.

ⓛ 그러므로 "어리석은 자는" 하고, 절망적으로 시작이 된 53편은 "야곱이 즐거워하며 이스라엘이 기뻐하리로다"(6하) 하고, "기쁨과 즐거움"으로 마치고 있습니다. 이것이 누구로 말미암아 가능하여진단 말인가? 시온에 오셔서 포로를 돌이키실 "구원자"로 말미암아서 입니다.

그러니까 53편은 주 성령께서 자기 종들을 보내어, "무릇 어리석은 자는 이리로 돌이키라 또 지혜 없는 자에게 이르기를 너는 와서 내 식물을 먹으며 내 혼합한 포도주를 마시고 어리석음을 버리고 생명을 얻으라"(잠 9:4-6) 하는 구원초청인 것입니다. 이것이 "백성의 포로를 돌이키실 때"요, "인간의 타락과 구원의 소망"입니다.

적용

"병든 자라야 의원을 찾는다" 하고 말씀하십니다. 전도란 전자제품을 선전하듯 하는 것이 아닙니다. 죄인을 하나님 앞에 세우는 것입니다. 그리하여 "의인이 겨우 구원을 얻으면 경건치 아니한 자와 죄인이 어디 서리요"(벧전 4:18)를 깨닫게 하여, "나를 구원할 자 누군고" 하고, 그리스도를 찾도록 하는 것입니다.

묵상

ㄱ 두 종류의 죄에 대해서,
ⓛ "포로를 돌이키실 구원자"가 누구를 가리키는 가에 대해서,
ⓒ 14편과 53편의 주제가 어떻게 다른가에 대해서.

나를 구원하신 주의 이름에 감사

주의 이름으로 구원	**1-3**
	
	1 ① 하나님이여 주의 이름으로 나를 구원하시고
	주의 힘으로 나를 판단하소서
	
	2 하나님이여 **내 기도를 들으시며**
	     내 입의 말에 **귀를 기울이소서**
	
	3 ② **외인이** 일어나 나를 치며 강포한 자가 **내 생명을 수색하며**
	     하나님을 자기 앞에 두지 아니 하였음이니이다(셀라)

주의 이름에 감사	**4-7**
	
	4 ③ **하나님은 나의 돕는 자시라**
	     주께서 내 생명을 붙드는 자와 함께 하시나이다
	5 주께서 내 원수에게 악으로 갚으시리니
	     주의 성실하심으로 저희를 멸하소서
	
	6 ④ 내가 **낙헌제**로 주께 제사하리이다
	    여호와여 주의 이름에 감사하오리니
	주의 이름이 선하심이니이다
	
	7 ⑤ 대저 주께서 모든 환난에서 나를 건지시고
	     내 원수가 보응 받는 것을 **나로 목도케 하셨나이다**

54편
나를 구원하신 주의 이름에 감사

내가 낙헌제로 주께 제사하리이다 여호와여 주의 이름에 감사하오리니 주의 이름이 선하심이니이다(시 54:6).

54편에는 "십인이 사울에게 이르러 말하기를 다윗이 우리 곳에 숨지 아니하였나이까 하던 때에"라는 표제가 있습니다. 이러한 역사적인 기사는 사무엘상 23장에 기록되어 있습니다. 20절에 보면, "그(다윗)를 왕의 손에 붙일 것이 우리의 의무이니이다" 하고, 다윗을 사울에게 밀고(密告)하는 것이 나옵니다. 그러자 사울이 다윗을 수색을 합니다. 이를 가리켜 본문은 "외인(外人)이 일어나 나를 치며 강포한 자가 내 생명을 수색"(3) 한다고 말합니다.

이런 배경에서 54편은 두 부분으로 나누어지는데, 앞부분(1-3)은 "주의 이름으로 나를 구원하시고"(1) 한 '구원' 호소이고, 뒷부분은 "주의 이름에 감사하오리니"(6) 한, 구원 '감사'로 되어 있습니다.

첫째 단원(1-3) 주의 이름으로 구원하소서
둘째 단원(4-7) 주의 이름에 감사하오리니

첫째 단원(1-3) 주의 이름으로 구원하소서

① "하나님이여 주의 이름으로 나를 구원하시고 주의 힘으로 나를 판단하소서"(1) 합니다.

㉠ "주의 이름으로 나를 구원하여 달라"는 의미가 무엇인가? 다윗은 전부가 일곱 절에 불과한 54편에서 "주의 이름"을 세 번(1, 6, 6)이나 언급함으로 강조하고 있습니다.

㉮ 첫째는 "주의 거룩하신 이름"을 위하여 자신을 구원하여 달라는 뜻이 있습니다. 하나님께서 다윗을 택하실 때에는 목적과 계획이 있으시기 때문입니다. 이점이 "주의 이름에 감사하오리니 주의 이름이 선하심이니이다"(6) 하는 진술에 나타납니다. ㉯ 둘째는 자신이 "주의 이름으로 일컬음을 받는 주의 종"이라는 고백이 있습니다. 116:16절에 보면 "여호와여 나는 진실로 주의 종이요 주의 여종의 아들 곧 주의 종이라" 하는 고백이 있습니다. 주의 종들에게는 "주의 이름"이 주어졌다는 이보다 더 중요하고 영광스러움은 달리는 없는 것입니다. 다윗이 환난을 당하는 것은 하나님께서 그를 택하여 "주의 이름으로 일컬음을 받는 주의 종"으로 삼으셨기 때문인 것입니다. ㉰ 셋째로 하나님의 구원계획에는, "주의 이름" 곧 하나님의 명예와 영광이 걸려 있다는 각성입니다. 다윗은 사사로운 일로 고난을 당하고 있는 것이 아닙니다. 주의 이름으로 고난을 당하고 있는 것이요, "주의 이름과 영광"이 걸려 있는 "여호와의 전쟁"(삼상 17:47)을 하고 있는 "주의 종"인 것입니다.

주님께서는 바울을 부르시면서, "그가 내 이름을 위하여 해를 얼마나 받아야 할 것을 내가 그에게 보이리라"(행 9:16) 하셨습니다. 다윗, 바울, 그리고 형제는 구속사의 동일 선상에서 "주의 이름"을 위한 동일한 싸움을 싸우면서, 동일한 고난을 당하고 있는 것입니다.

> 여호와는 내 편이시라 내게 두려움이 없나니
> 사람이 내게 어찌할꼬
>
> 열방이 나를 에워쌌으니
> 내가 여호와의 이름으로 저희를 끊으리로다
> 저희가 벌과 같이 나를 에워쌌으나
> 가시덤불의 불같이 소멸되었나니
> 내가 여호와의 이름으로 저희를 끊으리로다(118:6, 10-12)

이처럼 "주의 이름"을 강조하는 까닭은 현대교회가 "주의 이름"은 어떻게 되든지 나만 잘되면 그만 이라는 개교회적이 되고, 자기중심적이 되어가고 있기 때문입니다. 이렇게 된 원인은 우리에게 주어진 "주의 이름"의 귀중성과 그 의미를 망각했기 때문이 아닌가 하는 의구심 때문입니다.

주님은 잡히시던 날 밤에 "지금까지는 너희가 내 이름으로 아무것도 구하지 아니하였으나 구하라 그리하면 받으리니"(요 16:24) 하고, 자신의 이름을 주고 가셨습니다. 우리는 주님의 이름으로 일컬음을 받는 주의 종들이요, 주의 이름으로 기도하고, 주의 이름으로 보냄을 받고, 주의 이름으로 증거하고, 주의 이름의 영광을 위하여 충성을 다하는 주의 종들인 것입니다. 그러므로 수의 종들을 주의 이름으로 구원하여 주시는 것입니다.

ⓛ 이처럼 주의 이름으로 일컬음을 받는 주의 종들에게는 영광만이 있는 것이 아니라, 책임이 따르는 법입니다. 그래서 다윗은 "구원"

만을 간구하고 있는 것이 아니라, "주의 힘으로 나를 판단(判斷)하소서"(1하) 하는 것입니다. 즉 의로우신 하나님께서 누가 옳고 그른지를 판단해달라고 호소하는 것입니다. 다윗은 사울을 해할 수 있는 결정적인 기회가 몇 번 주어졌으나, "여호와의 기름부음을 받은 내 주를 치는 것은 여호와의 금하신 것이니" 하고 손을 대지 않았습니다.

다윗은 말합니다. "왕은 내 생명을 찾아 해하려 하시나 나는 왕에게 범죄 한 일이 없나이다 여호와께서는 나와 왕 사이를 판단하사 나를 위하여 왕에게 보복하시려니와 내 손으로는 왕을 해하지 않겠나이다"(삼상 24:6, 11-12). 얼마나 힘 있는 말인가? 이런 말을 할 수 있는 자는 자기 마음이 자기를 "책망할 것이 없는"(요일 3:20) 자만이 할 수 있는 말인 것입니다. 그래서 "나를 판단하소서, 하나님이여 내 기도를 들으시며 내 입의 말에 귀를 기울이소서"(2) 할 수가 있는 것입니다.

② "외인이 일어나 나를 치며 강포한 자가 내 생명을 수색하며"(3상) 합니다.

㉠ "외인"이란 표현은 언약 밖에 있는 자를 가리키는 말입니다. 그런데 다윗을 밀고하고, 다윗을 죽이려고 수색한다는 것은 곧 그를 택하여 기름을 부으신 하나님을 대적하는 것인 고로 그가 누구이든 하나님과는 상관이 없는 "외인"인 것입니다.

㉡ 그래서 "하나님을 자기 앞에 두지 아니 한"(3하) 자라고 말씀하는 것입니다. 하나님 두려운 줄 모르고, 하나님의 뜻을 거역하기 때문입니다. 반면 전에는 이방인이요, 외인이었으나 언약 안으로 들어오게 되면, "이제부터 너희가 외인도 아니요 손(님)도 아니요 오직 성도들과 동일한 시민이요 하나님의 권속이라"(엡 2:19), 즉 하나님의 가

족이라 말씀하는 것입니다. 그런 사람을 하나님은 "주의 이름으로" 끝까지 책임을 져주시는 것입니다.

둘째 단원(4-7) 주의 이름에 감사하오리니

③ 둘째 단원은 구원하여주신 "주의 이름에 감사"하는 내용입니다. "하나님은 나의 돕는 자시라 주께서 내 생명을 붙드는 자와 함께 하시나이다"(4) 합니다.

㉠ 사무엘상 25장에 보면 다윗을 감동시키는 한 여인의 말이 나옵니다. 그 여인은 나발의 아내인 아비가일인데, 다윗이 환난의 한 가운데 있을 때에 이런 말을 합니다. "여호와께서 반드시 내 주를 위하여 든든한 집을 세우시리니 이는 내 주께서 여호와의 싸움을 싸우심이요 내 주의 일생에 내 주에게서 악한 일을 찾을 수 없음이니이다 사람이 일어나 내 주를 쫓아 내 주의 생명을 찾을지라도 내 주의 생명은 내 주의 하나님 여호와와 함께 생명싸개 속에 싸였을 것이라"(삼상 25:28-29). 이 말은 본문 4절에 대한 가장 적절한 해설이라 할 것입니다.

㉡ "주께서 내 원수에게 악으로 갚으시리니 주의 성실하심으로 저희를 멸하소서"(5) 합니다. 이는 "눈은 눈으로, 이는 이로" 한, 구약적인 표현으로 보아야 할 것입니다. 그러면 이런 말씀 등이 신약의 성도들에게는 어떻게 적용이 되는가? 궁극적으로는 "혈과 육에 대한 것이 아니요"(엡 6:12), "여자의 후손이 뱀의 머리를 상하게 할" 종말적인 말씀인 것입니다. 이점이 두 번 등장하는 "원수"(5, 7)라는 말이 뒷받침해 줍니다.

④ "내가 낙헌제(감사제)로 주께 제사하리이다"(6상) 합니다.

㉠ 앞에서 강조한 "주의 이름"은 인격적인 하나님 자신을 가리키는 말입니다. 그래서 "여호와여 주의 이름에 감사하오리니 주의 이름이 선하심이니이다"(6하) 하는 것입니다. "주의 이름, 성품, 뜻, 행사"가 선(善)하시다는 것입니다.

⑤ 54편은 "대저 주께서 모든 환난에서 나를 건지시고 내 원수가 보응 받는 것을 나로 목도케 하셨나이다"(7) 하고, 과거시제로 마치고 있습니다. 아직 다윗의 환난은 끝난 것이 아닙니다.

그럼에도 불구하고 "목도케 하셨나이다" 하고 이미 되어진 일로 선언하는 것은, "주의 이름이 선하심"을 믿기 때문에 이미 받은 것으로 여기는 강력한 믿음의 표출입니다. 이것이 "나를 구원하신 주의 이름에 감사하오리니"입니다.

적용

성도들은 "주의 이름으로 일컬음을 받는 주의 종"들입니다. 이는 강력한 무기라 할 수가 있습니다. 반면 막중한 책임이 따른다는 점입니다. 그러므로 말하는 것, 행하는 것, 모든 것이 하나님의 이름에 영광을 돌리게 되든가, 아니면 모독을 돌리게 된다는 점을 망각하지 마십시다.

묵상

㉠ "주의 이름으로 나를 구원하소서"의 의미와 귀중성에 대해서,

㉡ "주의 이름에 감사하오리니" 한, 감사에 대해서,

㉢ 자신에게 "주의 이름"이 걸려있다는 정체성에 대해서.

시편 55편 개관도표
나를 치는 전쟁에서 구원하셨도다

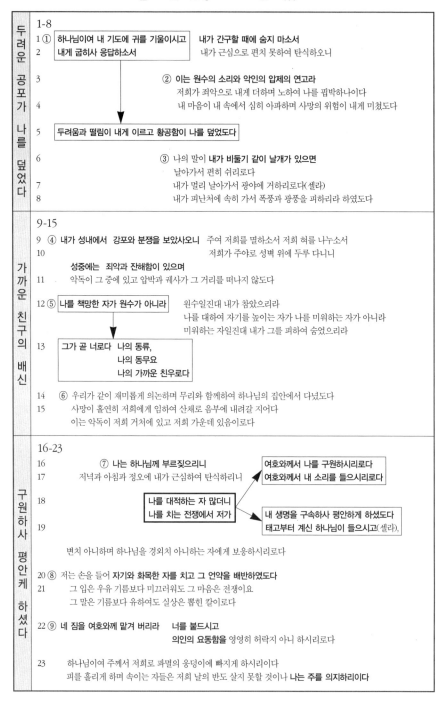

두려운 공포가 나를 덮었다

1-8

1 ① 하나님이여 내 기도에 귀를 기울이시고   내가 간구할 때에 숨지 마소서
2   내게 굽히사 응답하소서   내가 근심으로 편치 못하여 탄식하오니

3   ② 이는 원수의 소리와 악인의 압제의 연고라
   저희가 죄악으로 내게 더하며 노하여 나를 핍박하나이다
4   내 마음이 내 속에서 심히 아파하며 사망의 위험이 내게 미쳤도다

5 두려움과 떨림이 내게 이르고 황공함이 나를 덮었도다

6   ③ 나의 말이 내가 비둘기 같이 날개가 있으면
   날아가서 편히 쉬리로다
7   내가 멀리 날아가서 광야에 거하리로다(셀라)
8   내가 피난처에 속히 가서 폭풍과 광풍을 피하리라 하였도다

가까운 친구의 배신

9-15

9 ④ 내가 성내에서 강포와 분쟁을 보았사오니   주여 저희를 멸하소서 저희 혀를 나누소서
10   저희가 주야로 성벽 위에 두루 다니니
   성중에는 죄악과 잔해함이 있으며
11   악독이 그 중에 있고 압박과 궤사가 그 거리를 떠나지 않도다

12 ⑤ 나를 책망한 자가 원수가 아니라   원수일진대 내가 참았으리라
   나를 대하여 자기를 높이는 자가 나를 미워하는 자가 아니라
   미워하는 자일진대 내가 그를 피하여 숨었으리라

13 그가 곧 너로다 나의 동류,
         나의 동무요
         나의 가까운 친우로다

14 ⑥ 우리가 같이 재미롭게 의논하며 무리와 함께하여 하나님의 집안에서 다녔도다
15   사망이 홀연히 저희에게 임하여 산채로 음부에 내려갈 지어다
   이는 악독이 저희 거처에 있고 저희 가운데 있음이로다

구원하사 평안케 하셨다

16-23

16   ⑦ 나는 하나님께 부르짖으리니   여호와께서 나를 구원하시리로다
17   저녁과 아침과 정오에 내가 근심하여 탄식하리니   여호와께서 내 소리를 들으시리로다
18   나를 대적하는 자 많더니
   나를 치는 전쟁에서 저가   내 생명을 구속하사 평안하게 하셨도다
19   태고부터 계신 하나님이 들으시고(셀라),
   변치 아니하며 하나님을 경외치 아니하는 자에게 보응하시리로다

20 ⑧ 저는 손을 들어 자기와 화목한 자를 치고 그 언약을 배반하였도다
21   그 입은 우유 기름보다 미끄러워도 그 마음은 전쟁이요
   그 말은 기름보다 유하여도 실상은 뽑힌 칼이로다

22 ⑨ 네 짐을 여호와께 맡겨 버리라   너를 붙드시고
         의인의 요동함을 영영히 허락지 아니 하시리로다

23 하나님이여 주께서 저희로 파멸의 웅덩이에 빠지게 하시리이다
   피를 흘리게 하며 속이는 자들은 저희 날의 반도 살지 못할 것이나 **나는 주를 의지하리이다**

55편
나를 치는 전쟁에서 구원하셨도다

나를 대적하는 자 많더니 나를 치는 전쟁에서 저가 내 생명을 구속하사 평안하게 하셨도다(시 55:18).

　　55편도 다윗의 시라는 표제가 있습니다. 55편 안에는 "나 또는 내가"라는 1인칭 대명사가 무려 32번이나 등장합니다. 그러므로 본편의 중심점은 "나를 치는 전쟁"(18)에 있습니다. 이는 다윗을 예표로 하여, 그리스도를 치는 전쟁을 말씀하려는 것입니다.

　　다윗이 이 시를 쓰게 된 동기(動機)가 무엇인가? "나를 책망한 자가 원수가 아니라 원수일진대 내가 참았으리라, 그가 곧 너로다 나의 동류 나의 동무요 나의 가까운 친우로다"(12-13) 한 말씀으로 미루어 보아 가까운 친구의 배신으로 말미암아 "내 마음이 내 속에서 심히 아파하며 사망의 위험이 내게 미쳤도다"(4) 하고, 몹시 상심하여 지은 시입니다. 그렇다면 그것은 압살롬의 반역 때에 다윗의 모사였던 아히도벨이 배반한 일(삼상 15:31)일 것입니다.

　　이 예표는 41:9절에서 "나의 신뢰하는바 내 떡을 먹던 나의 가까운 친구도 나를 대적하여 그 발꿈치를 들었나이다" 한 말씀과 함께, 예수 그리스도를 배신한 가룟 유다에게서 성취되었던 것입니다. 주님은 가룟 유다가, "랍비여 안녕하십니까"(마 26:49) 하고 입을 맞추었을 때에 "친구여 네가 무엇을 하려고 왔는지 행하라" 하고, "친구"라 하셨습니다.

그런데 다윗은 마지막 부분에 이르러 "네 짐을 여호와께 맡겨버리라"(22) 하고, 인칭(人稱)을 "나가 아닌, 너"로 말씀합니다. 그렇다면 55편은 다윗의 예표와 그리스도에게서 성취된 말씀이, 이제는 주님을 따르는 형제에게 적용이 되는 것입니다.

첫째 단원(1-8) 두려운 공포가 나를 덮었다
둘째 단원(9-15) 가까운 친구의 배신
셋째 단원(16-23) 구원하사 평안케 하셨다

첫째 단원(1-8) 두려운 공포가 나를 덮었다

첫째 단원의 중심점은, "원수의 소리와 악인의 압제의 연고"(3)로 인한, "두려움과 떨림", 즉 두려운 공포에 있습니다.

① "하나님이여 내 기도에 귀를 기울이시고 내가 간구할 때에 숨지 마소서"(1),

㉠ "내게 굽히사 응답하소서 내가 근심으로 편치 못하여 탄식하오니"(2) 합니다. "귀를 기울이시고, 숨지 마소서, 내게 굽히사 응답하소서" 하는 표현들은 절박한 상황과 간절한 심정을 드러내고 있습니다.

② "이는 원수의 소리와 악인의 압제의 연고라 저희가 죄악으로 내게 더하며 노하여 나를 핍박하나이다"(3) 합니다.

㉠ "원수의 소리, 악인의 압제"라 한 것으로 보아 다윗은 지금, "사방으로 환난을 당하여 밖으로는 다툼이요 안으로는 두려움이라"(고

후 7:5) 함과 같은, 대내외적(對內外的)인 환난을 당하고 있다 하겠습니다. 이런 시련을 주님께서도 당하셨고, 그를 따르는 제자들에게도 예외는 아닌 것입니다.

다윗의 시에는 거의 전부라 할 만큼 "원수 또는 대적"이 등장합니다. 다윗은 139:21-22절에서 하나님을 대적하는 자를 가리켜, "내가 저희를 심히 미워하니 저희는 나의 원수니이다" 하고 말하는 것을 보게 됩니다. 그렇다면 다윗의 시에 등장하는 "원수"가 1차적으로는 다윗을 대적하는 "누구"라 하여도, 궁극적으로는 하나님을 대적하는 공적인 원수요, 그렇다면 본문의 원수는 우리의 원수도 되는 것입니다.

ⓛ "내 마음이 내 속에서 심히 아파하며 사망의 위험이 내게 미쳤도다 두려움과 떨림이 내게 이르고 황공(공포)함이 나를 덮었도다"(4-5) 합니다. "두려움, 떨림, 공포"가 나를 덮었다고 말합니다. 바울도 "내가 너희 가운데 거할 때에 약하며 두려워하며 심히 떨었노라"(고전 2:3) 합니다. 다윗이나 바울이라고 전천후 인간은 아닌 것입니다.

③ 그래서 "나의 말이 내가 비둘기 같이 날개가 있으면 날아가서 편히 쉬리로다"(6) 하는 것입니다.

㉠ 다윗은 11:1절에서는, "내가 여호와께 피하였거늘 너희가 내 영혼더러 새같이 네 산으로 도망하라 함은 어찜인고" 하고, 하나님만을 의뢰하겠다고 말했습니다. 그런데 본문에서는, "내가 멀리 날아가서 광야에 거하리로다(셀라), 내가 피난처에 속히 가서 폭풍과 광풍을 피하리라 하였도다"(7-8) 하고 술회합니다. 이는 "가까운 친우"의 배신으로 말미암은 상심이 얼마나 큰가를 말해줍니다. 그러나 다윗은 셋째 단원에서 "나는 하나님께 부르짖으리니"(16) 하고 하나님께 피하는 것을 보게 됩니다. 이것이 "두려운 공포가 나를 덮었다"입니다.

둘째 단원(9-15) 가까운 친구의 배신

둘째 단원의 중심점은 "그가 곧 너로다"(13), 즉 배신자는 원수가 아니라, 바로 내 친구 "너다" 하는 말씀에 있습니다. 그렇습니다. 치명적인 것은 외부로부터 닥쳐오는 불같은 시험이 아니라, 내부에서 일어나는 반역, 배신, 거짓 등인 것입니다.

④ "내가 성내에서 강포와 분쟁을 보았사오니 주여 저희를 멸하소서 저희 혀를 나누소서(잘라 버리소서)"(9),

㉠ "저희가 주야로 성벽 위에 두루 다니니 성중에는 죄악과 잔해함이 있으며 악독이 그 중에 있고 압박과 궤사가 그 거리를 떠나지 않도다"(10-11) 합니다. 9-11절 안에는 "성내(城內), 성중(城中), 그 중(中), 그 거리"라는 표현이 있습니다. 이 "성과, 거리"는 애굽이나 앗수르와 같은 이방의 도성을 가리키는 것이 아니라, 의심의 여지가 없는 "예루살렘 성을 가리킵니다.

㉡ 지금 다윗을 축출한 예루살렘 성내에서는 배신자 아히도벨이 다윗을 죽일 모략을 베풀고, 압살롬은 "온 이스라엘 무리의 눈앞에서 그 부친의 후궁들로 더불어 동침"(삼하 15:31; 16:22) 하는 악행이 자행되고 있는 것입니다. "저희가 주야로 성벽 위에 두루 다닌다"는 말은, 분주히 음모를 꾸미고 있음을 나타냅니다.

이점에서 예루살렘을 쳐서 예언한 선지자들의 경고를 생각하게 합니다. 이사야 선지자는 "신실하던 성읍이 어찌하여 창기가 되었는고 공평이 거기 충만하였고 의리가 그 가운데 거하였더니 이제는 살인자들뿐이었도다"(사 1:21) 합니다.

예레미야 선지자는 "나 만군의 여호와가 이같이 말하노라 너희는 나무를 베어서 예루살렘을 향하여 흙벽을 쌓으라 이는 벌 받을 성이라"(렘 6:6) 합니다. 미가 선지자는 "시온을 피로, 예루살렘을 죄악으로 건축하는도다"(미 3:10) 합니다.

주님 당시의 예루살렘 성은 어떠했는가? 어찌하여 그리스도께서는 공생애를 성전이 있는 예루살렘으로부터 시작하시지를 못하고, 멀리 떨어져 있는 북쪽 갈릴리 지방에서 시작을 하셔야만 했는가? 부활하신 후에도 주님께서는, "가서 내 형제들에게 갈릴리로 가라 하라 거기서 나를 보리라"(마 28:10) 하셨는가?

이에 대한 빛을 비춰주는 말씀이 있는데 십자가를 지기 위해서 예루살렘에 입성하시는 주님은, "이제 이 세상의 심판이 이르렀으니 이 세상 임금이 쫓겨나리라"(요 12:31) 하고 말씀하셨습니다. 그렇다면 예루살렘은 "이 세상 임금", 즉 사탄의 지배 하에 있다는 것이 됩니다. 주님을 죽이려는 "대제사장, 서기관, 장로"들은 누구의 하수인들이란 말인가? "헤롯과 빌라도가 전에는 원수이었으나 당일에 서로 친구가 되니라"(눅 23:12) 합니다.

그런가 하면 "가룟 유다라 하는 자가 대제사장들에게 가서 말하되 내가 예수를 너희에게 넘겨주리니 얼마나 주려느냐"(마 26:15) 하고, 음모를 꾸미고 있으니 이것이 "성중에는 죄악과 잔해함이 있는"(10) 것이 아니고 무엇이겠는가?

⑤ 그래서 "나를 책망한 자가 원수가 아니라 원수일진대 내가 참았으리라 나를 대하여 자기를 높이는 자가 나를 미워하는 자가 아니라 미워하는 자일진대 내가 그를 피하여 숨었으리라"(12) 하는 것입니다.

㉠ "원수일진대, 미워하는 자일진대" 하는 말은, 가까운 친구의 배신에서 오는 충격이 너무나 크기 때문에 하는 말입니다. "원수"라면 미리 경계할 수도 있고, "미워하는 자"라면 의례 그러려니 할 수도 있

지만, "그가 곧 너로다 나의 동류 나의 동무요 나의 가까운 친우로다"
(13) 하고 말씀합니다. 이는 믿었던 도끼에 발등을 찍히는 격인 것입
니다.

이렇게 말하는 다윗에게도, "그가 곧 너로다" 하는 지적을 당한 뼈
저린 아픔이 있습니다. 나단 선지자가 찾아와서 다윗을 깨우치기 위
해서 우회적으로 그의 죄상을 말했을 때에, "그런 놈은 마땅히 죽을
자라" 하고 남의 이야기로 여겼던 것입니다. 그때 나단 선지자가 한
말이, "당신이 그 사람이라"(삼하 12:7) 하는 말이었습니다. 그러므로
본문을 대하는 우리는 주님의 마음을 상심케 한 장본인이 바로 "나
자신이다" 하는 각성이 있어야 하는 것입니다.

⑥ "우리가 같이 재미롭게 의논하며 무리와 함께하여 하나님의 집
안에서 다녔도다"(14),

㉠ 그러했던 배신자의 종말을, "사망이 홀연히 저희에게 임하여 산
채로 음부에 내려갈 지어다 이는 악독이 저희 거처에 있고 저희 가운
데 있음이로다"(15) 합니다.

산 채로 음부에 내려갈 지어다" 하는데 계시록 19:20절에서, "짐승
이 잡히고 그 앞에서 이적을 행하던 거짓선지자도 함께 잡혔으니 이
는 짐승의 표를 받고 그의 우상에게 경배하던 자들을 이적으로 미혹
하던 자라 이 둘이 산 채로 유황 불붙는 못에 던지우고" 합니다. 주님
은 가룟 유다를 가리켜 "그 사람은 차라리 나지 아니 하였더면 제게
좋을 뻔 하였느니라"(마 26:24) 하고 말씀하셨습니다. 이것이 "가까
운 친구의 배신"입니다.

셋째 단원(16-23) 구원하사 평안케 하셨다

셋째 단원의 중심점은 도표에 표시된 대로 "구원하시리로다, 구속하사 평안하게 하셨도다"는 말씀에 있습니다.

⑦ "나는 하나님께 부르짖으리니 여호와께서 나를 구원하시리로다"(16) 합니다.

㉠ "공포가 나를 덮었도다"(5) 한 다윗은, 이제 하나님께 부르짖어 기도함으로 마음의 평온하여 지고 있는 것입니다. 첫째 단원에서 "내가 비둘기같이 날개가 있으면 날아가서 편히 쉬리로다"(6) 한 다윗은, "나의 피할 바위시요 나의 방패시요 나의 구원의 뿔이시요"(18:2) 한, 하나님께 피하고 있는 것입니다.

㉡ "저녁과 아침과 정오에 내가 근심하여 탄식하리니 여호와께서 내 소리를 들으시리로다"(17) 합니다. "나를 대적하는 자 많더니 나를 치는 전쟁에서 저가 내 생명을 구속하사 평안하게 하셨도다"(18) 합니다. 다윗은 자신이 당하는 박해를 "전쟁"으로 보고 있습니다. 사도 바울도 "내가 선한 싸움을 싸웠다" 하고, 자신의 일생이 전쟁이었다고 진술합니다. 인본주의자들은 이런 전투적인 개념을 싫어하지만 구속의 역사란 영적 전쟁의 역사인 것입니다.

㉢ 이런 맥락에서 "나를 치는 전쟁"이란 말은, 다윗의 위에 오르셔서 사탄을 정복하고 인류를 구원하실 "그리스도를 위한 전쟁"이라는 뜻이 됩니다. 그러므로 주를 따르는 제자들에게 있어서도 순간순간이 나를 넘어뜨리려고 틈을 찾고 있는 사탄과의 영적 전쟁이라는 각성은 중요한 요점이 됩니다.

㉣ 본문에 나타난 믿음의 진보를 보십시오. 다윗은 두려움과 공포로 떨고만 있는 것이 아닙니다.

㉮ "하나님께 부르짖으리니, 나를 구원하시리로다"(16), ㉯ "내 소리를 들으시리로다"(17), ㉰ "나를 치는 전쟁에서, 내 생명을 구속하사 평안하게 하셨도다"(18) 하고, 이미 받은 것으로 확신하는 데까지 나아가고 있는 것입니다.

㉱ "태고(太古)부터 계신 하나님이 들으시고(셀라)"(19상). 74:12절의 표현대로 하면, "하나님은 예로부터 나의 왕이시라"가 됩니다. 다윗은 하나님을 바라보고 있는 것입니다. 신약성경에서는, "죄인들의 이같이 자기에게 거역한 것을 참으신 자를 생각하라"(히 12:3) 하십니다. 이것이 믿음입니다. 자기에게 피하는 자를 구원하시고, "하나님을 경외치 아니하는 자에게 보응"(19하), 즉 심판하신다는 것이 성경의 일관된 약속입니다.

⑧ 20-21절은 하나님을 경외치 않는 자의 특성인데, "저는 손을 들어 자기와 화목한 자를 치고 그 언약을 배반하였도다"(20),

㉠ "그 입은 우유 기름보다 미끄러워도 그 마음은 전쟁이요 그 말은 기름보다 유하여도 실상은 뽑힌 칼이로다"(21) 합니다. "입"으로는 우유 기름보다 미끄러운 말을 하지만, 마음 속에는 전쟁이요, 상대를 찌르려고 뽑은 칼을 품고 있는 것과 같다는 것입니다. 이것이 보응을 받아 마땅한 배신자의 특성이라는 것입니다.

⑨ "내가 근심으로 편치 못하여 탄식하오니"(2)로 시작한 55편은 결론부분에 이르러, "네 짐을 여호와께 맡겨버리라"(22) 하고 말씀합니다.

㉠ 기도 응답에 대한 확신을 갖게 된 다윗의 마음은 "평안"(18)을 되찾았고, 같은 처지에 있는 형제들에게 권면하게 된 것입니다. 어떻

게 우리의 "짐을 여호와께 맡길 수가"(22상) 있는가?

㉮ 첫째로 하나님은 "너를 붙드시고", ㉯ 둘째로 "의인의 요동함을 영영히 허락지 아니 하시기"(22하) 때문이라는 것입니다.

"영영히"라는 말을 유념하시기를 바랍니다. 성도들도 환난을 당할 수도 있다는 것입니다. 그러나 그것은 "잠깐동안"뿐이요, 영영히는 허락지 않으신다는 것입니다. 왜냐하면 하나님의 이름이 걸려 있는 소유된 백성이기 때문입니다.

또한 "의인의 요동(搖動)함을 허락지" 않으시는 데는 또 다른 이유가 있음도 유념해야만 합니다. 성도들이 요동을 하게 되면 기뻐하는 자가 있기 때문입니다. 이점을 다윗은 "두렵건대 나의 원수가 이르기를 내가 저를 이기었다 할까 하오며 내가 요동될 때에 나의 대적들이 기뻐할까 하나이다"(14:4) 하고 염려했던 바입니다.

㉡ 베드로 사도는 본문을 염두에 두고 한 말씀일까요? "너희 염려를 다 주께 맡겨 버리라 이는 저가 너희를 권고하심이니라"(벧전 5:7) 하고 권면합니다. 하나님께서 나를 "붙드시고, 권고", 즉 돌아보신다면 맡기지 못할 이유가 무엇이란 말인가?

㉢ 마지막 절(23)에는 "저희와 나"가 대조되어 있는데,

㉮ "하나님이여 주께서 저희로 파멸의 웅덩이에 빠지게 하시리이다"(23), 즉 그 마지막은 사망이라는 말씀입니다. ㉯ 그러나 "나는 주를 의지하리이다" 합니다. 이것이 "나를 치는 전쟁에서 구원하셨도다"입니다.

적용

형제에게도 다윗의 처지와 같은 때가 있으셨겠지요. 다윗을 치는 전쟁, 형제를 치는 전쟁은 곧 우리 주님을 치는 전쟁입니다. "자기에

게 거역한 일을 참으신 자를 생각하라"(히 12:3) 하십니다. 의인의 요동함을 영영히 허락지 아니하신다는 말은, 붙드신다는 뜻만 있는 것이 아니라 요동함을 기뻐하지 않으신다는 의미도 있는 것입니다. 왜냐하면 성도들이 요동을 하면 사탄이 기뻐하기 때문입니다. "네 짐을 여호와께 맡기라" 하십니다.

묵상

㉠ 첫째 단원에 나타난 다윗의 상한 심령에 대해서,

㉡ 배신자를 가리켜 "그가 곧 너로다" 하고 말씀함에 대해서,

㉢ "네 짐을 여호와께 맡기라" 하는 적용에 대해서.

두려워하는 날과 아뢰는 날

1-8

1 ① 하나님이여 **나를 긍휼히 여기소서** 사람이 **나를 삼키려고** 종일 치며 압제하나이다

2 　　　　　　　　　 나의 원수가 종일 **나를 삼키려 하며** 나를 교만히 치는 자 많사오니

3 내가 두려워하는 날에는 　　　 주를 　　 의지하리이다

4 　　　　　　② 내가 **하나님을** 의지하고 　　그 말씀을 찬송하올지라

　　　　　　　 내가 **하나님을** 의지하였은즉 　두려워 아니하리니

　　　　　　　　　　　　　　　　　　　　 혈육 있는 사람이 내게 어찌하리이까

5 　　　　　　저희가 종일 내 말을 곡해하며 내게 대한 저희 모든 사상은 사악이라

6 　　　　　　저희가 내 **생명**을 엿보던 것과 같이 또 모여 숨어 내 종적을 살피나이다

7 　　　　　　저희가 죄악을 짓고야 피하오리이까 하나님이여 분노하사 뭇 백성을 낮추소서

8 　③ **나의 유리함을 주께서 계수하셨으니** 나의 눈물을 주의 병에 담으소서

　　　　　　　　　　　　　　　이것이 **주의 책에 기록되지 아니하였나이까**

내가 두려워하는 날에는

9-13

9 ④ 내가 아뢰는 날에 　내 원수가 물러가리니 하나님이 나를 도우심인 줄 아나이다

10 　　⑤ 내가 하나님을 의지하여 　그 말씀을 찬송하며

　　　　　　　 여호와를 의지하여 　그 말씀을 찬송하리이다

11 　　　　 내가 하나님을 의지하였은즉 두려워 아니하리니 　사람이 내게 어찌하리이까

12 ⑥ 하나님이여 **내가 주께 서원함이 있사온즉** 내가 감사제를 주께 드리리니

13 　　　　　주께서 내 **생명**을 사망에서 건지셨음이라

　　　　　주께서 나로 하나님 앞, 생명의 빛에 다니게 하시려고

　　　　　실족치 않게 하지 아니하셨나이까

내가 아뢰는 날에

56편
두려워하는 날과 아뢰는 날

내가 하나님을 의지하고 그 말씀을 찬송하올지라 내가 하나님을 의지하였은즉
두려워 아니하리니 혈육 있는 사람이 내게 어찌하리이까(시 56:4).

56편에는 "다윗이 가드에서 블레셋인에게 잡힌 때에"라는 표제가 있습니다. 그렇다면 56편은 "다윗이 아말렉 앞에서 미친 채하다가 쫓겨나서 지은 시"라는 표제가 있는, 34편과 짝을 이루는 셈입니다. 다윗은 "두려워하는 날"(3)을 당한 것입니다. 그러면 어떻게 대처해야만 하는가?

도표에 표시된 대로 또 하나의 "날"이 있는데 "내가 아뢰는 날에"(9) 합니다. "두려워하는 날은, 여호와께 아뢰는 날", 즉 기도하는 날이라는 구조(構造)입니다.

"여호와께 아뢴다"는 것은 입으로 간구하는 것만이 아니라, "의지하고 의탁하는 것"을 가리킵니다. 그러므로 전체가 열 세절에 불과한 본문에 "의지한다"는 말이 6번(3, 4, 4, 10, 10, 11)이나 반복적으로 강조되어 있는 것입니다.

첫째 단원(1-8) 내가 두려워하는 날에는
둘째 단원(9-13) 내가 아뢰는 날에는

첫째 단원(1-8) 내가 두려워하는 날에는

① 다윗의 첫 마디는, "하나님이여 나를 긍휼히 여기소서"(1상) 하는 말입니다. "긍휼히 여겨 달라"는 말은 자격도 공로도 없지만 불쌍히 여겨주셔서, 은혜를 베풀어 달라는 뜻입니다.

㉠ 51편에서도 "나를 긍휼히 여기소서"(1) 하고 시작하고, 57편도 "하나님이여 나를 긍휼히 여기시고 나를 긍휼히 여기소서"(1) 하고, "긍휼"을 앞세우고 있습니다. 이 "긍휼"이, "사람이 나를 삼키려고 종일 치며 압제하나이다"(1하) 하는 말과 결부가 되어 있습니다. 지금 다윗은 압제를 당하고 있는 중입니다. 그런데 자기 의나 공로를 내세우고 있는 것이 아니라, "하나님의 긍휼"만을 기대하고 있는 것입니다.

다윗 시편의 특징 중 하나가 "긍휼히 여겨 달라"는 말인데 이제까지 상고한 시편들만 보아도, 4:1; 9:13; 25:6, 16; 26:11; 27:7; 30:10; 31:9; 40:11; 41:4, 10절 등에 나타납니다. 실로 우리는 세리가, "감히 눈을 들어 하늘을 우러러 보지도 못하고 다만 가슴을 치며, 하나님이여 불쌍히 여기소서 나는 죄인이로소이다"(눅 18:13) 함과 같이, 하나님께서 긍휼히 여겨주시기만을 바랄뿐 달리는 소망이 없는 자들입니다.

㉡ "나의 원수가 종일 나를 삼키려 하며 나를 교만히 치는 자 많사오니 내가 두려워하는 날에는 주를 의지하리이다"(2-3) 합니다. 다윗은 죽이려고 추격하는 사울 왕을 피하여 유다 경내에는 더 이상 숨을 곳이 없기에 블레셋 지경으로 들어갔다가 붙잡힌 것입니다. 다윗이 골리앗을 죽인 장본인이라는 정체가 드러나면 어떻게 될 것인가?

"나를 삼키려 한다"는 말이 첫 절에 이어 2절에서도 거듭 나옵니다. 서론에서 언급했습니다만 다윗은 지금 "두려워하는 날"을 맞이한 것입니다. 그러면 하나님을 경외하는 자가 "두려워하는 날"을 당하게 되면 어떻게 해야 하는가? "주를 의지하리이다"(3) 합니다. 바울 사도도 하나님께서 자신에게 힘에 지나도록 심한 환난을 허용하신 이유를, "이는 자기를 의뢰하지 말고 오직 죽은 자를 다시 살리시는 하나님만 의뢰하게 하시려는"(고후 1:9) 훈련계획이라고 말씀합니다.

② 그러므로 다윗도, "내가 하나님을 의지하고 그 말씀을 찬송하올지라 내가 하나님을 의지하였은즉 두려워 아니하리니"(4상) 합니다.

㉠ 3-4절에 "의지한다"는 말이 3번이나 강조되어 있습니다. "두려워하는 날"은 믿음의 시금석이 됩니다. 평안할 때는 의지하는 듯하다가 믿음을 필요로 하는 두려운 날에는 놓치고 마는 것을 흔히 봅니다. 광풍을 만난 제자들이 두려워하며 주님을 깨웠을 때에 주님께서는, "너희 믿음이 어디 있느냐"(눅 8:25) 하고 물으셨습니다. 믿음은 이럴 때에 활용하기 위해서 평소에 준비하는 것이라는 뜻입니다. 이 절묘한 대조를 보십시오.

㉮ 3절에서는 "내가 두려워하는 날에는" 했는데, ㉯ 4절에서는 "두려워 아니하리니" 합니다. 두려워 아니하는 것만이 아니라 "찬송하올지라" 합니다. ㉰ 그리고 선언하기를 "혈육 있는 사람이 내게 어찌하리이까"(4하) 합니다. 어떻게 이럴 수가 있는가? 이는 자신이 의지하는 하나님과, "혈육 있는 사람"을 대비시키면서 오직 하나님을 의지했기 때문입니다.

118:6절에서도, "하나님은 내 편이시라 내게 두려움이 없나니 사람이 내게 어찌 할꼬" 합니다. 이 말씀을 받아 신약성경에서도, "그러므로 우리가 담대히 가로되 주는 나를 돕는 자시니 내가 무서워 아니하겠노라 사람이 내게 어찌하리요 하노라"(히 13:6) 합니다.

ⓛ 우리는 여기서 멈춰서는 아니 되고 "하나님을 의지한다"는 것이 구체적(具體的)으로 어떻게 하는 것을 의미하느냐 하는 데까지 나아가야만 적실성이 있게 됩니다.

㉮ "내가 하나님을 의지하고 그 말씀을 찬송하올지라"(4하) 한, "말씀"을 묵상하며, 그 말씀을 확신하는데 거하는 것이 "하나님을 의지"하는 구체적인 방법입니다. ㉯ 10절에서는, "내가 하나님을 의지하여 그 말씀을 찬송하며 여호와를 의지하여 그 말씀을 찬송하리이다" 하고, "말씀"을 거듭거듭 강조합니다. 하나님을 의지한다는 것은 입으로만 하는 막연한 것이 아닙니다. 하나님께서 세워주시고 맹세로 보증하신 언약의 말씀을 묵상하고 그 약속의 말씀을 붙드는 것입니다.

그렇게 한 예가 77편에 있는데, "주께서 영원히 버리실까, 다시는 은혜를 베풀지 아니하실까? 그 인자하심이 길이 다하였는가, 그 허락을 영구히 폐하셨는가 하나님이 은혜 베푸심을 잊으셨는가"(77:7-9) 하고, 이 궁리 저 궁리하다가, 어떻게 치유를 받았는가? "곧 여호와의 옛적 기사를 기억하여 그 행하신 일을 진술하리이다 또 주의 모든 일을 묵상하며 주의 행사를 깊이 생각"(77:11-12) 했기 때문입니다.

ⓒ 전도서에서도 "형통한 날에는 기뻐하고 곤고한 날에는 생각하라"(전 7:14) 하십니다. 신실하신 하나님의 언약의 말씀을 생각하라는 것입니다. 이처럼 하나님의 복스러운 말씀이 주어졌는데도 "두려워하는 날"을 당하여 이를 믿지 못해하고 붙들지 않는다면 그를 도와줄 다른 방도는 없는 것입니다.

㉮ "두려워하는 날에" 그는 부르짖습니다. ㉯ 하나님은 그에게 말씀을 보내사(107:20), 즉 하나님의 언약의 말씀을 생각나게 해주십니다. ㉰ 드디어 그는 "찬송"(4, 10)하게 된다는 말씀입니다. 그런데 거짓된 인간은 신실하신 언약을 신뢰하지 못하고 기사와 이적으로 나타

내주시기를 구하는 것입니다.

③ 그러면서 "나의 유리함을 주께서 계수하셨으니 나의 눈물을 주의 병에 담으소서 이것이 주의 책에 기록되지 아니 하였나이까"(8) 합니다.

㉠ 다윗은 "두려워하는 날"에, 이리 저리 쫓기고 있는 자신을,

㉮ "계수"(計數)하신다, 즉 다 감찰하고 계신다, ㉯ 자신의 눈물을 "병에 담아", 즉 기억하신다, ㉰ 모든 일들이 주의 책에 "기록"이 된다는 점을 믿고 있는 것입니다.

이것이 하나님을 경외하는 자입니다. 이것이 "두려워하는 날에" 대처하는 방법입니다.

둘째 단원(9-13) 내가 아뢰는 날에

④ 이를 믿기에 "내가 아뢰는 날에"(9상) 하고, 하나님께 기도를 하는 것입니다.

㉠ "내 원수가 물러가리니 하나님이 나를 도우심인 줄 아나이다"(9하) 합니다.

㉮ 아브라함을 대적하던 아비멜렉은, "네가 무슨 일을 하든지 하나님이 너와 함께 계시도다"(창 21:22) 합니다. ㉯ 이삭에게도, "여호와께서 너와 함께 계심을 우리가 분명히 보았다"(창 26:28) 하고 말합니다. ㉰ 느헤미야가 훼파된 성벽을 52일이라는 단시일에 완공을 하자, "우리 모든 대적과 사면 이방 사람들이 이를 듣고 다 두려워하여 스스로 낙담하였으니 이는 이 역사를 우리 하나님이 이루신 것을 알았기"(느 6:15-16) 때문이라고 말씀합니다. 이것이 "내 원수가 물러가리

니 하나님이 나를 도우심인 줄 아나이다"(9하) 한 뜻입니다.

⑤ "내가 하나님을 의지하여 그 말씀을 찬송하며 여호와를 의지하여 그 말씀을 찬송하리이다"(10),

㉠ "내가 하나님을 의지하였은즉 두려워 아니하리니 사람이 내게 어찌하리이까"(11) 합니다. 9-10절의 내용은, 3-4절의 내용과 비슷합니다. 그러니까 두 절로 되어 있는 찬송가의 후렴과 같습니다. 다른 점이 있다면 "내가 두려워하는 날이, 내가 아뢰는 날"로 발전을 하고 있다는 점입니다.

⑥ 이처럼 두려워하는 날에 기도를 통하여 확신을 얻게 된 자는, "하나님이여 내가 주께 서원함이 있사온즉 내가 감사제를 주께 드리리니"(12) 합니다.

㉠ 첫째는 '감사' 요, 둘째는 '서원', 즉 헌신입니다.

㉡ "주께서 내 생명을 사망에서 건지셨음이라 주께서 나로 하나님 앞, 생명의 빛에 다니게 하시려고 실족치 않게 하지 아니하셨나이까"(13) 합니다.

㉮ 마지막 절에는 '생명과 사망' 이 대조되어 있습니다. "나를 삼키려고 종일 압제하나이다"(1)로 시작된 56편은, "내 생명을 사망에서 건지셨음이라" 하고, 이미 받은 것으로 여기는 완료형으로 마치고 있습니다. 이것이 "내가 두려워하는 날에는 주를 의지하고, 내가 아뢰는 날에는 원수가 물러가리니" 입니다.

적용

형제도 두려워하는 날을 당한 경험이 있으시겠지요, 그날은 "아뢰는 날"입니다. 그리고 여호와를 의지하는 날입니다. 그리고 "여호와 의지는, 말씀을 찬송"하는 것입니다.

형제여, "내가 하나님을 의지하여 그 말씀을 찬송하며 여호와를 의 지하여 그 말씀을 찬송하리이다"(10) 한 "그 말씀"이, 형제를 사망에 서 건지시기 위해서 육신이 되어 "죽으시고 다시 사심"으로 "죄와 사 망의 법에서 너를 해방하여주셨다"(롬 8:2)는 점을 자주자주 찬송하 시기를 바랍니다.

묵상

㉠ "두려워하는 날과 아뢰는 날"에 대해서,

㉡ 여호와를 의지한다는 구체적인 의미가 무엇인가에 대해서,

㉢ 마지막 절이 완료형으로 마치고 있는 점에 대해서.

시편 57편 개관도표
측량할 수 없는 주의 인자와 진리

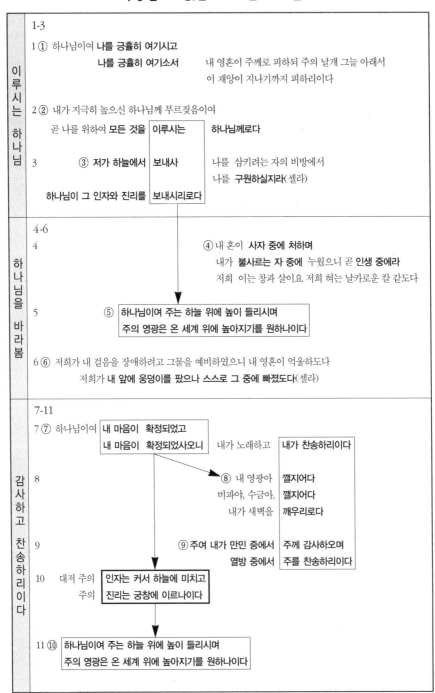

이루시는 하나님

1-3

1 ① 하나님이여 **나를 긍휼히 여기시고**
　　　　　나를 긍휼히 여기소서　　내 영혼이 주께로 피하되 주의 날개 그늘 아래서
　　　　　　　　　　　　　　　　　이 재앙이 지나기까지 피하리이다

2 ② 내가 지극히 높으신 하나님께 부르짖음이여
　　곧 나를 위하여 모든 것을 ｜이루시는｜ 하나님께로다

3　　　　③ 저가 하늘에서 ｜보내사｜ 나를 삼키려는 자의 비방에서
　　　　　　　　　　　　　　　나를 **구원하실지라**(셀라)

　　하나님이 그 인자와 진리를 ｜보내시리로다｜

하나님을 바라봄

4-6

4　　　　　　　　　　　　④ 내 혼이 **사자 중에 처하며**
　　　　　　　　　　　　　내가 **불사르는 자 중에 누웠으니** 곧 **인생 중에라**
　　　　　　　　　　　　　저희 이는 창과 살이요 저희 혀는 날카로운 칼 같도다

5　　　　　⑤ ｜하나님이여 주는 하늘 위에 높이 들리시며
　　　　　　　주의 영광은 온 세계 위에 높아지기를 원하나이다｜

6 ⑥ 저희가 내 걸음을 장애하려고 그물을 예비하였으니 내 영혼이 억울하도다
　　저희가 내 앞에 웅덩이를 팠으나 스스로 그 중에 빠졌도다(셀라)

감사하고 찬송하리이다

7-11

7 ⑦ 하나님이여 ｜내 마음이 확정되었고
　　　　　　　　내 마음이 확정되었사오니｜ 내가 노래하고 ｜내가 찬송하리이다｜

8　　　　　　　　　　　⑧ 내 영광아 **깰지어다**
　　　　　　　　　　　비파야, 수금아, **깰지어다**
　　　　　　　　　　　내가 새벽을 **깨우리로다**

9　　　　　　　　⑨ 주여 내가 만민 중에서 ｜주께 감사하오며
　　　　　　　　　　열방 중에서 주를 찬송하리이다｜

10　　대저 주의 ｜인자는 커서 하늘에 미치고
　　　　주의 진리는 궁창에 이르나이다｜

11 ⑩ ｜하나님이여 주는 하늘 위에 높이 들리시며
　　　주의 영광은 온 세계 위에 높아지기를 원하나이다｜

57편
측량할 수 없는 주의 인자와 진리

대저 주의 인자는 커서 하늘에 미치고 주의 진리는 궁창에 이르나이다(시 57:10).

57편에는 "다윗이 사울을 피하여 굴에 있던 때에"라는 표제가 붙어 있습니다. 다윗은 사울을 피하여 "아둘람(삼상 22:1) 굴과, 엔게디"(삼상 24:3) 굴에 숨은 때가 있었는데, 이것이 57편의 배경입니다. 그렇다고 우리는 "삼국지" 같은 옛날이야기를 상고하고 있는 것이 아닙니다. 다윗의 예표를 통해서 그리스도를 만날 수 있어야만 하는 것입니다. 이런 맥락에서 본문을 해석하는 키워드를 구한다는 것은 사활을 좌우합니다. 이에 따라 해석과, 의미와, 적용이 전연 달라질 수가 있기 때문입니다. 그러면 핵심이 어디에 있는가?

"하나님이 그 인자와 진리를 보내시리로다"(3하) 한, "인자와 진리"입니다. 다윗은 사자(4)를 피하여 굴에 숨은 토끼와 같은 상황에서도 하나님께서 "인자와 진리를 보내어" 구원하여주실 것을 믿고 있는 것입니다. 이것이 얼마나 중요하면, "대저 주의 인자는 커서 하늘에 미치고 주의 진리는 궁창에 이르나이다"(10) 한 말씀에 나타납니다. 그러면 교훈이 아닌 구속사라는 맥락에서 "주의 인자와, 주의 진리"가 누구를 통해서 임하게 되는가?

첫째 단원(1-3) 모든 것을 이루시는 하나님
둘째 단원(4-6) 하늘에 계신 하나님을 바라봄
셋째 단원(7-11) 내가 감사하고 찬송하리이다

첫째 단원(1-3) 모든 것을 이루시는 하나님

첫째 단원의 중심점은 "모든 것을 이루시는 하나님"(2)에게 있습니다. 다윗은 지금 절망적인 상황에 처해 있습니다. 이런 상황에서 다윗은 무엇을 붙잡고 있는가? 한 번 언약(言約)하신 바는 반드시 "이루신다"는 하나님의 신실하심입니다.

① "하나님이여 나를 긍휼히 여기시고 나를 긍휼히 여기소서"(1상)하고, 하나님의 "긍휼"을 앞세웁니다. 하나님께서 언약을 세워주심은 우리에게 그럴 만한 자격이나 공로가 있어서가 아닙니다. 오직 하나님께서 긍휼히 여겨주시기 때문입니다.

㉠ "내 영혼이 주께로 피하되 주의 날개 그늘 아래서 이 재앙이 지나기까지 피하리이다"(1하) 합니다. 다윗은 분명 사울을 피하여 굴속에 숨어 있습니다. 그런데 "주의 날개 그늘 아래" 피하였다고 진술합니다. 이렇게 말하는 것이 어떻게 가능하여 지는가? 언약을 믿는 "언약 안에" 있기 때문입니다.

㉡ 동일한 믿음으로 사도 바울은 "주 안에서 갇힌 내가 너희를 권하노니"(엡 4:1상) 합니다. 바울은 분명 로마 옥중에 갇힌 몸입니다. 그러나 바울은 자신이 언약 안에서 "예수 그리스도 안에" 있음을 믿고 있는 것입니다.

㋐ 유월절 어린양의 피가 뿌려진 대문 안에 있는 자들은, "주의 날개 그늘 아래" 있는 자들입니다. ㋑ 언약의 표인 붉은 줄을 창틀에 매

어놓고 그 집안에 있는 기생 라합의 가족들은 "주의 날개 그늘 아래" 피하고 있는 자들인 것입니다. ㉮ 룻기 2:12절을 보십시오. 이방 여인 룻이 "어머니의 백성이 나의 백성이요 어머니의 하나님이 나의 하나님"이라고 고백하면서 언약 안으로 들어 왔을 때에, "여호와께서 네 행한 일을 보응하시기를 원하며 이스라엘의 하나님 여호와께서 그 날개 아래 보호를 받으러 온 네게 온전한 상 주시기를 원하노라" 합니다. 그러자 "룻이 가로되 내 주여 내가 당신께 은혜 입기를 원하나이다" 하고 화답을 하고 있습니다.

② "내가 지극히 높으신 하나님께 부르짖음이여 곧 나를 위하여 모든 것을 이루시는 하나님께로다"(2) 합니다.

㉠ "이루시는 하나님", 그렇습니다. "내가 나의 거룩함으로 한 번 맹세하였은즉 다윗에게 거짓을 아니할 것이라"(89:35) 하십니다. 이사야 55:3절에서는 "너희는 귀를 기울이고 내게 나아와 들으라 그리하면 너희 영혼이 살리라 내가 너희에게 영원한 언약을 세우리니 곧 다윗에게 허락한 확실한 은혜니라"(사 55:3) 하십니다.

그렇다고 언약을 믿는 자는 수수방관하고 있는 자들이 아닙니다. 하나님은 말씀하십니다. "나 여호와가 말하였으니 이루리라 나 주 여호와가 말하노라 그래도 이스라엘 족속이 이와 같이 자기들에게 이루어 주기를 내게 구하여야 할지라"(겔 36:36-37). 그래서 다윗은 이루실 것을 믿고 하나님께 "부르짖고" 있는 것입니다.

㉡ 그러면 무엇을 "이루실 것"을 믿고 있는가? 다윗이 이 고난을 당하게 된 것은 하나님께서 사무엘에게, "이새의 아들 중에서 한 왕을 예선해놓았다"(삼상 16:1) 하시고, 그를 보내어 다윗에게 기름을 붓게 하셨기 때문입니다. 다윗은 사자(4)에게 쫓기는 한 마리 토끼와 같

은 신세이면서도 자신에게 기름을 부어 왕(王)으로 삼으신 것을 이루실 것을 믿고 있는 것입니다. 얼마나 놀라운 믿음인가!

그런데 여기서 멈춰서는 아니 됩니다. 왜냐하면 하나님은 목동 다윗을 왕위에 오르게 하시려는 이것을 이루시는 하나님이 아니시기 때문입니다. 다윗을 예표의 인물로 삼으셔서,

㉮ "이새의 줄기에서 한 싹이 나며 그 뿌리에서 한 가지가 나서 결실할 것이요"(사 11:1), ㉯ "이는 한 아기가 우리에게 났고 한 아들을 우리에게 주신 바 되었는데 그 어깨에는 정사를 메었고 그 이름은 기묘자라 모사라 전능하신 하나님이라 영존하시는 아버지라 평강의 왕이라 할 것임이라, 만군의 여호와의 열심이 이를 이루시리라"(사 9:6-7) 하는 메시아왕국을 이루어나가시는 중이신 것입니다. ㉰ 이 예언이 "보라 네가 수태하여 아들을 낳으리니 그 이름을 예수라 하라 저가 큰 자가 되고 지극히 높으신 이의 아들이라 일컬을 것이요 주 하나님께서 그 조상 다윗의 위를 저에게 주시리니 영원히 야곱의 집에 왕노릇하실 것이며 그 나라가 무궁하리라"(눅 1:32-33) 하고 성취되었던 것입니다.

③ 그러면 어떤 방도로 이루시는가? "저가 하늘에서 보내사 나를 삼키려는 자의 비방에서 나를 구원하실지라(셀라)"(3상) 합니다.

㉠ "보내심과, 구원"이 결부되어 있음을 주목하시기를 바랍니다. 다윗은 하나님께서 구원자를 "보내주실" 것을 믿고 있는 것입니다. 그리고 구체적으로 언급하기를, "하나님이 그 인자와 진리를 보내시리로다"(3하) 하고, 보내주실 구원자를 "인자와 진리"라고 부르고 있습니다.

㉡ "인자와 진리"를 구속사라는 맥락에서 보면 누구를 가리키는 것

이 되는가? 복음서는 "율법은 모세로 말미암아 주신 것이요 은혜(인자)와 진리는 예수 그리스도로 말미암아 온 것이라"(요 1:17) 하고 분명히 증거하고 있습니다.

그리고 주님은 십자가상에서 "다 이루었다"(요 19:30) 하고 선언하시고, 성경은 마지막 책 마지막 부분에 이르러서 "또 말씀하시되 이루었도다 나는 알파와 오메가요 처음과 나중이라"(계 21:6) 하고 선언하시는 것입니다. 이것이 "모든 것을 이루시는 하나님"입니다.

ⓒ 첫째 단원을 마치기 전에 어떤 믿음이 구원에 이르는 믿음인지 우리의 믿음을 점검해보아야만 합니다.

㉮ 아브라함은, "바랄 수 없는 중에 바라고 믿었으니, 그가 백세나 되어 자기 몸의 죽은 것 같음과 사라의 태의 죽은 것 같음을 알고도 믿음이 약하여지지 아니하고 믿음이 없어 하나님의 약속을 의심치 않고 믿음에 견고하여져서 하나님께 영광을 돌리며 약속하신 것을 또한 능히 이루실 줄을 확신하였다"(롬 4:18-21) 하고 말씀합니다. ㉯ 그리고 성경은 이는, "아브라함만 위한 것이 아니요 의로 여기심을 받을 우리도 위함이니"(롬 4:23-24) 합니다. ㉰ 사도 바울은 아둘람 굴보다 더 절망적인 로마 지하 감방에서 빌립보 성도들을 위로하고 격려하기를, "너희 속에 착한 일을 시작하신 이가 그리스도 예수의 날까지 이루실 줄을 우리가 확신하노라"(빌 1:6) 하고 말씀합니다. 언약하신 바를 이루실 줄을 믿는 것, 이것이 구원에 이르는 믿음인 것입니다.

둘째 단원(4-6) 하늘에 계신 하나님을 바라봄

둘째 단원은 "내 혼이 사자 중에 처하여" 하고, 미래의 소망에서 현실로 돌아온 것입니다.

④ "내 혼이 사자 중에 처하며 내가 불사르는 자 중에 누웠으니 곧 인생 중에라 저희 이는 창과 살이요 저희 혀는 날카로운 칼 같도다"(4) 합니다.

㉠ "사자 중에 처하였다" 하면서, "저희 이는 창과 살이라"고 말씀하는데, 메시아 예언으로 유명한 22편에서도, "많은 황소가 나를 에워싸며 바산의 힘센 소들이 나를 둘렀으며 내게 그 입을 벌림이 찢고 부르짖는 사자 같으니이다"(22:12-13) 합니다.

⑤ 그런데 다윗은, "하나님이여 주는 하늘 위에 높이 들리시며 주의 영광은 온 세계 위에 높아지기를 원하나이다"(5) 합니다.

㉠ 무슨 뜻인가? 다윗은 자신이 처한 현실을 바라보고 있는 것이 아니라, 눈을 들어 하늘에 계신 하나님을 바라보고 있는 것입니다. 이는 마치 돌에 맞아 죽임을 당하는 스데반이, "하늘을 우러러 주목하여 하나님의 영광과 및 예수께서 하나님 우편에 서신 것"(행 7:55)을 바라본 것과 같다 하겠습니다.

㉡ 다윗은 이렇게 기도하고 있는 셈입니다.

하늘에 계신 우리 아버지
아버지의 이름을 거룩하게 하시며
아버지의 나라가 오게 하시며
아버지의 뜻이 하늘에서와 같이 땅에서도 이루어지게 하소서".

⑥ "저희가 내 걸음을 장애하려고 그물을 예비하였으니 내 영혼이 억울하도다 저희가 내 앞에 웅덩이를 팠으나 스스로 그 중에 빠졌도다(셀라)"(6) 합니다.

ⓖ 다윗은 무고히 고난을 당하고 있는 것입니다. 그래서 "억울하도다" 하는 것입니다. 그러나 결국 저들은 자신이 판 웅덩이에 "스스로 빠지게" 될 것을 믿고 있는 것입니다. 이것이 환난 중에 "하늘에 계신 하나님을 바라봄"입니다.

셋째 단원(7-11) 내가 감사하고 찬송하리이다

⑦ 셋째 단원은 감사와 찬송인데, "하나님이여 내 마음이 확정되었고 내 마음이 확정되었사오니"(7상) 합니다.

ⓖ "확정되었다"는 말은 굴에 숨어 있는 다윗의 마음도 한 때는 흔들렸다는 것을 나타냅니다. 그러나 하나님의 약속에 의하여 "내 마음이 확정되었고, 확정되었다" 하고 굳은 결의를 나타냅니다. 56편에서도 강조했습니다만, "기쁨, 감사, 찬송, 확정" 등은 자동적으로 주어지는 것이 아닙니다. "내가 하나님을 의지하여 그 말씀을 찬송하며 여호와를 의지하여 그 말씀을 찬송하리이다"(56:10) 함과 같이, 말씀을 묵상함으로 주어지는 것입니다. 그래서 다윗도, "내 마음이 확정되었사오니 내가 노래하고 내가 찬송하리이다"(7하) 하는 것입니다.

⑧ 얼마나 충만해졌으면, "내 영광아 깰지어다 비파야, 수금아, 깰지어다 내가 새벽을 깨우리로다"(8) 하겠는가!

ⓖ 하나님을 찬양하기 위해서 "내 영광, 비파, 수금, 새벽"을 모두 깨웁니다. 새벽이란 일을 시작하기 전의 시간인데, "새벽을 깨우리로다" 한 것은, 찬양하고 싶은 충만한 마음 상태를 나타내는 표현입니다. 무엇보다 우선적으로 하나님을 찬양하겠다는 뜻입니다.

ⓛ 우리는 "내 영혼아 깰지어다" 할 것으로 생각하는데 어찌하여,

"내 영광아 깰지어다" 하고 말씀하는가? 현재의 고난은 장차 누리게 될 "영광"과 비교할 수 없음을 드러내기 위해서입니다. 이점을 사도 바울은 "생각건대 현재의 고난은 장차 우리에게 나타날 영광과 족히 비교할 수 없도다"(롬 8:18) 하고 말씀합니다.

하나님께서는 마치 잠자고 있는 영광을 깨우기라도 하듯 하셔서 다윗을 왕위에 오르게 하셨던 것입니다. 형제여, 힘을 내십시오. 형제의 영광도 "깰 날"이 다가옵니다.

⑨ "주여 내가 만민 중에서 주께 감사하오며 열방 중에서 주를 찬송하리이다"(9) 합니다.

㉠ 결론 부분에 이르러 굴속에 피하여 있는 다윗은, "내가 만민 중에서 주께 감사하오며, 열방 중에서 찬양하겠다" 하고, "만민, 열방"으로 확장을 하고 있습니다. 앞에서도 언급을 했습니다만 대부분의 시편들이 그 중심점이 결론부분에 나타난다는 점입니다.

㉡ 다윗은 자신을 사울의 손에서 구원하여주신 행사를 "만민 중에, 열방 중에" 알리겠다는 그런 뜻이 아닙니다. 이는 다윗의 예표를 통해서 그리스도에게서 성취될 것을 예시하는 말씀입니다. 이점이 이어지는 말씀에 나타나고 있는데,

㉮ "대저 주의 인자는 커서 하늘에 미치고", ㉯ "주의 진리는 궁창에 이르나이다"(10) 합니다.

하늘보다 높은 "주의 인자"와, 궁창보다도 더 넓고 큰 "주의 진리"를 감사하고 찬양하겠다는 것입니다. 그래서 이를 "만민에게, 열방에" 전파하고, 함께 감사하고 찬양하겠다는 그런 뜻이 함의되어 있는 것입니다.

⑩ "하나님이여 나를 긍휼히 여기시고 나를 긍휼히 여기소서"(1) 하고 시작된 57편은, "하나님이여 주는 하늘 위에 높이 들리시며 주의 영광은 온 세계 위에 높아지기를 원하나이다"(11) 하는 송영으로 마치고 있습니다.

㉠ 이 송영은 5절에서도 드려졌습니다. 어찌하여 하나님은 이처럼 영광과 찬양을 받으시기에 합당하신가? "인자와 진리를 보내어" 우리를 구원하여주셨기 때문입니다. 이것이 "측량할 수 없는 하나님의 인자와 진리"입니다.

적용

본문에서 우리가 행해야할 일은, 7-9절입니다. 우리가 다윗의 처지였다면 어떠했을 것인가? 희망을 포기하고 낙망했을 법한대, "내 마음이 확정되고 확정되었으니, 내가 노래하고 찬송하리이다, 만민 중에서 주께 감사하겠다" 합니다. 이것이 믿음의 승리입니다. 그리고 은혜를 입은 자가 해야 할 일은 "전파와 찬양"입니다.

묵상

㉠ 57편의 역사적인 배경에 대해서,
㉡ 하나님이 보내주실 "인자와 진리"가 누구로 임했는가에 대해서,
㉢ "모든 것을 이루시는 하나님"이라는 구속사적 의미에 대해서.

시편 58편 개관도표
잠잠 하는 자와 거짓을 말하는 자

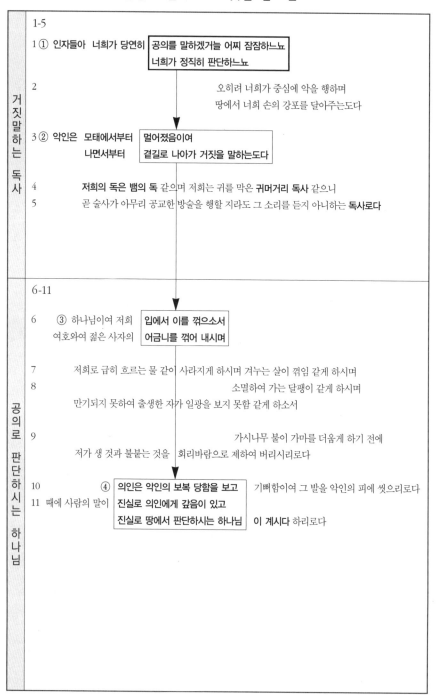

거짓말하는 독사

1-5

1 ① 인자들아 너희가 당연히 | 공의를 말하겠거늘 어찌 잠잠하느뇨
너희가 정직히 판단하느뇨

2 오히려 너희가 중심에 악을 행하며
땅에서 너희 손의 강포를 달아주는도다

3 ② 악인은 모태에서부터 | 멀어졌음이여
나면서부터 | 곁길로 나아가 거짓을 말하는도다

4 저희의 독은 뱀의 독 같으며 저희는 귀를 막은 귀머거리 독사 같으니
5 곧 술사가 아무리 공교한 방술을 행할 지라도 그 소리를 듣지 아니하는 독사로다

공의로 판단하시는 하나님

6-11

6 ③ 하나님이여 저희 | 입에서 이를 꺾으소서
여호와여 젊은 사자의 | 어금니를 꺾어 내시며

7 저희로 급히 흐르는 물 같이 사라지게 하시며 겨누는 살이 꺾임 같게 하시며
8 소멸하여 가는 달팽이 같게 하시며
만기되지 못하여 출생한 자가 일광을 보지 못함 같게 하소서

9 가시나무 불이 가마를 더웁게 하기 전에
저가 생 것과 불붙는 것을 회리바람으로 제하여 버리시리로다

10 ④ 의인은 악인의 보복 당함을 보고 | 기뻐함이여 그 발을 악인의 피에 씻으리로다
11 때에 사람의 말이 | 진실로 의인에게 갚음이 있고
진실로 땅에서 판단하시는 하나님 | 이 계시다 하리로다

58편
잠잠 하는 자와 거짓을 말하는 자

때에 사람의 말이 진실로 의인에게 갚음이 있고 땅에서 판단하시는 하나님이 계
시다 하리로다(시 58:11).

58편도 "다윗의 시"라는 표제가 있는데 내용은, "인자들아 너희가
당연히 공의(公義)를 말하겠거늘 어찌 잠잠하느뇨 너희가 정직히 판
단(判斷)하느뇨"(1) 하고, 불의한 지도자들을 책망하는 내용입니다.
이러한 내용을 대할 때에 "사회정의(社會正義) 구현"에 초점을 맞추
기가 쉽습니다만, 만일 그렇게 한다면 "의인은 악인의 보복 당함을 보
고 기뻐함이여 그 발을 악인의 피에 씻으리로다"(10) 한, 적대감(敵對
感)에 대해서 설명할 길이 없게 됩니다.

도표에 나타난 중앙선의 연결점을 보십시오. 58편도 신학적인 문
제요, 궁극적으로는 부당한 대우와 재판을 받으실 그리스도에게서 성
취가 되었다가, 공의의 심판 주로 오실 종말적인 말씀인 것입니다.

첫째 단원(1-5) 거짓말하는 녹사
둘째 단원(6-11) 공의로 판단하시는 하나님

첫째 단원(1-5) 거짓말하는 독사

① "인자들아 너희가 당연히 공의를 말하겠거늘 어찌 잠잠하느뇨 너희가 정직히 판단하느뇨"(1) 합니다.

㉠ 첫 절은 두 마디로 되어 있는데,

㉮ 첫째는 "어찌 잠잠하느뇨" 하고, 침묵하는 양심을 책망하고 있습니다. 어느 시대나 불의에 대하여 침묵하는 비굴한 양심은 있는 법입니다. 주님 당시도 "그러나 관원 중에도 저를 믿는 자가 많되 바리새인들을 인하여 드러나게 말하지 못하니 이는 출회를 당할까 두려워함이라"(요 12:42) 하고 말씀합니다.

반면 예레미야 선지자는, "내가 다시는 여호와를 선포하지 아니하며 그 이름으로 말하지 아니하리라 하면 나의 중심이 불붙는 것 같아서 골수에 사무치니 답답하여 견딜 수 없나이다"(렘 20:9) 하고 말씀합니다. 사도 바울도, "유익한 것은 무엇이든지 공중 앞에서나 각 집에서 꺼림이 없이 너희에게 전하여 가르쳤다"(행 20:20) 하고 말씀합니다. 과연 우리도 그러한가 하고 자문하게 합니다. ㉯ 둘째는 "너희가 정직히 판단하느뇨"(1하) 하는 책망인데 이는, "진실로 땅에서 판단하시는 하나님이 계시다 하리로다"(11하) 한 마지막 절과 결부가 되는 말씀입니다. "잠잠하는 자"가 불의에 대한 소극적인 방관자라면, 불공정하게 판단하는 자는 불의에 적극적으로 가담하고 있는 참여자입니다. ㉰ 이런 문맥에서 첫 절의 "인자들"이란 이방의 통치자들을 가리키는 것이 아니라, 하나님의 대리자로 세움을 받은 지도자들에 대한 책망이라는 점을 유념해야만 합니다.

㉡ 그런 자들이 "오히려 너희가 중심에 악을 행하며 땅에서 너희 손의 강포를 달아주는도다"(2) 합니다.

② "악인은 모태에서부터 멀어졌음이여 나면서부터 곁길로 나아가 거짓을 말하는도다"(3) 합니다.

㉠ "거짓을 말하는도다" 한 3절이, "공의를 말하겠거늘" 한 1절과 대조되어 있는 구조임을 주목하시기 바랍니다. 이것이 58편을 해석하는 열쇠와 같은 요점입니다. "너희가 당연히 공의를 말하겠거늘", 다시 말하면 바른 말씀, 진리의 말씀을 하라고 세움을 받은 자들이 오히려 "거짓을 말하고" 있다는 것입니다. 이점이 이어지는 말씀에 더욱 분명히 나타납니다.

㉡ "저희의 독은 뱀의 독 같으며 저희는 귀를 막은 귀머거리 독사 같으니"(4) 합니다.

㉮ 첫째로 "저희의 독은 뱀의 독 같다" 하는데 이것이 무슨 "독"(毒)인가? "거짓을 말하는도다"(3하) 한, "비 진리"의 독인 것입니다. ㉯ 둘째로 "귀를 막은 귀머거리 독사 같다"는 말은, 구제불능의 최악의 상태를 가리킵니다. 코브라도 "술사"의 피리소리에 의하여 조정을 받고 있는 것을 봅니다. 그런데 "곧 술사가 아무리 공교한 방술을 행할 지라도 그 소리를 듣지 아니하는 독사로다"(5) 합니다. ㉰ 셋째로 문제의 심각성은 그런 상태로 가만히 있는 것이 아니라 거짓을 말함으로, "독"이 모든 사람에게 퍼지게 하여 죽게 만들고 있다는 것입니다. 누가 그렇다는 것인가? 당연히 공의를 말해야할 지도자들이 그러하다는 것입니다.

㉢ 첫째 단원을 마치기 전에 꼭 말씀드려야 할 점은, 첫 절에서 언급한 "불의의 판단"입니다. 형세는 유사 이래로 가장 부당한 대우를 받으시고, 불의의 판단을 받으신 분이 누구인지 아십니까? 하나님의 아들 그리스도십니다. 38년 동안 병에 매여 고생하는 사람을 풀어 온전케 하신 일을 안식일을 범한 자라 비난하는 자들에게 주님은, "외모

로 판단하지 말고 공의의 판단으로 판단하라"(요 7:24) 하셨습니다.

이방인인 총독 빌라도가 "나는 그에게서 죄를 찾지 못하노라"(요 19:6) 한 것을, 가이사에게 반역하는 것이라고 압박하여 십자가에 못을 박도록 한, 당시의 제사장, 서기관, 장로들은 참으로 "귀를 막은 귀머거리 독사"와 같은 자들이었습니다. 이것이 "거짓말하는 독사"입니다

둘째 단원(6-11) 공의로 판단하시는 하나님

③ 둘째 단원은 심판을 촉구하는 내용인데, "하나님이여 저희 입에서 이를 꺾으소서 여호와여 젊은 사자의 어금니를 꺾어 내시며"(6) 합니다.

㉠ 다시 상기시킵니다만 말하는 지체인 "입과 이"가 강조되어 있다는 점입니다. 왜냐하면 입으로 거짓을 말하여 영혼을 죽이고 있기 때문입니다. 그래서 수많은 영혼들을 잡아먹고 있는, "저희 이를 꺾으소서, 사자의 어금니를 꺾으소서"(6) 하는 것입니다.

이런 맥락에서 58편의 경계는 특히 말씀의 대언(代言)자들을 염두에 두고 하는 말씀임을 깨닫게 됩니다.

미가 선지자는, "야곱의 두령들과 이스라엘 족속의 치리자들아 청컨대 들으라 공의는 너희의 알 것이 아니냐 너희가 선을 미워하고 악을 좋아하여 내 백성의 가죽을 벗기고 그 뼈에서 살을 뜯어 그들의 살을 먹으며 그 가죽을 벗기며 그 뼈를 꺾어 다지기를 남비와 솥 가운데 담을 고기처럼 하는도다"(미 3:1-3) 하고 책망을 합니다.

에스겔서에도 말씀을 맡은 자들에 대한 책망이 있습니다. "이스라엘아 너의 선지자들은 황무지에 있는 여우같으니라" 합니다. 왜냐하면 "두어 웅큼 보리와 두어 조각 떡을 위하여, 내 백성에게 거짓말을

지어서 죽지 아니할 영혼을 죽이고"(겔 13:4, 19) 있기 때문이라는 것입니다. "이스라엘 목자들을 쳐서 예언하라" 하시면서, "내가 내 양을 그들의 입에서 건져 내어서 다시는 그 식물이 되지 않게 하리라"(겔 34:1, 10) 하십니다.

이점에서 주님께서 당시의 지도자들을 향해서, 7번이나 "화 있을진저" 하고 책망하신 말씀을 연상하게 합니다. 어찌하여 그토록 진노하셨는가? "천국 문을 사람들 앞에서 닫고 너희도 들어가지 않고 들어가려 하는 자도 들어가지 못하게"(마 23:13), 즉 거짓말을 하여 많은 영혼들을 잡아먹었기 때문입니다. 그들을 향해서 "뱀들아 독사의 새끼들아 너희가 어떻게 지옥의 판결을 피하겠느냐"(마 23:33) 하신 말씀이 본문과 상통하고 있는 것입니다.

ⓛ 그러므로 본문에서도, "저희로 급히 흐르는 물 같이 사라지게 하시며 겨누는 살이 꺾임 같게 하시며 소멸하여 가는 달팽이 같게 하시며 만기되지 못하여 출생한 자가 일광을 보지 못함 같게 하소서"(7-8) 하고, 저들을 물리쳐달라고 호소하는 것입니다.

ⓒ "가시나무 불이 가마를 더웁게 하기 전에 저가 생것과 불붙는 것을 회리바람으로 제하여 버리시리로다"(9) 한 것은, 저들에 대한 심판이 지체치 아니하고 시행되리라는 뜻입니다.

사도 바울이 디도를 그레데에 떨어뜨려 둔 이유는 "부족한 일을 바로 잡게" 하기 위해서였습니다. 그리고 하는 말이 "저희의 입을 막을 것이라 이런 자들이 더러운 이를 취하려고 마땅치 아니한 것을 가르쳐 집들을 온통 엎드러치는도다"(딛 1:5, 11) 합니다.

④ 결론부분에서 "의인은 악인의 보복 당함을 보고 기뻐함이여 그 발을 악인의 피에 씻으리로다" 하는, 10-11절은 종말적인 말씀인데,

저들의 심판을 구약적인 개념으로 표현한 것입니다.

이런 말씀이 110편에도 나타납니다. 그리스도께서 부활 승천하셔서 하나님 "우편"에 앉아계시다가, "주의 우편에 계신 주께서 그 노하시는 날에 열왕을 쳐서 파하실 것이라 열방 중에 판단하여 시체로 가득하게 하시고 여러 나라의 머리를 쳐서 파하시며 길가의 시냇물을 마시고 인하여 그 머리를 드시리로다"(110:5-7) 하고 말씀합니다.

㉠ "인자들아 너희가 당연히 공의를 말하겠거늘"(1) 하고 시작한 58편은, "때에 사람의 말이 진실로 의인에게 갚음이 있고 진실로 땅에서 판단(判斷)하시는 하나님이 계시다 하리로다"(11) 하고 마치고 있습니다.

핵심은 "공의로 심판하시는 하나님이 계시다"는데 있습니다. 성경의 궁극적인 목적은 "하나님이 계시다" 하는 것을 알게 하시려는 자기계시입니다. 만일 최후심판이 없다면 불신자들은, "진실로 판단하시는 하나님이 계시다"는 것을 영영히 모르게 될 것입니다.

주님께서는 불의로 판단하는 자들을 향해서, "이 후에 인자가 권능의 우편에 앉은 것과 하늘 구름을 타고 오는 것을 보리라"(마 26:64) 하고, 공의의 심판 주로 오실 것을 말씀하셨습니다. 이것이 "잠잠 하는 자와 거짓을 말하는 자"에 대한 경계입니다.

적용

그렇다면 "공의로 판단하시는 하나님"이 계심을 믿는 자들은 어떠해야 마땅한가? 말씀을 맡은 자들은 "당연히 공의를 말하고", 성도들은 "의인에게 갚음이 있다"는 점을 명심하고 인내로 믿음의 정절을 지켜야 할 것입니다.

하나님께서 "너희가 당연히 공의를 말하겠거늘 어찌 잠잠하느뇨"

하심을 명심하십시다. 첫째로 자신이 공의를 말하고 있는가 반성해야 하겠고, 둘째로 비 진리가 판을 치는 불의 앞에 침묵하고 있는 비겁한 자가 자신이 아닌지 엄숙히 물어야만 하겠습니다.

묵상

㉠ 첫 절의 "잠잠하는" 침묵하는 방관자에 대해서,

㉡ 거짓을 말하는 자를 "뱀의 독, 귀머거리 독사"라 한 점에 대해서,

㉢ "진실로, 진실로 하나님이 계시다" 하는 결론 말씀에 대해서.

시편 59편 개관도표
주를 대적하는 자와 주를 의지하는 자

무
고
히
 	
박
해
를
 	
당
함
	1-4
	
	1 ① 나의 하나님이여 내 원수에게서 나를 건지시고
	2 사악을 행하는 자에게서 **나를 건지시고**
	
	3 ② 저희가 나의 생명을 해하려고 엎드려 기다리고
	     강한 자가 모여 나를 치려하오니
	
	      여호와여 이는 나의 범과를 인함이 아니요 나의 죄를 인함도 아니로소이다
	4 **내가 허물이 없으나** 저희가 달려와서 스스로 준비하오니
	      주여 **나를** 도우시기 위하여 깨사 감찰하소서
		일어나 치려는 자에게서 나를 높이 드소서
		피 흘리기를 즐기는 자에게서 나를 구원하소서

대
적
하
는
 	
열
방
을
 	
벌
하
심
	5-13
	
	5 ③ **만군의 하나님 여호와,** 이스라엘의 하나님이여
	      일어나 열방을 벌하소서 무릇 간사한 악인을 긍휼히 여기지 마소서(셀라)
	6 저희가 저물게 돌아와서 **개처럼 울며 성으로 두루 다니고**
	7 그 입으로 악을 토하며 그 입술에는 칼이 있어 이르기를 누가 들으리요 하나이다
	8 **여호와여 주께서 저희를 웃으시리니 모든 열방을 비웃으시리이다**
	9 ④ **하나님은 나의 산성이시니** 저의 힘을 인하여 내가 주를 바라리이다
	10 **나의 하나님이 그 인자하심으로 나를 영접하시며**
	       내 원수의 보응 받는 것을 나로 목도케 하시리이다
	11 저희를 죽이지 마옵소서 나의 백성이 잊을까 하나이다
	
	       우리 방패되신 주여 주의 능력으로 저희를 흩으시고 낮추소서
	12 저희 입술의 말은 곧 그 입의 죄라
	       저희의 저주와 거짓말을 인하여 저희로 그 교만한 중에서 사로잡히게 하소서
	
	13 ⑤ **진노하심으로 소멸하시되 없기까지 소멸하사**
	       하나님이 야곱 중에 다스리심을 땅 끝까지 알게 하소서 (셀라)	

두
 	
부
류
	14-17
	
	14 ⑥ **저희로** 저물게 돌아와서 개처럼 울며 성으로 두루 다니게 하소서
	15 **저희는** 식물을 위하여 유리하다가 배부름을 얻지 못하면 **밤을 새우려니와**
	
	16 ⑦ **나는** 주의 힘을 노래하며 아침에 주의 인자하심을 높이 부르오리니
	         주는 나의 산성이시며
	     나의 환난 날에 **피난처심이니이다**
	
	17 **나의** 힘이시여 내가 주께 찬송하오리니
	         하나님은 나의 산성이시며
	     나를 긍휼히 여기시는 하나님이심이니이다	

59편
주를 대적하는 자와 주를 의지하는 자

나는 주의 힘을 노래하며 아침에 주의 인자하심을 높이 부르오리니 주는 나의
산성이시며 나의 환난 날에 피난처심이니이다(시 59:16).

59편에는, "사울이 사람을 보내어 다윗을 죽이려고 그 집을 지킨
때에"라는 표제가 있습니다. 이런 역사적인 배경은 사무엘상 19장에
서, "사울이 사자들을 다윗의 집에 보내어 그를 지키다가 아침에 그를
죽이게 하려 한지라"(11) 한 기사에서 찾을 수가 있습니다.

그런데 도표에 표시된 대로 둘째 단원에서는 갑자기, "열방을 벌하
소서(5), 열방을 비웃으시리이다"(8) 하고, "열방"을 거론하는 의도가
무엇인가? 59편도 다윗을 죽이려고 포위하고 있는 역사적인 사건을
예표로 하여, 열방이 모여 영적 다윗이신 그리스도를 대적할 것을 계
시하시려는 것입니다. 그 점이 "주께서 저희를 웃으시리니 모든 열방
을 비웃으시리이다"(8) 한 말씀에 나타납니다. 2편에서도 "어찌하여
열방이 분노하며 민족들이 허사를 경영하는고, 하늘에 계신 자가 웃
으심이여 주께서 저희를 비웃으시리이다"(1, 4) 하고 말씀했습니다.

이런 맥락에서 59편의 핵심은, "하나님이 야곱 중에 다스리심을 땅
끝까지 알게 하소서"(13하) 하는 말씀에 있습니다. 이는 그리스도께
서 "천하의 왕"(슥 14:9)이 되실 것에 대한 전망이기 때문입니다.

첫째 단원(1-4) 무고히 박해를 당하는 자
둘째 단원(5-13) 대적하는 열방을 벌하심
셋째 단원(14-17) 두 부류로 갈라짐

첫째 단원(1-4) 무고히 박해를 당하는 자

① "나의 하나님이여 내 원수에게서 나를 건지시고 일어나 치려는 자에게서 나를 높이 드소서"(1) 합니다.

㉠ 다시 상기시킵니다만 다윗의 시편에는 예외가 없으리만큼 "원수, 악인, 대적" 등이 등장을 합니다. 이들이 1차적으로는 다윗을 대적하는 자들이라 하여도 성경이 말씀하는 "대적"은 궁극적으로 하나님을 대적하는 것이요, 나아가 하나님의 기름 부으신 자 곧 그리스도를 대적하는 것이라는 점에 확고해야만 합니다.

㉡ "사악을 행하는 자에게서 나를 건지시고 피 흘리기를 즐기는 자에게서 나를 구원하소서"(2) 합니다.

② "저희가 나의 생명을 해하려고 엎드려 기다리고 강한 자가 모여 나를 치려하오니"(3상),

㉠ "여호와여 이는 나의 범과(犯過)를 인함이 아니요 나의 죄를 인함도 아니로소이다(3하), 내가 허물이 없으나 저희가 달려와서 스스로 준비하오니 주여 나를 도우시기 위하여 깨사 감찰하소서"(4) 합니다. 이는 다윗이 당하는 고난이, "허물과 죄"로 인하여 당하는 박해가 아니라, 무고히 당하는 고난임을 나타냅니다.

㉡ 이점에서 무고히 박해를 당하실 그리스도를 보게 되는 것입니다. 그런데 하나님께서는 다윗의 생명을 해하려는 자에게서 "건져"

주셨으나, 자기 아들의 "생명을 해하려고 엎드려 기다리는 강한 자"(3)에게서는 건져주시지 않으셨다는 점입니다. 그래서 주님은 십자가 상에서, "나의 하나님, 나의 하나님, 어찌 나를 버리셨나이까"(마 27:46) 하고 부르짖으셨던 것입니다.

또한 하나님께서는 아브라함이 이삭을 결박하여 번제단 위에 올려 놓고 칼을 들어 치려는 순간, "아브라함아, 아브라함아 그 아이에게 손을 대지 말라"(창 22:12) 하고 급히 막으셨으나, 주님께서 "엘리 엘리 라마 사박다니" 하셨을 때에는 하늘로부터 아무런 소리가 들려오지 않고 침묵을 하셨습니다.

왜 그러했습니까? "이삭, 다윗"은 예표의 인물들이었으나, 자기 아들은 만민의 대속제물이 되어야 할 실체였기 때문입니다. 하나님에게는 자기 아들 대신 내어줄 다른 제물이 없으셨던 것입니다. 이것이 "무고히 박해를 당하는 자"입니다.

둘째 단원(5-13) 대적하는 열방을 벌하심

③ "만군의 하나님 여호와 이스라엘의 하나님이여 일어나 열방을 벌하소서"(5상) 합니다.

㉠ "사울이 사람을 보내어 다윗을 죽이려고 그 집을 지키는 것"과, "열방"이 무슨 관계가 있단 말인가? 이점에서 다윗이 그리스도에 대한 예표의 인물임이 명백하게 드러나고 있습니다. 그런 뜻이 "만군의 하나님 여호와 이스라엘의 하나님"이라고 부르는 호칭에서도 나타나고 있는데,

㉮ "만군의 하나님"은 창조사역과 결부되는 능력의 하나님을, ㉯ "여호와"라는 호칭은 언약과 결부되는 구원을, ㉰ "이스라엘의 하나

님"은 제사장 나라와 결부되어 구원자를 보내주실 통로이기 때문입니다.

ⓛ "무릇 간사한 악인을 긍휼히 여기지 마소서(셀라) 저희가 저물게 돌아와서 개처럼 울며 성으로 두루 다니고 그 입으로 악을 토하며 그 입술에는 칼이 있어 이르기를 누가 들으리요 하나이다"(5하-7) 합니다. "개처럼 울며 성으로 두루 다닌다, 저물게 돌아와서, 입술에는 칼이 있다" 등의 묘사에서, "너희 대적 마귀가 우는 사자같이 두루 다니며 삼킬 자를 찾나니"(벧전 5:8) 한 말씀을 연상하게 합니다.

ⓒ 그러나 "여호와여 주께서 저희를 웃으시리니 모든 열방을 비웃으시리이다"(8) 합니다. 2편에서도, "하늘에 계신 자가 웃으심이여 주께서 저희를 비웃으시리로다"(2:4) 하십니다. 왜 비웃으시는가? "여호와께서 열방의 도모를 폐하시며 민족들의 사상을 무효케 하시도다 여호와의 도모는 영영히 서고 그 심사는 대대에 이르리로다"(시 33:10-11) 하실 것이기 때문입니다.

이점을 이사야 선지자로 말씀하시기를, "너희는 함께 도모하라 필경 이루지 못하리라 말을 내어라 시행되지 못하리라"(사 8:10) 하시고 주님은, "이 돌 위에 떨어지는 자는 깨어지겠고 이 돌이 사람 위에 떨어지면 저를 가루로 만들어 흩으리라"(마 21:44) 하십니다. 하나님의 구원계획을 대적한다는 것은 계란으로 바위를 치려는 것같이 무모한 일이기 때문입니다.

④ 그러나 그를 의지하는 자에게는, "하나님은 나의 산성이시니 저의 힘을 인하여 내가 주를 바라리이다"(9) 합니다.

ⓛ 하나님은 자기를 바라고 의지하는 자를, "나의 하나님이 그 인자하심으로 나를 영접하시며 내 원수의 보응 받는 것을 나로 목도케

하시리이다"(10) 합니다.

㉮ 하나님의 인자를 바라는 자는 "영접"해주시고, ㉯ 대적하는 자는 "보응"하신다는 이 대조를 유념하시기를 바랍니다.

㉡ "저희를 죽이지 마옵소서 나의 백성이 잊을까 하나이다"(11상) 하는 말이 무지비한 말 같으나 이는 종말적인 말씀인 것입니다. "그날에는 사람들이 죽기를 구하여도 얻지 못하고 죽고 싶으나 죽음이 저희를 피하리이다"(계 9:6) 합니다. 이런 말씀을 대할 때에 육에 속한 자들은 거부감을 나타냅니다. 왜 그런가?

그들은 "사랑은 여기 있으니 우리가 하나님을 사랑한 것이 아니요 오직 하나님이 우리를 사랑하사 우리 죄를 위하여 화목제물로 그 아들을 보내셨음이니라"(요일 4:10) 하시는 대속교리를 믿지 못하기 때문입니다. '사랑과 진노'는 동전 앞뒤와 같은 것입니다. 만일 심판이 없다면 자기 아들을 대속 제물로 내어주신 복음은 필요 없는 것이 되고 마는 것입니다.

㉢ 그래서 "우리 방패 되신 주여 주의 능력으로 저희를 흩으시고 낮추소서 저희 입술의 말은 곧 그 입의 죄라 저희의 저주와 거짓말을 인하여 저희로 그 교만한 중에서 사로잡히게 하소서"(11하-12) 하는 것입니다. 여기 저들의 치명적인 병폐가 나타나는데 그것은, '교만' 입니다. 이점을 사도 바울은, "혹 네가 하나님의 인자하심이 너를 인도하여 회개케 하심을 알지 못하여 그의 인자하심과 용납하심과 길이 참으심의 풍성함을 멸시하느뇨" 하고 책망하면서, "다만 네 고집과 회개치 아니한 마음을 따라 진노의 날 곧 하나님의 의로우신 판단이 나타나는 그날에 임할 진노를 네게 쌓는도다"(롬 2:4-5) 하고 지적을 합니다. 그래도 무자비하다 말하겠는가?

⑤ "진노하심으로 소멸하시되 없기까지 소멸하사 하나님이 야곱 중에 다스리심을 땅 끝까지 알게 하소서 (셀라)"(13) 합니다.

㉠ "하나님이 야곱 중에 다스리신다"는 뜻이 무엇인가? 이점을 이 사야 선지자로 하신, "여호와께서 가라사대 구속자가 시온에 임하며 야곱 중에 죄과를 떠나는 자에게 임하리라"(사 59:20) 하신 말씀에서 구할 수가 있습니다. "야곱 중에 다스리심"은 메시아왕국을 전망하는 표현인 것입니다. 이점을 58:11절에서는, "때에 사람의 진실로 의인 에게 갚음이 있고 진실로 땅에서는 판단하시는 하나님이 계시다 하리 로다"라고 말씀합니다. 이런 날이 다가오고 있습니다. 이것이 "대적 하는 열방을 벌하심"입니다.

셋째 단원(14-17) 두 부류로 갈라짐

⑥ 셋째 단원의 열쇠는 "저희와 나"의 대조를 인식하는데 있습니 다. "저희로 저물게 돌아와서 개처럼 울며 성으로 두루 다니게 하소 서"(14) 합니다.

㉠ 어찌하여 저물게 돌아와 개처럼 울며 성을 두루 다니는가? 사냥 한 것이 없기 때문입니다. 그래서 "저희는 식물을 위하여 유리하다가 배부름을 얻지 못하면 밤을 새우려니와"(15) 하는 것입니다. 즉 저들 의 도모는 이루지 못한다는 것입니다.

⑦ 그러나 "나는 주의 힘을 노래하며 아침에 주의 인자하심을 높이 부르오리니"(16상) 합니다.

㉠ 이점에서 "나"의 의지가 무엇이며, "힘"이 어디서 나오는가를 놓치지를 말아야만 59편을 바로 깨닫는 것이 됩니다. 그것은 "주의 인

자"(16)입니다. 저희가 어찌하여 심판을 당하게 되는가? "교만"(12)하여 자신을 의뢰하고 "주의 인자"를 의지하지 않기 때문이라는 것이 됩니다.

ⓛ 59편 안에는,

㉮ "해하려는 원수(1, 10)와 교만"(12)이 있는가 하면, "인자(16)와 긍휼(17)과 영접"(10)이 있습니다. 영접하느냐? 배척하느냐에 의해서 "두 부류, 두 종말"로 갈라지게 되는 것입니다. ㉯ "밤을 새운다(15)는 말과, 아침에 주의 인자하심을 높이 부르오리니"(16) 한, "밤과, 아침"이 대조되어 있습니다. "이제는 너희 때요 어두움의 권세로다"(눅 22:53) 한 "밤" 시간이지만, "밤이 깊고 낮이 가까웠으니"(롬 13:12) 곧 시온의 영광이 빛나는 아침은 올 것입니다.

주는 나의 산성이시며
나의 환난 날에 피난처심이니이다
나의 힘이시여 내가 주께 찬송하오리니
하나님은 나의 산성이시며
나를 긍휼히 여기시는 하나님이심이니이다(16하-17).

형제의 고백도 이러합니까? 구약에 등장하는 "산성(山城), 피난처, 도피성"이라는 개념은 모두가 "수고하고 무거운 짐 진 자들아 다 내게로 오라 내가 너희를 쉬게 하리라"(마 11:28) 하시는 그리스도에 대한 모형들인 것입니다. 그런데 소극적으로는 이를 믿지 않고, 적극적으로는 대적한다면 다른 구원의 방도는 없는 것입니다. 이것이 "주를 대적하는 자와 주를 의지하는, 두 부류로 갈라짐"입니다.

적용

사도 바울은 "우리가 사방으로 우겨 쌈을 당하여도 싸이지 아니하며 답답한 일을 당하여도 낙심하지 아니 한다"(고후 4:8) 하고 말씀합니다. 왜 그런가? "나를 긍휼히 여기시는 나의 힘, 나의 산성"되시는 그리스도께서 환난 날에 나의 피난처가 되시기 때문입니다.

묵상

ㄱ 59편의 역사적인 배경과 예표에 대해서,

ㄴ "열방을 벌하소서" 하고, 열방을 언급하는 의도에 대해서,

ㄷ "두 부류, 두 종말"이 무엇에 의해서 갈라지게 되는가에 대해서.

시편 60편 개관도표
대적을 밟으실 유다의 홀

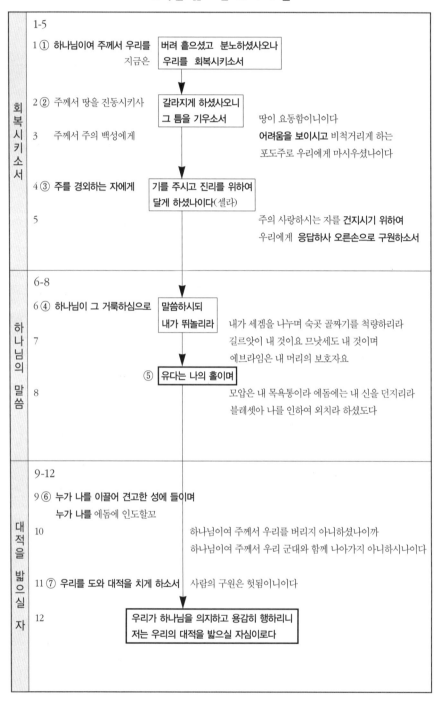

회복시키소서

1-5

1 ① 하나님이여 주께서 우리를 | 버려 흩으셨고 분노하셨사오나
지금은 | 우리를 회복시키소서

2 ② 주께서 땅을 진동시키사 | 갈라지게 하셨사오니
그 틈을 기우소서

땅이 요동함이니이다

3 　 주께서 주의 백성에게 　 어려움을 보이시고 비척거리게 하는
포도주로 우리에게 마시우셨나이다

4 ③ 주를 경외하는 자에게 | 기를 주시고 진리를 위하여
달게 하셨나이다(셀라)

5 　 주의 사랑하시는 자를 건지시기 위하여
우리에게 응답하사 오른손으로 구원하소서

하나님의 말씀

6-8

6 ④ 하나님이 그 거룩하심으로 | 말씀하시되
내가 뛰놀리라

내가 세겜을 나누며 숙곳 골짜기를 척량하리라

7 　 길르앗이 내 것이요 므낫세도 내 것이며
에브라임은 내 머리의 보호자요

⑤ | 유다는 나의 홀이며

8 　 모압은 내 목욕통이라 에돔에는 내 신을 던지리라
블레셋아 나를 인하여 외치라 하셨도다

대적을 밟으실 자

9-12

9 ⑥ 누가 나를 이끌어 견고한 성에 들이며
누가 나를 에돔에 인도할꼬

10 　 하나님이여 주께서 우리를 버리지 아니하셨나이까
하나님이여 주께서 우리 군대와 함께 나아가지 아니하시나이다

11 ⑦ 우리를 도와 대적을 치게 하소서 사람의 구원은 헛됨이니이다

12 | 우리가 하나님을 의지하고 용감히 행하리니
저는 우리의 대적을 밟으실 자심이로다

60편
대적을 밟으실 유다의 홀

우리가 하나님을 의지하고 용감히 행하리니 저는 우리의 대적을 밟으실 자심이
로다(시 60:12).

60편도 다윗의 시인데, "다윗이 아람 나하라임과 아람 소바와 싸우
는 중에 요압이 돌아와 에돔을 염곡에서 쳐서 12,000인을 죽인 때에"
라는 표제가 있습니다. 이런 역사적인 배경은 사무엘하 8장에서 "다
윗이 염곡에서 에돔 사람 18,000인을 쳐 죽이고 돌아와서 명예를 얻
으니라"(13) 한 말씀에서 찾을 수가 있습니다.

60편은 전체가 전쟁 시인데, 이를 기록케 하신 목적이 무엇인가?
"전쟁은 여호와께 속하였다"(삼상 17:47; 대하 20:15) 하신 대로, 성
경에 등장하는 전쟁은 하나님의 이름과 명예가 걸려 있는 하나님의
나라회복(1하)을 위한 싸움인 것입니다.

60편의 구조는 회복을 간구(첫째 단원)하는 것으로 시작하여, 거룩
함으로 말씀한 약속에 근거한 승리에 대한 확신(둘째 단원)과, "대적
을 밟으실 자심이로다"(셋째 단원) 하는 궁극적인 승리를 전망하는 구
조로 되어 있습니다. 이러한 승리와 회복이 누구를 통해서 성취되는
가? 이에 대한 답안이, "유다는 나의 홀"(7)이라는 말씀에 나타납니다.

첫째 단원(1-5) 우리를 회복시키소서

둘째 단원(6-8) 거룩함으로 말씀하신 하나님

셋째 단원(9-12) 대적을 밟으실 자

첫째 단원(1-5) 우리를 회복시키소서

① "하나님이여 주께서 우리를 버려 흩으셨고 분노하셨사오나"(1상) 하는데,

㉠ 표제의 배경이 되는 사무엘하 8장에는 본문과 같은 패전의 기록이 없습니다. 이로 보건대 다윗이 거둔 승리는 패전했다가 승리한 것으로 볼 수가 있습니다. 어떻든 본문이 승리로 시작하고 있는 것이 아니라, "주께서 우리를 버려 흩으셨다" 하고, 실패로 시작하고 있다는 것은 의미심장한 바라 할 것입니다.

㉡ 왜냐하면 회복의 역사는 인간이 실패한 현장에서 시작이 되었기 때문입니다. 범죄로 말미암아 파괴가 없었다면 재건하는 "회복"이란 필요 없는 것이 되는 것입니다. 그래서 "지금은 우리를 회복시키소서"(1하) 하는 것입니다.

② "주께서 땅을 진동시키사 갈라지게 하셨사오니 그 틈을 기우소서 땅이 요동함이니이다"(2) 합니다.

㉠ 핵심은 "그 틈을 기우소서"에 있는데, 이 표현도 회복을 가리키는 것으로 의미가 깊습니다.

㉮ 첫째로 하나님과 인간 사이에 "틈"이 생겼음을 나타냅니다. 이는 "오직 너희 죄악이 너희와 너희 하나님 사이를 내었고"(사 59:2) 한 대로 인간의 범죄로 말미암은 것입니다. ㉯ 둘째로 "기우소서" 한

것은 찢어진 것을 다시 결합시켜 달라는 말인데 이점을 아모스 선지자를 통해서는, "그날에 내가 다윗의 무너진 천막을 일으키고 그 틈을 막으며"(암 9:11) 하십니다. 우리 주님은 "우리의 화평이신지라 둘로 하나를 만드사"(엡 2:14) 화목하게 해주셨던 것입니다. 이것이 회복의 역사인 것입니다.

③ 그래서 "주를 경외하는 자에게 기를 주시고 진리를 위하여 달게 하셨나이다(셀라)"(4) 하는 것입니다.

㉠ 여기서 말씀하는 "기"(旗)는 모세가 "여호와 닛시(여호와는 나의 깃발)라"(출 17:15)한 승리를 가리키는 표현입니다. 우리는 이미 20:5절에서, "우리가 너의 승리로 인하여 개가를 부르며 우리 하나님의 이름으로 우리 기를 세우리니" 한 말씀을 상고한 바가 있습니다. 그런데 그냥 기를 다는 것이 아니라, "진리를 위하여 달게 하셨다", 즉 진리로 승리했다고 말씀하는 것입니다. 그러면 의미는 더욱 분명해진다 하겠습니다.

㉡ 구속사의 관점으로 보면 승리를 의미하는 "기"가 누구에 대한 상징인가? 그 해답을, "그날에 이새의 뿌리에서 한 싹이 나서 만민의 기호로 설 것이요 열방이 그에게로 돌아오리니"(사 11:10) 한, 이사야 선지자의 예언에서 구할 수가 있습니다. 이새의 뿌리에서 탄생하실 그리스도는, "이리로 모여야 구원을 얻습니다" 하는 기호라는 것입니다. 그래서 "진리를 위하여 달게 하셨나이다" 하고는 감격해서, "셀라" 하는 것입니다.

㉢ "주께서 우리를 버려 흩으셨다"(1) 하고 시작한 첫째 단원은, "주의 사랑하시는 자를 건지시기 위하여 우리에게 응답하사 오른손으로 구원하소서"(5) 하는 호소로 마치고 있습니다. 이것이 "지금은

우리를 회복시키소서" 한, 회복에 대한 간구입니다.

둘째 단원(6-8) 거룩함으로 말씀하신 하나님

둘째 단원의 중심점은 "거룩함으로 말씀하시되" 한 "말씀"에 있습니다. 이는 첫째 단원의 주제인 "회복"이 하나님의 언약(말씀)으로 말미암아 가능하여 진다는 점을 나타냅니다.

④ "하나님이 그 거룩하심으로 말씀하시되"(6상) 합니다.

언제, 누구에게 말씀하셨단 말인가? 이를 본문의 의미문맥과, 구속사라는 맥락으로 보면, "내가 나의 거룩함으로 한번 맹세하였은즉 다윗에게 거짓을 아니할 것이라"(89:35) 하신, 다윗에게 세워주신 언약을 가리키는 것이 됩니다. 이런 맥락에서 본문이 1차적으로는 다윗이 이룩하게 될 통일왕국을 가리킨다 하여도 궁극적으로는 메시아왕국에 대한 비전이라 하겠습니다.

㉠ 이점에서 "내가 뛰놀리라 내가 세겜을 나누며 숙곳 골짜기를 (소유가 되었기에) 척량하리라"(6하) 하는 "나"라는 화자(話者)를 누구로 보느냐 하는 문제가 대두되는데, "거룩함으로 말씀하신" 하나님의 언약에 근거한 다윗의 확신으로 보아야할 것입니다.

"뛰놀리라"는 표현은 큰 기쁨을 나타내는 말인데, 114편에 보면 유다 지파가 선두에 서서 행진해 오는 출애굽의 대열을 보고, "산들은 수양같이 뛰놀며 작은 산들은 어린양 같이 뛰었도다"(114:4) 하는 말씀이 있습니다.

㉡ 그러므로 60편을 이해하기 위해서는, 114편에 나타난 계시를 함께 다루어야만 분명해집니다.

㉮ 왜냐하면 두 편의 핵심은, "유다는 나의 홀이며(60:7), 유다는

여호와의 성소가 되고"(114:2) 한 "홀과, 성소"에 있는데, 이는 공(共)히 그리스도를 상징하는 표현이기 때문입니다. ⓝ 또한 "뛰놀다"(60:6; 114:4)라는 동일 반응에 의해서 상통(相通)하며 맥을 같이 하고 있기 때문입니다. 그러니까 유다 지파 다윗의 승리를 예표로 하여, 유다 지파로 오실 그리스도에게서 성취될 복음의 승리를 전망하는 것이라 하겠습니다.

이미 창세기 49:10절에서 "홀이 유다를 떠나지 아니하며" 하고, 그리스도가 유다 지파를 통해서 오시게 될 것이 작정이 되어 있기 때문에, "유다는 여호와의 홀, 유다는 여호와의 성소"라 하는 것입니다. 이런 맥락에서 60편의 승리의 개가나, 114편의 감격과 감동이 모두 그리스도로 말미암은 것이라는 점입니다.

⑤ 이런 맥락에서 이스라엘을 가리키는, "길르앗이 내 것이요 므낫세도 내 것이며 에브라임은 내 머리의 보호자요 유다는 나의 홀이며"(7) 한 것은, 통일왕국을 이루어 견고하여 질 것을 나타내고,

㉠ 그러면 이방을 가리키는, "모압은 내 목욕통이라 에돔에는 내 신을 던지리라 블레셋아 나를 인하여 외치라 하셨도다"(8) 한 것은 무슨 뜻인가? "모압, 에돔, 블레셋" 등은 이스라엘을 괴롭힌 대적들입니다. 그런데 "목욕통이 되고, 신을 던지고, 외치라" 한 표현들은 정복을 당하여 이스라엘의 영토가 이방에 이르기까지 확장될 것을 나타내는 표현들입니다.

㉡ 그러니까 다윗 당시는 "모압, 에돔, 블레셋" 등이 문자적으로 정복해야할 대상들이었으나, 영적 논리로 하면 복음으로 정복해나가야 할 것을 가리킨다 하겠습니다. 어느 시대나 복음으로 정복해야할 "모압, 에돔, 블레셋"은 있는 것입니다.

둘째 단원을 마치기 전에 "내가 뛰놀리라"(6) 한 말씀을 좀 더 묵상해 보아야만 하겠습니다. 이는 전투하는 교회를 고무시키는 말씀이기 때문입니다. "내가 뛰놀리라" 하고 말씀하는 다윗은 분명, 예루살렘으로 법궤를 운반해 올 때에 "다윗 왕이 여호와 앞에서 뛰놀며 춤추던"(삼하 6:16) 당시를 연상했을 것입니다.

또한 말라기 선지자는 "내 이름을 경외하는 너희에게는 의로운 해가 떠올라서 치료하는 광선을 발하리니 너희가 나가서 외양간에서 나온 송아지 같이 뛰리라"(말 4:2) 합니다. 그리스도인들이 뛰놀지 않는다면 뛰놀자가 누구이겠는가? 형제여, 우리는 어떠한 상황에서도 "내가 뛰놀리라" 할 이유가 있는 자들임을 명심하십시다. 문제는 현대교회가 "뛰놀리라" 하는 약동(躍動)하는 교회가 아니라 잠들어 있는 듯하다는 점입니다. 이것이 "거룩함으로 말씀하신 하나님"입니다.

셋째 단원(9-12) 대적을 밟으실 자

⑥ 셋째 단원은 궁극적인 승리를 전망하는 말씀인데, 왜냐하면 전쟁은 아직 끝난 것이 아니기 때문입니다. "누가 나를 이끌어 견고한 성에 들이며 누가 나를 에돔에 인도할꼬"(9) 합니다.

㉠ 에돔을 "견고한 성"이라 한 것은, 오바댜서에 잘 나타나 있는데 "바위틈에 거하며 높은 곳에 사는 자여 네가 중심에 이르기를 누가 능히 나를 땅에 끌어 내리겠느냐"(옵 1:3) 하고 호언장담했던 것입니다. 이는 난공불락을 가리킵니다. 이점에서 명심해야할 점은 우리가 정복해야할 "에돔"도 견고한 성이라는 점입니다. 그래서 "선을 행하다가 피곤해지고 낙심하기까지" 하게 되는 것입니다.

다윗은 "누가 나를 이끌어 견고한 성에 들이며 누가 나를 에돔에 인도할꼬"(9) 하고, "누구"를 찾고 있는데, 이는 하나님 외에는 이를 정복케 할 자가 없다는 뜻인데, 그분을 마지막 절에서 만나게 될 것입니다.

ⓛ 그런데 10절에서, "하나님이여 주께서 우리를 버리지 아니 하셨나이까 하나님이여 주께서 우리 군대와 함께 나아가지 아니 하시나이다"(10) 하는 호소는, "하나님이여 주께서 우리를 버려 흩으셨고"한, 첫 절과 결부가 되는 것입니다. 다윗은 "거룩하심으로 말씀하신" 그리스도에게서 성취될 장래의 소망을 바라보다가 현실로 돌아온 것입니다.

그래서 "우리를 도와 대적을 치게 하소서 사람의 구원은 헛됨이니이다"(11) 하고 호소하는데, 다윗은 에돔과의 전쟁에서 군사를 의지했다가 패배한 후에, 하나님만을 의지하여 승리한 것으로 볼 수가 있습니다. 그러면 "우리를 도와 대적을 치실" 분이 누군가?

⑦ "우리를 버려 흩으셨다"(1)는 말씀으로 시작된 60편은, "우리가 하나님을 의지하고 용감히 행하리니 저는 우리의 대적을 밟으실 자심이로다"(12) 하고, 마치고 있습니다.

ⓗ "대적을 밟으실 자"란, 9절에서 "누가, 나를 에돔에 인도할꼬"하고 찾고 있던 분이요, "우리를 도와 대적을 치게 할" 분인 것입니다. 궁극적으로 대적을 밟으시고 우리를 구원하여 주실 분은 예수 그리스도시라는 것이 성경의 일관된 답변입니다. 성경이 말씀하는 전쟁은 창세기 3:15절에서 시작이 되어서, 계시록에서 "용을 잡으니 곧 옛 뱀이요 마귀요 사단이라"(계 20:2)에서 종결이 될 전쟁이기 때문입니다.

ⓛ "주를 경외하는 자(4), 주의 사랑하시는 자"(5)에게는 한 때의 패배는 있을 수 있어도 영원한 패배란 없습니다. 그러므로 승리를 상

징하는 "기를 주시고 진리를 위하여 달게 하셨나이다"(4) 한 승리는, "하나님이 그 거룩하심으로 말씀하신"(6) 바요, "언약하시고 맹세로 보증하여 주신" 신실한 말씀인 것입니다. 이것이 "대적을 밟으실 유다의 홀"입니다.

적용

성도들에게 한 때의 패배는 있어도 영원한 패배는 없습니다. 낙심될 때에는 "거룩하심으로 말씀하신" 언약을 상기하시면서, "뛰놀리라" 하고, 선언하시기를 바랍니다.

묵상

㉠ "틈을 기우소서, 회복시키소서" 하는 회복에 대해서,

㉡ "기를 주시고 진리를 위하여 달게 하셨다"에 구속사적 의미에 대해서,

㉢ "거룩하심으로 하신 말씀"과 대적을 밟으실 자에 대해서

시편 61편 개관도표
징벌 중에 의지할 주의 인자와 진리

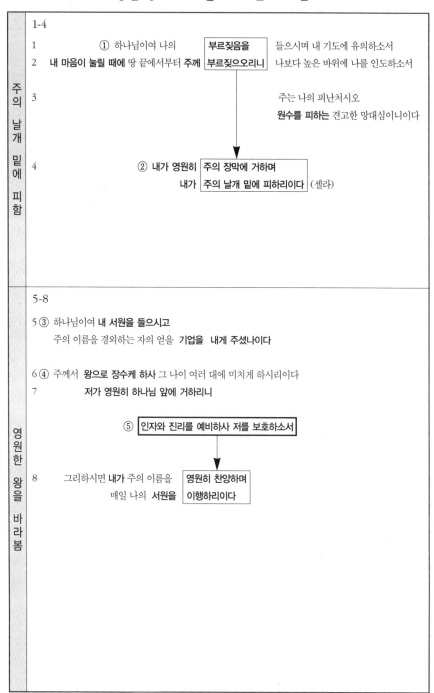

주의 날개 밑에 피함

1-4

1 ① 하나님이여 나의 |부르짖음을| 들으시며 내 기도에 유의하소서
2 내 마음이 눌릴 때에 땅 끝에서부터 주께 |부르짖으오리니| 나보다 높은 바위에 나를 인도하소서

3 주는 나의 피난처시오
   원수를 피하는 견고한 망대심이니이다

4 ② 내가 영원히 |주의 장막에 거하며|
   내가 |주의 날개 밑에 피하리이다| (셀라)

영원한 왕을 바라봄

5-8

5 ③ 하나님이여 **내 서원을 들으시고**
   주의 이름을 경외하는 자의 얻을 **기업을** **내게 주셨나이다**

6 ④ 주께서 **왕으로 장수케 하사** 그 나이 여러 대에 미치게 하시리이다
7 저가 영원히 하나님 앞에 거하리니

   ⑤ |인자와 진리를 예비하사 저를 보호하소서|

8 그리하시면 **내가** 주의 이름을 |영원히 찬양하며|
   매일 나의 **서원을** |이행하리이다|

61편
징벌 중에 의지할 주의 인자와 진리

저가 영원히 하나님 앞에 거하리니 인자와 진리를 예비하사 저를 보호하소서
(시 61:7).

61편도 다윗의 시인데 역사적인 배경은 압살롬의 반역으로 인하여 쫓겨나서 마하나임(삼하 17:24)에 있을 때에 지은 시로 여기고 있습니다. 그러므로 중심점은, "인자와 진리를 예비하사 저를 보호하서서"(7) 하는데 있습니다. 왜냐하면 대적의 궤계는 그리스도의 예표인 다윗을 꺾으려 하기 때문입니다.

그러나 핵심은 "주께서 왕으로 장수케 하사 그 나이 여러 대에 미치게 하시리이다"(6) 한 말씀에 있는데 왜냐하면 이는 하나님께서 다윗에게, "네 집과 네 나라가 네 앞에서 영원히 보전되고 네 (왕)위가 영원히 견고하리라"(삼하 7:16) 하신 언약과 결부되는 진술이기 때문입니다.

다윗은 징벌을 당하면서도, "죄를 범하면 사람 막대기와 인생 채찍으로 징계하려니와 빼앗지 아니하리라"(삼하 7:14-15) 하신 말씀을 붙잡고 있는 것입니다.

첫째 단원(1-4) 주의 날개 밑에 피함
둘째 단원(5-8) 영원한 왕을 바라봄

첫째 단원(1-4) 주의 날개 밑에 피함

첫째 단원은 쫓겨나 "땅 끝에"(2) 있는 다윗의 간구인데 중심점은, "주의 장막, 주의 날개"(4)에 있습니다. 다윗은 주의 날개 밑에 피하기를 구하고 있는 것입니다.

① "하나님이여 나의 부르짖음을 들으시며 내 기도에 유의하소서"(1).

㉠ "내 마음이 눌릴 때에 땅 끝에서부터 주께 부르짖으오리니 나보다 높은 바위에 나를 인도하소서"(2) 합니다. 형제도 "내 마음이 눌릴 때"를 경험해보셨겠지요? 그럴 때에는 "땅 끝에서부터", 즉 하나님과의 거리가 가마득하게 멀어진 것으로 느껴집니다.

㉡ 그래서 "주는 나의 피난처시요 원수를 피하는 견고한 망대심이니이다"(3) 하는 것입니다.

② 그리고 "내가 영원히 주의 장막에 거하며 내가 주의 날개 밑에 피하리이다(셀라)"(4) 하는데,

㉠ "높은 바위, 나의 피난처, 견고한 망대, 주의 장막, 주의 날개" 등은, 모두가 하나님을 사모하는 묘사들로 징벌에서 구원되기를 바라는 언급입니다.

㉡ 27:4-5절에서는, "내가 여호와께 청하였던 한 가지 일 곧 그것을 구하리니 곧 나로 내 생전에 여호와의 집에 거하여 여호와의 아름다움을 앙망하며 그 전에서 사모하게 하실 것이라 여호와께서 환난 날에 나를 그 초막 속에 비밀히 지키시고 그 장막 은밀한 곳에 나를 숨기시며 바위 위에 높이 두시리로다" 말씀했는데 본문도 동일한 간구인 것입니다.

ⓒ 사무엘하 16장에는 다윗이 압살롬의 반역을 피하여 도망하는 장면이 있습니다. 대제사장 사독이 언약궤를 메어다가 다윗 앞에 내려놓자, "하나님의 궤를 성으로 도로 메어가라" 하면서, "내가 여호와 앞에서 은혜를 얻으면 도로 나를 인도하사 내게 그 궤와 그 계신데를 보이시리라"(24-25) 하고 말합니다. 이것이 "내가 영원히 주의 장막에 거하며 내가 주의 날개 밑에 피하리이다"(4) 하는 간절한 열망인 것입니다.

둘째 단원(5-8) 영원한 왕을 바라봄

둘째 단원은 서원이라 할 수가 있는데 중심점은 "왕으로 장수케"(6) 해달라는데 있습니다.

③ "하나님이여 내 서원을 들으시고 주의 이름을 경외하는 자의 얻을 기업을 내게 주셨나이다"(5) 합니다.

㉠ 다윗에게 주셨다는 "기업"이란, 1차적으로는 다윗 왕국을 가리킵니다. 그런데 궁극적으로는 다윗이 여호와의 전을 건축할 서원을 말했을 때에, "네가 나를 위하여 나의 거할 집을 건축하겠느냐?, 여호와가 너를 위하여 집을 이루고"(삼하 7:5, 11) 하신 언약에서 구할 수가 있습니다.

다윗은 왕위를 찬탈을 당할 위기에 처하여 하나님께서 "네 위가 영원히 견고하리라" 하고 세워주신 언약을 붙잡고 있는 것입니다. 왜냐하면 다윗에게 세워주신 언약은 왕위가 끊어짐이 없이 계승이 되어 그리스도에게로 이어지게 되리라는 메시아언약이었기 때문입니다.

④ 이점이 "주께서 왕으로 장수케 하사 그 나이 여러 대에 미치게 하시리이다"(6), 하는 진술에 나타납니다.

㉠ 1차적으로는 다윗의 위가 끊어지지 않게 해달라는 것이지만 궁극적으로는 다윗의 자손으로 오실 그리스도를 전망하는 뜻입니다. 하나님께서 언약을 세워주시자 다윗은, "여호와 앞에 들어가 앉아서 가로되 하나님이여 나는 누구오며 내 집은 무엇이 관대 나로 이에 이르게 하셨나이다 하나님이여 주께서 이것을 오히려 작게 여기시고 또 종의 집에 대하여 먼 장래까지 말씀하셨사오니"(대상 17:16-17) 했습니다. 이런 맥락에서 "왕으로 장수케 하사 그 나이 여러 대에 미치게 하시리이다" 하는 뜻은, 왕위를 계승시키셔서 그리스도에게까지 이르게 하실 것을 확신하는 고백적인 말인 것입니다.

㉡ 이점이 "저가 영원히 하나님 앞에 거하리니"(7상) 하는 말에 나타납니다.

㉮ 다윗은 7절에 이르러 갑자기 인칭을 "저가" 하고 3인칭으로 말하고 있는데 그렇다면 영원한 왕 "그"가 누군가? ㉯ "그 권세는 영원한 권세라 옮기지 아니할 것이요 그 나라는 폐하지 아니할 것이니라, 지극히 높으신 자의 성도들이 나라를 얻으리니 그 누림이 영원하고 영원하고 영원하리라"(단 7:14, 18) 하신 메시아왕국을 내다보고 하는 말입니다.

⑤ 이점이 "인자와 진리를 예비하사 저를 보호하소서"(7하) 하는 말씀에도 나타납니다. "인자와 진리"는 시편에서 중요한 주제(25:10; 40:10, 11; 57:3, 10; 61:7; 69:13) 중 하나입니다. 이점에 대해서 충분하리만치 설명을 했습니다만 한마디 부언을 한다면,

㉠ 57:3절에서 "인자와 진리를 보내시리로다" 한 "보내심"은, "율법은 모세로 말미암아 주신 것이요 은혜(인자)와 진리는 예수 그리스도로 말미암아 온 것이라"(요 1:17) 한 말씀과 부합하고,

ⓛ 7절에서 "인자와 진리를 예비하사" 한 "예비"하심은 위로 거슬러 올라가면, "아들아 번제할 어린양은 하나님이 자기를 위하여 친히 준비하시리라"(창 22:8) 한 아브라함의 진술과 만나고 아래로 내려오면, "하나님이 제사와 예물을 원치 아니하시고 오직 나를 위하여 한 몸을 예비하셨도다"(히 10:5)에서 성취될 말씀인 것입니다. 하나님께서는 구속사역을 이루시기 위해서 "인자와 진리"를 친히 예비하셨고, 때가 찬 경륜 가운데 "인자와 진리"를 보내셔서 성취하셨습니다.

ⓒ 다윗은 이를 내다보면서 "그리하시면 내가 주의 이름을 영원히 찬양하며 매일 나의 서원을 이행하리이다"(8) 하는 것입니다. "그리하시면"이 무엇을 가리키는가?

㉮ 1차적으로는 다윗의 왕위를 회복시켜 달라는 의미가 있습니다.
㉯ 궁극적으로는 다윗의 왕위를 보존하사 그리스도에게서 성취시켜 달라는 뜻이 있습니다. 이제 신약의 성도들에게는 "그리하시면"이 아니라, "그리하여 주셨음으로" 주의 이름을 영원히 찬양하며 매일 서원을 이행하는 삶을 살아야만 하는 것입니다. 그렇다면 다윗의 "서원"이 무엇인가? 132편에 보면, "여호와여 다윗을 위하여 그의 모든 근심한 것을 기억하소서 저가 여호와께 맹세하며 야곱의 전능자에게 서원하기를 내가 실로 나의 거하는 장막에 들어가지 아니하며 내 침상에 오르지 아니하며 내 눈으로 잠들게 아니하며 내 눈꺼풀로 졸게 아니하기를 여호와의 처소 곧 야곱의 전능자의 성막을 발견하기까지 하리라 하였나이다"(132:1-5) 한 말씀이 있습니다.

본문의 서원과 맥을 같이 하는 사모함인데, 사울은 40년이나 왕위에 있는 동안 성막을 거들떠보지도 않았습니다. 그런데 다윗은 어찌하여 "성막"을 이처럼 사모하여 "맹세와 서원"을 하고 있단 말인가? 그 답은 성막이 누구의 모형으로 주어졌는가를 아는 자라면 자명해지는 것입니다. 다윗은 성막의 실체로 오실 그리스도를 멀리서 바라보며 이토록 사모했던 것입니다. 이것이 "영원한 왕을 바라봄"이요, "징벌 중에서도 하나님의 언약을 믿음"입니다.

적용

"주의 이름을 경외하는 자의 얻을 기업을 내게 주셨나이다"(5) 한 "기업"을, 형제에게도 주셨습니다. 사도 바울은 그의 옥중서신에서 "찬송하리로다 하나님 곧 우리 주 예수 그리스도의 아버지께서 그리스도 안에서 하늘에 속한 모든 신령한 복으로 우리에게 복주시되"(엡 1:3) 하면서, "성도 안에서 그 기업의 영광의 풍성이 무엇인지"(엡 1:18)를 알게 해달라고 간구하고 있습니다.

형제여, 우리에게 주신 기업도 "왕 같은 제사장"임을 잊지 마십시다. 다윗은 마음이 눌리는 상황에서도 하나님께서 세워주신 언약을 상기하면서, 징벌하실지언정 폐하시지 않을 것을 믿고 있습니다.

그러면 우리의 서원은 무엇이어야만 하는가? "그런즉 너희가 먹든지 마시든지 무엇을 하든지 다 하나님의 영광을 위하여 하라"(고전 10:31)는 말씀이 될 것입니다. 이를 믿는 자는 "찬양은 영원히, 서원은 매일" 이행해야함을 명심하십시다.

묵상

㉠ 다윗이 61편을 어떤 상황에서 기록했는가에 대해서,

㉡ 그런 상황에서 그가 붙잡고 있는 것이 무엇인지에 대해서,

㉢ 하나님이 예비하신 "인자와 진리"의 구속사적 의미에 대해서.

시편 62편 개관도표
잠잠히 하나님만 바라라

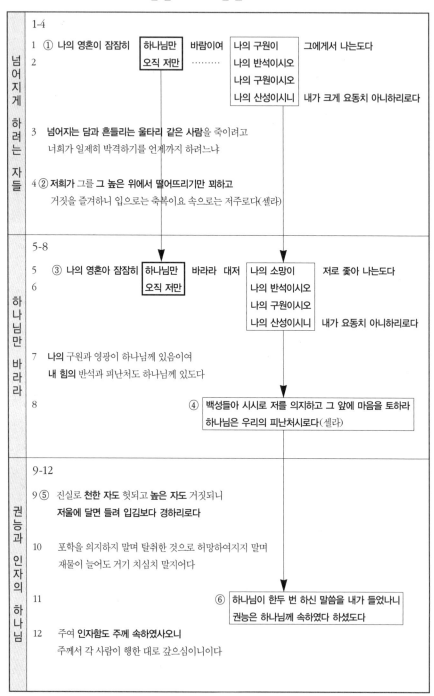

넘어지게 하려는 자들

1-4

1 ① 나의 영혼이 잠잠히 **하나님만** 바람이여 나의 구원이 그에게서 나는도다
2 **오직 저만** ········ 나의 반석이시오
　　　　　　　　　　　　　　　나의 구원이시오
　　　　　　　　　　　　　　　나의 산성이시니 내가 크게 요동치 아니하리로다

3 넘어지는 담과 흔들리는 울타리 같은 사람을 죽이려고
　너희가 일제히 박격하기를 언제까지 하려느냐

4 ② 저희가 그를 그 높은 위에서 떨어뜨리기만 꾀하고
　거짓을 즐겨하니 입으로는 축복이요 속으로는 저주로다(셀라)

하나님만 바라라

5-8

5 ③ 나의 영혼아 잠잠히 **하나님만** 바라라 대저 나의 소망이 저로 좇아 나는도다
6 **오직 저만** 나의 반석이시오
　　　　　　　　　　　　　　　나의 구원이시오
　　　　　　　　　　　　　　　나의 산성이시니 내가 요동치 아니하리로다

7 나의 구원과 영광이 하나님께 있음이여
　내 힘의 반석과 피난처도 하나님께 있도다

8 ④ 백성들아 시시로 저를 의지하고 그 앞에 마음을 토하라
　하나님은 우리의 피난처시로다(셀라)

권능과 인자의 하나님

9-12

9 ⑤ 진실로 **천한 자도** 헛되고 **높은 자도** 거짓되니
　저울에 달면 들려 입김보다 경하리로다

10 포학을 의지하지 말며 탈취한 것으로 허망하여지지 말며
　재물이 늘어도 거기 치심치 말지어다

11 ⑥ 하나님이 한두 번 하신 말씀을 내가 들었나니
　권능은 하나님께 속하였다 하셨도다

12 주여 **인자함도** 주께 속하였사오니
　주께서 각 사람이 행한 대로 갚으심이니이다

62편
잠잠히 하나님만 바라라

나의 영혼이 잠잠히 하나님만 바람이여 나의 구원이 그에게서 나는도다(시 62:1).

62편도 다윗의 시인데 두 번 등장하는 "셀라"에 의해서 자연스럽게 세 부분으로 나누어집니다. 중심점은 도표에 표시된 대로, "하나님만(1), 저만"(2), "하나님만(5), 저만"(6) 하고, 반복적으로 강조하는 "하나님"께 있습니다.

대적들은 "그를 그 높은 위에서 떨어뜨리기만 꾀하고"(4) 있지만 다윗은 하나님을 "나의 반석(2, 6), 나의 구원(2, 6), 나의 산성"(2, 6)이라 거듭 고백하면서, 그러므로 "요동치 아니 하리로다"(2, 6) 합니다.

그렇다면 "그를 높은 위에서 떨어뜨리려" 한다는 "그"가 누군가? 1차적으로는 다윗을 왕위에서 떨어뜨리려는 반역자들을 가리키지만, 구속사라는 맥락으로 보면 하나님께서 "내가 나의 왕을 내 거룩한 산 시온에 세웠다 하시리로다"(2:6) 한, 그리스도를 대적하는 것입니다. 이런 맥락에서 본문에서 "나의 반석, 나의 구원, 나의 산성"이라고 고백하는 하나님도 "임마누엘" 하실 하나님이신 것입니다.

이점에서 다시 강조합니다만, 구약성경을 해석할 때에 구약으로 구약을 해석한다면(문자주의), "예수"가 구약의 성취자로 오신 그리스도이심을 인정하지 않는 유대인 학자같이 되고 맙니다. 우리는 하나님 속에 감추었던 복음의 비밀이 "이제는 그의 성도들에게 나타난"(골 1:26) 이후 시대에, 이를 증거하라고 세움을 받은 "새 언약의 일꾼"(고후 3:6)들입니다. 그러므로 신약의 빛을 받아 구약을 해석해야만 영광스러움을 볼 수가 있고, 그리스도를 만날 수가 있는 것입니다. 그런데 "오늘까지라도 구약을 읽을 때에 그 수건이 오히려 벗어지지 아니하고 있으니"(고후 3:14) 참으로 답답한 일이라 하겠습니다.

첫째 단원(1-4) 넘어지게 하려는 자들
둘째 단원(5-8) 잠잠히 하나님만 바라라
셋째 단원(9-12) 권능과 인자의 하나님

첫째 단원(1-4) 넘어지게 하려는 자들

첫째 단원의 중심점은 "저희가 그를 그 높은 위에서 떨어뜨리기만 꾀한다"(4)는데 있습니다. 그러므로 62편의 역사적인 배경도 압살롬의 반역으로 볼 수가 있습니다.

① 그럴지라도 "나의 영혼이 잠잠히 하나님만 바람이여 나의 구원이 그에게서 나는도다"(1)합니다.

㉠ 다윗의 시편에는 "부르짖는다"(3:4, 52; 18:6; 22:2 등)는 말이 참으로 많이 등장합니다. 이는 다윗의 시편들이 "사울의 박해와, 압살롬의 반역"을 배경으로 하고 있기 때문입니다. 그런데 같은 배경이면서도 본문에는 탄식이나 "부르짖는다"는 말이 한 마디도 없습니다. 도리어 "잠잠히 하나님만 바라라"(1, 5) 하고 말합니다.

이 말씀은 불안에 떨고 있는 현대인들에게 주시는 큰 선물이 아닐 수 없습니다. 불신자들만이 아니라 신자들 중에도 불안에 떠는 사람들이 많기 때문입니다. 그렇습니다. "잠잠히" 하나님만 바라는 신앙은 탄식이나 "부르짖는" 신앙보다 높고 깊은 경지일 수가 있는 것입니다.

ⓛ 다윗은 "오직 저만 나의 반석이시요 나의 구원이시오 나의 산성 이시니 내가 크게 요동치 아니 하리로다"(2) 하고 말합니다. "다윗이 그의 아들 압살롬을 피할 때에 지은 시"라는 표제가 있는 3편에서도, "내가 누워 자고 깨었으니 여호와께서 나를 붙드심이로다 천만인이 나를 둘러치려 하여도 나는 두려워 아니 하리로다"(3:5-6) 진술하고 있는데, 이것이 "잠잠히 하나님만 바라고 요동치 아니하는" 신앙입니다.

ⓒ "넘어지는 담과 흔들리는 울타리 같은 사람을 죽이려고 너희가 일제히 박격(공격)하기를 언제까지 하려느냐"(3) 합니다. 이를 개정역 에서는, "넘어지는 담과 흔들리는 울타리 같이"라고 번역을 하고 있는데 그렇게 되면, "넘어지는 담과 흔들리는 울타리"는 대적하는 자를 가리키는 말이 됩니다. 즉 "여호와와 그 기름 부은 자를 대적"(2:2) 하는 것이 결국은 자신이 "넘어지는 담과 흔들리는 울타리 같이" 되고 만다는 말입니다. 이것이 의미문맥으로 보면 자연스럽고, 이어지는 말씀과도 조화를 이루게 됩니다.

② "저희가 그를 그 높은 위에서 떨어뜨리기만 꾀하고 거짓을 즐겨 하니"(4상) 하고,

㉠ 여기서도 61:6-7절에서처럼 대적 자들이 떨어뜨리려는 왕을 "그"라고, 3인칭으로 말씀하고 있는데 이것이 무심한 일이겠는가? "그 높은 위"란 왕위를 가리키는네, 1차적으로는 다윗의 왕위를 가리키지만, 그 음모는 궁극적으로 그리스도를 대적하는 것이 됩니다. 왜냐하면 시편은 다윗의 위인전기가 아니기 때문입니다.

㉡ 주님은 사랑하는 제자 베드로의 간하는 말을 들으시고도 "베드

로야' 하신 것이 아니라, "사단아 내 뒤로 물러가라 너는 나를 넘어지게 하는 자로다"(마 16:23) 하고 날카롭게 책망을 하셨습니다. 이것이 "넘어지게 하려는 자들"입니다. 주님을 "넘어지게, 떨어뜨리려" 한 사탄은 성도들도 떨어뜨리려고 흔들어 댑니다. 이럴 경우 요동한다면, 원수가 이기었다고 기뻐할 것입니다. 어떻게 해야 하는가?

둘째 단원(5-8) 잠잠히 하나님만 바라라

둘째 단원의 중심점은 "하나님만 바라라"는데 있습니다. 1-2절, 5-6절은 반복적으로 강조하는 말씀이면서 약간 다르게 표현하고 있습니다.

③ 첫 절에서는 "나의 영혼이 잠잠히 하나님만 바람이여" 하고 서술적으로 표현한 반면 5절에서는, "나의 영혼아 잠잠히 하나님만 바라라"(5상) 하고, 자신이 자신에게 설교를 합니다.

㉠ 이런 구조는 42편에서 "내 영혼아 네가 어찌하여 낙망하며 어찌하여 내 속에서 불안하여 하는고 너는 하나님을 바라라"(42:5, 11; 43:5) 하고 대한 바가 있습니다. 영적인 침체를 치유하는 비결은 자기가 자신에게 설교하는 법을 배우는 일입니다.

㉡ 어찌하여 하나님만 바라라 하는가? 첫 절에서는 "나의 구원이 그에게서 나는도다" 했는데, 여기서는 "대저 나의 소망이 저로 좇아 나는도다"(5하) 하고, "구원이, 소망"으로 변경이 되어 있습니다. 어떤 차이인가? 구원은 현재적인 구원만 있는 것이 아닙니다. 궁극적인 구원은, "우리가 소망으로 구원을 얻었으매 보이는 소망이 소망이 아니니 보는 것을 누가 바라리요 만일 우리가 보지 못하는 것을 바라면 참음으로 기다릴 지니라"(롬 8:24-25) 한, 미래에 완성이 되는 것이기 때문입니다. 다윗은 그리스도를 통한 구원을 "소망"하고 있는 것입니다.

ⓒ 그러므로 계속해서 진술하기를,

㉮ "오직 저만 나의 반석이시요, ㉯ 나의 구원이시오, ㉰ 나의 산성이시니"(6) 하고 고백을 합니다. "나의 반석, 나의 구원, 나의 산성"이 누군가?

㉣ "나의 구원과 영광이 하나님께 있음이여 내 힘의 반석과 피난처도 하나님께 있도다"(7) 한 하나님이십니다. 그런데 여기서 멈춘다면 그는 의문(儀文)에 속한 자입니다. 왜냐하면 "구원의 하나님이, 임마누엘" 하셔서 우리를 위하여, "죽으시고 다시 사심"을 통해서, "나의 구원, 나의 산성"이 되어주셨기 때문입니다. 그래서 "내가 요동치 아니 하리로다" 하는 것입니다.

④ 그리하여 "나의 영혼이"(1) 하고, "나"라는 1인칭으로 시작한 62편은, "백성들아 시시로 저를 의지하고 그 앞에 마음을 토하라 하나님은 우리의 피난처시로다(셀라)"(8) 하고, "백성들"에게 권면하는 데까지 나아가고 있습니다.

㉠ 참으로 회개한 자는 "전도자"가 되어야 한다고 말합니다. "시시로 저를 의지하고 그 앞에 마음을 토하라" 하는데 예레미야 선지자는 애가에서, "네 마음을 주의 얼굴 앞에 물 쏟듯 할지어다"(애 2:19) 합니다. 이를 신약적으로 표현하면, "백성들아, 회개하고, 복음을 믿으라" 하는 것이 됩니다. 이점을 다음 단원에서 더욱 분명하게 깨닫게 될 것입니다. 이것이 "잠잠히 하나님만 바라라"입니다.

셋째 단원(9-12) 권능과 인자의 하나님

셋째 단원의 중심점은 "헛되고, 거짓되니"(9) 한 인간과, "권능은 하나님께 속하였다"(11)는 대조에서 구할 수가 있습니다. 이는 전도서의 사상과 상통하는데, 전도자로 변신한 다윗이 인간의 헛됨과 거짓을 들어서, 하나님만 의지하라는 권면이기 때문입니다.

⑤ "진실로 천한 자도 헛되고 높은 자도 거짓되니 저울에 달면 들려 입김보다 경(輕)하리로다"(9) 합니다.

㉠ 이는 세 마디로 되어 있는데,

㉮ 첫째는 사람은 다 "헛되다"는 것입니다. 이점을 이사야 선지자는, "질그릇 조각 중 한 조각 같은 자"(사 45:9)라 합니다. ㉯ 둘째는 사람은 다 "거짓되다" 하는데 이점을 예레미야 선지자는, "만물보다 거짓되고 심히 부패한 것은 (사람의) 마음이라 누가 능히 이를 알리요 마는 나 여호와는 심장을 살피며 폐부를 시험한다"(렘 17:9-10) 하십니다. ㉰ 셋째는 사람은 다 "입김보다 경하다"는 것인데, "너희는 인생을 의지하지 말라 그의 호흡은 코에 있나니 수에 칠 가치가 어디 있느뇨"(사 2:22) 합니다.

㉡ 그러므로 "포학을 의지하지 말며 탈취한 것으로 허망하여지지 말며 재물이 늘어도 거기 치심치 말지어다"(10) 합니다. 반면 "재물이 날아가도" 상심치 말아야 할 것입니다. 이상은 부정적인 경계이고,

⑥ 결론적으로 "하나님이 한두 번 (자주) 하신 말씀을 내가 들었나니 권능(權能)은 하나님께 속하였다 하셨도다"(11) 합니다.

㉠ 이는 "저울에 달면 입김보다 경하리로다"(9) 한 것과 대조적으로 한 말씀인데, 구원해 줄 수 있는 권능은 하나님께만 속했다는 뜻입니다. 그래서 잠잠히 하나님만 바라라 하는 것입니다.

㉡ 이에 "주여 인자함도 주께 속하였사오니"(12상) 하고 화답합니다. "권능과 인자"는 구원자의 필수 요소라 할 수가 있습니다.

㉮ "권능"만 있고, "인자"가 없다면 폭군이 될 것이고, ㉯ "인자"는 있는데 "권능"이 없다면 무능한 통치자가 되어서 대적으로부터 자기 백성을 구원하지를 못하게 될 것입니다.

㉢ 그런 후에 "주께서 각 사람이 행한 대로 갚으심이니이다"(12하) 하고 부언을 합니다. 이는 솔로몬이 전도서에서, "일의 결국을 다 들었으니 하나님을 경외하고 그 명령을 지킬 지어다 이것이 사람의 본분이니라" 한 후에, "하나님은 모든 행위와 모든 은밀한 일을 선악 간에 심판하시리라"(전 12:13-14) 함과 같은 말씀입니다.

만일 심판이 없다면 "권능과 인자"도 결정적으로 필요치는 않을 것입니다. 심판하시는 하나님이 계시기에 "잠잠히 하나님만 바랄" 수가 있는 것이요, "인자"한 하나님이시기에 구원을 기대할 수가 있는 것입니다. 이것이 "권능과 인자의 하나님"입니다.

적용

믿음이란 "의뢰하고 의탁" 하는 것입니다. 믿는다는 사람은 많은데 "의탁"하고 잠잠히 하나님만 바라는 신앙인은 많지가 않습니다. "맡기는" 믿음이라야 요동하지 않게 됩니다. "이만한 믿음은 만나보지 못하였다" 하고 주님께 인정받는 믿음이 되시기 바랍니다.

묵상

㉠ "넘어지게 하려는" 궁극적인 대상이 누구인가에 대해서,

㉡ 본문에 우리의 소유를 나타내는 "나의"가 무엇과 결부되어 있는 지에 대해서,

㉢ "권능과 인자가 하나님께 속했다"는 의미에 대해서.

갈망하는 영혼의 만족과 동행

목 마 른 영 혼 의 갈 망	1-3				
	1	① 하나님이여	주는	나의 하나님이시라	
		② 내가 간절히	주를	찾되 물이 없어 마르고 곤핍한 땅에서	
		내 영혼이	주를	······	**갈망하며**
		내 육체가	주를		**앙모하나이다** ↓
	2	내가	주의	권능과 영광을 보려 하여 이와 같이	
		성소에서	주를		**바라보았나이다**
	3	③	주의	인자가 생명보다 나으므로	
		내 입술이	주를	**찬양할 것이라**	
만 족 한 영 혼 의 즐 거 움	4-7				
	4	④ 이러므로 내 평생에	주를	**송축하며**	
			주의	이름으로 인하여 **내 손을 들리이다**	
	5	⑤		골수와 기름진 것을 먹음과 같이	**내 영혼이 만족할 것이라**
	6	내 입이 기쁜 입술로	주를	**찬송하되**	
		내가 나의 침상에서	주를	**기억하며**	
		밤중에	주를	**묵상할 때에 하오리니**	↓
	7	⑥	주는	나의 도움이 되셨음이라	
		내가	주의		**날개 그늘에서 즐거이 부르리이다**
주 와 동 행 하 는 영 혼	8-11				
	8	⑦ 나의 영혼이	주를	······	**가까이 따르니** ↓
			주의		**오른손이 나를 붙드시거니와**
	9			나의 영혼을 찾아 멸하려 하는 저희는 땅 깊은 곳에 들어가며	
	10			칼의 세력에 붙인바 되어 시랑의 밥이 되리이다	
	11	⑧ **왕은 하나님을 즐거워하리니**			
			주로	**맹세한 자마다 자랑할 것이나** 거짓말 하는 자의 입은 막히리로다	

63편
갈망하는 영혼의 만족과 동행

주의 인자가 생명보다 나으므로 내 입술이 주를 찬양할 것이라(시 63:3).

63편에도 "다윗의 시, 유다 광야에 있을 때에"라는 표제가 있습니다. 그렇다면 63편의 역사적인 배경은 압살롬의 반역에 쫓기어, "너희에게서 내게 고하는 기별이 올 때까지 내가 광야 나룻 터에서 기다리리라"(삼하 15:28; 17:16) 한 상황에서 지은 것이 됩니다.

본문에는 도표에 표시된 대로 하나님을 "주"라고 고백하는 말이 열한절 속에 무려 18번이나 등장합니다. 본문의 구조는 도표 왼편에 표시된 바대로, "하나님이여 주는 나의 하나님이시라"(1) 하고 고백하면서, "왕은 하나님을 즐거워하리이다"(11) 하는 것이 중심축을 이루는 구조입니다.

본문에는 도표 오른 편에 표시된 대로 영혼의 진보가 나타나 있는데, ㉠ "갈망하는 영혼은, 앙모하게 되고"(1), 앙모하는 영혼은 ㉡ "만족함"(5)을 얻어, ㉢ "주의 날개 그늘에서"(7) 쉼을 얻게 됩니다.

첫째 단원(1-3) 목마른 영혼의 갈망
둘째 단원(4-7) 만족한 영혼의 즐거움
셋째 단원(8-11) 주와 동행하는 자의 자랑

첫째 단원(1-3) 목마른 영혼의 갈망

첫째 단원의 중심점은 "영혼의 갈망"(1)에 있습니다.

① 첫마디가, "하나님이여 주는 나의 하나님이시라"(1상) 합니다. 서론에서 언급한 대로 63편의 핵심어는 18번이나 고백하고 있는 "주"(主)입니다.

㉠ 신앙생활에서 가장 중요하고, 중요하기 때문에 그만큼 어려운 것이 '주' 라는 고백입니다. '주' 라는 말은 자신이 그분의 '종' 됨을 전제로 하는 말입니다.

그러므로 입으로만 "주여" 하면 되는 것이 아니라 주재권(主宰權), 즉 "자기 자신과, 시간, 건강, 물질, 선택권" 등, 모든 주권을 하나님께 돌리고 자신은 다만 관리하는 청지기로 살아가겠다는 고백이기 때문에 어려운 것입니다.

㉡ 그러므로 성경은 구원에 이르는 믿음을, "네가 만일 네 입으로 예수를 주로 시인하며 또 하나님께서 그를 죽은 자 가운데서 살리신 것을 네 마음에 믿으면 구원을 얻으리니"(롬 10:9) 하고 말씀합니다. 왜 "죽은 자 가운데서 살리신 것"을 믿어야 하는가? 이 말씀 속에는, "너희는 너희 것이 아니라 값으로 산 것이 되었으니 그런즉 너희 몸으로 하나님께 영광을 돌리라"(고전 6:19-20)는 뜻이 함의되어 있는 것입니다. 이것이 '주' 라는 고백의 의미요, 구원에 이르는 믿음인 것입니다.

② 이런 고백이 있는 자에게는, "내가 간절히 주를 찾되 물이 없어 마르고 곤핍한 땅에서 내 영혼이 주를 갈망하며 내 육체가 주를 앙모하나이다"(1하) 하고, "주를 갈망"하게 되는 것입니다.

㉠ "내가 주의 권능과 영광을 보려 하여 이와 같이 성소에서 주를 바라보았나이다"(2) 합니다. "성소에서 주를 바라보았다"는 뜻이 무엇인가?

㉮ 다윗의 몸은 지금 분명 광야에서 유리하는 처지에 있지만, 다윗의 영혼의 갈망은 전에 "성소에서 주를 바라보았던" 때와 같이 갈망하고 있다는 것입니다. ㉯ 또한 다윗은 "유다 광야"에서 속히 돌아가게 되기를 바라고 있지만 그것은 왕궁이 아니라, "성소"로 돌아가서, 과거에 맛보았던 영적인 만족함을 누리게 되기를 갈망한다는 뜻이 있습니다.

㉡ 다윗을 예표로 하여 우리의 왕이신 그리스도께서는 광야에서, "40일을 밤낮으로 금식한 후에 주리신"(마 4:2) 중에 사탄에게 시험을 당하셨습니다. "물이 없어 마르고 곤핍한 땅", 곧 광야에서 영적 갈급함으로 헐떡이는 자들을 구원하시기 위해서입니다. 여기에 63편이 모든 사람에게 절박하게 요청되는 메시지가 있는 것입니다.

③ 그래서 "주의 인자가 생명보다 나으므로 내 입술이 주를 찬양할 것이라"(3) 합니다.

㉠ "생명보다 나은 것"이 있단 말인가? 이는 상식을 뛰어넘는 놀라운 선언이 아닐 수가 없습니다. 다윗은 대답하기를 생명보다 나은 것은 "주의 인자"라고 말씀합니다. 우리는 "인자"가 시편의 중요한 주제 중 하나임을 인식하고 각별한 관심을 가지고 상고한 바가 있습니다. 그러므로 성경이 말씀하는 "주의 인자"가 무엇을 가리키는가에 확고해야만 "생명보다 낫다"고 말하는 그 의미를 깨달을 수가 있는 것입니다.

㉮ 다윗은 사울을 피하여 굴에 숨어 있을 때에 기록한 57편에서,

"하나님이 그 인자와 진리를 보내어" 구원하여 주실 것을 확신하고 있습니다. 그러면 "인자와 진리"란 무엇을 가리키는가? "하나님의 사랑이 우리에게 이렇게 나타난바 되었으니 하나님이 자기의 독생자를 세상에 보내심은 저로 말미암아 우리를 살리려 하심이니라"(요일 4:9)로 나타났던 것입니다. ⓐ 이런 맥락에서 다윗은 "주의 인자는 커서 하늘에 미치고 주의 진리는 궁창에 이르나이다" 하고 말씀한 다음에 얼마나 감사하고 감격했으면, "하나님이여 주는 하늘 위에 높이 들리시며 주의 영광은 온 세계 위에 높아지기를 원하나이다"(57:10-11) 하고 송영을 돌리고 있는 것입니다.

ⓛ 그러므로 다윗은 이렇게 고백하고 있는 셈입니다. "내가 하나님의 <인자>를 입을 수만 있다면 왕위에 대한 미련은 없다, 더 나아가 나는 죽어도 좋다", 이것이 "주의 인자가 생명보다 나으므로 내 입술이 주를 찬양할 것이라"(3)의 뜻입니다. 그렇다면 "물이 없어 마르고 곤핍한 땅에서 내 영혼이 주를 갈망한다"(1) 한, 첫째 단원의 "갈망"은 왕위에 대한 갈망이 아니라 결국 "주의 인자"를 갈망한 것이 되는 것입니다. 형제도 그러합니까? 이것이 "목마른 영혼의 갈망"입니다.

둘째 단원(4-7) 만족한 영혼의 즐거움

둘째 단원의 중심점은 "내 영혼이 만족할 것이라"(5) 한, "영혼의 만족"에 있습니다. "갈망하는 영혼"(첫째 단원)은 만족함을 얻게 된다는 말씀입니다.

④ 둘째 단원은 "이러므로" 하고 시작이 되는데 이는, 앞 절에서 고백한 "인자가 생명보다 나으므로" 한 말씀을 받는 접속사입니다. "이러므로 내 평생에 주를 송축하며 주의 이름으로 인하여 내 손을 들리

이다"(4) 합니다.

ⓒ "주의 이름"이란, "물이 없어 마르고 곤핍한 땅에서"(1) 헐떡이는 영혼들에게 "인자"를 베푸실 하나님의 성품을 가리킵니다. 이를 "찬양(3)하고, 송축"(4) 하기 위해서 "손을 들리이다", 즉 감사기도를 드리겠다는 것입니다.

⑤ "골수와 기름진 것을 먹음과 같이 내 영혼이 만족할 것이라 내 입이 기쁜 입술로 주를 찬송하되"(5),

ⓒ "내가 나의 침상에서 주를 기억하며 밤중에 주를 묵상할 때에 하오리니"(6) 합니다. 다윗은 유다 광야를 유리하면서도 주를 "찬송" 하겠다는 말을 반복적으로 강조하고 있습니다. 어떻게 이것이 가능하여지는가? "주를 기억하며, 주를 묵상"(6)하는 것이 비결입니다. 기쁨, 감사, 찬송은 저절로 우러나오는 것이 아닙니다. 생명보다 소중한 "주의 인자"를 상기하면서 묵상할 때에 "주여!" 하는 외마다 고백과 함께 찬양이 솟아나는 것입니다. "침상, 밤중"이라 한 것은, 주의 인자를 묵상하기에 가장 좋은 시간이기 때문입니다.

⑥ "주는 나의 도움이 되셨음이라 내가 주의 날개 그늘에서 즐거이 부르리이다"(7) 합니다.

ⓒ 본문에 나타난 영적인 진보를 보십시오.

㉮ "물이 없어 마르고 곤핍한 땅에서 주를 갈망하던 영혼"(1)은, ㉯ "골수와 기름진 것을 먹음과 같이 내 영혼이 만족함"(5)을 얻게 되고, ㉰ 드디어 "주의 날개 그늘에서 즐거이 부르는"(7) 데까지 이르게 됩니다. 이것이 "갈망한 영혼의 만족"입니다.

저희가 광야 사막 길에서 방황하며
거할 성을 찾지 못하고 주리고 목마름으로
그 영혼이 속에서 피곤하였도다

이에 저희가 그 근심 중에 여호와께 부르짖으매
그 고통에서 건지시고 또한 바른 길로 인도하사
거할 성에 이르게 하셨도다

여호와의 인자하심과 인생에게 행하신
기이한 일을 인하여 그를 찬송할지로다
저가 사모하는 영혼을 만족케 하시며
주린 영혼에게 좋은 것으로 채워주심이로다 (107:4-9).

셋째 단원(8-11) 주와 동행하는 자의 자랑

마지막 단원의 중심점은 "나의 영혼이 주를 가까이 따르니"(8)에 있습니다.

⑦ "나의 영혼이 주를 가까이 따르니 주의 오른손이 나를 붙드시거니와"(8) 합니다.

㉠ 우리가 주를 가까이 따르면, 주는 오른 손으로 나를 붙들어주심으로, 마치 어머니가 자식의 손을 붙잡고 함께 걸어가듯 동행하게 된다는 말씀입니다.

㉡ 그러므로 "주"를 18회나 부르고 있는 63편의 각 단원마다 "나의 영혼"(1, 5, 8, 9)이 있는데 여기에는 도표(圖表)에 표시된 대로 아름다운 조화(調和)가 나타납니다.

㉮ 첫째 단원의 "갈망하는 영혼은…앙모하며, 바라게"(1-2) 되고, ㉯ 둘째 단원의 "만족한 영혼은…날개 그늘에서 즐거이"(7) 쉼을 얻게 되고, ㉰ "주를 가까이 하는 영혼은…오른손으로 나를 붙드심"(8)으로 동행하게 된다는 것입니다.

㉡ 우리는 여기서 끝여서는 아니 되고 한걸음 더 나아가야만 합니다. "물이 없어 마르고 곤핍한 땅에서", 영혼의 갈급함으로 허덕이던 영혼들이 누구에 의해서, 어떻게 이처럼 "영혼의 만족"을 누리게 되어, 주의 날개 그늘에서 즐거이 부르며, 주의 손에 이끌리어 동행하는 자리에까지 이르게 되는가 하는 점입니다. 이를 구속사라는 맥락으로 보면,

㉮ "너희 목마른 자들아 물로 나아오라 돈 없는 자도 오라 너희는 와서 사먹되 돈 없이 값없이 포도주와 젖을 사라, 너희는 귀를 기울이고 내게 나아와 들으라 그리하면 너희 영혼이 살리라 내가 너희에게 영원한 언약을 세우리니 곧 다윗에게 허락한 확실한 은혜니라"(사 55:1, 3) 하신, 다윗에게 세워주신 메시아언약으로만이 가능하여지고, ㉯ "누구든지 목마르거든 내게로 와서 마시라 나를 믿는 자는 성경에 이름과 같이 그 배에서 생수의 강이 흘러나리라"(요 7:37-38) 하신, 예수 그리스도로 말미암아 가능하여지는 것입니다. ㉰ 그러므로 지금은, "성령과 신부(교회)가 말씀하시기를 오라 하시는도다 듣는 자도 오라 할 것이요 목마른 자도 오라 할 것이요 또 원하는 자는 값없이 생명수를 받으라 하시더라"(계 22:17) 하신, 은혜 받을 만한 때요 구원의 날인 것입니다.

㉢ 이를 거부하고 대적한다면, "나의 영혼을 찾아 멸하려 하는 저희는 땅 깊은 곳(음부)에 들어가며 칼의 세력에 붙인바 되어 시랑의 밥이 되리이다"(9-10) 하는 것입니다.

⑧ "하나님이여 주는 나의 하나님이시라"(1) 하고 시작한 63편이, "왕은 하나님을 즐거워하리니 주로 맹세한 자마다 자랑할 것이나 거짓말 하는 자의 입은 막히리로다"(11) 하고, 마치고 있다는 것은 너무나 합당한 결론입니다.

㉠ "여기 "하나님을 즐거워하는 자와, 거짓말하는 자"가 대조되어 있음을 주목하시기를 바랍니다.

㉮ "주로 맹세하고 자랑하는 자"란, "살아도 주를 위하여 살고 죽어도 주를 위하여 죽겠다"(롬 14:8)는 헌신된 자요, "주를 자랑하리니"란, 생명보다 소중한 "주의 인자", 즉 복음을 증거하겠다는 뜻입니다. ㉯ 반면 "거짓말 하는 자의 입은 막히리로다"(11하) 하는 것은, 결국비 진리를 말하는 자를 가리키는 것이 됩니다. 이것이 "갈망하는 영혼의 만족과 동행"입니다.

적용

형제의 신앙은 "갈망하고 앙모하는 단계, 만족하고 날개 그늘에서 즐거워하는 단계, 주의 손에 이끌리어 동행하는 단계" 중 어느 단계라고 여겨지십니까? 그러나 이 세 단계는 계속 순환하는 사이클임을 명심하십시다.

묵상

㉠ 주의 인자를 갈망하는 영혼의 앙모와 바라봄에 대해서,
㉡ 갈망한 영혼의 만족과 날개 그늘에서 즐거워함에 대해서,
㉢ 주를 가까이 따르는 자를 오른손으로 붙드시는 동행에 대해서.

시편 64편 개관도표
악한 목적으로 묘책을 찾고 있는 자들

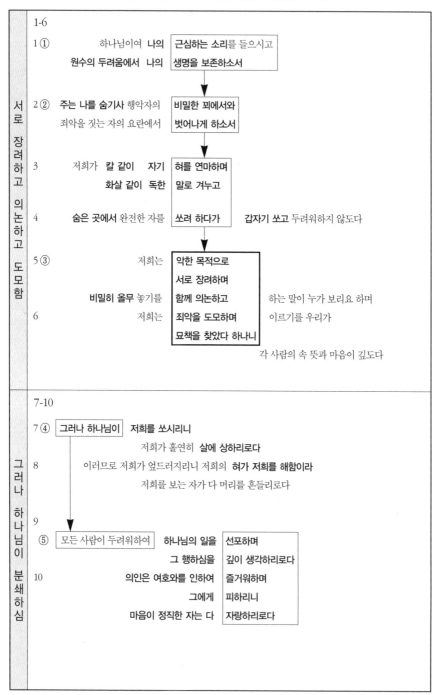

서로 장려하고 의논하고 도모함

1-6

1 ① 하나님이여 나의 │근심하는 소리를 들으시고
　　원수의 두려움에서 나의 │생명을 보존하소서

2 ② 주는 나를 숨기사 행악자의 │비밀한 꾀에서와
　　죄악을 짓는 자의 요란에서 │벗어나게 하소서

3 　　저희가 칼 같이　자기 │혀를 연마하며
　　　화살 같이 독한 │말로 겨누고

4 　　숨은 곳에서 완전한 자를 │쏘려 하다가　갑자기 쏘고 두려워하지 않도다

5 ③ 　　　저희는 │악한 목적으로
　　　　　　　　│서로 장려하며
　　비밀히 올무 놓기를 │함께 의논하고　하는 말이 누가 보리요 하며
6 　　　　저희는 │죄악을 도모하며　이르기를 우리가
　　　　　　　　│묘책을 찾았다 하나니

　　　　　　　　　　各 사람의 속 뜻과 마음이 깊도다

그러나 하나님이 분쇄하심

7-10

7 ④ │그러나 하나님이│ 저희를 쏘시리니
　　　　　　저희가 홀연히 **살에 상하리로다**
8 　　이러므로 저희가 엎드러지리니 저희의 **혀가 저희를 해함이라**
　　　　　　저희를 보는 자가 다 머리를 흔들리로다

9

⑤ │모든 사람이 두려워하여│ 하나님의 일을 │선포하며
　　　　　　　　그 행하심을 │깊이 생각하리로다
10 　　　　　의인은 여호와를 인하여 │즐거워하며
　　　　　　　　　그에게 │피하리니
　　　　　　마음이 정직한 자는 다 │자랑하리로다

64편
악한 목적으로 묘책을 찾고 있는 자들

모든 사람이 두려워하여 하나님의 일을 선포하며 그 행하심을 깊이 생각하리이
다(시 64:9).

64편도 다윗의 시인데 중심점은 "묘책을 찾았다(6)는 말과, 그러나
하나님이 저희를 쏘시리니"(7) 한 말씀에서 구할 수가 있습니다. 그러
니까 다윗을 해하려는 "묘책을 찾았다는 자들이, 홀연히 심판을 받게
된다"는 내용입니다.

본문이 말하는 "악한 목적"(5)이 1차적으로는 다윗을 해하려는 것
이어도 다윗은 예표의 인물일 뿐 궁극적으로는, "악한 목적을 이루기
위한, 묘책"이란 그리스도를 죽일 방책을 찾았다는 것이 됩니다. 그리
고 이 "묘책"이 "근신하라 깨어라 너희 대적 마귀가 우는 사자같이 두
루 다니며 삼킬 자를 찾나니"(벧전 5:8) 하고, 이 글을 상고하는 형제
에게 적용되는 점을 유념해야만 합니다.

첫째 단원(1-6) 서로 장려하고 의논하고 도모함
둘째 단원(7-10) 그러나 하나님이 분쇄하심

첫째 단원(1-6) 서로 장려하고 의논하고 도모함

첫째 단원은 악한 목적을 이루려는 자들의 도모(圖謀)인데, 설명이 필요치 않을 정도로 도표에 잘 나타나 있습니다. 역사적인 배경은 사울 왕 때이거나, 압살롬의 반역 때일 것입니다. 그런데 본문을 관찰해 보면 강조점이 당시의 상황에 초점을 맞추고 있는 것이 아니라, 그리스도에게서 성취될 예언적인 면에 맞추고 있음을 보게 됩니다.

① "하나님이여 나의 근심하는 소리를 들으시고 원수의 두려움에서 나의 생명을 보존하소서"(1) 합니다.

㉠ "원수"라는 말이 또 등장하는데 다시 강조해야만 하겠습니다. 오늘날 교회의 치명적인 허점은 "원수 마귀"에 대한 경각심이 무방비 상태라는 점입니다. 성경은 "우리로 사단에게 속지 않게 하려 함이라(고후 2:11), 마귀로 틈을 타지 못하게 하라(엡 4:26), 마귀의 궤계를 능히 대적하기 위하여 하나님의 전신갑주를 입으라(엡 6:11), 근신하라 깨어라 너희 대적 마귀가 우는 사자같이 두루 다니며 삼킬 자를 찾나니"(벧전 5:8) 하고 경계하고 있습니다. "악령"(惡靈)을 부인하게 되면 "성령"(聖靈)도 부인하게 되는 것입니다.

㉡ 서신서 만이 아니라 복음서도 주님의 공생애가 사탄의 시험으로 시작하여, "마귀가 벌써 시몬의 아들 가룟 유다의 마음에 예수를 팔려는 생각을 넣었더니"(요 13:2) 하고, 주님을 죽이려는 배후 세력이 사탄임을 드러내는 것으로 마치는 구조입니다. 주님께서도 친히 "가라지를 심은 원수는 마귀요"(마 13:39) 하고, 씨를 뿌릴 때부터 대적하나 종내는, "나를 떠나 마귀와 그 사자들을 위하여 예비 된 영영한 불에 들어가라"(마 25:41) 하고, 심판을 당할 것을 말씀하셨습니다.

그런데 현대교회는 사탄에 대한 경각심을 갖기는커녕 마귀라는 말을 하면 거부감을 나타내고, 마귀의 존재를 인정하려고도 하지 않으니, 현대교회의 영적 상태가 어떠하리라는 것은 상상하기에 어렵지 않습니다. 사탄이 제 집 드나들듯 하고 있을 것입니다.

② "주는 나를 숨기사 행악자의 비밀한 꾀에서와 죄악을 짓는 자의 요란에서 벗어나게 하소서"(2) 합니다.

㉠ 그러면 행악자의 무기가 무엇인가? "저희가 칼 같이 자기 혀를 연마(鍊磨)하며 화살 같이 독한 말로 겨누고"(3) 하고, "혀와, 말"이라고 합니다. 그런데 "혀를 찌르는 칼"에 비하고, "말을 화살"에 비하고 있다는 점을 명심해야만 하겠습니다. 계시록 16:13절에서는, "또 내가 보매 개구리 같은 세 더러운 영이, 용의 입과 짐승의 입과 거짓 선지자의 입에서 나온다" 하고 말씀합니다.

㉡ 그런가 하면 주님의 입에서도 "이(利)한 검이 나오니 그것으로 만국을 치겠고 친히 저희를 철장으로 다스리신다"(계 19:15) 말씀합니다. 복음 진리가 "이한 검이며, 만국을 다스릴 철장"(계 2:27)이라면, 비 진리는 "화살 같은 독한 말"인 것입니다.

신약의 서신서에서도, "믿음의 방패를 가지고 이로써 악한 자의 모든 화전(불화살)을 소멸"(엡 6:16)하라고 경계합니다. 왜냐하면 "숨은 곳에서 완전한 자를 쏘려 하다가 갑자기 쏘고 두려워하지 않기"(4) 때문인 것입니다. 그러니까 영적 전쟁은 다름 아닌 "혀와 말"의 전쟁이라는 것입니다. 하나님께서는 "내 말이 불같지 아니 하냐 반석을 쳐서 부스러뜨리는 방망이 같지 아니 하냐"(렘 23:29) 하십니다.

③ 도표에 표시된 대로, "저희는 악한 목적으로 서로 장려하며 비밀히 올무 놓기를 함께 의논하는"(5) 연합 전선을 펴는 자들입니다.

㉠ 영적 전쟁에 있어서 하나님의 군대는 "진리"를 보수할 뿐 연합하는 것이 용납이 되지 않습니다. 그 한 예로 포로에서 귀환하여 성전을 재건할 때에 혼합종교화한 사마리아인들이 함께 건축하기를 청하자, "우리 하나님의 전을 건축하는데 너희는 우리와 상관이 없느니라"(스 4:2-3) 하고 일언직하에 거부하는 데서 드러납니다.

그러나 대적들은 하나님의 나라건설을 대적하기 위한 "악한 목적"을 이루기 위해서 빈번히 연합하는 것을 보게 됩니다.

㉮ "어찌하여 열방이 분노하며 민족들이 허사를 경영하는고 세상의 군왕들이 나서며 관원들이 서로 꾀하여 여호와와 그 기름 받은 자를 대적"(2:1-2)한다고 말씀합니다. ㉯ 복음서에서도 "헤롯과 빌라도가 전에는 원수이었으나 당일에 서로 친구가 되니라"(눅 23:12) 합니다.

㉡ "저희는 죄악을 도모하며 이르기를 우리가 묘책을 찾았다"(6상) 한다는 것입니다. "묘책"이 무엇이겠는가? "그때에 대제사장들과 백성의 장로들이 가야바라는 하는 대제사장의 아문에 모여 예수를 궤계로 잡아 죽이려고 의론하되 말하기를 민요가 날까하노니 명절에는 말자" 했다는 것입니다. 그런 때에 가룟 유다가 찾아와, "내가 예수를 너희에게 넘겨주리니 얼마나 주려느냐"(마 26:3-4, 15) 했으니, "묘책을 찾았다" 했을 것이 아니겠는가?

㉢ "각 사람의 속뜻과 마음이 깊도다"(6하) 한 것은 좋은 뜻에서가 아니라, 저들이 꾸미고 있는 "묘책"(6), 즉 음모, 궤계, 술수가 음흉하고 가공스럽다는 뜻입니다. 이로 보건대 사탄의 궤계가 얼마나 간사하고도 사악한가를 짐작할 수가 있습니다. 이것이 "서로 장려하고 의논하고 도모함"입니다.

둘째 단원(7-10) 그러나 하나님이 분쇄하심

④ 둘째 단원은 "그러나" 하고 시작이 됩니다. "그러나 하나님이 저희를 쏘시리니 저희가 홀연히 살에 상하리로다"(7) 합니다.

㉠ 하나님께서 저희를 "화살로, 쏘시리니" 한 표현은, 모르드개를 달고자 준비한 나무에 하만 자신이 달림(에 7:10)과 같이, "숨은 곳에서 완전한 자를 쏘려 하던"(4) 그 화살에 자신들이 찔리게 될, 즉 악이 악인을 심판할 것을 나타냅니다. 그것도 "홀연히" 말입니다.

㉡ 그래서 "이러므로 저희가 엎드러지리니 저희의 혀가 저희를 해함이라"(8상) 하는 것입니다. 저들은 "혀의 말"로 "진리"를 대적하였으나, 대적하던 "저희 혀가 저희를 해함이라 저희를 보는 자가 다 머리를 흔들리로다"(8) 합니다.

⑤ 9-10절은 결론적인 말씀인데 크게 두 마디로 되어 있습니다.

㉠ 첫째로 "모든 사람이 두려워하여 하나님의 일을 선포하며 그 행하심을 깊이 생각하리로다"(9) 합니다. 성경은 부피가 많다하여도 크게는 "하나님께서 행해주신 일과 사람의 일"로 되어 있습니다. 성경을 교훈적인 관점과 구속사의 관점으로 본다는 것이 어떻게 다른가? 교훈적인 관점은 초점을 사람에게 맞추어 적용시키기에 급급하지만, 성경신학적인 관점은 먼저 그리고 우선적으로 구원계획을 이루시기 위해서 일해오신 "하나님의 행사"를 선포함으로, 하나님의 사랑과 은혜가 성도들의 마음에 부어지게 하려는데 강조점을 두는 것입니다. 본문에서도,

㉮ "하나님의 일을 선포하며", ㉯ "그 행하심을 깊이 생각하리이다" 합니다.

ⓛ "근심"(1)으로 시작된 64편은, "의인은 여호와를 인하여 즐거워하며 그에게 피하리니 마음이 정직한 자는 다 자랑하리로다"(10) 하고 마치고 있습니다. 첫 절에는 "원수"(1)가 등장했는데 마지막 절에는 "의인"(10)이 등장하는 구조임을 놓치지 마시기 바랍니다. 그러면 "원수"는 누구를 대적하는 원수이고, "의인"은 누구로 말미암아 의인이라 부름을 받게 되었는가는 분명한 것입니다.

㉮ "의인은 여호와를 인하여 즐거워하며" 한, "의롭다함"을 얻은 자입니다. ㉯ "그에게 피하리니" 한, 믿는 자들입니다. ㉰ "마음이 정직한 자는 다 자랑하리로다", 즉 구속의 은총을 "자랑"하게 된다는 말씀입니다. 이것이 "악한 목적으로 묘책을 찾고 있는 자"와 하나님을 자랑하는 자입니다.

적용

악한 목적의 1차적인 대상은 다윗이었으나, 사탄의 궁극적인 목표는 그리스도요, 이제는 형제를 넘어뜨리려고 우는 사자와 같이 두루 다니면서 "묘책을 찾고" 있다는 점을 잊지 마시기를 바랍니다.

64편에는 "화살같이 독한 말로 겨누는"(3) 혀가 있는가 하면, "하나님의 일을 선포하며 자랑하는 혀"가 있습니다. 형제의 "혀"가 "의의 병기로 하나님께 드려지게"(롬 6:13) 되기를 기원합니다.

묵상

㉠ 1차적인 악한 목적과 궁극적인 악한 목적에 대해서,

ⓛ 악한 목적에 쓰임 받고 있는 무기에 대해서,

ⓒ 독한 말을 하는 혀와 하나님의 행사를 자랑하는 혀에 대해서.

시편 65편 개관도표
구원의 하나님께 감사하며 즐거워함

기 다 리 는 사 람 들	**1-4** 1 ① 하나님이여 찬송이 시온에서 주를 기다리오며 　　　　　사람이 서원을 주께 이행하리이다 2　　　　기도를 들으시는 주여 모든 육체가 주께 나아오리이다 3　　　② **죄악이 나를 이기었사오니** 　　　　　우리의 죄과를 주께서 사하시리이다 4　　　**주께서 택하시고** 가까이 오게 하사 주의 뜰에 거하게 하신 　　　　　사람은 복이 있나이다 　　　　　우리가 주의 집 곧 주의 성전의 아름다움으로 만족하리이다
땅 끝 에 서 구 원 을 봄	**5-9상** 5 ③ 우리 구원의 하나님이시여 　　　　　**땅의 모든 끝과** 먼 바다에 있는 자의 의지할 주께서 　　　　　의를 좇아 엄위하신 일로 우리에게 응답하시리이다 6　　　　주는 주의 힘으로 산을 세우시며 권능으로 띠를 띠시며 7　　　　바다의 흉용과 물결의 요동과 만민의 훤화까지 진정하시나이다 8 ④ 땅 끝에 거하는 자가 주의 징조를 두려워하나이다 　　　　　주께서 아침 되는 것과 저녁 되는 것을 즐거워하게 하시며 9상　　　땅을 권고하사 물을 대어 심히 윤택케 하시며
땅 에 풍 성 한 구 원 의 은 혜	**9하-13** 9하 ⑤ 하나님의 강에 물이 가득하게 하시고 　　　　　이 같이 땅을 예비하신 후에 저희에게 곡식을 주시나이다 10 ⑥ 주께서 밭고랑에 물을 넉넉히 대사　그 이랑을 평평하게 하시며 　　　　　또 단 비로 부드럽게 하시고 그 싹에 복 주시나이다 11　　　주의 은택으로 년사에 관 씌우시니 주의 길에는 기름이 떨어지며 12　　　들의 초장에도 떨어지니 작은 산들이 기쁨으로 띠를 띠었나이다 13　　　⑦ 초장에는 양떼가 입혔고 골짜기에는 곡식이 덮였으매 　　　　　저희가 다 즐거이 외치고 또 노래하나이다

65편
구원의 하나님께 감사하며 즐거워함

주께서 택하시고 가까이 오게 하사 주의 뜰에 거하게 하신 사람은 복이 있나이다. 우리가 주의 집 곧 주의 성전의 아름다움으로 만족하리이다(시 65:4).

65편도 다윗의 시인데 하나님의 은혜에 대한 순전한 감사 시입니다. 그래서 "원수, 대적자"가 등장하지 않습니다. 도표에 표시된 대로 중심점은, "구원의 하나님"(5)에 있습니다. 첫째 단원에는 구원의 하나님을 "기다리는"(1) 사람들이 있고, 둘째 단원에서는 "구원"이 땅 끝과 먼 바다까지 전파될 것을 말씀하고, 셋째 단원에서는 "하나님의 강의 물을, 밭고랑에 넉넉히 대사", 즉 구원의 은혜가 땅에 충만할 것을 내다보면서 감사를 하고 있습니다.

　첫째 단원(1-4) 구원을 기다리는 사람들
　둘째 단원(5-9상) 땅 끝에서 주의 구원을 봄
　셋째 단원(9하-13) 땅에 풍성한 구원의 은혜

첫째 단원(1-4) 구원을 기다리는 사람들

첫째 단원의 중심점은, "하나님이여 찬송이 시온에서 주를 기다리오며"(1) 한, "기다림"에 있습니다.

① "하나님이여 찬송이 시온에서 주를 기다리오며"(1상) 합니다.

㉠ 어디서 기다리는가? "시온에서",

㉡ 누구를 기다리는가? "주를 기다리오며"(1) 합니다.

그렇다면 이는 14:7절에서 "이스라엘의 구원이 시온에서 나오기를 원하도다" 한 말씀과 부합합니다. 이들은 찬송을 하면서 하나님께서, "내가 나의 왕을 내 거룩한 산 시온에 세웠다 하시리로다"(2:6) 하신 그리스도를 기다리고 있는 것입니다. 그래서 5절에서는 "우리 구원의 하나님이여" 하는 것입니다.

㉮ 스가랴 9:9절에서는 "시온의 딸아 크게 기뻐할 지어다 예루살렘의 딸아 즐거이 부를 지어다 보라 네 왕이 임하나니 그는 공의로우며 구원을 베풀며" 하고, 그리스도의 내림을 예언하고 있습니다. ㉯ 신약성경에서는, "백성들이 바라고 기다리므로 모든 사람들이 요한을 혹 그리스도신가 심중에 의론하니"(눅 3:15) 하고, 기다리고 있는 사람들을 만나게 됩니다. 신약의 성도들도 다시 오실 주님을 대망하고 있다는 점에서는 "기다리는 사람들"인 것입니다.

㉢ "사람이 서원을 주께 이행하리이다 기도를 들으시는 주여 모든 육체가 주께 나아오리이다"(1하-2) 말씀하고 있는데, "기다리오며(1) 와, 나아오리이다"(2)를 결부시켜 보시기 바랍니다. 마치 문 밖에서 들어가려고 문이 열리기만을 기다리고 있는 모습입니다. 이것이 구원자 그리스도를 기다리는 구약시대의 자세입니다.

② 어찌하여 주를 기다려야만 하는가? "죄악이 나를 이기었사오니"(3상) 한, 자력구원의 불가능성 때문입니다.

㉠ 그러므로 "우리의 죄과를 주께서 사하시리이다"(3하) 하고, 그

리스도의 대속을 통한 방도 외에는 죄 사함을 받을 길이 없음을 나타냅니다.

③ 그래서 "주께서 택하시고 가까이 오게 하사 주의 뜰에 거하게 하신 사람은 복이 있나이다"(4상) 하는 것입니다. 이는 네 마디로 되어 있는데, 주께서 "택하셔서", "가까이 오게 하사", "주의 뜰에 거하게 하신 사람은", "복이 있나이다" 합니다.

㉠ 이점을 삼위 하나님의 사역을 들어 말씀한다면,

㉮ 성부께서는 "택하시고"(4), ㉯ 성자께서는 "죄를 사하시고"(3), ㉰ 성령께서는 "가까이 오게 하사 주의 뜰에 거하게 하시는"(4중) 것이라 할 수가 있습니다.

이렇게 해주시지 않는다면 하나님께 가까이 나아올 자가 누구란 말인가? 주님은 말씀하시기를, "이러므로 전에 너희에게 말하기를 내 아버지께서 오게 하여 주지 아니하시면 누구든지 내게 올 수 없다 하였노라"(요 6:65) 하십니다.

우리는 너무나 자기중심적입니다. 예수 믿기로 자신이 선택한 줄로 여기고, 찬송도, 기도도, 예배도 드리고 싶으면 드리고, 말고 싶으면 말고, 나아가고 싶으면 나아가고, 모든 주도권이 인간에게 있는 줄로 착각하고 있습니다. 드림은 우리에게 있어도 받으심은 하나님께 있는 것입니다. 우리는 하나님의 긍휼을 기다리고 있을 뿐입니다. "택하시고, 가까이 오게 하사, 주의 뜰에 거하게 하심"은 하나님의 주권에 속하는 것입니다.

㉡ 택하시고 가까이 오게 하심으로만이, "우리가 주의 집 곧 주의 성전의 아름다움으로 만족하리이다"(4하) 할 수가 있는 것입니다. 그래서 "복이 있나이다"(4중) 하는 것입니다. 하나님께서 아브라함과 다

145

윗에게 세워주신 메시아를 보내주시기를 찬송하면서, "기다리고" 있는 것이 구약시대입니다.

둘째 단원(5-9상) 땅 끝에서 주의 구원을 봄

둘째 단원의 중심점은 도표에 표시된 대로 2번 등장하는 "땅 끝"(5, 8)이라는 말에 있습니다. 이를 첫째 단원과 결부시켜보면 시온에 오시기를 기다리던 "구원"이 땅 끝까지 이르게 된다는 뜻이 됩니다.

④ 그래서 하나님을 "우리 구원의 하나님"이라고 부르면서, "땅의 모든 끝과 먼 바다에 있는 자의 의지할 주께서 의를 좇아 엄위하신 일로 우리에게 응답하시리이다"(5) 하는 것입니다.

㉠ 그런데 이런 문맥에서, "주의 힘으로 산을 세우시며 권능으로 띠를 띠시며 바다의 흉용과 물결의 요동과 만민의 훤화까지 진정하시나이다"(6-7) 하는 말씀은 무슨 뜻인가?

㉮ "흉용, 요동, 훤화"는 "오직 악인은 능히 안정치 못하고 그 물이 진흙과 더러운 것을 늘 솟쳐내는 요동하는 바다와 같으니라"(사 57:20) 한 불신앙의 상태를 나타내고, ㉯ "주의 힘으로, 권능으로, 진정하시나이다" 하는 것은 불신앙의 상태와는 대조되는 하나님께로 말미암는 평강을 나타낸다 하겠습니다.

⑤ 그러므로 "땅 끝에 거하는 자가 주의 징조를 두려워하나이다"(8) 하는 것입니다.

㉠ 여기에는 "땅 끝과 징조"가 결부되어 있는데, 첫째는 구원이 이스라엘에 국한된 것이 아님을 나타냅니다. 그렇다면 그들이 두려워한다는 "징조"가 무엇인가? 성경이 증거하는 궁극적인 징조는 오직 그

리스도(출 10:1; 사 7:14)인 것입니다.

ⓛ 이점이 계속되는 "주께서 아침 되는 것과 저녁 되는 것을 즐거워하게 하시며 땅을 권고하사 물을 대어 심히 윤택케 하신다"(9상)는 말씀에 나타납니다.

㉮ "고역으로 인하여 탄식하며 부르짖는"(출 2:23) 이스라엘 백성들에게, ㉯ 그리고 "죽기를 무서워하므로 일생에 매여 종 노릇하는 모든 자들에게"(히 2:15), "아침 되는 것과 저녁 되는 것을 즐거워하는" 일이 있었단 말인가? ㉰ 이는 구원의 기쁜 소식이 "땅 끝까지" 미치게 될 복음시대를 전망하는 묘사로 보아야만 합니다. 그래서 둘째 단원의 주제가 "땅 끝에서 주의 구원을 봄"이 될 수가 있습니다.

셋째 단원(9하-13) 땅에 풍성한 구원의 은혜

셋째 단원을 문자적으로만 본다면 풍년을 구가(謳歌)하는 전원적인 노래로 여길 수가 있습니다. 그런데 이를 65편 전체의 문맥으로 본다면 전원적인 아름다움을 뛰어넘어 "땅에 풍성한 하나님의 은혜"로 볼 수가 있는 것입니다.

⑥ "하나님의 강에 물이 가득하게 하시고"(9중)라는 말씀을, 때를 따라 내려주시는 비쯤으로 여긴다면 피상적인 관찰입니다. 이는 "하나님이 자기를 사랑하는 자들을 위하여 예비해놓으신 모든 것"(고전 2:9) 즉, 하나님의 은혜로 보아야 할 것입니다.

㉠ "이 같이 땅을 예비하신 후에 저희에게 곡식을 주시나이다"(9하) 하는데, 이는 은혜의 단비로 말미암아 거둬드리게 될 풍성한 열매라 할 수가 있습니다.

⑦ 이점이 "주께서 밭고랑에 물을 넉넉히 대사 그 이랑을 평평하게 하시며 또 단비로 부드럽게 하시고 그 싹에 복 주시나이다"(10) 한 말씀에 나타납니다.

㉠ "하나님의 강에 물이 가득하게 하시고"와 "밭고랑에 물을 넉넉히 대사"를 결부시켜서 음미해 보십시오.

㉮ "물이 가득한 하나님의 강"이, "하나님이 자기를 사랑하는 자들을 위하여 예비하신"(고전 2:9) "은혜"의 저수지라면, ㉯ "물을 넉넉하게 대어주신 밭고랑"은, 은혜를 풍성하게 입은 우리의 심령이라 할 수가 있습니다. 물을 "대어주신다"는 말이 9절과 10절에 나오는데, 이는 공급자가 되심을 의미합니다.

㉡ 그리하여 "주의 은택으로 년사에 관 씌우시니 주의 길에는 기름이 떨어지며 들의 초장에도 떨어지니 작은 산들이 기쁨으로 띠를 띠었나이다"(11-12) 합니다.

⑧ "하나님이여 찬송이 시온에서 주를 기다리오며"(1)로 시작한 65편은, "초장에는 양떼가 입혔고 골짜기에는 곡식이 덮였으매 저희가 다 즐거이 외치고 또 노래하나이다"(13) 하는 풍성한 축복으로 마치고 있습니다.

㉠ 이것이 1차적으로는 평화롭고 풍성한 다윗 왕국을 노래하고 있다 하여도, 궁극적으로는 "하나님이 가라사대 말세에 내가 내 영으로 모든 육체에 부어 주리니"(행 2:17) 하신 은혜시대를 전망하고 있다 하겠습니다.

메시아 예언이 풍부한 이사야서에서는, "광야와 메마른 땅이 기뻐하며 사막이 백합화같이 피어 즐거워하며 무성하게 피어 기쁜 노래로 즐거워하며 레바논의 영광과 갈멜과 사론의 아름다움을 얻을 것이라 그것들이 여호와의 영광 곧 우리 하나님의 아름다움을 보리로다"(사 35:1-2) 합니다.

"광야"가 백합화같이 피는 것이 어떻게 가능하여지는가? "이는 광야에서 물이 솟겠고 사막에서 시내가 흐를 것임이라"(사 35:6) 합니다. 형제의 목장에도, "양떼가 입혔고 골짜기에는 곡식이 덮였으매 저희가 다 즐거이 외치고 또 노래하나이다"(13) 하게 되시기를 기원합니다. 이것이 "구원의 하나님께 감사하며 즐거워함"입니다.

적용

"하나님의 강"에 물이 가득하다 하십니다. 그리고 "주께서 밭고랑에 물을 넉넉히 대주신다" 하십니다. 그렇다면 "초장에는 양떼가 입혔고 골짜기에는 곡식이 덮히게" 되는 것은 필연적인 것입니다. 만일 그렇지 않다면 어디서 좁아졌는가를 점검해 보아야할 것입니다. 그리고 신약의 성도들도 "시온에서 주를 기다리는" 사람들이라는 점을 잊지 마십시다.

묵상

㉠ 신구약시대의 "기다리는 사람들"에 대해서,

㉡ "땅 끝에 거하는 자가 주의 징조를 두려워한다"는 점에 대해서,

㉢ 문맥적으로 본 셋째 단원의 "풍성한 은혜"에 대해서.

시편 66편 개관도표
하나님의 세 방면의 행사에 대한 찬양

하 나 님 행 사 찬 양	**1-4** 1 ① 온 땅이여 하나님께 즐거운 소리를 발할 지어다 2 그 이름의 영광을 찬양하고 영화롭게 찬송할 지어다 3 ② 하나님께 고하기를 주의 일이 어찌 그리 엄위하신지요 주의 큰 권능으로 인하여 주의 원수가 주께 복종할 것이며 4 온 땅이 주께 경배하고 주를 찬양하며 주의 이름을 찬양하리이다 할지어다(셀라)	

출 애 굽 의 행 사	**5-9** 5 ③ 와서 하나님의 행하신 것을 보라 인생에게 행하심이 엄위하시도다 6 하나님이 바다를 변하여 육지 되게 하셨으므로 무리가 도보로 강을 통과하고 우리가 거기서 주로 인하여 기뻐하였도다 7 저가 그 능으로 영원히 치리하시며 눈으로 열방을 감찰하시나니 거역하는 자는 자고하지 말지어다(셀라) 8 ④ 만민들아 우리 하나님을 송축하며 그 송축 소리로 들리게 할지어다 9 그는 우리 영혼을 살려 두시고 우리의 실족함을 허락지 아니하시는 주시로다	

시 련 에 서 구 원 하 신 행 사	**10-15** 10 ⑤ 하나님이여 주께서 우리를 시험하시되 우리를 단련하시기를 은을 단련함 같이 하셨으며 11 우리를 끌어 그물에 들게 하시며 어려운 짐을 우리 허리에 두셨으며 12 사람들로 우리 머리 위로 타고 가게 하셨나이다 우리가 불과 물을 통행하였더니 주께서 우리를 끌어 내사 풍부한 곳에 들이셨나이다 ⑥ 내가 번제를 가지고 주의 집에 들어가서 나의 서원을 갚으리니 14 이는 내 입술이 발한 것이요 내 환난 때에 내 입이 말한 것이니이다 15 내가 수양의 향기와 함께 살진 것으로 주께 번제를 드리며 수소와 염소를 드리리이다(셀라)	

영 혼 을 위 한 행 사	**16-20** 16 ⑦ 하나님을 두려워하는 너희들아 다 와서 들으라 하나님이 내 영혼을 위하여 행하신 일을 내가 선포하리로다 17 내가 내 입으로 그에게 부르짖으며 내 혀로 높이 찬송하였도다 18 ⑧ 내가 내 마음에 죄악을 품으면 주께서 듣지 아니하시리라 19 그러나 하나님이 실로 들으셨으며 내 기도 소리에 주의하셨도다 20 하나님을 찬송하리로다 저가 내 기도를 물리치지 아니하시고 그 인자하심을 내게서 거두지도 아니하셨도다	

66편
하나님의 세 방면의 행사에 대한 찬양

하나님을 두려워하는 너희들아 다 와서 들으라 하나님이 내 영혼을 위하여 행하
신 일을 내가 선포하리로다(시 6:16).

66편은 찬양 시인데, "와서 보라(5), 다 와서 들으라"(16) 하고, "선
포하고, 찬양하겠다"는 것이 66편의 중심주제입니다. 그러면 선포하
고 찬양해야할 여호와의 행사가 무엇인가? 하나님의 세 방면의 행사
를 진술하고 있습니다.

첫째 단원은 "찬양하라"는 초대이고, 둘째 단원에서는 출애굽의 행
사(5-7)를, 셋째 단원에서는 시련에서 구원하신 행사를, 넷째 단원에
서는 "내 영혼을 위하여 행하신 일"(16)을 "선포하고, 찬양"하겠다고
말합니다. 이 말씀이 우리에게는 어떻게 적용이 되는가?

첫째 단원(1-4) 하나님의 행사를 찬양하라
둘째 단원(5-9) 출애굽의 행사
셋째 단원(10-15) 시련에서 구원하신 행사
넷째 단원(16-20) 내 영혼을 구원하신 행사

첫째 단원(1-4) 하나님의 행사를 찬양하라

첫째 단원은 "찬양할 지어다" 한, 찬양에의 초대입니다. "찬양하라"는 말이 4번이나 등장합니다.

① 누구들을 찬양에 초대하고 있는가? "온 땅이여 하나님께 즐거운 소리를 발할 지어다"(1) 합니다. "온 땅"이라는 말이 1절과 4절에 등장하는데, 이는 찬양해야할 이유가 이스라엘에 국한된 것이 아니라 천하 만민으로 확장이 될 것을 나타냅니다.

㉠ "그 이름의 영광을 찬양하고 영화롭게 찬송할 지어다"(2) 합니다.

② 그러면 찬양해야할 이유가 무엇인가? 그 구체적인 이유는 5절 이하에 나오는데 첫째 단원에서는, "하나님께 고하기를 주의 일(행사)이 어찌 그리 엄위하신지요"(3상) 하고, 주의 행사가 "엄위"하다고만 말씀합니다. 5절에서도, "인생에게 행하심이 엄위하시도다" 하고 거듭 "엄위"를 말씀합니다. 우리는 하나님을 "사랑, 은혜, 자비"의 하나님으로만 생각하는 경향이 있습니다만 하나님은 사랑의 하나님만이 아니라 "엄위"의 하나님이시라는 점도 명심해야만 합니다.

이를 알았기에 사도 바울은 "그러므로 하나님의 인자와 엄위를 보라"(롬 11:22) 하고 말씀했던 것입니다.

㉠ "주의 큰 권능으로 인하여 주의 원수가 주께 복종할 것이며"(3하) 합니다. 3절을 요약을 하면 찬양하고 선포해야할 "주의 일"(3)은,

㉮ "큰 권능"으로 행하신 일이요, ㉯ "원수들도 복종"하게 될, ㉰ "엄위하신"(3) 일이라는 것입니다.

㉡ 그래서 "온 땅이 주께 경배하고 주를 찬양하며 주의 이름을 찬양 하리이다 할지어다" 하는 것입니다. 그렇다면 "온 땅이 경배하고,

찬양"할 큰 권능으로 행하신 "엄위하신 일"이 무엇인가?

둘째 단원(5-9) 민족을 구원하신 출애굽의 행사

찬양해야할 이유로, "바다를 변하여 육지 되게"(6) 하셨다는 출애굽의 행사를 들고 있습니다. 이스라엘 백성들은 하나님이 행해주신 일 가운데 언제나 첫째로 꼽는 것이 바로의 노예로부터 구원하여주신 출애굽의 행사입니다(68:7-8; 74:13-15; 77:16-20; 78:13, 52, 53; 89:7-10; 106:7-12; 136:10-15).

그러므로 본 단원의 인칭이 모두 "우리"로 되어 있습니다. 이것은 하나님께서 행해주신 과거의 행사입니다.

③ "와서 하나님의 행하신 것을 보라 인생에게 행하심이 엄위하시도다"(5) 하고, 하나님은 "엄위"하신 하나님이심을 증거합니다. 누구에게 엄위하신가?

㉠ "하나님이 바다를 변하여 육지 되게 하셨으므로 무리가 도보로 강을 통과하고 우리가 거기서 주로 인하여 기뻐하였도다"(6) 합니다. 5절에는 "엄위"가 있고, 6절에는 "기뻐하였도다" 한 "기쁨"이 있습니다. 홍해도하 사건은 하나님의 "인자와 엄위"가 함께 나타난 사건이었던 것입니다.

㉮ 대적하는 자에게는 "엄위"로, ㉯ 경외하는 자에게는 "인자"(롬 11:22)로 대하시는 하나님이심을 깨닫게 됩니다. 이스라엘 백성들은 국가적인 위기에 처했을 때마다 출애굽 사건을 싱기하면서 이렇게 구원하여 주신 하나님께서 이제도 이 위기에서 구원하여 주실 것을 확신하였던 것입니다. 큰 것이 사실이라면 보다 작은 것은 더욱 확실하다는 논리입니다.

이런 논리를 신약성경에서는, "자기 아들을 아끼지 아니하시고 우리 모든 사람을 위하여 내어주신 이가 어찌 그 아들과 함께 모든 것을 우리에게 은사로 주지 아니하시겠느냐"(롬 8:32) 하고 말씀하십니다.

ⓛ 그래서 "저가 그 능으로 영원히 치리하시며 눈으로 열방을 감찰하시나니 거역하는 자는 자고(自高)하지 말지어다"(7) 하고 경고하는 것입니다.

④ 그런데 8절에서는, "만민들아 우리 하나님을 송축하며 그 송축 소리로 들리게 할지어다"(8) 하는 것이 아닌가?

㉠ 그렇다면 만민들에게 "출애굽"의 행사를 송축하라는 말인가? 아닙니다. 출애굽의 행사는 동떨어진 행사가 아니라, 만민을 사탄의 노예로부터 해방시키실 영적 출애굽에 대한 예표로 주어진 것이기 때문에, "와서 하나님의 행하신 것을 보라(5), 만민들아 우리 하나님을 송축하라"(8) 하는 것입니다.

그래도 미심적어 하신다면 히브리서 3:5절을 보시기를 바랍니다. 하나님께서 모세를 부르실 때에는 그에게 맡기실 사명이 있으시기 때문인데 그 임무가 무엇이라고 여겨지십니까? 이스라엘 백성들을 애굽에서 해방시키는 것이라고 대답하시겠습니까? 그것은 맞는 말이면서도 아직 의문의 수건이 벗어지지 않은 자의 대답입니다.

ⓛ "또한 모세는 장래에 말할 것을 증거하기 위하여 하나님의 온 집에서 사환으로 충성하였다"고 말씀합니다. "장래에 말할 것을 증거하기 위하여", 즉 출애굽 사건은 영적 출애굽을 증거하기 위한 그림자였다는 말씀입니다. "내 아버지께서 이제까지 일하시니 나도 일한다"(요 5:17) 하신 "일하심"은 출애굽이 아닙니다. "내가…하리라"(창 3:15) 하신, 여자의 후손을 보내어 사탄을 정복케 하시고 인류를 구원

하시려는 구원계획인 것입니다.

ⓒ 그래서 "그는 우리 영혼을 살려 두시고 우리의 실족함을 허락지 아니하시는 주시로다"(9) 하는 것입니다. 이는 두 마디로 되어 있는데,

㉮ 먼저 "실족치 않게 하신다"는 것입니다. 하나님께서는 "출애굽"만 시켜주신 것이 아니라, "주께서 그 구속하신 백성을 은혜로 인도하시되 주의 힘으로 그들을 주의 성결한 처소에 들어가게 하시나이다"(출 15:13) 합니다. ㉯ 둘째는 "우리 영혼을 살려 두시고" 한 말인데, 출애굽의 행사는 "우리 영혼"을 구원하시기 위한 예표가 된다는 의미가 있다 하겠습니다.

셋째 단원(10-15) 시련에서 구원하신 행사

첫째 단원에서 "하나님의 행사를 찬양하라" 하고, 둘째 단원에서 "출애굽의 행사"를 진술한 시편 기자는, "여기까지 우리를 도우셨다"(삼상 7:12) 하고, 에벤에셀을 진술합니다.

⑤ "하나님이여 주께서 우리를 시험하시되 우리를 단련하시기를 은을 단련함 같이 하셨으며"(10) 하고, "시험과 단련하신" 하나님,

㉠ "우리를 끌어 그물에 들게 하시며 어려운 짐을 우리 허리에 두셨으며 사람들로 우리 머리 위로 타고 가게 하셨나이다"(11-12상) 합니다. "그물에 들게, 어려운 짐, 머리를 타고 가게 하심" 등은 그들이 당한 시련, 환난을 가리키는 말인데, 특히 "사람들로 우리 머리 위를 타고 가게 했다"는 말은 대적에게 당한 압제를 가리킵니다.

출애굽으로부터 시작하여 시편 기자 당시까지의 역사는 푸른 초장만 있는 것이 아니라, "사망의 음침한 골짜기"와 같은 광야를 통과하고, 아말렉과 같은 대적을 만나게 되기도 하고, 범죄로 인한 징벌도

당하였던 것입니다.

이점을 신약성경에서는, "하나님이 아들과 같이 너희를 대우하시나니 어찌 아비가 징계하지 않는 아들이 있으리요 징계는 다 받는 것이거늘 너희에게 없으면 사생자요 참 아들이 아니니라"(히 12:7-8) 하고 말씀합니다.

ⓛ 그러므로 "우리가 불과 물을 통행하였더니 주께서 우리를 끌어내사 풍부한 곳에 들이셨나이다"(12하) 합니다. 이는 하나님께서 자기 백성들에게 시련을 허용하시는 의도가 어디에 있는가를 나타내는 말씀인데, "나 여호와가 말하노라 너희를 향한 나의 생각은 내가 아나니 재앙이 아니라 곧 평안이요 너희 장래에 소망을 주려 하는 생각이라"(렘 29:11) 하십니다. 그래서 9절에서는 "우리의 실족함을 허락지 아니하시는 주시로다" 한 것입니다.

이점을 이사야 43:2절에서는 "네가 물 가운데로 지날 때에 내가 함께 할 것이라 강을 건널 때에 물이 너를 침몰치 못할 것이며 네가 불 가운데로 행할 때에 타지도 아니할 것이요 불꽃이 너를 사르지도 못하리니" 하십니다.

⑥ 그러므로 "내가 번제를 가지고 주의 집에 들어가서 나의 서원을 갚으리니"(13),

㉠ "이는 내 입술이 발한 것이요 내 환난 때에 내 입이 말한 것이니이다 내가 수양의 향기와 함께 살진 것으로 주께 번제를 드리며 수소와 염소를 드리이다(셀라)"(14-15) 합니다. 다시 말하면 환난에서 구원하여주신 하나님께 번제의 삶을 살겠다고 헌신을 다짐하는 것입니다.

㉡ 이점에서 유념할 점은, "서원을 갚으리니"(13) 하면서, "번제를 드리며 수소와 염소를 드리이다"(15) 한다는 점입니다.

㉮ 그렇다면 염소를 드리는 것이 서원을 갚는 것이고, ㉯ 하나님께서는 "수소나 염소"의 피나 고기를 잡수시는 분이란 말인가 하는 점입니다.

질문을 드려보겠습니다. 구약시대의 "예배"와 본문이 말씀하는 "서원" 등이 어떻게 하나님께 열납 될 수가 있었는가 하는 점입니다. 그들은 죄인이요, 하나님과 분리된 상태에 있는 자들입니다. 그러므로 구약시대의 예배가 하나님께 열납 될 수 있었던 것은 "번제"로 상징이 된 예수 그리스도의 대속을 통해서만이 가능하여졌던 것입니다.

㉢ 기회가 있을 때마다 강조합니다만 구약성경에 등장하는 제사는 대속제물이 되어주실 그리스도를 예표한다는 점에서만 의미가 있다는 점입니다. 이를 떠나서 드리는 제사란 경배가 아니라 도리어 하나님을 우상시하는 모독이 된다는 점에 확고해야만 합니다.

이점을 40편과 50편을 통해서 분명히 밝히고 있는데,

㉮ "주께서 나의 귀를 통하여 들리시기를 제사와 예물을 기뻐 아니하시며 번제와 속죄제를 요구치 아니하신다"(40:6) 말씀하시면서, ㉯ "내가 수소의 고기를 먹으며 염소의 피를 마시겠느냐"(50:13), 그런 하나님으로 알고 있느냐 하고 반문을 하시는 것입니다. ㉰ 신약시대 성도들의 예배와 헌신이 열납 될 수 있는 것도, "그러므로 형제들아 내가 하나님의 모든 자비하심으로 너희를 권하노니 너희 몸을 하나님이 기뻐하시는 거룩한 산제사로 드리라"(롬 12:1), 즉 예수 그리스도의 구속으로 말미암아 가능하여지는 것입니다.

넷째 단원(16-20) 내 영혼을 구원하신 행사

이런 맥락에서 넷째 단원의 중심점은 "내 영혼을 위하여 행하신

일"(16)에 있습니다. 여기서 "나"라는 인칭은 어느 특정한 개인(個人)을 말하는 것이 아니라 구원 얻은 각자(各自)를 가리키는 표현으로 보아야만 합니다. 그러니까 육적 출애굽 사건을 통해서 영적 출애굽을 말씀하는 것입니다.

⑦ 이점이 "하나님을 두려워하는 너희들아 다 와서 들으라"(16상) 하는 초청에 나타납니다. 그러면 "와서 다 들으라" 하는 내용이 무엇인가? "하나님이 내 영혼을 위하여 행하신 일을 내가 선포하리로다" (16) 합니다. 그러니까 "나의 영혼", 즉 형제의 영혼을 위하여 행하신 일을 말해주겠다는 뜻입니다.

㉠ 이는 66편을 통해서 말씀하려는 바가 이스라엘의 구원만이 아니라, "온 땅(1, 4), 만민들아 우리 하나님을 송축하라"(8) 한, 천하 만민의 구원행사라는 점입니다. 출애굽이나, 어느 개인의 구원행사를 "온 땅이여, 다 와서 들으라" 하면서, "선포하고 찬송하겠다" 하겠는가?

⑧ "내가 내 마음에 죄악을 품으면 주께서 듣지 아니하시리라"(18) 하고는,

㉠ "그러나 하나님이 실로 들으셨으며 내 기도 소리에 주의하셨도다"(19) 합니다.

㉮ 그러면 자신은 죄가 없다는 말인가?, ㉯ 아니면 죄를 자신이 해결했다는 것인가?

㉡ 이에 대한 답변이 이어지는 결론에서 주어지고 있는데, "하나님을 찬송하리로다 저가 내 기도를 물리치지 아니하시고 그 인자하심을 내게서 거두지도 아니하셨도다"(20) 한 "인자", 즉 하나님의 은혜로 말미암아 가능하여지는 것입니다.

"그러나" 하고 자신의 진술을 뒤집을 수 있는 자가 누구이겠습니

까? 자신의 의가 아니라, "그리스도 예수 안에 있는 구속으로 말미암아 하나님의 은혜로 값없이 의롭다 하심을 얻은 자"(롬 3:24)만이 선언할 수 있는 말인 것입니다.

ⓒ 그리하여 "그 이름의 영광을 찬양하고 영화롭게 찬송할 지어다"(2) 하고, 찬양으로 시작한 66편은, "하나님을 찬송하리로다"(20) 하는 찬양으로 마치고 있습니다. 찬양해야할 이유를 요약을 하면,

㉮ 5절의 "하나님의 행하신 일"은 과거에 행해주신 출애굽의 행사요, ㉯ 10절에서 "주께서 우리를 시험하시되" 한 행사는 현재적인 행사요, ㉰ 16절의 "하나님의 행하신 일"은, "내 영혼을 위하여 행하신" 영적 출애굽의 행사, 즉 구속의 행사인 것입니다. 이것이 "와서 여호와의 행하신 일을 보라" 하는, 찬양해야할 "여호와의 행사"입니다.

적용

과거에 행해주신 지극히 큰 여호와의 행사가 사실이라면 현재의 시련 중에서의 구원과, 미래에 완성하실 구원도 확신할 수가 있는 것입니다. 그리고 "나의 서원을 갚으리로다"(13) 하는데, 성도의 서원 갚음은 헌신입니다. 무엇을 위한 헌신인가? 하나님의 행사를 "선포하고 찬양" 하는 일입니다.

묵상

㉠ 둘째와 셋째 단원에서 증거하는 찬양해야할 이유가 무엇인가?
㉡ 온 땅, 만민이 찬양해야할 궁극석인 이유가 무엇인기?
㉢ "그러나, 들으셨다"(19) 하고 선언할 수 있는 자가 누군가에 대해서.

시편 67편 개관도표
우리를 긍휼히 여기사 얼굴빛을 비추소서

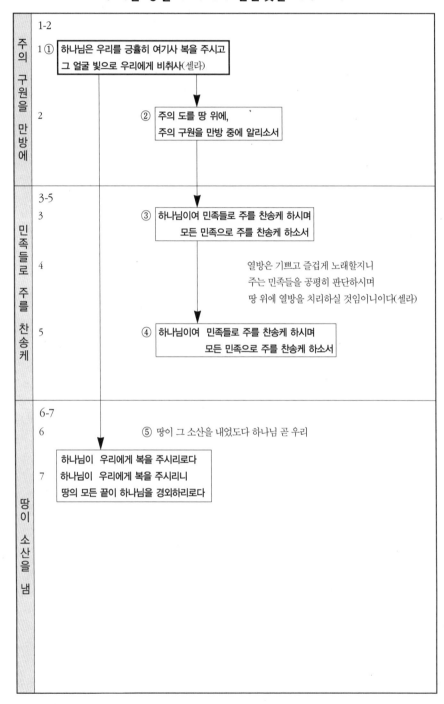

주의 구원을 만방에	1-2	
	1	① 하나님은 우리를 긍휼히 여기사 복을 주시고 그 얼굴 빛으로 우리에게 비취사(셀라)
	2	② 주의 도를 땅 위에, 주의 구원을 만방 중에 알리소서
민족들로 주를 찬송케	3-5	
	3	③ 하나님이여 민족들로 주를 찬송케 하시며 모든 민족으로 주를 찬송케 하소서
	4	열방은 기쁘고 즐겁게 노래할지니 주는 민족들을 공평히 판단하시며 땅 위에 열방을 치리하실 것임이니이다(셀라)
	5	④ 하나님이여 민족들로 주를 찬송케 하시며 모든 민족으로 주를 찬송케 하소서
땅이 소산을 냄	6-7	
	6	⑤ 땅이 그 소산을 내었도다 하나님 곧 우리
	7	하나님이 우리에게 복을 주시리로다 하나님이 우리에게 복을 주시리니 땅의 모든 끝이 하나님을 경외하리로다

67편
우리를 긍휼히 여기사 얼굴빛을 비추소서

하나님은 우리를 긍휼히 여기사 복을 주시고 그 얼굴빛으로 우리에게 비취사(셀라). (시 67:1)

67편의 중심점은, "우리를 긍휼히 여기사 얼굴빛을 비추소서"(1)에 있습니다. 이는 구속사를 이해하는데 중요한 요점이 됩니다. 왜냐하면 구약시대란, 하나님의 얼굴을 "가리신" 때였기 때문입니다. 이점을 성막 휘장이 증언하고 있습니다. 그리하여 "주의 도를 땅 위에, 주의 구원을 만방 중에 알리소서"(2) 합니다.

하나님께서는 막혔던 휘장을 예수 그리스도의 구속을 통해서 열어서, "얼굴빛을 비춰주셨던"(고후 4:6) 것입니다. 그리하여 "우리"(1)로 시작한 기도가 "주의 구원을 만방 중에 알리소서(2), 모든 민족들로 주를 찬송케 하소서"(3, 5) 하고, 확장되어 나가는 것을 봅니다. 이는 하나님께서 아브라함에게, "또 네 씨로 말미암아 천하 만민이 복을 얻으리니"(창 22:18) 하고 약속하신 바의 성취인 것입니다. 67편은 전부가 기도로 되어 있는데 이런 맥락에서 대제사장적인 기도를 담고 있습니다. 하나님께서 이스라엘을 향하여 "너희가 내게 대하여 제사장 나라가 되며 거룩한 백성이 되리라"(출 19:6) 하심은, 구원이 이스라엘에서 나와 천하 만민이 구원의 복을 받기를 원하셨기 때문입니다.

첫째 단원(1-2) 주의 구원을 만방에

둘째 단원(3-5) 민족들로 주를 찬송케

셋째 단원(6-7) 땅이 소산을 내었도다

첫째 단원(1-2) 주의 구원을 만방에

첫째 단원의 중심점은 "그 얼굴빛을 우리게 비취사"에 있습니다. 시편에는 "그 얼굴빛을 비춰달라"(4:6; 31:16; 67:1; 80:3, 7, 19)는 간구가 자주 등장합니다. 이는 시편의 주제뿐만이 아니라, 구약성경이 추구하는 주제라 할 수가 있습니다.

① "하나님은 우리를 긍휼히 여기사 복을 주시고 그 얼굴빛으로 우리에게 비취사"(1) 합니다.

㉠ 이는 세 마디로 되어 있는데,

㉮ 첫째는 "긍휼히 여기심"입니다. 죄로 말미암아 하나님의 존전에서 추방을 당한 아담의 후예들이 기대할 것은 하나님의 "긍휼" 외에 달리는 없다는 것입니다. ㉯ 둘째는 "복을 주시고"입니다. 본문에는 "복을 주시고"라는 간구가 3번(1, 6, 7) 등장하는데, 성경이 말씀하는 "복"은 하나님께서 아브라함에게, "너는 복의 근원이 될지라…땅의 모든 족속이 너를 인하여 복을 얻을 것이니라"(창 12:2-3) 한, 메시아 언약으로부터 연유됩니다. ㉰ 셋째는 "그 얼굴빛으로 우리에게 비취사"(1하) 합니다. 구속사라는 맥락에서 볼 때에, "그 얼굴빛으로 우리에게 비취사"는 중대한 의미가 있습니다. 하나님께서는 이를 계시하시기 위해서 하나님의 임재를 상징하는 지성소를 휘장으로 가리라 명하셨던 것입니다. 이를 열어달라는 것이 됩니다.

㉡ 먼저 "얼굴을 가리시게" 된 원인부터 생각해보아야만 합니다.

그것은 분명합니다. "오직 너희 죄악이 너희와 너희 하나님 사이를 내었고 너희 죄가 그 얼굴을 가리워서 너희를 듣지 않으시게 함이니"(사 59:2) 합니다. 이점이 "내가 너희 중에 거할 성소"(출 25:8)라 하신 성소(성전)의 중간을 휘장으로 막으라 하신데서 드러납니다.

ⓒ 그렇다면 그 휘장이 언제 누구에 의하여 열려졌느냐 하는 점도 분명합니다. 주님께서 십자가상에서 "다 이루었다" 하고 선언하셨을 때에 1500년 동안이나 막혀있던 휘장이 열려졌던 것입니다. 이점을 히브리서는, "그 길은 우리를 위하여 휘장 가운데로 열어 놓으신 새롭고 산길이요 휘장은 곧 저의 육체니라"(히 10:20) 하고 증거합니다.

㉮ 이는 휘장이 찢어졌다는 단순한 뜻이 아니라, 하나님 앞에 나아가는 길이 열렸다는 뜻이요, ㉯ 또한 "예수 그리스도의 얼굴에 있는 하나님의 영광을 아는 빛을 우리 마음에 비춰셨느니라"(고후 4:6) 한, 하나님의 "얼굴빛을 우리에게 비춰주신" 사건임을 증거하고 있습니다.

민수기에는 하나님께서 명하신 제사장 축복이 있는데, "너희는 이스라엘 자손을 위하여 이렇게 축복하여 이르되 여호와는 네게 복을 주시고 너를 지키시기를 원하며 여호와는 그 얼굴로 네게 비춰사 은혜 베푸시기를 원하며 여호와는 그 얼굴을 네게로 향하여 드사 평강 주시기를 원하노라 할지니라"(민 6:24-26) 하고, 명하셨던 것입니다.

② 이처럼 첫 절에서 "긍휼과, 복과, 얼굴빛"으로 나타났던 계시가 2절에서는, "주의 도를 땅 위에, 주의 구원을 만방 중에 알리소서"(2) 하고, "주의 도, 주의 구원"으로 너욱 밝히 드러나고 있는 것입니다.

㉠ 그렇다면 "땅 위에, 만방 중에 알리기를" 원하시는 "주의도, 주의 구원"이 무엇이겠는가? "진리의 말씀 곧 구원의 복음"(엡 1:13) 외에 달리 무엇이 있단 말인가? 이점을 이사야서에서는, "그러므로 너

희가 기쁨으로 구원의 우물들에서 물을 길으리로다" 하면서, "여호와를 찬송할 것은 극히 아름다운 일을 하셨음이니 온 세계에 알게 할지니라"(사 12:3, 5) 합니다.

ⓛ 본문에는 땅의 모든 족속을 가리키는 "만방(2), 민족들(3, 3, 4, 5, 5), 열방"(4, 4)이라는 말이 전부가 일곱 절 밖에 안 되는 본문에 8번이나 등장합니다. 시편 기자는 이스라엘의 구원만을 간구하고 있는 것이 아닙니다. 이런 맥락에서 첫째 단원에 등장하는 "우리와 만방"의 상관관계에 유념해야만 합니다.

㉮ "하나님은 우리를 긍휼히 여기사 복을 주시고 그 얼굴빛으로 우리에게 비취사"(1) 한 "우리"는 선민 이스라엘을 가리킵니다. "이는 구원이 유대인에게서 나와서"(요 4:22), ㉯ "주의 구원을 만방에 알리게" 될 것을 가리킵니다. 그러므로 67편은 제사장적인 기도라 할 수가 있습니다. 이것이 "주의 구원을 만방에 알리소서"입니다.

둘째 단원(3-5) 민족들로 주를 찬송케 하소서

둘째 단원의 중심점은 "민족들로 주를 찬송케 하소서"에 있습니다. 이점이 4번이나 반복되어 있습니다. 이는 "주의 도를 땅 위에, 주의 구원을 만방 중에 알리소서"(2) 한 2절과 결부되는 것으로, 복음의 빛이 만방에 비춰게 하여주셔서, 민족들로 하여금 하나님을 찬양하게 해달라는 간구인 것입니다.

③ "하나님이여 민족들로 주를 찬송케 하시며 모든 민족으로 주를 찬송케 하소서"(3),

㉠ "열방은 기쁘고 즐겁게 노래할지니"(4상) 하는데 이는 저절로 되는 것이 아니라 복음의 빛이 비춰져 구원을 얻음으로만이 가능하여

지는 기쁨이요, 찬양인 것입니다.

ⓛ "주는 민족들을 공평히 판단하시며 땅 위에 열방을 치리하실 것임이니이다(셀라)"(4하) 하는 것은, 하나님의 통치를 나타냅니다.

④ 그리하여 "하나님이여 민족들로 주를 찬송케 하시며 모든 민족으로 주를 찬송케 하소서"(5)라는 간절한 소청은, "하나님은 우리를 긍휼히 여기사 복을 주시고 그 얼굴빛으로 우리에게 비춰 달라"(1)는, 다시 말하면 메시아를 보내달라는 간절한 소망인 점을 간과해서는 안 됩니다. 이것이 "민족들로 주를 찬송케 하소서"의 뜻입니다.

셋째 단원(6-7) 땅이 그 소산을 내었도다

셋째 단원의 중심점은 "땅이 그 소산을 내었다"는데 있습니다. 이 "소산"(所産)은, "얼굴빛을 비추심"(1)과 결부가 됩니다. 햇빛을 비춰 주시고 은혜의 단비가 내리면 열매를 맺게 된다는 점을 나타냅니다. 이점을 65:9-13절에서도 상고한 바입니다.

⑤ "땅이 그 소산을 내었도다 하나님 곧 우리 하나님이 우리에게 복을 주시리로다"(6) 합니다.

ⓐ "복을 주시리라"는 말이 2번 강조되어 있는데 이 "복"은, "하나님은 우리를 긍휼히 여기사 복을 주시고" 한 첫 절과 결부되는 것이요, 그러므로 땅이 그 소산을 내었도다"는 말씀도 "얼굴빛을 비추시게 되면(1), 땅은 구원의 소산(2)을 내게 된다는 뜻인 것입니다.

ⓛ "하나님은 우리를 긍휼히 여기사 복을 주시고 그 얼굴빛으로 우리에게 비춰사(셀라)"(1) 하고 시작이 된 67편은, "하나님이 우리에게 복을 주시리니 땅의 모든 끝이 하나님을 경외하리로다"(7) 하고 마치

고 있습니다.

㉮ 이점에서 "땅이 그 소산을 내었도다"(6) 한 "소산"이 무엇을 가리키는가 하는 점이 분명히 드러나는데 그것은 한 알의 밀알로 말미암아 결실하게 될 "구원"의 열매들인 것입니다. ㉯ 이점이 "땅의 모든 끝이 하나님을 경외하리로다"(7하) 한 말씀에 의해서 입증이 됩니다.

농부가 씨를 뿌릴 때에는 "소산"을 바라고 하는 것입니다. 하나님께서 자기 아들을 한 알의 밀이 되어 땅에 떨어져 죽음을 맛보게 하심은 열매를 바라시기 때문입니다.

이점이 "여호와께서 그로 상함을 받게 하시기를 원하사 질고를 당케 하셨은즉 그 영혼을 속건제물로 드리기에 이르면 그가 그 씨를 보게 되며 그 날은 길 것이요 또 그의 손으로 여호와의 뜻을 성취하리로다"(사 53:10) 하는 말씀에 나타납니다. 이것이 "땅이 그 소산을 내었도다"의 의미요, "우리를 긍휼히 여기사 얼굴빛을 비추소서"입니다.

적용

신약의 성도들은 하나님께서 그 "얼굴빛"을 우리에게 비춰주신 이후 시대를 살아가고 있습니다. 그리고 이제는 형제가 제사장입니다. 그렇다면 형제가 만방을, 모든 민족을 가슴에 품고 간구하여야할 기도 제목이 무엇이겠습니까?

묵상

㉠ "긍휼, 복, 얼굴빛, 구원"(1-2)의 결부에 대해서,

㉡ 4번이나 등장하는 "민족들로 주를 찬송케 하소서"의 구속사적 의미에 대해서,

㉢ "땅이 그 소산을 내었도다" 한 소산과 선교사역에 대해서.

시편 68:1-18 개관도표
백성들 앞에서 인도하시는 하나님

선두에서 인도하시는 하나님	**1-4**
	1 ① 하나님은 일어나사 원수를 흩으시며
	주를 미워하는 자로 주의 앞에서 도망하게 하소서
	2 연기가 몰려감 같이 저희를 몰아내소서
	불 앞에서 밀이 녹음 같이 악인이 하나님 앞에서 망하게 하소서
	3 의인은 기뻐하여 하나님 앞에서 뛰놀며 기뻐하고 즐거워할 지어다
	4 ② 하나님께 노래하며 그 이름을 찬양하라
	타고 광야에 행하시던 자를 위하여 대로를 수축하라
	그 이름은 여호와시니 그 앞에서 뛰놀지어다
과거에 인도하여 주신 하나님	**5-18**
	5 ③ 그 거룩한 처소에 계신 하나님은 고아의 아버지시며 과부의 재판장이시라
	6 하나님은 고독한 자로 가속 중에 처하게 하시며
	수금된 자를 이끌어 내사 형통케 하시느니라
	오직 거역하는 자의 거처는 메마른 땅이로다
	7 ④ 하나님이여 주의 백성 앞에서 앞서 나가사
	광야에 행진하셨을 때에(셀라)
	8 땅이 진동하며 하늘이 하나님 앞에서 떨어지며
	저 시내 산도 하나님 곧 이스라엘의 하나님 앞에서 진동하였나이다
	9 하나님이여 흡족한 비를 보내사 주의 산업이 곤핍할 때에 견고케 하셨고
	10 주의 회중으로 그 가운데 거하게 하셨나이다
	하나님이여 가난한 자를 위하여 주의 은택을 준비하셨나이다
	11 주께서 말씀을 주시니 소식을 공포하는 여자가 큰 무리라
	12 여러 군대의 왕들이 도망하고 도망하니 집에 거한 여자도 탈취물을 나누도다
	13 ⑤ 너희가 양우리에 누울 때에는 그 날개를 은으로 입히고
	그 깃을 황금으로 입힌 비둘기 같도다
	14 전능하신 자가 열왕을 그 중에서 흩으실 때에는 살몬에 눈이 날림 같도다
	15 바산의 산은 하나님의 산임이여 바산의 산은 높은 산이로다
	16 ⑥ 너희 높은 산들아 어찌하여 하나님이 거하시려 하는 산을 시기하여 보느뇨
	진실로 여호와께서 이 산에 영영히 거하시리로다
	17 하나님의 병거가 천천이요 만만이라
	주께서 그 중에 계심이 시내 산 성소에 계심 같도다
	18 ⑦ 주께서 높은 곳으로 오르시며 사로잡은 자를 끌고 선물을 인간에게서,
	또는 패역자 중에서 받으시니 여호와 하나님이 저희와 함께 거하려 하심이로다

68:1-18
백성들 앞에서 인도하시는 하나님

하나님이여 주의 백성 앞에서 앞서 나가사 광야에 행진하셨을 때에(셀라).
(시 68:7)

68편에서 하나님은 "행차(行次)하시는 하나님(4, 7, 24), 승리하고 개선하시는 하나님"(18)으로 계시되어 있습니다. 68편의 배경은 다윗이 오벧에돔의 집에 있던 법궤를 예루살렘으로 운반해 올 때에 지은 시로 인정되고 있는데, 이를 "하나님의 행차"로 보았던 것입니다. 그래서 왕의 행차를 위해 "대로를 수축하라", 왕의 행차를 기뻐하는 "뛰놀지어다"(4) 합니다.

구약의 성도들이 제일 위대한 하나님의 행차로 여기는 것은, 구름과 불기둥으로 인도하여주신 "출애굽" 때의 행차입니다. 그리하여 "하나님이여 주의 백성 앞에서 앞서 나가사 광야에 행진하셨을 때에(셀라)"(7) 하고, 이를 회상하며 감격해 하는 것입니다. 이제 다윗은 법궤를 운반해 오면서 출애굽 때에 백성들의 선두에 서셔서 인도하여주신 일을 상기하고 있는 것입니다.

68편에는 선두에서 인도하시는 하나님의 행차하심이, 과거에 인도하시고, 현재에도 인도하시고, 미래에도 인도하시는 하나님으로 계시되어 있습니다. 여기에 우리와의 접촉점이 있는 것입니다. 분량 상 두 문단(1-18, 19-35)으로 나누어 우선 첫째와 둘째 단원만을 상고하겠습니다.

첫째 단원(1-4) 선두에서 인도하시는 하나님

둘째 단원(5-18) 과거에 인도하여주신 하나님

셋째 단원(19-27) 현재에도 인도하시는 하나님

넷째 단원(28-35) 미래에도 인도하시는 하나님

첫째 단원(1-4) 선두에서 인도하시는 하나님

첫째 단원은 서론 격인데 중심점은 "주의 앞에서 도망하게 하소서"(1)에 있습니다. 이는 출애굽 당시 "궤가 떠날 때에는 모세가 가로되 여호와여 일어나사 주의 대적들을 흩으시고 주를 미워하는 자로 주의 앞에서 도망하게 하소서" 한, 민수기 10:35절의 인용입니다. 하나님은 어제나 오늘이나 영원토록 우리들의 "선두에 서셔서 인도하시는 하나님"이십니다.

① "하나님은 일어나사 원수를 흩으시며 주를 미워하는 자로 주의 앞에서 도망하게 하소서"(1) 합니다.

출애굽 당시 하나님께서는 앞에서 인도하시는 인도자만 되신 것이 아니라, 선두에서 싸워주시는 야전군 사령관으로 계시되어 있는 것입니다.

㉠ 그래서 "연기가 몰려감 같이 저희를 몰아내소서 불 앞에서 밀이 녹음 같이 악인이 하나님 앞에서 망하게 하소서"(2) 하는 것입니다.

㉡ 주의 앞에서 도망을 가는 원수와는 반대로, "의인은 기뻐하여 하나님 앞에서 뛰놀며 기뻐하고 즐거워할 지어다"(3) 합니다. 실제로 다

윗은, "여호와 앞에서 뛰놀며 춤을 추었다"(삼하 6:16)고 전해줍니다.

여기 "원수와, 의인"이 대조되어 있는데, "의인"은 하나님을 경외하는 자요, "원수"란 하나님의 구원계획을 대적하는 자를 가리키는 말입니다.

② "하나님께 노래하며 그 이름을 찬양하라"(4상) 하면서

㉠ "타고 광야에 행하시던 자를 위하여 대로를 수축하라 그 이름은 여호와시니 그 앞에서 뛰놀지어다"(4하) 합니다. "대로를 수축하라"는 말은 행차하시는 하나님을 위하여 길을 예비하라는 말인데 이에 대한 감동적인 묘사가 114편에 등장합니다.

㉮ 하나님께서는 약속의 땅을 향하여 행진하는 여호와의 군대 "수두로 유다 자손 진기"(민 10:14)가 진행하라고 명하셨습니다. 왜냐하면 그리스도께서 유다 지파를 통해서 오시기 때문입니다. 이점을 114:1절에서는 "유다는 여호와의 성소가 되고", 즉 하나님께서 유다에 계셨다고 말합니다. ㉯ 그리고 "바다는 이를 보고 도망하며 요단은 물러갔으며 산들은 수양같이 뛰놀며 작은 산들은 어린양같이 뛰었도다"(114:3-4) 합니다. 무슨 뜻인가? 홍해와 요단강이 선두에서 인도하시는 왕의 행차를 보고 길을 열어드렸다는 그런 뜻입니다. ㉰ 이점이 이사야서에서는, "너희는 광야에서 여호와의 길을 예비하라 사막에서 우리 하나님의 대로를 평탄케 하라"(사 40:3) 하는 전진된 계시로 등장합니다.

이처럼 길을 예비함이 우리들에게는 "회개하라 천국이 가까웠느니라"(마 3:2) 한 "회개"로 적용이 되는 것입니다. 이것이 "대로를 수축하라"는 뜻입니다.

둘째 단원(5-18) 과거에도 인도하신 하나님

둘째 단원의 중심점은, "광야에 행진하셨을 때에"(7)라는 말씀에서 구할 수가 있습니다. "하나님의 행차"하심은 과거, 현재, 미래에도 있을 것인데, "광야에 행진하셨을 때"란 "출애굽" 당시를 가리키는 "과거에 인도하신 하나님"을 나타냅니다.

③ "그 거룩한 처소에 계신 하나님"(5상)이란, "내가 그들 중에 거할 성소를 지으라"(출 25:8) 하신, 즉 성막에 임재하신 임마누엘 하나님을 가리키는 말입니다. 그 하나님은 어떠한 하나님이신가?

㉠ "고아의 아버지시며 과부의 재판장이시라 하나님은 고독한 자로 가속 중에 처하게 하시며 수금된 자를 이끌어 내사 형통케 하시느니라"(5하-6상) 합니다.

5-6절 안에는 "고아, 과부, 고독한 자, 수금된 자" 등이 있습니다. 문자적으로 하나님은 이런 자들의 의지와 위로가 되시는 하나님이시나, 이는 세상에서 박해를 당하는 경건한 자들을 상징하는 표현이기도 합니다. 5절은 가난한 중에 9명의 자녀를 양육한 무디 어머니의 좌우명이었다고 전합니다.

㉡ "형통케 하시는" 것과는 대조적으로 "오직 거역하는 자의 거처는 메마른 땅이로다"(6하) 합니다.

④ "하나님이여 주의 백성 앞에서 앞서 나가사 광야에 행진하셨을 때에(셀라)"(7) 합니다.

㉠ 앞에서 언급한대로 선두에는 유다 진기가 진행을 했습니다. 이를 구속사라는 관점으로 보면 출애굽 당시도 그리스도께서 인도하셨다는 뜻이 되는 것입니다. 여호수아는 그가 죽기 전에 행한 고별설교

에서, "너희 하나님 여호와 그가 너희 앞에서 그들을 쫓으사 너희 목전에서 떠나게 하시리니"(수 23:5) 하고, 전에도 그러하셨거니와, 앞으로도 선두에서 싸워주시리라고 격려합니다. 하나님은 언제나 "백성 앞에서" 행하시는 하나님이십니다.

성두에서 인도만 하시는 것이 아니라, "너희 하나님 여호와께서 너희를 위하여 이 모든 나라에 행하신 일을 너희가 다 보았거니와 너희 하나님 여호와 그는 너희를 위하여 싸우신 자시니라"(수 23:3) 하고, 싸워주시는 하나님이라고 말씀합니다.

ⓛ "땅이 진동하며 하늘이 하나님 앞에서 떨어지며 저 시내 산도 하나님 곧 이스라엘의 하나님 앞에서 진동하였나이다"(8) 하는 것은, 행차하시는 하나님의 위대하심을 나타내는 시적인 표현입니다.

ⓒ 드디어 "하나님이여 흡족한 비를 보내사 주의 산업이 곤핍할 때에 견고케 하셨고 주의 회중으로 그 가운데 거하게 하셨나이다 하나님이여 가난한 자를 위하여 주의 은택을 준비하셨나이다"(9-10) 하고 약속의 땅에 입성하여, "네가 심지 아니한 포도원과 감람나무를 얻게 하사"(신 6:11) 산업에 복을 주셨음을 회상합니다.

ⓔ 11절 이하는 가나안 정복과, 대적을 패퇴시킨 승리에 대한 진술입니다. "주께서 말씀을 주시니 소식을 공포하는 여자가 큰 무리라 여러 군대의 왕들이 도망하고 도망하니 집에 거한 여자도 탈취물을 나누도다"(11-12) 하면서,

⑤ "너희가 양 우리에 누울 때에는 그 날개를 은으로 입히고 그 깃을 황금으로 입힌 비둘기 같도다"(13) 합니다. 이는 바로의 노예 신분이었던 저들을 백성으로 삼아주신 하나님께서 자기 백성들을 얼마나 영화롭게 해주셨는가를 비유적으로 나타낸 표현입니다.

㉠ "전능하신 자가 열왕을 그 중에서 흩으실 때에는 살몬에 눈이 날림 같도다 바산의 산은 하나님의 산임이여 바산의 산은 높은 산이로다"(14-15) 합니다.

"바산의 산은 높은 산"이라 한 것은, 16절의 "하나님이 거하시려는 산"(시온 산)과 대조적으로 한 말인데, 문맥적으로 보면 이스라엘을 둘러싼 열방을 가리키는 말이 됩니다. 그런데 어찌하여 "여호와의 산"이라 하는가? 본래 만물이 주의 것이기 때문입니다.

⑥ 그런데 "너희 높은 산들아 어찌하여 하나님이 거하시려 하는 산을 시기하여 보느뇨"(16상) 하고 책망합니다.

㉠ "높은 산들"이란 선민 이스라엘을 둘러싼 열방을 상징하는 말인데, "하나님이 거하시려고" 택하신 시온 산은 높은 산들에 비해 낮은 산, 즉 이스라엘은 열방에 비해 작은 나라입니다. 그래서 저들이 무시하고 얕본다는 말입니다.

신약성경은 "형제들아 너희를 부르심을 보라…하나님께서 세상의 미련한 것들, 약한 것들, 천한 것들, 멸시받는 것들, 없는 것들을 택하사 있는 것들을 폐하려 하시나니"(고전 1:26-28) 하십니다.

㉡ "진실로 여호와께서 이 산에 영영히 거하시리로다"(16) 하고 단호하게 선언합니다.

㉮ "이 산"은 시온 산을 가리키는데 가나안에 입성하여 성막이 처음에는 에브라임 지파에 분배된 실로에 있었습니다. 그런데 블레셋에게 빼앗겼던 법궤가 돌아올 때에는 유다 지파에 분배된 벳세메스로 돌아와 결국 시온에 안치하게 된 것입니다. 이점을 영감 받은 시편 기자는, "에브라임 지파를 택하지 아니하시고 오직 유다 지파와 그 사랑하시는 시온 산을 택하셨다"(78:67-68) 하고 증거합니다. ㉯ 이는 법

궤 이야기가 아니라 성막의 실체이신 그리스도께서 에브라임 지파가 아니라 유다 지파를 통해서 오실 것에 대한 증거인 것입니다. 그래서 "진실로 여호와께서 이 산에 영영히 거하시리로다" 하는 것입니다.

ⓒ "하나님의 병거가 천천이요 만만이라 주께서 그 중에 계심이 시내 산 성소에 계심 같도다"(17) 하는 것은, "하나님이 거하시려 하는 산"을 대적할 수 없음을 나타낼 뿐만이 아니라, 하나님의 구원계획은 폐하여짐이 없이 기필코 성취하실 것임을 가리킵니다.

⑦ 이런 맥락에서 중요한 요점은, "주께서 높은 곳으로 오르시며"(18상) 한 말씀입니다.

㉠ "높은 곳으로 오르셨다"는 말은 내려오신 하나님께서 개선을 하시고 올라가시는 것을 나타내는 표현인데, 이를 구속사의 맥락으로 진술을 하면,

㉮ 하나님께서는 출애굽기 3장에서, "내가 내려와서 그들을 애굽인의 손에서 건져내고 그들을 그 땅에서 인도하여"(출 3:8) 약속의 땅에 "이르려 하노라" 하고, "내려오셔서", ㉯ "하나님이여 주의 백성 앞에서 앞서 나가사 광야에 행진하셨을 때에"(7) 하고 서두에서 인도하시며 싸워주시고, ㉰ "여호와께서 이스라엘 열조에게 맹세하사 주마 하신 온 땅을 이와 같이 이스라엘에게 다 주셨고"(수 21:43), ㉱ 그런 후에 "주께서 높은 곳으로 오르시며"(18) 하고, 개선을 하셨다는 그런 뜻이 되는 것입니다.

㉡ 그런데 신약성경에서는 18절의 "높은 곳으로 오르시며" 라는 말씀에 응하여, "올라가셨다 하였은즉 땅 아래 곳으로 내리셨던 것이 아니면 무엇이냐 내리셨던 그가 곧 모든 하늘 위에 오르신 자니 이는 만물을 충만케 하려 하심이니라"(엡 4:9-10) 하고, 그리스도께서 인류

175

를 구원하시기 위해서 강림하셨다가, 사망권세를 이기시고 부활 승천하신 것으로 성취가 되었다고 증거하고 있는 것입니다.

㉮ 이점에서 통찰력이 필요한데 본문 18절에서는, "사로잡은 자를 끌고 선물을 인간에게서, 또는 패역자 중에서 받으시니" 하는데, ㉯ 에베소서 4:8절에서는 "사람들에게 선물을 주셨다" 하고 말씀한다는 점입니다.

㉰ 이는 역본의 차이만이 아니라 의문에 속해 있던 구약의 관점은 대적을 물리치고 전리품을 취하신 정복자라는 관점(18)으로 보고 있는 반면, 복음이 밝히 드러난 새 언약에 속한 신약시대의 관점은 도리어 선물을 주고 가신, 즉 자신을 대속 제물로 주고 가신 구세주라는 관점으로 보고 있는데서 오는 차이입니다.

㉱ 또 하나의 핵심적인 말씀이 있는데, "여호와 하나님이 저희와 함께 거하려 하심이로다"(18하) 한, "함께 거하려하심입니다. 왜냐하면 구원계획의 궁극적인 목적이 "하나님의 장막이 사람들과 함께 있으매 하나님이 저희와 함께 거하시리니…이루었도다 나는 알파와 오메가요 처음과 나중이라"(계 21:3, 6)에서 완성이 될 것이기 때문입니다.

바로의 노예들이었던 이스라엘을 출애굽 시키신 목적도, "그들 중에 거하려고 그들을 애굽에서 인도하여 낸 줄을 알리라"(출 29:46) 하고 말씀하시는데, 이는 예표였던 것입니다. 이것이 "과거에 인도하신 하나님"이요, "백성들 앞에서 인도하시는 하나님"입니다.

적용

하나님께서는 "내가 이스라엘 자손을 애굽에서 인도하여 내던 날부터 오늘날까지 집에 거하지 아니하고 장막과 회막에 거하며 행하였나니"(삼하 7:6) 하십니다. 주님께서는 "내 아버지께서 이제까지 일하시니 나도 일한다"(요 5:17) 하셨습니다. 하나님의 일하심과, 행차하심은 아직 끝나지 않았습니다. 지금도 형제라는 장막에 거하시면서 일하고 계시다는 자신의 정체성을 망각하지 마시기를 바랍니다.

묵상

㉠ 선두에서 인도하시는 하나님에 대해서,

㉡ 과거에 인도하여주신 하나님에 대해서,

㉢ 18절에 대한 구약과 신약의 관점의 차이에 대해서.

날마다 우리 짐을 지시는 주

현재에도 인도하시는 하나님	**19-27** 19 ① 날마다 우리 짐을 지시는 주 곧 우리의 구원이신 하나님을 찬송할지로다 20 　② 하나님은 우리에게 구원의 하나님이시라 　사망에서 피함이 주 여호와께로 말미암거니와 21 　그 원수의 머리 곧 그 죄과에 항상 행하는 자의 정수리는 　하나님이 쳐서 깨치시리로다 22 　주께서 말씀하시기를 내가 저희를 바산에서 돌아오게 하며 　바다 깊은데서　도로 나오게 하고 23 　너로 저희를 심히 치고 그 피에 네 발을 잠그게 하며 　네 개의 혀로 네 원수에게서 제 분깃을 얻게 하리라 하시도다 24 ③ 하나님이여 저희가 주의 행차하심을 보았으니 곧 나의 하나님, 나의 왕이 성소에 행차하시는 것이라 25 　소고 치는 동녀 중에 가객은 앞서고 악사는 뒤따르나이다 26 　이스라엘의 근원에서 나온 너희여 대회 중에서 하나님 곧 주를 송축할 지어다 27 　거기는 저희 주관자 작은 베냐민과 유다의 방백과 　그 무리와 스불론의 방백과 납달리의 방백이 있도다
미래에도 행차하시는 하나님	**28-35** 28 ④ 네 하나님이 네 힘을 명하셨도다 　하나님이여 우리를 위하여 행하신 것을 견고히 하소서 29 　예루살렘에 있는 주의 전을 위하여 왕들이 주께 예물을 드리리이다 30 　갈밭의 들짐승과 수소의 무리와 만민의 송아지를 꾸짖으시고 　은 조각을 발아래 밟으소서 　저가 전쟁을 즐기는 백성을 흩으셨도다 31 　방백들은 애굽에서 나오고 구스인은 하나님을 향하여 그 손을 신속히 들리로다 32 　땅의 열방들아 하나님께 노래하고 주께 찬송할지어다(셀라) 33 ⑤ 옛적 하늘들의 하늘을 타신 자에게 찬송하라 주께서 그 소리를 발하시니 웅장한 소리로다 34 　너희는 하나님께 능력을 돌릴 지어다 그 위엄이 이스라엘 위에 있고 　그 능력이 하늘에 있도다 35 ⑥ 하나님이여 위엄을 성소에서 나타내시나이다 이스라엘의 하나님은 그 백성에게 힘과 능을 주시나니　하나님을 찬송할 지어다

68:19-35
날마다 우리 짐을 지시는 주

날마다 우리 짐을 지시는 주, 곧 우리의 구원이신 하나님을 찬송할지로다
(시 68:19).

68편 둘째 문단(19-35)의 중심점은, "현재와 미래에도 인도하시는 하나님"에 있습니다. 법궤를 운반해 오면서 이를 하나님의 행차하심으로 묘사한 다윗은, "주의 백성 앞에서 앞서 나가사 광야에 행진하셨을 때에" 하고, 출애굽 당시에 인도하신 행적을 진술한 후에, "날마다 우리 짐을 지시는 주"(19) 하고, 현재에도 인도하시는 하나님과, "하나님이여 위엄을 성소에서 나타내시나이다"(35) 하고 미래에도 행차하실 하나님을 증거하고 있습니다. 본 문단에서는 셋째와 넷째 단원을 상고하게 됩니다.

첫째 단원(1-4) 선두에서 인도하시는 하나님
둘째 단원(5-18) 과거에 인도하여주신 하나님
셋째 단원(19-27) 현재에도 인도하시는 하나님
넷째 단원(28-35) 미래에도 행차하시는 하나님

셋째 단원(19-27) 현재에도 인도하시는 하나님

셋째 단원의 중심점은 "주의 행차하심을 보았으니 곧 나의 왕이 성소에 행차하시는 것이라"(24)는 말씀에 있습니다. 이 행차는 현재적인 법궤의 행차를 가리키는 말인데, 과거 출애굽의 행차를 회상하다가 현재로 돌아온 것입니다.

① "날마다 우리 짐을 지시는 주 곧 우리의 구원이신 하나님을 찬송할지로다"(19) 합니다.

㉠ "날마다 우리 짐을 지시는 주"라는 묘사는, 보행자만 60만 명이 넘는 백성들을 광야 40년 동안 날마다 먹이시고 마시우게 하신 부양(扶養)책임을 염두에 두고 하는 말인데, 과거에 부양하신 하나님은, 현재에도 "날마다 우리 짐을 지신다"는 것입니다. 이점을 주님께서는 "오늘 있다가 내일 아궁이에 던지우는 들풀도 하나님이 이렇게 입히시거든 하물며 너희일까 보냐 믿음이 적은 자들아"(마 6:30) 하십니다.

㉡ 이뿐 아니라 구약시대에 범한 "원망, 불순종, 음행, 우상숭배" 등의 죄 짐까지를, 오래 참으시는 중에 자기 아들에게 짊어지게 하셨던 것입니다. 구약시대란 "죄"가 완결(完決)이 된 시대가 아니라 보류에 두신 상태였습니다. 그래서 히브리서에서는 "첫 언약 때에 범한 죄를 속하려고 죽으셨다"(히 9:15) 하고 말씀하는 것입니다. 그래서 "곧 우리의 구원의 하나님을 찬송할지로다"(19하) 하는 것입니다.

② "하나님은 우리에게 구원의 하나님이시라 사망에서 피함이 주 여호와께로 말미암거니와"(20),

㉠ "그 원수의 머리 곧 그 죄과에 항상 행하는 자의 정수리는 하나님이 쳐서 깨치시리로다 주께서 말씀하시기를 내가 저희를 바산에서

돌아오게 하며 바다 깊은데서 도로 나오게 하고너로 저희를 심히 치고 그 피에 네 발을 잠그게 하며 네 개의 혀로 네 원수에게서 제 분깃을 얻게 하리라 하시도다"(21-23) 합니다.

ⓛ 19-23절에는 "우리(19, 20)와, 저희"(22, 23)가 대조되어 있는데,

㉮ "우리"에게는 하나님이 "구원의 하나님"(20)이신 반면, ㉯ "저희, 정수리는 하나님이 쳐서 깨치시리로다"(21) 합니다. "저희를 바산에서 돌아오게 하며 바다 깊은데서 도로 나오게 한다"는 뜻은, 깊은 산이나 바다에 숨을지라도 적발해내신다는 말씀입니다.

③ 24-27절은 예루살렘을 정복한 후에 법궤를 시온으로 운반해올 때의 광경인데, "하나님이여 저희가 주의 행차하심을 보았으니 곧 나의 하나님, 나의 왕이 성소에 행차하시는 것이라"(24) 합니다.

㉠ "소고 치는 동녀 중에 가객은 앞서고 악사는 뒤따르나이다"(25), "이스라엘의 근원에서 나온 너희여 대회 중에서 하나님 곧 주를 송축할 지어다 거기는 저희 주관자 작은 베냐민과 유다의 방백과 그 무리와 스불론의 방백과 납달리의 방백이 있도다"(26-27) 하고, 거국적으로 송축하라고 촉구합니다. 이것이 "현재에도 인도하시는 하나님"입니다.

넷째 단원(28-35) 미래에도 행차하시는 하나님

넷째 단원의 중심점은 "주께서 그 소리를 발하시리니"(33) 한, 미래에 있을 종말적인 말씀에 있습니다.

④ "네 하나님이 네 힘을 명하셨도다 하나님이여 우리를 위하여 행하신 것을 견고히 하소서"(28) 합니다.

㉠ "우리를 위하여 행하신 것을 견고히 하소서" 하는 것은, 시작하신 이가 완성하시리라는 점을 나타내는 언급입니다. 그리하여 "예루살렘에 있는 주의 전을 위하여 왕들이 주께 예물을 드리리이다"(29) 합니다. 32절에서도 "땅의 열방들아 하나님께 노래하고 주께 찬송할지어다(셀라)" 합니다. 이는 "바다의 풍부가 네게로 돌아오며 열방의 재물이 네게로 옴이라"(사 60:5) 한, 종말적인 언급으로 메시아왕국에서 성취될 예언적인 말씀입니다.

㉡ "갈밭의 들짐승과 수소의 무리와 만민의 송아지를 꾸짖으시고 은 조각을 발아래 밟으소서 저가 전쟁을 즐기는 백성을 흩으셨도다"(30) 하는 것은, 대적하는 자들이 당하게 될 종말을 나타내는 반면, "방백들은 애굽에서 나오고 구스인은 하나님을 향하여 그 손을 신속히 들리로다"(31) 하는 것은 하나님께로 돌아올 자들이 있게 될 것을 가리킵니다.

⑤ "옛적 하늘들의 하늘을 타신 자에게 찬송하라 주께서 그 소리를 발하시니 웅장한 소리로다"(33) 합니다.

㉠ 옛적에 시내 산을 진동케 하신 하나님이 "그때에는 그 소리가 땅을 진동하였거니와 이제는 약속하여 가라사대 내가 또 한 번 땅만 아니라 하늘도 진동하리라"(히 12:26) 하신 미래에 있을 심판을 내다보고 하는 말입니다.

㉡ 그래서 "너희는 하나님께 능력을 돌릴 지어다 그 위엄이 이스라엘 위에 있고 그 능력이 하늘에 있도다"(34) 하는 것입니다.

⑥ "하나님은 일어나사 원수를 흩으시며 주를 미워하는 자로 주 앞에서 도망하게 하소서"(1) 하는 염원으로 시작이 된 68편은,

ㄱ "하나님이여 위엄을 성소에서 나타내시나이다" 하고, 위엄을 "나타내실" 그날이 이를 것을 확신하면서, "이스라엘의 하나님은 그 백성에게 힘과 능을 주시나니 하나님을 찬송할 지어다"(35) 하는 격려로 마치고 있습니다.

신약성경에서는, "주 예수께서 저희 능력의 천사들과 함께 하늘로부터 불꽃 중에 나타나실 때에, 너희로 환난 받게 하는 자들에게는 환난으로 갚으시고, 환난 받는 너희에게는 우리와 함께 안식으로 갚으시는 것이 하나님의 공의시라"(살후 1:6-7) 하고 말씀합니다. 이것이 "미래에도 행차하시는 하나님"이시오, "날마다 우리 짐을 지시는 하나님"이십니다.

적용

"주의 백성 앞에서 앞서 나가사 광야에 행진하신 하나님(7), 날마다 우리 짐을 지시는 주 곧 우리의 구원이신 하나님"(19)께서는, 이제도 날마다 우리 짐을 지시는 하나님이십니다. 그리고 시온 성을 향하여 행진하는 우리 대열에 앞서 나가시는 하나님이심을 확신하는데 거하시기를 기원합니다.

묵상

ㄱ 과거에 인도하신 하나님에 대하여,

ㄴ 현재에도 인도하시는 하나님에 대하여,

ㄷ 미래에도 행차하시는 하나님에 대하여.

시편 69편 개관도표
시온을 구원하며 건설할 자

무고히 고난을 당하는 나

1-20

1 ① 하나님이여 나를 구원하소서 물들이 내 영혼까지 흘러 들어왔나이다

2 내가 설 곳이 없는 깊은 수렁에 빠지며 깊은 물에 들어가니 큰물이 내게 넘치나이다

3 내가 부르짖음으로 피곤하여 내 목이 마르며 내 하나님을 바람으로 내 눈이 쇠하였나이다

4 ② 무고히 나를 미워하는 자가 내 머리털보다 많고
무리히 내 원수가 되어 나를 끊으려 하는 자가 강하였으니 내가 취치 아니한 것도 물어 주게 되었나이다

5 하나님이여 나의 우매함을 아시오니 내 죄가 주의 앞에서 숨김이 없나이다

6 ③ 만군의 주 여호와여 주를 바라는 자로 나를 인하여 수치를 당케 마옵소서
이스라엘의 하나님이여 주를 찾는 자로 나를 인하여 욕을 당케 마옵소서

7 내가 주를 위하여 훼방을 받았사오니 수치가 내 얼굴에 덮였나이다

8 내가 내 형제에게는 객이 되고 내 모친의 자녀에게는 외인이 되었나이다

9 ④ 주의 집을 위하는 열성이 나를 삼키고 주를 훼방하는 훼방이 내게 미쳤나이다

10 내가 곡하고 금식함으로 내 영혼을 경계하였더니 그것이 도리어 나의 욕이 되었으며

11 내가 굵은 베로 내 옷을 삼았더니 내가 저희의 말거리가 되었나이다

12 성문에 앉은 자가 나를 말하며 취한 무리가 나를 가져 노래하나이다

13 ⑤ 여호와여 열납하시는 때에 나는 주께 기도하오니 하나님이여 많은 인자와 구원의 진리로 내게 응답하소서

14 나를 수렁에서 건지사 빠지지 말게 하시고 나를 미워하는 자에게서와 깊은 물에서 건지소서

15 큰물이 나를 엄몰하거나 깊음이 나를 삼키지 못하게 하시며 웅덩이로 내 위에 그 입을 닫지 못하게 하소서

16 여호와여 주의 인자하심이 선하시오니 내게 응답하시며 주의 많은 긍휼을 따라 내게로 돌이키소서

17 주의 얼굴을 주의 종에게서 숨기지 마소서 내가 환난 중에 있사오니 속히 내게 응답하소서

18 ⑥ 내 영혼에게 가까이하사 구속하시며 내 원수를 인하여 나를 속량하소서

19 주께서 나의 훼방과 수치와 능욕을 아시나이다 내 대적이 다 주의 앞에 있나이다

20 훼방이 내 마음을 상하여 근심이 충만하니 긍휼히 여길 자를 바라나 없고
안위할 자를 바라나 찾지 못하였나이다

대적자의 종말

21-28

21 ⑦ 저희가 쓸개를 나의 식물로 주며 갈할 때에 초로 마시웠사오니

22 저희 앞에 밥상이 올무가 되게 하시며 저희 평안이 덫이 되게 하소서

23 저희 눈이 어두워 보지 못하게 하시며 그 허리가 항상 떨리게 하소서

24 주의 분노를 저희 위에 부으시며 주의 맹렬하신 노로 저희에게 미치게 하소서

25 ⑧ 저희 거처로 황폐하게 하시며 그 장막에 거하는 자가 없게 하소서

26 대저 저희가 주의 치신 자를 핍박하며 주께서 상케 하신 자의 슬픔을 말하였사오니

27 저희 죄악에 죄악을 더 정하사 주의 의에 들어오지 못하게 하소서

28 저희를 생명책에서 도말하사 의인과 함께 기록되게 마소서

하나님을 찾는 자

29-36

29 ⑨ 오직 나는 가난하고 슬프오니 하나님이여 주의 구원으로 나를 높이소서

30 내가 노래로 하나님의 이름을 찬송하며 감사함으로 하나님을 광대하시다 하리니

31 이것이 소 곧 뿔과 굽이 있는 황소를 드림보다 여호와를 더욱 기쁘시게 함이 될것이라

32 ⑩ 온유한 자가 이를 보고 기뻐하나니 하나님을 찾는 너희들아 너희 마음을 소생케 할지어다

33 여호와는 궁핍한 자를 들으시며 자기를 인하여 수금된 자를 멸치 아니하시나니

34 천지가 그를 찬송할 것이요 바다와 그 중의 모든 동물도 그리할 지로다

35 ⑪ 하나님이 시온을 구원하시고 유다 성읍들을 건설하시리니 무리가 거기 거하여 소유를 삼으리로다

36 그 종들의 후손이 또한 이를 상속하고 그 이름을 사랑하는 자가 그 중에 거하리로다

69편
시온을 구원하시며 건설할 자

하나님이 시온을 구원하시고 유다 성읍들을 건설하시리니 무리가 거기 거하여
소유를 삼으리로다(시 69:35).

69편에는 "다윗의 시"라는 표제가 있고, "내가 설 곳이 없는 깊은
수렁에 빠지며 깊은 물에 들어가니 큰물이 내게 넘치나이다"(2) 하고,
큰 환난 중에 있습니다. "무고히 나를 미워하는 자가 내 머리털보다
많고 무리히 내 원수가 되어 나를 끊으려"(4) 한다고 말합니다.

그런데 신약성경에서는 69편의 예표가 그리스도에게서 성취되었
다고 증거하는 구절이 4절, 9절, 21절, 22절, 25절 등 5번이나 나옵니
다. 그러므로 본편은 다윗이 무고히 당하는 고난을 예표로 하여 그리
스도께서 당하실 고난을 예시해주고 있는 것입니다.

중심점은 결론 부분에 이르러, "하나님이 시온을 구원하시고 유다
성읍들을 건설하시리니 무리가 거기 거하여 소유를 삼으리로다"(35)
한, "구원과 건설"에 있습니다. 사탄은 멸망시키고 파괴하나, 하나님
은 구원하시고 건설하십니다. 그리고 결론은 "거함"에 있는데, 주님
께서는 죄로 말미암아 추방을 당했던 자들을 "구원하여, 함께 거하
게" 하기 위해서 고난을 당하셨던 것입니다. 69편은 "나, 저희, 너희
들"이라는 인칭대명사에 의해서 세 단원으로 나누어집니다.

첫째 단원(1-20) 무고히 고난을 당하는 나

둘째 단원(21-28) 쓸개로 나의 식물로 주는 저희

셋째 단원(29-36) 하나님을 찾는 너희들아

첫째 단원(1-20) 무고히 고난을 당하는 나

첫째 단원 안에는 "나, 또는 내"라는 인칭(人稱)이 무려 48회나 등장합니다. "나"라는 인물은 "무고히 나를 미워하는 자가 내 머리털보다 많다"(4) 하고 호소합니다. 이런 고난을 당하는 "나"가 누구란 말인가?

① "하나님이여 나를 구원하소서 물들이 내 영혼까지 흘러 들어왔나이다"(1),

㉠ "내가 설 곳이 없는 깊은 수렁에 빠지며 깊은 물에 들어가니 큰 물이 내게 넘치나이다 내가 부르짖음으로 피곤하여 내 목이 마르며 내 하나님을 바람으로 내 눈이 쇠하였나이다"(2-3) 합니다.

② 그런데 "무고히 나를 미워하는 자가 내 머리털보다 많고 무리히 내 원수가 되어 나를 끊으려 하는 자가 강하였으니 내가 취치 아니한 것도 물어 주게 되었나이다"(4) 합니다. 이점을 요한복음에서는, "저희가 연고 없이 나를 미워하였다 한 말을 응하게 하려 함이니라"(요 15:25) 하고 그리스도에게서 응하여졌음을 증거하고 있습니다.

㉠ 그러면서 "하나님이여 나의 우매함을 아시오니 내 죄가 주의 앞에서 숨김이 없나이다"(5) 하는 것은, 사람들 앞에 무고하다는 것이지 하나님 앞에는 죄인임을 고백하는 말인 것입니다. 그러나 우리 주님은, "모든 일에 우리와 한결같이 시험을 받은 자로되 죄는 없으시니라"(히 4:15) 합니다.

③ 그래서 "만군의 주 여호와여 주를 바라는 자로 나를 인하여 수치를 당케 마옵소서 이스라엘의 하나님이여 주를 찾는 자로 나를 인하여 욕을 당케 마옵소서"(6) 하는 것입니다.

㉠ "주를 바라는 자, 주를 찾는 자"가 누구들인가? 하나님을 경외하는 자들입니다. 그렇다면 어찌하여 "나를 인하여 수치를 당케 마옵소서" 하고 두 번이나 강조하고 있는가?

㉮ 이는 고난을 당하고 있는 "나"가 개인의 신분이 아니라 대표자(代表者)임을 나타냅니다. 그러므로 1차적으로는 다윗 왕의 실패가 백성 전체의 실패로 직결이 된다는 뜻이요, ㉯ 궁극적으로는 예수 그리스도께서는 우리의 대표자로 고난을 당하셨다는 것과, 만일 주께서 죽으시고 다시 사심이 없었다면, "주를 바라는 자" 곧 주를 따르던 자들은 수치를 당하고, 욕을 당하게 되는 것이라는 말씀입니다.

㉡ 그래서 다윗이 "내가 주를 위하여 훼방을 받았다"(7) 하는 말이 성립이 되는 것입니다. 왜냐하면 신구약을 막론하고 구속 주는 오직 그리스도 한 분이시고, 그러므로 모세가 당한 고난을 가리켜, "그리스도를 위하여 받는 능욕"(히 11:26)이라고 말씀한다면, 다윗이 받는 훼방도 "주를 위하여 받는 훼방"이라는 논리가 성립이 되는 것입니다. 물론 형제가 받는 고난도 "주를 위한 고난"이 되는 것입니다.

㉢ 이처럼 경건하게 살고자 하는 자들은, "내가 내 형제에게는 객이 되고 내 모친의 자녀에게는 외인이 되었나이다"(8) 한, 배척과 핍박을 당하기(딤후 3:12) 마련입니다.

④ 주께서 고난을 당하셔야만 했던 이유는 한마디로, "주의 집을 위하는 열성이 나를 삼키고"(9)라는 말로 표현 될 수가 있습니다.

㉠ 이 구절은 요한복음 2:17절에서 인용되고 있는데, "주의 집을

위한 열성"이란 하나님의 나라 건설을 위한 열성인 것입니다. 모세는 "하나님의 온 집에서 사환으로 충성하였고 그리스도는 그 집 맡은 아들로 충성하였다"(히 3:5-6) 하고 말씀합니다. ⓛ 그런데 "내가 곡하고 금식함으로 내 영혼을 경계(警戒)하였더니 그것이 도리어 나의 욕이 되었으며 내가 굵은 베로 내 옷을 삼았더니 내가 저희의 말거리가 되었나이다 성문에 앉은 자가 나를 말하며 취한 무리가 나를 가져 노래하나이다"(10-12) 하고, 멸시와 조롱을 당할 것을 말씀합니다.

이는 "주의 집을 위하는 열성이 나를 삼키고"(9) 한 상론인데, 하나님의 나라를 위하여, 성자 하나님께서 육신을 입고 오시되 마구간에 나시고 죄인들의 친구가 되시는 등 모든 일에 우리와 한결같이 시험을 받으신 낮아지심을 의미합니다. 그러나 오히려 멸시와 천대를 당하실 것이 예시되어 있는 것입니다.

⑤ "여호와여 열납하시는 때에 나는 주께 기도하오니 하나님이여 많은 인자와 구원의 진리로 내게 응답하소서"(13) 합니다. "인자와 구원의 진리로 응답해 달라"는 말은 궁극적으로 그리스도를 바라는 간구가 됩니다.

ⓣ 16절에서도 "여호와여 주의 인자하심이 선하시오니 내게 응답하시며 주의 많은 긍휼을 따라 내게로 돌이키소서" 하고, "인자와 긍휼"을 붙잡고 있는 것을 봅니다. 그러면서 고난의 한 가운데서 "주의 얼굴을 주의 종에게서 숨기지 마소서"(17) 하고, "주의 얼굴"을 갈망합니다.

⑥ 그런가 하면 "내 영혼에게 가까이하사 구속하시며 내 원수를 인하여 나를 속량하소서"(18) 하고, "구속과 속량"을 간구합니다.

ⓣ "주께서 나의 훼방과 수치와 능욕을 아시나이다 내 대적이 다

주의 앞에 있나이다 훼방이 내 마음을 상하여 근심이 충만하니 긍휼히 여길 자를 바라나 없고 안위할 자를 바라나 찾지 못하였나이다"(19-20) 하고, 철저히 배척당함을 호소합니다. 이것이 "무고히 고난을 당하는 나"입니다.

둘째 단원(21-28) 쓸개로 나의 식물로 주는 저희

둘째 단원 안에는 "저희"라는 인칭이 10번이나 등장합니다. 이 "저희"가 누군가?

⑦ "저희가 쓸개를 나의 식물로 주며 갈할 때에 초로 마시웠사오니"(21) 합니다.

㉠ 다윗이 이런 일을 실제적으로 경험했단 말인가? 아무튼 "저희"란 1차적으로는 다윗을 대적한 누구일 수가 있습니다만, 이 예표가 "쓸개 탄 포도주를 예수께 주어 마시게 하려 하였더니(마 27:34), 이후에 예수께서 모든 일이 이미 이룬 줄 아시고 성경으로 응하게 하려 하사 가라사대 내가 목마르다 하시니"(요 19:28-29) 하고, 무고히 십자가에 달리신 그리스도에게 문자적으로 응하여졌던 것입니다.

㉡ 그리고 "저희 앞에 밥상이 올무가 되게 하시며 저희 평안이 덫이 되게 하소서"(22) 한 말씀은, 로마서 11:9절에서 인용하여 주를 배척하는 자들에게 적용을 시키고 있는 것을 봅니다.

㉢ 22-28절에서, "저희 눈이 어두워 보지 못하게 하시며 그 허리가 항상 떨리게 하소서 주의 분노를 저희 위에 부으시며 주의 맹렬하신 노로 저희에게 미치게 하소서"(23-24).

⑧ "저희 거처로 황폐하게 하시며 그 장막에 거하는 자가 없게 하소

서"(25) 한 말씀 등을 다윗의 저주로 여길 것이 아니라, "저희"가 당하게 될 종말적인 예언으로 보아야만 합니다. 왜냐하면 25절이 사도행전 1:20절에서 가룟 유다에게 응하여졌음을 증거하고 있기 때문입니다.

㉠ 저들이 당하게 될 결정적인 비참함은, "주의 의에 들어오지 못하게 하소서(27), 저희를 생명책에서 도말하사 의인과 함께 기록되게 마소서"(28) 한 말씀에 있습니다.

㉮ 이점을 1편에서는 "그러므로 악인이 심판을 견디지 못하며 죄인이 의인의 회중에 들지 못하리로다"(5) 말씀하고, ㉯ 성경 마지막 책에서는 "누구든지 생명책에 기록되지 못한 자는 불 못에 던지우더라"(계 20:15) 하고 말씀합니다. 이것이 "쓸개로 나의 식물로 주는 저희"의 종말입니다.

셋째 단원(29-36) 하나님을 찾는 너희들아

셋째 단원의 인칭은 "나와 너희"로 되어 있습니다. 이 "너희"들은 "주를 바라는 자(6), 온유한 자, 하나님을 찾는 자들"(32)인, "성도들"을 가리킵니다.

⑨ "오직 나는 가난하고 슬프오니 하나님이여 주의 구원으로 나를 높이소서"(29) 합니다.

㉠ 시편에서 "하나님을 경외하는 자들"은, 가난하고 고독한 자들로 나타납니다. 그러나 "내가 노래로 하나님의 이름을 찬송하며 감사함으로 하나님을 광대하시다 하리니"(30) 하고, 하나님의 이름을 "찬송하며, 감사"하는 자들입니다.

㉡ "이것이 소 곧 뿔과 굽이 있는 황소를 드림보다 여호와를 더욱 기쁘시게 함이 될 것이라"(31) 합니다. 이는 18절에서 말씀한 "구속

과, 속량"이 "소 곧 뿔과 굽이 있는 황소"로는 불가능함을 나타내는 말이기도 합니다.

40:6절에서 다윗은, "주께서 나의 귀를 통하여 들리시기를 제사와 예물을 기뻐하지 아니하시며 번제와 속죄제를 요구치 아니 하신다"는 점을 들어 알고 있었습니다.

⑩ 그리하여 "온유한 자가 이를 보고 기뻐하나니 하나님을 찾는 너희들아 너희 마음을 소생케 할 지어다"(32) 합니다.

㉠ 이 말씀을 6절과 대조해 보시기 바랍니다.

㉮ "주를 찾는 자로 나를 인하여 욕을 당케 마옵소서"(6) 했는데, ㉯ "하나님을 찾는 자들이 기뻐하고, 마음을 소생케"(32) 하게 된다는 것입니다.

㉡ 그리고 "여호와는 궁핍한 자를 들으시며 자기를 인하여 수금된 자를 멸시치 아니하시나니 천지가 그를 찬송할 것이요 바다와 그 중의 모든 동물도 그리할 지로다"(33-34) 하고, "천지, 바다, 모든 동물"까지도 다 찬양하라고 촉구합니다. 어떻게 이처럼 뒤집어질 수가 있단 말인가? 이는 22편과 동일한 구조인데, 앞부분에서 무고히 고난을 당하여 죽으셨던 그리스도께서 다시 살아나심을 예시하는 말씀이요, 복음시대를 전망하는 말씀인 것입니다.

⑪ 이점이 "하나님이 시온을 구원하시고 유다 성읍들을 건설하시리니 무리가 거기 거하여 소유를 삼으리로다"(35) 하는 말씀에 분명히 나타납니다.

㉠ 이는 69편이 도달하게 된 결론적인 말씀인데 세 마디로 되어 있습니다.

㉮ "시온을 구원하시고" 하는 것은, "이스라엘의 구원이 시온에서 나오기를 원하도다"(14:7) 한, 구원자가 오셔서, ㉯ "유다 성읍들을 건설하시어", ㉰ "무리가 거기 거하게 되리라"는 예언적인 말씀입니다. 이를 구속사라는 맥락에서 보면 메시아왕국을 전망하는 말씀인 것입니다.

㉡ 그리하여 "나를 구원하소서"(1) 하고 시작이 된 69편은, "그 종들의 후손이 또한 이를 상속하고 그 이름을 사랑하는 자가 그 중에 거하리로다"(36) 하는 소망으로 마치고 있습니다. 다시 강조합니다만 69편의 핵심도 "거(居)하리로다"에 있습니다. 하나님은 잃어버린 자를 찾아 함께 거하는(계 21:3) 하나님의 나라를 건설해 나가시는 중입니다. 이것이 파괴하려는 사탄의 대적과, 건설하시려는 하나님의 역사입니다. 그래서 에스겔서의 마지막 말은 "여호와삼마"(겔 48:35)입니다.

69편은 탄식과 비통함과 호소로 시작이 되었으나 이것들은 다 물러가고,

㉮ "하나님이 시온을 구원하시고 유다 성읍들을 건설하시리니"(35), ㉯ "그 이름을 사랑하는 자가 그 중에 거하리로다"(36), ㉰ "온유한 자가 이를 보고 기뻐하나니", ㉱ "천지가 그를 찬송할 것이요"(34) ㉲ 그래서 "하나님을 찾는 너희들아 마음을 소생케 할지어다(32) 하고 격려를 합니다.

이것이 어떻게 가능하여지는가? 하나님의 인자(13)와, 무고히 고난을 당하시는 예수 그리스도의 "구속"(18)으로 말미암아 가능하여지는 것입니다.

적용

69편에는 그리스도에게서 성취된 예표들이 많이 등장합니다. 이 예표들이 하나님의 나라건설에 쓰임을 받고 있는 형제에게도 같은 싸움, 같은 고난으로(빌 1:30) 주어지고 있다는 점을 명심하시기 바랍니다.

묵상

㉠ 69편의 예표가 신약성경에서 응하여진 말씀들에 대해서,

㉡ 69편에 등장하는 "나, 저희, 너희들"에 대해서,

㉢ "구원하시고, 건설하시고, 거하게 하신다"는 구속사적 의미에 대해서.

하나님이여 속히 나를 도우소서

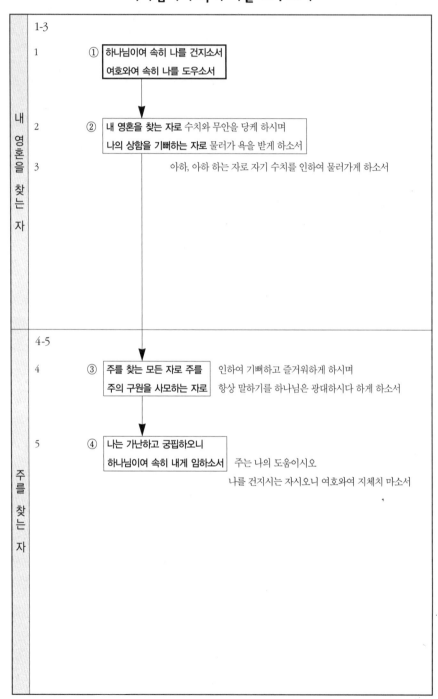

내 영혼을 찾는 자

1-3

1 ① 하나님이여 속히 나를 건지소서
여호와여 속히 나를 도우소서

2 ② 내 영혼을 찾는 자로 수치와 무안을 당케 하시며
나의 상함을 기뻐하는 자로 물러가 욕을 받게 하소서

3 아하, 아하 하는 자로 자기 수치를 인하여 물러가게 하소서

주를 찾는 자

4-5

4 ③ 주를 찾는 모든 자로 주를 인하여 기뻐하고 즐거워하게 하시며
주의 구원을 사모하는 자로 항상 말하기를 하나님은 광대하시다 하게 하소서

5 ④ 나는 가난하고 궁핍하오니
하나님이여 속히 내게 임하소서 주는 나의 도움이시오
나를 건지시는 자시오니 여호와여 지체치 마소서

70편
하나님이여 속히 나를 도우소서

주를 찾는 모든 자로 주를 인하여 기뻐하고 즐거워하게 하시며 주의 구원을 사
모하는 자로 항상 말하기를 하나님은 광대하시다 하게 하소서(시 70:4).

70편에는 다윗의 시라는 표제가 있는데, 40편 중에서, 13-17절을
따로 떼어 한 편의 시로 만든 것으로 여겨집니다. 이렇게 한데는 이를
통해서 드러내고자 하는 바가 있기 때문인데, 이를 깨닫는 것이 중요
합니다. 해석하는 열쇠는 본문에 세 부류의 인물이 등장한다는 점을
파악하는 일입니다.

첫째는 고난을 당하고 있는 "나"라는 인물이고, 둘째는 "나의 영혼
을 찾는" 대적자요, 셋째는 "주를 찾는 모든 자"라 한 경건한 자들입
니다.

이를 파악하고 나면 의미는 분명해지는 것입니다. 수난을 당하고
있는 "나"란, 다윗을 예표로 한 그리스도요, 그의 "영혼을 찾는 자"란
대적 사탄이요, "주를 사모하는 자, 주의 구원을 기뻐하는 자"란, 그리
스도를 통해서 구원을 얻은 모든 성도들을 가리키는 것이 됩니다.

첫째 단원(1-3) 내 영혼을 찾는 자
둘째 단원(4-5) 주를 찾고, 구원을 사모하는 자

첫째 단원(1-3) 내 영혼을 찾는 자

첫째 단원의 중심점은 "나를 건지소서, 나를 도우소서"(1) 하는 호소에 있는데, 왜냐하면 "내 영혼"을 해하고자 하는 대적 자가 있기 때문입니다.

① "하나님이여 속히 나를 건지소서 여호와여 속히 나를 도우소서"(1),

㉠ "속히, 속히" 하고 거듭 부르짖는 것으로 보아 위급하고 다급한 상황임을 알 수가 있습니다.

② "내 영혼을 찾는 자로 수치와 무안을 당케 하시며 나의 상함을 기뻐하는 자로 물러가 욕을 받게 하소서"(2),

㉠ "아하, 아하 하는 자로 자기 수치를 인하여 물러가게 하소서"(3) 합니다.

㉮ 첫째로 본문에 4번 등장하는 "나"가 누구를 가리키는가 하는 점과 ㉯ 둘째로 어찌하여 이런 박해를 당하고 있는가 하는 점입니다.

㉡ 1차적으로는 "나"라는 사람이 다윗을 가리키는 것으로, 역사적인 배경은 사울의 박해를 생각할 수가 있을 것입니다. 그리고 다윗이 이런 고난을 당하게 된 이유는 하나님께서 그를 택하셔서 왕이 되게 하리라 하고 기름을 부어주셨기 때문입니다. 그렇다면 다윗이 당하는 고난은 개인적인 문제가 아니라 신학적인 문제라는 것이 됩니다.

㉢ 이런 맥락에서 본문의 "아하, 아하 하는 자"(3)를 통해서, "아하, 성전을 헐고 사흘에 짓는 자여 네가 너를 구원하여 십자가에서 내려오라"(막 15:29-30) 한, 주님이 당하신 고난을 생각하게 되고, "속히 나를 건지소서, 속히 나를 도우소서"(1), 지체치 마소서"(5) 하는 부르

짖음을 통해서 십자가상에서 "엘리 엘리 라마사박다니" 하고 부르짖는 주님의 기도를 연상하게 된다는 것은 합당한 일입니다.

나아가 "세상이 너희를 미워하면 너희보다 먼저 나를 미워한 줄을 알라"(요 15:18) 한 말씀으로 성도들에게 적용이 된다 하겠습니다. 이것이 "내 영혼을 찾는 자", 곧 우리 영혼을 삼키려고 "우는 사자같이 두루 다니며 삼킬 자를 찾는"(벧전 5:8) 대적자입니다.

둘째 단원(4-5) 주를 찾는 자, 구원을 사모하는 자

둘째 단원의 중심점은 "주를 찾는 모든 자, 주의 구원을 사모하는 자"에 있습니다. 이들이 누구들인가?

③ "주를 찾는 모든 자로 주를 인하여 기뻐하고 즐거워하게 하시며"(4상) 합니다.

㉠ 이점에서 70편의 구조를 파악하시기를 바랍니다.

㉮ 첫째 단원(1-3)에는 "나"라는 말이 3번 등장하는데, 한 사람이 고난을 당하는 것으로 되어 있습니다. ㉯ 그런데 둘째 단원에는 "주를 찾는 모든 자로 주를 인하여 기뻐하고 즐거워하게 하시며" 하고, 공동체로 나타나고 있다는 점입니다.

그러니까 첫째 단원에서 고난을 당하는 "나"라는 인물은 개인적인 이유로 고난을 당하는 것이 아니라 공동체를 위해서 고난을 당하고 있다는 것이 됩니다. 이점이 "주를 인하여 기뻐하고 즐거워하게 하시며" 하는, "주를 인(因)하여"에 분명하게 나타납니다.

㉡ 그래서 "주의 구원을 사모하는 자로 항상 말하기를 하나님은 광대하시다 하게 하소서"(4하) 하는 것입니다. 그렇다면 70편의 예표를 통해서 말씀하시려는 실상(實像)은 분명해진다 하겠습니다.

ⓒ 그러니까 "주를 찾는 모든 자, 주의 구원을 사모하는 자"(4)란, 그리스도의 구속을 바라는 자들이요, "기뻐하고 즐거워하게 하시며" (4중) 한 기쁨은 구원의 기쁨인 것입니다. 이점을 4절과 69:6절을 대조함으로 관찰해보시기를 바랍니다.

㉮ 4절에서 "주를 찾는 모든 자, 주의 구원을 사모하는 자"라 한 것을, 69:6절에서는 "주를 바라는 자, 주를 찾는 자"라 말씀합니다. ㉯ 그리고 4절에서, "주를 인하여 기뻐하고 즐거워하게 하시며" 한 것을, 69:6절에서는 "나를 인하여 수치를 당케 마옵소서, 나를 인하여 욕을 당케 마옵소서" 하고 말씀합니다.

ⓓ 하나님께서는 예수 그리스도를 죽은 자 가운데서 다시 살리심으로,

㉮ 소극적으로는 "주를 찾는 모든 자, 주의 구원을 사모하는 자"로 하여금 "수치를 당치 않게" 하셨고, ㉯ 적극적으로는 "주를 찾는 모든 자, 주의 구원을 사모하는 자"로 하여금 "주를 인하여 기뻐하고 즐거워하게" 하셨던 것입니다. 이제 분명합니까?

④ "하나님이여 속히 나를 건지소서"(1) 하고, "나"로 시작된 70편은 "주를 찾는 모든 자"를 말씀한 후에 또다시,

㉠ "나는 가난하고 궁핍하오니 하나님이여 속히 내게 임하소서 주는 나의 도움이시요 나를 건지시는 자시오니 여호와여 지체치 마소서"(5) 하고, 고난당하는 수난의 종을 언급함으로 마치고 있습니다. 그러면 "나는 가난하고 궁핍하오니"의 뜻이 무엇인가?

㉮ 시편은 경건하게 살고자 하는 하나님의 백성들을 "가난한 자, 궁핍한 자"로 표현하고 있습니다. 그런데 가장 가난하게 된 분이 누구신지 아십니까? ㉯ 신약성경은 "우리 주 예수 그리스도의 은혜를 너

희가 알거니와 부요하신 자로서 너희를 위하여 가난하게 되심은 그의 가난함을 인하여 너희로 부요케 하려 하심이니라"(고후 8:9) 하고, 우리 주 예수 그리스도시라고 말씀합니다.

ⓛ 70편을 마치기 전에 구속사에 나타난, "하나님이여 속히 나를 건지소서 여호와여 속히 나를 도우소서"(1) 하고 부르짖은 4번의 구원요청에 대해서 말씀드려야만 하겠습니다. 왜냐하면 본문의 구원요청이, "나" 개인의 문제가 아니라 "주를 찾는 모든 자, 주의 구원을 사모하는 자"(4)와 결부되어 있는 공동체적인 문제이기 때문입니다.

㉮ 첫 번째는 애굽에서의 구원요청입니다. "부르짖는 소리가 하나님께 상달한지라"(출 2:23) 하고 말씀합니다. 하나님께서는 구원자 모세를 보내셔서 그들을 구출해 내셨습니다. ㉯ 두 번째는 바벨론 포로 중에서의 구원요청입니다. "주여 들으시고 행하소서 지체치 마옵소서"(단 9:19) 하고 부르짖습니다. 하나님은 예레미야로 하신 약속을 지키셔서 그들을 돌아오게 해주셨습니다. 그런데 "내 아버지께서 이제까지 일하시니 나도 일한다"(요 5:17) 하신 "일하심"은 "출애굽, 출바벨론"이 아닙니다. 이것들은 예표로 주어진 것입니다. ㉰ 그러므로 세 번째는 "아들을 낳으리니 이름을 예수라 하라 이는 그가 자기 백성을 저희 죄에서 구원할 자이심이라"(마 1:21) 하신, 임마누엘입니다. 이 구원이야말로 "주를 찾는 모든 자로 주를 인하여 기뻐하고 즐거워하게 하시며 주의 구원을 사모하는 자로 항상 말하기를 하나님은 광대하시다 하게 하소서"(4) 하는, "구원"인 것입니다. ㉱ 이제 또 한번의 구원요청이 남아 있습니다. "생각건대 현재의 고난은 장차 우리에게 나타날 영광과 속히 비교할 수 없도다"(롬 8:18) 한 그리스도의 재림입니다.

"피조물이 다 이제까지 함께 탄식하며 함께 고통하는 것을 우리가 아나니 이뿐 아니라 또한 우리 곧 성령의 처음 익은 열매를 받은 우리까지도 속으로 탄식하여 양자될 것 곧 우리 몸의 구속을 기다리느니라"(롬 8:22-23) 합니다. 이는 그리스도의 재림으로 완성이 될 구원인 것입니다.

주님께서는 "내가 진실로 속히 오리라" 하셨습니다. 이 약속을 믿는 자들은, "아멘, 주 예수여 오시옵소서"(계 22:20), "속히 오소서" 하고 간구해야 마땅합니다. 이렇게 하는 것이 "주를 찾는 자요, 주의 구원을 사모하는 자"입니다.

적용

또 한 번의 구원요청을 들을 수 있어야만 합니다. 그것은 "건너와서 우리를 도우라"(행 16:9) 하는 불신자의 구원요청입니다. 모세와, 바울을 들어 쓰신 하나님께서는 형제를 보내셔서 구원하시기를 원하십니다. "너는 사망으로 끌려가는 자를 건져 주며 살육을 당하게 된 자를 구원하지 아니치 말라"(잠 24:11) 하십니다.

묵상

㉠ 구속사에 나타난 4번의 구원요청에 대해서,

㉡ "만일 복음을 전하지 아니하면 내게 화가 있을 것이라"에 나타난 구원요청에 대해서,

㉢ 궁극적인 구원은 언제 완성이 되는가에 대해서.

시편 71편 개관도표
하나님이 행하신 대사를 전파하고 찬양함

나를 구원하라 명하신 하나님	1-13	
	1	① 여호와여 내가 주께 피하오니 나로 영영히 수치를 당케 마소서
	2	주의 의로 나를 건지시며 나를 풀어주시며 주의 귀를 내게 기울이사 나를 구원하소서
	3	주는 나의 무시로 피하여 거할 바위가 되소서
		② 주께서 나를 구원하라 명하셨으니 이는 주께서 나의 반석이시요 나의 산성이심이니이다
	4	나의 하나님이여 나를 악인의 손 곧 불의한 자와 흉악한 자의 장중에서 피하게 하소서
	5	주 여호와여 주는 나의 소망이시요 나의 어릴 때부터 의지시라
	6	③ 내가 모태에서부터 주의 붙드신바 되었으며
		내 어미 배에서 주의 취하여 내신바 되었사오니 나는 항상 주를 찬송하리이다
	7	나는 무리에게 이상함이 되었사오나 주는 나의 견고한 피난처시오니
	8	주를 찬송함과 주를 존숭함이 종일토록 내 입에 가득하리이다
	9	④ 나를 늙은 때에 버리지 마시며 내 힘이 쇠약한 때에 떠나지 마소서
	10	나의 원수들이 내게 대하여 말하며 나의 영혼을 엿보는 자가 서로 꾀하여
	11	이르기를 하나님이 저를 버리셨은즉 따라 잡으라 건질 자가 없다 하오니
	12	하나님이여 나를 멀리 마소서 나의 하나님이여 속히 나를 도우소서
	13	내 영혼을 대적하는 자로 수치와 멸망을 당케 하시며
		나를 모해하려 하는 자에게는 욕과 수욕이 덮이게 하소서
전파해야 할 주의 의와 구원	14-24	
	14	⑤ 나는 항상 소망을 품고 주를 더욱 더욱 찬송하리이다
	15	내가 측량할 수 없는 주의 의와 구원을 내 입으로 종일 전하리이다
	16	내가 주 여호와의 능하신 행적을 가지고 오겠사오며 주의 의 곧 주의 의만 진술하겠나이다
	17	⑥ 하나님이여 나를 어려서부터 교훈하셨으므로
		내가 지금까지 주의 기사를 전하였나이다
	18	하나님이여 내가 늙어 백수가 될 때에도
		나를 버리지 마시며 내가 주의 힘을 후대에 전하고
		주의 능을 장래 모든 사람에게 전하기까지 나를 버리지 마소서
	19	⑦ 하나님이여 주의 의가 또한 지극히 높으시니이다
		하나님이여 주께서 대사를 행하셨사오니 누가 주와 같으리이까
	20	⑧ 우리에게 많고 심한 고난을 보이신 주께서 우리를 다시 살리시며
		땅 깊은 곳에서 다시 이끌어 올리시리이다
	21	나를 더욱 창대하게 하시고 돌이키사 나를 위로하소서
	22	⑨ 나의 하나님이여 내가 또 비파로 주를 찬양하며 주의 성실을 찬양하리이다
		이스라엘의 거룩하신 주여 내가 수금으로 주를 찬양하리이다
	23	내가 주를 찬양할 때에 내 입술이 기뻐 외치며
		주께서 구속하신 내 영혼이 즐거워하리이다
	24	⑩ 내 혀도 종일토록 주의 의를 말씀하오리니
		나를 모해하려하던 자가 수치와 무안을 당함이니이다

71편
하나님이 행하신 대사를 전파하고 찬양함

하나님이여 주의 의가 또한 지극히 높으시니이다 하나님이여 주께서 대사를 행하셨사오니 누가 주와 같으리이까(시 71:19).

71편은 영광스러움으로 가득합니다. 그런데 해석하는 관점에 따라 이를 드러내지 못하는 안타까움이 있습니다. 그 열쇠는 본문에 6번 등장하는 "주의 의"(義)를 무엇으로 보느냐에 따라 해석이 달라집니다. 개정역에서는 이를 "공의"(公義)로 번역을 하고 있는데, 원어적인 의미에는 법정적인 "의롭다함"의 뜻이 있는 것입니다. 그런데 이를 "공의"로 한정을 하면 해석이 완전히 바뀌게 되는 것입니다.

본문에 등장하는 "의"의 뜻을 바로 알기 위해서는 이 "의"가 무엇과 결부되어 있는가를 관찰하는 일입니다. 71편에는 몇 개의 핵심어가 있는데, "주의 의"가 6번(2, 15, 16, 16, 19, 24), "구원 또는 구속"이 4번(2, 3, 15, 23,), "찬송"이 7번(6, 8, 14, 22, 22, 22, 23), "전하리라(15, 17, 18, 18), 진술하리라(16), 말씀하겠다"(24)는 전파가 6번 등장합니다. 이처럼 "주의 의"가, "구원, 찬양, 전파" 등과 결부가 되어 있는 것입니다.

㉮ "내가 측량(測量)할 수 없는 주의 의와 구원을 내 입으로 종일 전하리이다"(15), ㉯ "내가 주를 찬양할 때에 내 입술이 기뻐 외치며

203

주께서 구속하신 내 영혼이 즐거워하리이다"(23) 합니다.

그런데 본문의 의를 "공의"로 한정을 하면 어떻게 되는가? 초점이 구원이 아니라 "심판"에 맞춰지게 됩니다. 그렇게 되면 복음의 영광스러움은 의문에 가려지게 되고 그리스도는 설 자리가 없게 되는 것입니다.

물론 71편의 배경을 대적을 심판하시고 구원하여주신 것을 찬양하는 것으로 여길 수도 있습니다만, 본문에는 "나"라는 인칭이 무려 51번이나 등장한다는 점을 주목해야만 합니다. 이는 민족적인 구원 찬양이 아니라 경건한 늙은(9, 18) 성도가, "하나님이여 주께서 대사(大事)를 행하셨사오니 누가 주와 같으리이까"(19) 하고 감격해서 찬양하는 내용인 것입니다.

루터가 "복음에는 하나님의 의가 나타나서" 한, 로마서 1:17절의 "하나님의 의"를 처음에는 "공의"인 줄 알고 복음이 하나님의 공의가 나타나는 것이라면 차라리 주시지 않은 편이 좋았으리라 여겼다고 합니다. 왜냐하면 그렇게 되면 심판을 시행하신다는 뜻이 되기 때문입니다.

하나님의 한 손에는 공의가 있고, 다른 손에는 칭의가 있는 것이 아닙니다. 하나님은 언제나 "의로우시다" 하는, "의로우심" 하나뿐입니다. 그 의가 우리에게 바로 임하게 되면 "공의"(미쉬파트)가 되어 심판이 시행이 되고, 그리스도께서 우리 대신 받으신 심판을 통해서 임하게 되면 칭의(체테카)가 되어 구원에 이르게 되는 것입니다. 그런데 본문에 등장하는 "주의 의"는 주님께서 우리 대신 "공의"를 받으심으로 우리가 칭의를 받게 되었다는 그런 찬양인 것입니다.

그래서 "주께서 대사를 행하셨사오니 누가 주와 같으리이까"(19) 하고 감격해 하면서, "내가 측량할 수 없는 주의 의와 구원을 내 입으로 종일 전하리이다(15), 내가 주 여호와의 능하신 행적을 가지고 오겠사오며 주의 의 곧 주의 의만 진술하겠나이다"(16) 하고 다짐하고 있는 것입니다. 그러므로 이 의를, "공의"로 한정할 것이 아니라 종전대로 그냥 "의"라 하는 것이 옳을 것입니다.

첫째 단원(1-13) 나를 구원하라 명하신 하나님
둘째 단원(14-24) 주의 의와 구원을 종일 전하리이다

첫째 단원(1-13) 나를 구원하라 명하신 하나님

첫째 단원의 중심점은 "주께서 나를 구원하라 명하셨다"(3)는데 있습니다. 이는 하나님의 주권적인 선택을 가리키는 표현입니다.

① 첫마디가 "여호와여 내가 주께 피하오니 나로 영영히 수치를 당케 마소서"(1) 합니다.

㉠ "주께 피한다"는 말은, 주를 의뢰한다, 믿는다는 뜻입니다. 그리고 성경이 말씀하는 "수치를 당케 마소서" 하는 뜻은 부끄러움을 당하지 않게 해달라는 그런 뜻이 아니라, "땅의 티끌 가운데서 자는 자 중에 많이 깨어 영생을 얻는 자도 있겠고 수욕(羞辱)을 받아서 무궁히 부끄러움을 입을 자도 있을 것이며"(단 12:2) 한, 멸망을 가리키는 말입니다.

㉡ 그래서 "주의 의로 나를 건지시며 나를 풀어주시며 주의 귀를 내게 기울이사 나를 구원하소서"(2) 하고 호소하고 있는데, "건지시며, 풀어주시며" 하는 호소는 결박을 당해 갇혀있는 상태를 나타냅니다.

② 그리고 "주는 나의 무시로 피하여 거할 바위가 되소서" 하면서,

"주께서 나를 구원하라 명하셨으니 이는 주께서 나의 반석이시오 나의 산성이심이니이다"(3) 합니다.

㉠ 3절 안에는 "피하여 거할 바위, 나의 반석, 나의 산성"이라는 묘사가 있는데, "바위, 반석, 산성"을 구속사라는 맥락으로 보면, 진실로 우리 주님은, "무시(無時)로 피하여 거할 바위"가 되어주신 것입니다.

③ "내가 모태에서부터 주의 붙드신바 되었으며 내 어미 배에서 주의 취하여 내신바 되었다"(6상) 하는 것은 하나님의 택정(擇定)함을 나타냅니다.

㉠ 그런 "나를 악인의 손 곧 불의한 자와 흉악한 자의 장중에서 피하게 하소서 주 여호와여 주는 나의 소망이시요 나의 어릴 때부터 의지시라"(4-5) 합니다.

㉡ 그리하여 "나는 항상 주를 찬송하리이다 나는 무리에게 이상함이 되었사오나 주는 나의 견고한 피난처시오니 주를 찬송함과 주를 존숭함이 종일토록 내 입에 가득하리이다"(6하-8), 즉 사람들은 나를 이해하지 못하나(이상함) 자신은 확고한 믿음을 갖고 있다는 것입니다.

④ 그런데 갑자기 "나를 늙은 때에 버리지 마시며 내 힘이 쇠약한 때에 떠나지 마소서"(9) 하는 까닭이 무엇일까?

㉠ 계속되는 진술을 통해서 빛을 받을 수가 있는데, "나의 원수들이 내게 대하여 말하며 나의 영혼을 엿보는 자가 서로 꾀하여 이르기를 하나님이 저를 버리셨은즉 따라 잡으라 건질 자가 없다"(10-11) 하고 말한다는 것입니다.

㉮ 이들은 "나의 원수요, 영혼을 엿보는 자요, 서로 꾀하는", 즉 음모를 꾸미는 자들입니다. ㉯ 이런 자들이 어떤 경우에 "하나님이 저를

버리셨다, 따라 잡으라" 하는가? 우리가 연약하여 실수하고 넘어졌을 때입니다.

ⓛ 이런 경우 대적의 참소를 물리치고, 벌떡 일어날 수 있는 말씀이 무엇인지 아십니까? "그러나 죄가 더한 곳에 은혜가 더욱 넘쳤나니"(롬 5:20하) 하는, "넘치는 은혜"입니다. 우리를 견고하게 세워주는 것은 인간의 행위가 아니라, "그 섰는 것이나 넘어지는 것이 제 주인에게 있으매 저가 세움을 받으리니 이는 저를 세우시는 권능이 주께 있음이니라"(롬 14:4) 하시는 주의 "은혜"인 것입니다.

ⓒ 이런 맥락에서 "나를 늙을 때에 버리지 말라"는 간구는 71편의 중심주제인 "측량할 수 없는 주의 의와 구원"(15)과 결부가 된다 하겠습니다. "주의 의"가 결정적으로 필요한 때는 "늙을 때, 임종머리, 내 힘이 쇠약한 때"입니다. 이런 경우 우리를 견고하게 세워줄 수 있는 것은 오직 "주의 의"인 것입니다.

ⓔ 그래서 "하나님이여 나를 멀리 마소서 나의 하나님이여 속히 나를 도우소서 내 영혼을 대적하는 자로 수치와 멸망을 당케 하시며 나를 모해하려 하는 자에게는 욕과 수욕이 덮이게 하소서"(12-13) 하는 것입니다.

10절에는 "나의 영혼을 엿보는 자"가 있고, 13절에는 "내 영혼을 대적하는 자와, 나를 모해하려는 자"가 있습니다. 둘째 단원에 가서 보게 될 것입니다만 이들을 대항할 수 있는 것은 "자기(自己) 의"가 아닙니다.

㉮ "누가 능히 하나님의 택하신 자들을 송사하리요 의롭다 하신 이는 하나님이시니 누가 정죄하리요"(롬 8:33-34) 하는, "하나님의 의" 뿐입니다. ㉯ 하나님께서 "나를 구원하라 명하셨는데" 누가 대적하리요, 누가 정죄할 수가 있단 말이냐? 나를 구원하라 명하신 하나님에

게서 우리를 끊을 수 있는 자는 아무도 없습니다.

둘째 단원(14-24) 주의 의와 구원을 종일 전하리이다

둘째 단원의 중심점은 "주께서 대사(大事)를 행하셨다"는데 있습니다. 성경은 분량이 많다 하여도 하나님께서 행해주신 행사와, 인간이 행해야 하는 행사로 되어 있습니다. "은혜"란 무가치한 자에게 값없이 행해주시는 하나님의 행사인 것입니다.

그러므로 성도들에게 은혜를 입게 하려면 하나님께서 행해주신 "대사"를 먼저, 더 많이 전해주어야만 하는 것입니다. 그렇다면 하나님의 많은 행사 중에서 "주께서 대사를 행하셨다"는 "대사"가 무엇인가? 이는 5번이나 등장하는 "주의 의"인 것입니다.

⑤ "나는 항상 소망을 품고 주를 더욱 더욱 찬송하리이다"(14) 합니다. 그러면 우리의 "소망"이 무엇이며, "주를 더욱 더욱 찬송"할 이유가 무엇인가?

㉠ "내가 측량할 수 없는 주의 의와 구원을 내 입으로 종일 전하리이다"(15) 하고, "소망과 찬양"할 이유가 "주의 의와 구원"임이 밝히 드러나고 있습니다.

㉮ 14절에서는 "주를 더욱 더욱 찬송하리이다" 말씀하고, ㉯ 15절에서는 "주의 의와 구원을 종일 전하리이다" 합니다. ㉰ 성도들이 행해야할 일은 "찬송과 전파"라는 두 가지 안에 다 들어 있는 것입니다.

㉡ "내가 주 여호와의 능하신 행적을 가지고 오겠사오며"(16상) 합니다. 앞에서 말씀드린 대로 설교자란 우선적으로 "여호와의 능(能)하신 행적"을 증거하라고 세움을 받은 자입니다. 능하신 행적 중에 제일 큰 "대사"가 무엇인가? 이점이 "주의 의 곧 주의 의만 진술하겠나

이다"(16하) 한 말씀에 나타납니다. 이것이 얼마나 중요하고 큰일이면,

㉮ "내가 측량할 수 없는 주의 의와 구원을 내 입으로 종일 전하리이다"(15), ㉯ "주의 의 곧 주의 의만 진술하겠나이다"(16하), ㉰ "하나님이여 주의 의가 또한 지극히 높으니이다"(19상), ㉱ "내 혀도 종일토록 주의 의를 말씀하오리니"(24상) 하겠는가?

⑥ "하나님이여 나를 어려서부터 교훈하셨으므로 내가 지금까지 주의 기사를 전하였나이다"(17) 하면서,

㉠ "하나님이여 내가 늙어 백수가 될 때에도 나를 버리지 마시며 내가 주의 힘을 후대에 전하고 주의 능을 장래 모든 사람에게 전하기까지 나를 버리지 마소서"(18) 합니다.

시편 기자는 "종일 전(傳)하리이다(15), 주의 기사를 전하였나이다 (17), 후대에 전하고, 모든 사람에게 전하기까지"(18) 하고, "전하겠다"는 점을 강조하고 있는데 이토록 전해야할 대사가 무엇이겠습니까?

㉡ 이것이 본문에서 그토록 강조하고 있는 "주의 의" 곧 복된 소식인 것입니다. "하나님이여 내가 늙어 백수가 될 때에도 나를 버리지 마시며 내가 주의 힘을 후대에 전하고 주의 능을 장래 모든 사람에게 전하기까지 나를 버리지 마소서"(18) 하는 말씀 속에는, 이를 전하기까지는 죽을 수가 없다는 결의가 나타나 있습니다.

⑦ "하나님이여 주의 의가 또한 지극히 높으시니이다 하나님이여 주께서 대사를 행하셨사오니 누가 주와 같으리이까"(19) 합니다. 하나님께서 행해주신 대사는, "지극히 높으신 의"를 통해서 이루어주셨다는 점을 명심해야만 합니다.

㉠ 그러면 "주의 의가 지극히 높으시다"는 것과, "주께서 대사를 행

하셨다"는 뜻이 무엇인가? 먼저 "주의 의"가 얼마나 "높은 의"인가 하면 우리가 범한 죄에 대한 진노를 자기 아들에게 쏟으시고야 우리의 죄를 사하시고 의롭다고 여겨주실 만큼 엄위하고 높은 의인 것입니다.

이점을 로마서 3장에서는, "곧 이 때에 자기의 의로우심을 나타내사 자기도 의로우시며 또한 예수 믿는 자를 의롭다 하려 하심이니라"(롬 3:26) 하고 말씀합니다.

ⓒ 그러므로 구속사에 있어서 하나님께서 행해주신 "대사"란,

㉮ 수태고지(受胎告知)를 통고받은 마리아는, "능하신 이가 큰일을 내게 행하셨다"(눅 1:49) 하고 찬양하고, ㉯ 오순절 성령강림 후에 백성들은 "우리가 다 우리의 각 방언으로 하나님의 큰일을 말함을 듣는도다"(행 2:11) 했습니다. ㉰ 이런 구속사의 맥락으로 볼 때에 "하나님이여 주께서 대사를 행하셨사오니 누가 주와 같으리이까" 하고 감격해하는 궁극적인 "대사"는 구속사역인 것입니다.

그래서 "내가 주를 찬양할 때에 내 입술이 기뻐 외치며 주께서 구속하신 내 영혼이 즐거워하리이다"(23) 하는 것입니다.

ⓒ 71편에 등장하는 "주의 의"는 그냥 마련된 것이 아니라, 자기 아들의 구속을 통해서 마련해주신 의이기 때문에, "구속하신 내 영혼이 즐거워하리이다" 하는 것입니다. 이렇게 하셔서 우리를 의롭다고 여겨주신 이 일보다 더 큰 "대사"가 무엇이 있단 말인가? 이점을 이사야 선지자는, "그날에 너희가 또 말하기를 여호와께 감사하라 그 이름을 부르며 그 행하심을 만국 중에 선포하며 그 이름이 높다 하라 여호와를 찬송할 것은 <극히 아름다운 일>을 하셨음이니 온 세계에 알게 할지어다"(사 12:4-5) 하고 말씀하고,

ⓒ 미가 선지자는 "주와 같은 신이 어디 있으리이까" 하고 감격해하면서 그 이유로, "주께서는 죄악을 사유하시며 그 기업의 남은 자의

허물을 넘기시며 인애를 기뻐하심으로 노를 항상 품지 아니 하시나이다 다시 우리를 긍휼히 여기셔서 우리의 죄악을 발로 밟으시고 우리의 모든 죄를 깊은 바다에 던지시리이다"(미 7:18-19) 하고, "허물과 죄"를 구속하여주신 것을 들고 있습니다.

⑧ 이런 맥락에서 20절을 주목해보시기를 바랍니다. 71편 중에서 유일하게 인칭을 "우리"라고 말하면서, "우리에게 많고 심한 고난을 보이신 주께서 우리를 다시 살리시며 땅 깊은 곳에서 다시 이끌어 올리시리이다"(20) 하는데 무슨 뜻인가?

㉠ 이는 구속사를 한마디로 집약한 것이라 할 수가 있습니다.

㉮ "많고 심한 고난"을 보이셨다는 말은, 패역으로 인한 징벌을 가리킵니다. ㉯ 그러나 상한 갈대를 꺾지 아니하시고, "우리를 다시 살리시며 땅 깊은 곳에서 다시 이끌어 올리신"(20하) 것이 구속사인 것입니다.

㉡ 이와 같이 행해주신 하나님께서, "나를 더욱 창대하게 하시고 돌이키사 나를 위로하소서"(21) 합니다.

⑨ 그러므로 "나의 하나님이여 내가 또 비파로 주를 찬양하며 주의 성실을 찬양하리이다 이스라엘의 거룩하신 주여 내가 수금으로 주를 찬양하리이다"(22),

㉠ "내가 주를 찬양할 때에 내 입술이 기뻐 외치며 주께서 구속하신 내 영혼이 즐거워하리이다"(23) 하는 것입니다.

⑩ 결론에 이르러서도 "내 혀도 종일토록 주의 의를 말씀하오리니"(24상) 하고, "주의 의"를 내세우는 까닭이 무엇인가?

㉠ "나를 모해하려하던 자"(24중), 즉 송사하는 자가 있기 때문입니다. 스가랴 3장에는 사탄이 대제사장 여호수아를 "대적"하는(1) 장면이 있습니다. 왜냐하면 여호수아가 "더러운 옷"(3)을 입고 하나님 앞에 서 있기 때문입니다. 이런 처지가 여호수아만이겠는가? 그래서 우리가 사탄에게 송사를 당하게 되는 것입니다.

㉡ 그런데 하나님께서는 "그 더러운 옷을 벗기라, 내가 네게 아름다운 옷을 입히리라"(4) 하십니다. 이 아름다운 옷이 본문이 강조하고 있는 "주의 의"인 것입니다. 그러자 대적하던 사탄은 온데간데없어집니다. 이것이 "나를 모해하려하던 자가 수치와 무안을 당함이니이다"(24하) 하는 뜻입니다.

㉮ 그래서 "내가 측량할 수 없는 주의 의와 구원을 종일 전하리이다"(15), ㉯ "내가 주 여호와의 능하신 행적을 가지고 오겠사오며 주의 의 곧 주의 의만 진술하겠나이다"(16), ㉰ "내 혀도 종일토록 주의 의를 말씀하오리니"(24) 하는 것입니다.

㉢ 71편의 사람처럼 목숨을 걸고 "주의 의"만 전파한 사람이 있습니다. 그 사람이 사도 바울입니다. 복음이란 "하나님의 의가 나타났다"는 소식이요, 이 하나님의 의를 자신이 증거하다가 죽어도 좋은, "내 복음"(롬 2:16; 16:25)이라고 까지 말씀합니다. 바울은 전에 자랑하던 모든 것을 배설물로 여기고 "내가 가진 의는 율법에서 난 것이 아니요 오직 그리스도를 믿음으로 말미암은 것이니 곧 믿음으로 하나님께로서 난 의라"(빌 3:8-9) 하고 말씀합니다.

묻습니다. 형제도 그러합니까? 형제여, 이 의의 귀중성을 깨달았다면, "종일토록 주의 의"만을 전하지 않으시렵니까? 이것이 "하나님이 행하신 대사를 전파하고 찬양함"입니다.

적용

하나님의 행적 중 가장 위대한 "대사"가 무엇이라고 믿으십니까? 그리고 "주의 의"가 왜 그다지도 중요한지 인식하고 있습니까? 라오디게아 교회는 부자 교회라고 자부하였으나 주님이 보시기에는, "네 곤고한 것과 가련한 것과 가난한 것과 눈먼 것과 벌거벗은 것을 알지 못하도다"(계 3:17) 하십니다. 형제는 "주의 의"를 입지 않은 채 혹시 벌거벗고 예배를 드리고 있지는 아니 합니까?

묵상

㉠ 6번 등장하는 "주의 의"가 무엇과 결부되어 있는지에 대해서,

㉡ 구속사에 있어서 하나님께서 행해주신 대사가 무엇인지에 대해서,

㉢ 이를 깨달은 자의 결의에 대해서.

시편 72편 개관도표
의의 왕, 평강의 왕

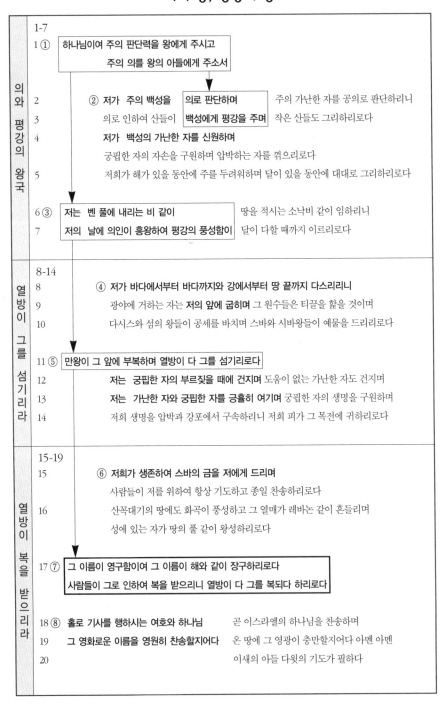

의와 평강의 왕국

1-7

1 ① 하나님이여 주의 판단력을 왕에게 주시고

　　　주의 의를 왕의 아들에게 주소서

2 　② 저가 주의 백성을 | 의로 판단하며 | 주의 가난한 자를 공의로 판단하리니

3 　　의로 인하여 산들이 | 백성에게 평강을 주며 | 작은 산들도 그리하리로다

4 　　저가 백성의 가난한 자를 신원하며

　　　궁핍한 자의 자손을 구원하며 압박하는 자를 꺾으리로다

5 　　저희가 해가 있을 동안에 주를 두려워하며 달이 있을 동안에 대대로 그리하리로다

6 ③ 저는 벤 풀에 내리는 비 같이 | 땅을 적시는 소낙비 같이 임하리니

7 　저의 날에 의인이 흥왕하여 평강의 풍성함이 | 달이 다할 때까지 이르리로다

열방이 그를 섬기리라

8-14

8 　④ 저가 바다에서부터 바다까지와 강에서부터 땅 끝까지 다스리리니

9 　　　광야에 거하는 자는 저의 앞에 굽히며 그 원수들은 티끌을 핥을 것이며

10 　　다시스와 섬의 왕들이 공세를 바치며 스바와 시바왕들이 예물을 드리리로다

11 ⑤ 만왕이 그 앞에 부복하며 열방이 다 그를 섬기리로다

12 　　　저는 궁핍한 자의 부르짖을 때에 건지며 도움이 없는 가난한 자도 건지며

13 　　　저는 가난한 자와 궁핍한 자를 긍휼히 여기며 궁핍한 자의 생명을 구원하며

14 　　　저희 생명을 압박과 강포에서 구속하리니 저희 피가 그 목전에 귀하리로다

열방이 복을 받으리라

15-19

15 　⑥ 저희가 생존하여 스바의 금을 저에게 드리며

　　　사람들이 저를 위하여 항상 기도하고 종일 찬송하리로다

16 　　산꼭대기의 땅에도 화곡이 풍성하고 그 열매가 레바논 같이 흔들리며

　　　성에 있는 자가 땅의 풀 같이 왕성하리로다

17 ⑦ 그 이름이 영구함이여 그 이름이 해와 같이 장구하리로다

　사람들이 그로 인하여 복을 받으리니 열방이 다 그를 복되다 하리로다

18 ⑧ 홀로 기사를 행하시는 여호와 하나님 | 곧 이스라엘의 하나님을 찬송하며

19 　그 영화로운 이름을 영원히 찬송할지어다 | 온 땅에 그 영광이 충만할지어다 아멘 아멘

20 　　　　　　　　　　　　　　　　　이새의 아들 다윗의 기도가 필하다

72편
의의 왕, 평강의 왕

그 이름이 영구함이여 그 이름이 해와 같이 장구하리로다 사람들이 그로 인하여
복을 받으리니 열방이 다 그를 복되다 하리로다(시 72:17).

72편의 주제는 "의로 통치(판단)하시는 의로운 왕"(2), 그래서 백성
들에게 "평강을 풍성히 주시는 평강의 왕"(7)에 있습니다. 그리하여
결론은 "사람들이 그를 인하여 복을 받으리니"(17) 하는 말씀에 있습
니다. 이러한 왕이 누구이겠습니까?

72편에는 "솔로몬의 시"라는 표제가 있는데 이러한 이상적인 왕의
모형으로 솔로몬을 세우신 것으로 볼 수가 있습니다. "솔로몬"이라는
이름 자체가 "평화"를 뜻하는데 이사야 선지자는, "이는 한 아기가 우
리에게 났고 한 아들을 우리에게 주신바 되었는데 그 이름은 기묘자
라 모사라 전능하신 하나님이라 영존하시는 아버지라 평강의 왕이라
할 것임이라"(사 9:6) 예언하고 있습니다. 그러므로 솔로몬은 예표의
인물일 뿐 "의의 왕, 평강의 왕"은 예수 그리스도이십니다. 사람들은
그분을 통해서 복을 받게 되리라는 말씀입니다.

첫째 단원(1-7) 의와 평강의 왕국
둘째 단원(8-14) 열방이 그를 섬기리라

셋째 단원(15-19) 열방이 복을 받으리라

첫째 단원(1-7) 의와 평강의 왕국

첫째 단원은 "의로운 왕"이 오시면 어떻게 통치하실 것인가 하는 통치 성격을 말씀해주고 있습니다. "백성을 의로 판단하며(2), 백성에게 평강을 주며"(3) 합니다.

① "하나님이여 주의 판단력을 왕에게 주시고 주의 의를 왕의 아들에게 주소서"(1) 합니다.

㉠ 하나님께서 많은 민족 중에 이스라엘을 선민으로 택하셔서 신정왕국을 세우신 목적은, 장차 이루실 메시아왕국에 대한 예표로 세우신 것입니다. "나 여호와가 말하노라 보라 때가 이르리니 내가 다윗에게 한 의로운 가지를 일으킬 것이라 그가 왕이 되어 지혜롭게 행사하며 세상에서 공평과 정의를 행할 것이며"(렘 23:5) 하십니다.

② 그리하여 "저가 주의 백성을 의로 판단하며 주의 가난한 자를 공의로 판단하리니"(2) 합니다.

㉠ 72편에는 도표에 표시된 대로 의로운 왕을 가리키는 "저"라는 말이 10번이나 등장하는데, "저"로 시작되는 구절들을 특히 유의해보시기 바랍니다.

㉮ "저가 주의 백성을 의로 판단하며 주의 가난한 자를 공의로 판단하리니"(2), 그렇게 할 때에 "의로 인하여 산들이 백성에게 평강을 주며 작은 산들도 그리하리로다"(3) 합니다. ㉯ "저가 백성의 가난한 자를 신원하며 궁핍한 자의 자손을 구원하며 압박하는 자를 꺾으리로다"(4) 합니다. "가난한 자는 신원하여 주고, 궁핍한 자는 구원하는"

반면, "압박하는 자"는 꺾으리라 합니다. 이 말씀은 "나를 보내사 마음 상한 자를 고치며 포로 된 자에게 자유를, 갇힌 자에게 놓임을 전파하며 여호와의 은혜의 해와 우리 하나님의 신원(伸冤)의 날을 전파하여 모든 슬픈 자를 위로하되"(사 61:1-2) 한, 메시아 예언과 상통합니다.

③ "저는 벤 풀에 내리는 비같이, 땅을 적시는 소낙비 같이 임하리니"(6) 하는 묘사는, 기다리고 기다리는 중에 임할 은혜를 의미합니다. 호세아 선지자는, "그러므로 우리가 여호와를 알자 힘써 여호와를 알자 그의 나오심은 새벽빛같이 일정하니 비와 같이 땅을 적시는 늦은 비와 같이 우리에게 임하시리라"(호 6:3) 합니다.

㉠ 그리하여 "저의 날에 의인이 흥왕하여 평강의 풍성함이 달이 다할 때까지 이르리로다"(7) 합니다. 5절에서는 "해가 있을 동안에, 달이 있을 동안에"라고 말씀했는데 7절에서는 "달이 다할 때까지 이르리로다" 하는 것은 영원히 계속되리라는 뜻입니다. 이것이 "의와 평강의 왕국"이요, 메시아 왕국의 예표입니다.

둘째 단원(8-14) 열방이 저를 섬기리라

둘째 단원의 중심점은 "만왕이 그 앞에 부복하며 열방이 다 그를 섬기리로다"(11) 한 통치 영역에 있습니다. 이것이 1차적으로는 부강한 다윗과 솔로몬 왕국을 가리킨다 하여도, 궁극적으로는 메시아왕국에서 성취될 말씀인 것입니다.

④ 이점이 "저가 바다에서부터 바다까지와 강에서부터 땅 끝까지 다스리리니"(8) 한 말씀에 나타나는데,

㉠ "광야에 거하는 자는 저의 앞에 굽히며 그 원수들은 티끌을 핥

을 것이며 다시스와 섬의 왕들이 공세를 바치며 스바와 시바왕들이 예물을 드리리로다 만왕이 그 앞에 부복하며 열방이 다 그를 섬기리로다"(9-11) 합니다.

이 말씀은 열왕들이, "얼굴을 땅에 대고 네게 절하고 네 발의 티끌을 핥을 것이니(사 49:23), 이는 바다의 풍부가 네게로 돌아오며 열방의 재물이 네게로 옴이라…스바의 사람들은 다 금과 유향을 가지고 와서 여호와의 찬송을 전파할 것이며"(사 60:5-6) 한 메시아 예언과 상통합니다.

⑤ "저는 궁핍한 자의 부르짖을 때에 건지며 도움이 없는 가난한 자도 건지며"(12),

㉠ "저는 가난한 자와 궁핍한 자를 긍휼히 여기며 궁핍한 자의 생명을 구원하며 저희 생명을 압박과 강포에서 구속하리니 저희 피가 그 목전에 귀하리로다"(13-14) 합니다. 이것이 "열방이 저를 섬기리라" 한 메시아왕국의 통치 영역입니다.

셋째 단원(15-19) 열방이 복을 받으리라

셋째 단원의 중심점은 "사람들이 그로 인하여 복을 받으리니 열방이 다 그를 복되다 하리로다"(17) 하는 메시아왕국의 영광스러움에 있습니다.

⑥ "저희가 생존하여 스바의 금을 저에게 드리며 사람들이 저를 위하여 항상 기도하고 종일 찬송하리로다"(15),

㉠ "산꼭대기의 땅에도 화곡이 풍성하고 그 열매가 레바논 같이 흔들리며 성에 있는 자가 땅의 풀 같이 왕성하리로다"(16) 합니다.

⑦ "그 이름이 영구함이여 그 이름이 해와 같이 장구하리로다 사람들이 그로 인하여 복을 받으리니 열방이 다 그를 복되다 하리로다"하고 말씀하는데, 여기에 중심점이 있습니다.

㉠ 이는 하나님께서 아브라함에게 "네 씨로 말미암아 천하 만민이 복을 얻으리니"(창 22:18) 하신 복이요,

㉮ 이삭에게, "네 자손을 인하여 천하 만민이 복을 받으리라"(창 26:4) 하신 복이요, ㉯ 야곱에게 "땅의 모든 족속이 너와 네 자손을 인하여 복을 얻으리라"(창 28:14) 하신 메시아언약인 것입니다.

㉡ 다시 말씀드립니다만 72편에는 "의의 왕, 평강의 왕"을 가리키는 "저"라는 말이 10번이나 등장하는데 그렇다면,

㉮ "주의 백성을 의로 판단할 저가"(2) 누군가? ㉯ "가난한 자를 신원하며, 궁핍한 자를 구원하여줄 저가"(4) 누군가? ㉰ "벤 풀에 임하는 비 같이 임하는 자가"(6) 누군가? ㉱ "의인을 흥왕케 하며, 평강을 풍성케 할 저가"(7) 누군가? ㉲ "땅 끝까지 다스릴 저가"(8) 누군가? ㉳ "시바 왕이 예물을 드리고, 원수들도 티끌을 핥게 될 저가"(9) 누군가? ㉴ "궁핍한 자와 가난한 자를 건져줄 저가"(12) 누군가? ㉵ "궁핍한 자의 생명을 구원하여줄 저가"(13) 누군가? ㉶ "스바의 금을 드리며, 항상 기도하고 종일 찬양할 저는"(15) 누군가?

이처럼 "저"로 인하여 열방이 복을 받게 되는 왕이 예수 그리스도 외에 달리 누가 있단 말입니까?

⑧ "하나님이여 주의 판단력을 왕에게 주시고"(1) 하고, "왕"으로 시작한 72편은 "그 영화로운 이름을 영원히 찬송할지어다 온 땅에 그 영광이 충만할지어다"(19상) 하고 마치고 있습니다.

㉠ 이는 두 마디로 되어 있는데,

㉮ "그 영화로운 이름을 영원히 찬송할지어다" 한 말씀이 신약성경에서는, "이러므로 하나님이 그를 지극히 높여 모든 이름 위에 뛰어난 이름을 주사 하늘에 있는 자들과 땅에 있는 자들과 땅 아래 있는 자들로 모든 무릎을 예수의 이름에 꿇게 하시고 모든 입으로 예수 그리스도를 주라 시인하여 하나님 아버지께 영광을 돌리게 하셨느니라"(빌 2:9-11) 하고 말씀하고, ㉯ "온 땅에 그 영광이 충만할지어다" 하는 것을, "교회는 그의 몸이니 만물 안에서 만물을 충만케 하시는 자의 충만이니라"(엡 1:23) 합니다. 이것이 "의의 왕국, 평강의 왕국"입니다.

ㄴ 우리도 "아멘, 아멘" 할 뿐입니다. "이새의 아들 다윗의 기도가 필하다"(19하).

적용

신구약시대를 막론하고 구원은 오직, "그로 인하여 복을 받으리니"(17) 한, 그리스도 예수로 말미암아서뿐입니다. 그리고 오늘날 지구상에서 그리스도께서 다스리시는 "의의 왕국, 평강의 왕국"은 교회입니다. 그리고 교회는 "세상의 소금, 세상의 빛"이라 하십니다. 그러므로 교회의 사명은 "만물 안에서 만물을 충만케 하시는 자의 충만이니라" 하십니다. 이는 실로 엄청난 영광스러움이며, 막중한 책임입니다.

묵상

㉠ 72편의 중심주제에 대해서,

㉡ 10번이나 등장하는 "저"의 사역에 대해서,

㉢ 17절에 나타난 "사람들이 그로 인하여 복을 받으리니" 한, 맥락에 대해서.

시편 73편 개관도표
악인의 형통을 인하여 갈등하는 의인

악인의 형통	**1-12**	
	1	① 하나님이 참으로 이스라엘 중 / 마음이 정결한 자에게 선을 행하시나
	2	나는 거의 실족할 뻔 하였고 / 내 걸음이 미끄러질 뻔 하였으니
	3 ②	이는 내가 악인의 형통함을 보고 오만한 자를 질시하였음이로다
	4	저희는 죽는 때에도 고통이 없고 그 힘이 건강하며
	5	타인과 같은 고난이 없고 타인과 같은 재앙도 없나니
	6	그러므로 교만이 저희 목걸이요 강포가 저희의 입는 옷이며
	7	살찜으로 저희 눈이 솟아나며 저희 소득은 마음의 소원보다 지나며
	8	저희는 능욕하며 악하게 압제하여 말하며 거만히 말하며
	9	저희 입은 하늘에 두고 저희 혀는 땅에 두루 다니도다
	10 ③	그러므로 그 백성이 이리로 돌아와서 잔에 가득한 물을 다 마시며
	11	말하기를 하나님이 어찌 알랴 지극히 높은 자에게 지식이 있으랴 하도다
	12	볼지어다 이들은 악인이라 항상 평안하고 재물은 더 하도다
의인의 갈등	**13-17**	
	13	④ 내가 내 마음을 정히 하며 내 손을 씻어 무죄하다 / 한 것이 실로 헛되도다 / 나는 종일 재앙을 당하며 아침마다 징책을 보았도다
	14	
	15 ⑤	내가 만일 스스로 이르기를 내가 이렇게 말하리라 하였더면 / 주의 아들들의 시대를 대하여 궤휼을 행하였으리이다
	16 ⑥	내가 어찌면 이를 알까 하여 생각한즉 내게 심히 곤란하더니
	17	하나님의 성소에 들어갈 때에야 저희 결국을 내가 깨달았나이다
두 종말	**18-28**	
	18	⑦ 주께서 참으로 저희를 미끄러운 곳에 두시며 파멸에 던지시니
	19	저희가 어찌 그리 졸지에 황폐되었는가 놀람으로 전멸하였나이다
	20	주여 사람이 깬 후에는 꿈을 무시함 같이 / 주께서 깨신 후에 저희 형상을 멸시하시리이다
	21 ⑧	내 마음이 산란하며 내 심장이 찔렸나이다
	22	내가 이같이 우매 무지하니 주의 앞에 짐승이오나
	23	내가 항상 주와 함께하니 주께서 내 오른손을 붙드셨나이다
	24	⑨ 주의 교훈으로 나를 인도하시고 후에는 영광으로 나를 영접하시리니
	25	하늘에서는 주 외에 누가 내게 있으리요 땅에서는 주 밖에 나의 사모할 자 없나이다
	26	내 육체와 마음은 쇠잔하나 하나님은 내 마음의 반석이시요 영원한 분깃이시라
	27	대저 주를 멀리하는 자는 망하리니 음녀같이 주를 떠난 자를 주께서 다 멸하셨나이다
	28	⑩ 하나님께 가까이 함이 내게 복이라 / 내가 주 여호와를 나의 피난처로 삼아 주의 모든 행사를 전파하리이다

73편
악인의 형통을 인하여 갈등하는 의인

주의 교훈으로 나를 인도하시고 후에는 영광으로 나를 영접하시리니(시 73:24).

73편은 "악인의 형통을 인하여 갈등하는 의인"에 관한 교훈시입니다. 참으로 성경은 충족된 계시입니다. 이런 갈등은 시편 기자만의 갈등이 아니기 때문입니다. 73편은 도표에 표시된 대로, "나는 거의 실족할 뻔 하였고 내 걸음이 미끄러질 뻔하였던"(2) 그가, 성소에 들어가 깨달음을 얻고, "하나님을 가까이 함이 내게 복이라"(28) 하는 결론에 이르게 됩니다. 그러므로 본편에는 "두 길, 두 종말"이 있습니다.

첫째 단원에는 악인을 가리키는 "저희"라는 말이 8번 등장하고, 둘째와 셋째 단원에는 "나"라는 인칭이 20번 정도 등장하는데 "저희"란, "하나님이 어찌 알랴 지극히 높은 자에게 지식이 있으랴"(11) 하는 경건치 아니한 자를 가리키고, "나"란 "주의 아들들"(15)이라 한 경건한 자들을 가리키는 말입니다.

첫째 단원(1-12) 악인의 형통
둘째 단원(13-17) 의인의 갈등
셋째 단원(18-28) 두 종말

첫째 단원(1-12) 악인의 형통

첫째 단원에서는 "악인의 형통"을 진술합니다.

① "하나님이 참으로 이스라엘 중 마음이 정결한 자에게 선을 행하시나"(1), 자신은 그렇게 알고 믿고 있었는데,

㉠ "나는 거의 실족할 뻔 하였고 내 걸음이 미끄러질 뻔 하였으니"(2) 합니다. 왜냐하면,

② "이는 내가 악인의 형통함을 보고 오만한 자를 질시하였기"(3) 때문이라는 것입니다.

㉠ "저희는 죽는 때에도 고통이 없고 그 힘이 건강하며"(4), "타인과 같은 고난이 없고 타인과 같은 재앙도 없나니"(5) 합니다.

㉡ 이를 보면서 경건한 자들은 "내가 내 마음을 정히 하며 내 손을 씻어 무죄하다 한 것이 헛된 일이었단 말인가"(13) 하는 갈등을 하게 되었다는 것입니다. 6-9절에는 저들의 교만이 점진적으로 나타나 있는데,

㉮ "그러므로 교만이 저희 목걸이요 강포가 저희의 입는 옷이며"(6), ㉯ "살찜으로 저희 눈이 솟아나며 저희 소득은 마음의 소원보다 지나며"(7), ㉰ "저희는 능욕하며 악하게 압제하여 말하며 거만히 말하며"(8), ㉱ "저희 입은 하늘에 두고 저희 혀는 땅에 두루 다니도다"(9) 합니다.

처음에는 "교만이 저희 목걸이요"(6) 하고 자기 자신으로 시작하였으나, 다른 사람을 "능욕하며, 압제하는"(8) 자로 발전을 하고, 급기야는 "하나님이 어찌 알랴"(11) 하는, 하나님을 부정하는 데까지 나아갑니다. "입은 하늘에 두고"란, 하나님 두려운 줄 모르는 교만을 나타내

고, "저희 혀는 땅에 두루 다니도다"라는 말은 안하무인을 나타냅니다.

③ "그러므로 그 백성이 이리로 돌아와서"(10상)란, 사람들이 그에게 모여들 것을 나타내고, "잔에 가득한 물을 다 마시며"(10하)란, 그의 사상을 추종할 것을 가리킵니다. 이는 악인이 물질과 건강의 형통만이 아니라, 명성을 얻게 될 것을 나타내는 말입니다.

㉠ 그러면서 "말하기를 하나님이 어찌 알랴 지극히 높은 자에게 지식이 있으랴"(11) 한다는 것입니다. 그러면 이런 자들이 누구들이란 말인가? 교회 밖에만 있는 것이 아닙니다. 사도 바울은 디모데에게, "쾌락을 사랑하기를 하나님 사랑하는 것보다 더하며 경건의 모양은 있으나 경건의 능력은 부인하는 자니 이 같은 자들에게서 네가 돌아서라"(딤후 3:4-5) 하고 명합니다.

㉡ "볼지어다 이들은 악인이라 항상 평안하고 재물은 더 하도다"(12) 합니다. 그래서 경건한 자들의 마음에 갈등이 일어나게 된다는 것입니다. 이것이 "악인의 형통"입니다.

둘째 단원(13-17) 의인의 갈등

④ 둘째 단원은 의인의 갈등인데 그래서 인칭이 "나, 또는 내가"로 되어 있습니다. "내가 내 마음을 정히 하며 내 손을 씻어 무죄하다 한 것이 실로 헛되도다"(13) 합니다.

㉠ "나는 종일 재앙을 당하며 아침마다 징책을 보았도다"(14) 하고, 재앙과 징책이 끊임없이 일어나고 있다고 말합니다. 이를 보면서, 행위로는 물론 마음으로도 죄를 품지 않으려고 애쓴 것이 허사란 말인가 하는 회의를 하게 되었다는 것입니다.

⑤ "내가 만일 스스로 이르기를 내가 이렇게 말하리라 하였더면 주의 아들들의 시대를 대하여 궤휼을 행하였으리이다"(15) 하는 것은,

㉠ 자신이 겪고 있는 심적인 갈등을 "주의 아들들" 곧 성도들에게 발설을 했다면 많은 사람들을 시험에 들게 하고 실족시켰을 것이라는 뜻입니다.

⑥ "내가 어쩌면 이를 알까 하여 생각한즉 내게 심히 곤란하더니"(16),

㉠ 그는 이 문제로 많은 고민을 하다가 "하나님의 성소에 들어갈 때에야 저희 결국을 내가 깨달았나이다"(17) 합니다. 여기 중요한 요점이 있는데,

㉮ "성소에 들어갈 때"라는 말입니다. "성소"란, "율법이 시온에서부터 나올 것이요 여호와의 말씀이 예루살렘에서부터 나올 것임이라"(사 2:3) 하신, 하나님이 말씀하시는 곳입니다. ㉯ 그러므로 "깨달음"을 얻게 한 것은 성소라는 물리적인데 있는 것이 아니라, "말씀"을 통해서라는 점입니다. 그렇습니다. 이럴 경우 "주께서 영원히 버리실까 다시는 은혜를 베풀지 아니하실까" 하고 "심령에 궁구하는"(77:6-7), 즉 궁상을 떠는 일은 도움이 되지 못합니다. "거기서 내가 너와 만나고, 네게 명할 모든 일을 네게 이르리라"(출 25:22) 하신 성소에 들어가 "말씀"을 듣는 것이 해답을 얻는 비결입니다. 이것이 "의인의 갈등"입니다.

셋째 단원(18-28) 두 종말

셋째 단원의 중심점은 "저희가 졸지에 전멸하였나이다(19)와 영광

으로 나를 영접하시리니"(24) 한 두 종말에 있습니다.

⑦ "주께서 참으로 저희를 미끄러운 곳에 두시며 파멸에 던지시니"(18),

㉠ "저희가 어찌 그리 졸지에 황폐되었는가 놀람으로 전멸하였나이다"(19) 합니다. 이 대칭을 보십시오.

㉮ 처음에는 경건한 자가 "실족할 뻔하였고, 미끄러질 뻔하였으나"(2), ㉯ 종국에 가서는 "저희를 미끄러운 곳에 두시며 파멸에 던지시니"(18) 하고, 파멸에 이르는 것은 결국 경건치 아니한 자들인 것이 드러납니다.

㉡ "졸지에 황폐되었다" 말씀하는데, 계시록 18장에는 세속문명이 "하루 동안에(8), 일 시간에 망하였도다"(계 18:10, 17, 19) 합니다. 이는 종말에 되어질 말씀입니다. 그런데 "놀람으로 전멸하였나이다" 하고, 이미 되어진 과거완료로 말하고 있는 것은 반드시 성취될 하나님의 말씀에 의한 깨달음 때문입니다.

㉢ "주여 사람이 깬 후에는 꿈을 무시함 같이 주께서 깨신 후에 저희 형상을 멸시하시리이다"(20) 하는데, 여기에는 두 가지 뜻이 들어 있다 하겠습니다. 첫째는 악인들이 누리고 있는 부귀영화가 일장춘몽과 같다는 의미이고, 둘째는 하나님이 마치 주무시는 것같이 침묵하시나, 행한 대로 보응하실 날이 반드시 오리라는 뜻입니다.

⑧ "내 마음이 산란하며 내 심장이 찔렸나이다"(21),

㉠ "내가 이같이 우매 무지하니 주의 앞에 짐승이오나"(22) 합니다. 이는 자신의 어리석음을 자책하는 말인데, "짐승"은 눈앞의 먹이만 보고 "덫과 같이 그날이 임할 것"(눅 21:34)은 알지를 못하는 것입니다.

자신이 마치 이러한 짐승 같았기에 "심장이 찔렸나이다" 하는 것입니다. "나는 거의 실족할 뻔하였고 내 걸음이 미끄러질 뻔 하였다"(2)고 진술했는데, 만일 자신이 "실족"했더라면 어찌 되었을까를 생각하면서 전율(戰慄)함을 나타냅니다. 그래서 "주의 앞에 짐승이오나" 하는 것입니다.

ⓛ 그런데 "내가 항상 주와 함께하니 주께서 내 오른손을 붙드셨나이다"(23) 합니다. "내 오른손을 붙드셨다"는 말은, 2절의 "실족할 뻔, 미끄러질 뻔"과 결부되는 말입니다. 자신이 이처럼 아주 실족하지 않을 수 있었던 것이 자신이 지혜로워서가 아니라, "주께서 내 오른손을 붙잡아" 주셨기 때문이라는 것입니다.

94:18절에서도 "여호와여 나의 발이 미끄러진다 말할 때에 주의 인자하심이 나를 붙드셨사오며" 하고 말씀합니다.

이에 대한 실제적인 예가 복음서에 있는데 주님은 베드로에게, "그러나 내가 너를 위하여 네 믿음이 떨어지지 않기를 기도하였노니 너는 돌이킨 후에 네 형제를 굳게 하라"(눅 22:32) 하셨습니다. 베드로가 아주 실족하지 않고 돌이킬 수 있었던 것도 자신의 힘이 아니라, 주님께서 베드로의 "오른손을 붙들어" 주셨기 때문이라는 것입니다. 시편 기자도 "돌이킨 후"에 73편을 통해서 동일한 갈등을 겪고 있는 우리를 굳게 해주고 있는 것입니다.

⑨ 24-25절은 73편의 절정이라 할 수가 있는데, "주의 교훈으로 나를 인도하시고 후에는 영광으로 나를 영접하시리니"(24) 합니다.

㉠ 우매무지한 짐승과 같은 우리들을,

㉮ 이 세상 살아가는 동안에는 이처럼, "주의 교훈으로 나를 인도하시고", ㉯ 후에는 "영광으로 나를 영접하시리니" 합니다. 이점에서

모세가 임종 머리에서 말한, "이스라엘이여 너는 행복자로다 여호와의 구원을 너같이 얻은 백성이 누구뇨"(신 33:29) 한 말씀을 생각하게 합니다.

ⓛ 그래서 깨달음에 이른 시편 기자도, "하늘에서는 주 외에 누가 내게 있으리요 땅에서는 주 밖에 나의 사모할 자 없나이다"(25) 하고 고백하기에 이릅니다. 실족할 뻔했던 시편 기자는 갈등을 통해서 더욱 확고해지고, 성숙해지는 것을 보게 됩니다.

이점에서 유념해야할 점이 있는데, 깨달음을 얻었다고 해서 그가 당면하고 있는, "나는 종일 재앙을 당하며 아침마다 징책을 보았도다"(14) 한 문제들이 다 해결이 된 것은 아니라는 점입니다.

ⓒ 그래서 "내 육체와 마음은 쇠잔하나 하나님은 내 마음의 반석이시요 영원한 분깃이시라"(26) 하고 고백을 합니다. "내 육체와 마음은 쇠잔하나",

㉮ 하나님이 "마음에 반석"이시기 때문에 요동하지 않고, ㉯ 하나님이 영원한 "분깃", 즉 내가 상속하게 될 몫이기 때문에 "악인의 형통을 질시"(3)하지 않을 수가 있게 되었다는 것입니다. 이 깨달음을 얻었기에 시편 기자는 더 이상 갈등을 하고 있지 아니합니다.

이 "분깃"은 당장 주어지는 것은 아닙니다. 그러므로 "여호와여 금생에서 저희 분깃을 받은 세상 사람에게서 나를 주의 손으로 구하소서 그는 주의 재물로 배를 채우심을 입고 자녀로 만족하고 그 남은 산업을 그 어린 아이들에게 유전하는 자니이다 나는 의로운 중에 주의 얼굴을 보리니 깰 때에 주의 형상으로 만족하리이다"(시 17:14-15) 하는 것입니다.

ⓓ 이를 믿기에 "대저 주를 멀리하는 자는 망하리니 음녀같이 주를 떠난 자를 주께서 다 멸하셨나이다"(27) 하는 것입니다.

⑩ 이제 도달하게 된 결론은, "하나님께 가까이 함이 내게 복이라 내가 주 여호와를 나의 피난처로 삼아 주의 모든 행사를 전파하리이다"(28) 하는 말씀입니다.

㉠ 이는 세 마디로 되어 있는데,

㉮ "하나님께 가까이 함이 내게 복이라"는 것과 ㉯ 그래서 "주 여호와를 나의 피난처로 삼아", ㉰ "주의 모든 행사를 전파하리이다" 합니다. 전에는 "이렇게 말하리라 하였더면"(15) 하고 말 못할 고민이 있던 그가 이제는 "전파하리이다" 하고, 담대히 전해줄 말씀이 있게 된 것입니다.

㉡ 중요한 문제가 하나 남았습니다. 그것은 의로우신 하나님께서 나 같은 죄인을 "영접해주신다"는 것이 어떻게 가능해지는가 하는 점입니다. 이에 대한 답변이 마지막 말씀인, "주의 모든 행사를 전파하리이다"(28하) 한 말씀 속에 함축이 되어 있는 것입니다. 그러면 우리가 전파해야할 "주의 행사"가 무엇이겠습니까?

㉮ 가까이는 바로 앞에 있는 72:17절에서, "사람들이 그로 인하여 복을 받으리니" 한, "그리스도"요, ㉯ 71:15절에서, "내가 측량할 수 없는 주의 의와 구원을 내 입으로 종일 전하리이다" 한, "주의 의"요, ㉰ 더욱 분명한 것은 49:15절에서, "하나님은 나를 영접하시리니" 한 증거인데, 이는 그리스도께서 나를 위하여 "속전"(49:7)을 지불하셨기 때문이라는 "구속", 곧 복음인 것입니다. ㉱ 이점을 베드로 사도는 "다른 이로서는 구원을 얻을 수 없나니 천하 인간에 구원을 얻을 만한 다른 이름을 우리에게 주신 일이 없음이니라"(행 4:12) 하고 선언합니다.

이것이 "악인의 형통을 인해 갈등하던 의인"이 깨달음에 이르게 된 "두 종말"입니다.

적용

형제도 이런 문제로 인한 갈등을 경험하셨겠지요? 본문을 통하여 확고한 깨달음을 얻고, "주의 모든 행사"를 담대히 전파하시기를 바랍니다.

묵상

㉠ 73편에 나타난 시편 기자의 갈등에 대해서,

㉡ 문제에 대한 해답을 어떻게 얻게 되었는가에 대해서,

㉢ 73편의 중심주제에 대해서.

시편 74편 개관도표
하나님은 예로부터 나의 왕이시라

구속하신 주의 백성을 기억하소서	1-11	
	1	① 하나님이여 주께서 어찌하여 우리를 영원히 버리시나이까 어찌하여 주의 치시는 양을 향하여 진노의 연기를 발하시나이까
	2	② 옛적부터 얻으시고 구속하사 주의 기업의 지파로 삼으신 주의 회중을 기억하시며 주의 거하신 시온 산도 생각하소서
	3	영구히 파멸된 곳으로 주의 발을 드십소서 원수가 성소에서 모든 악을 행하였나이다
	4	③ 주의 대적이 주의 회중에서 훤화하며 자기 기를 세워 표적을 삼았으니
	5	저희는 마치 도끼를 들어 삼림을 베는 사람 같으니이다
	6	이제 저희가 도끼와 철퇴로 성소의 모든 조각품을 쳐서 부수고
	7	주의 성소를 불사르며 주의 이름이 계신 곳을 더럽혀 땅에 엎었나이다
	8	저희의 마음에 이르기를 우리가 그것을 진멸하자 하고 이 땅에 있는 하나님의 모든 회당을 불살랐나이다
	9	④ 우리의 표적이 보이지 아니하며 선지자도 다시 없으며 이런 일이 얼마나 오랜지 우리 중에 아는 자도 없나이다
	10	하나님이여 대적이 언제까지 훼방하겠으며 원수가 주의 이름을 영원히 능욕하리이까
	11	주께서 어찌하여 주의 손 곧 오른손을 거두시나이까 주의 품에서 빼사 저희를 멸하소서
하나님은 나의 왕	12-17	
	12	⑤ 하나님은 예로부터 나의 왕이시라 인간에 구원을 베푸셨나이다
	13	주께서 주의 능력으로 바다를 나누시고 물 가운데 용들의 머리를 깨뜨리셨으며
	14	악어의 머리를 파쇄하시고 그것을 사막에 거하는 자에게 식물로 주셨으며
	15	바위를 쪼개사 큰물을 내시며 길이 흐르는 강들을 말리우셨나이다
	16	⑥ 낮도 주의 것이요 밤도 주의 것이라 주께서 빛과 해를 예비하셨으며
	17	땅의 경계를 정하시며 여름과 겨울을 이루셨나이다
언약을 돌아보소서	18-23	
	18	⑦ 여호와여 이것을 기억하소서 원수가 주를 비방하며 우매한 백성이 주의 이름을 능욕하였나이다
	19	주의 멧비둘기의 생명을 들짐승에게 주지 마시며 주의 가난한 자의 목숨을 영영히 잊지 마소서
	20	⑧ 언약을 돌아보소서 대저 땅 흑암한 곳에 강포한 자의 처소가 가득하였나이다
	21	학대 받은 자로 부끄러이 돌아가게 마시고 가난한 자와 궁핍한 자로 주의 이름을 찬송케 하소서
	22	⑨ 하나님이여 일어나사 주의 원통을 푸시고 우매한 자가 종일 주를 비방하는 것을 기억하소서
	23	주의 대적의 소리를 잊지 마소서 일어나 주를 항거하는 자의 훤화가 항상 상달하나이다

74편
하나님은 예로부터 나의 왕이시라

하나님은 예로부터 나의 왕이시라 인간에 구원을 베푸셨나이다(시 74:12).

74편은, "이제 저희가 도끼와 철퇴로 성소의 모든 조각품을 쳐서 부수고 주의 성소를 불살랐으며 주의 이름이 계신 곳을 더럽혀 땅에 엎었나이다"(6-7) 하고, 진술하는 것으로 보아 역사적인 배경이 느브갓네살에 의하여 예루살렘 성이 함락이 되고, 성전이 불타버린 비통한 상황에서 기록된 시임을 알 수가 있습니다. 그래서 "어찌하여 우리를 영원히 버리시나이까 어찌하여 주의 치시는 양을 향하여 진노의 연기를 발하시나이까"(1) 하고 호소하는 것입니다.

그런데 최우선적으로 중요한 점은 74편에서 가장 큰 손상을 입은 것이 누구인가 하는 점입니다. 도표 오른 편에 표시된 대로 "주의 이름이 계신 곳을 더럽혀 땅에 엎었나이다(7), 원수가 주의 이름을 영원히 능욕하리이까(10), 우매한 백성이 주의 이름을 능욕하였나이다"(18) 한, "주의 거룩하신 이름"이 더럽혀졌다는 점입니다. 구원계획에는 하나님의 이름과 영예가 걸려있다는 점을 우선적으로 생각해야 한다는 점은 사활적으로 중요한 요점입니다.

이런 맥락에서 74편에는 소유격(所有格)인 "주의"라는 말이 21회나 등장합니다. 그러므로 중심점은 우리가 "더럽힌 주의 이름을, 찬송

하게 해 달라"(21)는데 있습니다. 다니엘도 그의 탄원에서 "주의 이름
을 위하여, 주 자신을 위하여 행하소서"(단 9:19) 합니다. 이것이 중요
하고 여기에 소망이 있는 것입니다.

왜냐하면 하나님은, "내가 나를 위하며, 내가 나를 위하여 이를 이
룰 것이라 어찌 내 이름을 욕되게 하리요 내 영광을 다른 자에게 주지
아니하리라"(사 48:11) 하고 말씀하시기 때문입니다. 이런 소망이
"하나님은 예로부터 나의 왕이시라"는 고백 속에 나타납니다. 옛적에
구원하여 주신 나의 왕, 나의 하나님께서 이제도 구원하여주실 것을
믿는다는 것입니다.

첫째 단원(1-11) 구속하신 주의 백성을 기억하소서
둘째 단원(12-17) 하나님은 예로부터 나의 왕이시라
셋째 단원(18-23) 언약을 돌아보소서

첫째 단원(1-11) 구속하신 주의 백성을 기억하소서

첫째 단원의 중심점은 "구속하사 주의 기업"(2), 즉 하나님의 백성
을 삼으셨다는데 있습니다. 다시 말하면 하나님의 택하신 백성이요,
자신들에게는 "주의 이름"이 걸려있다는 말입니다.

① 그래서 "하나님이여 주께서 어찌하여 우리를 영원히 버리시나
이까 어찌하여 주의 치시는 양을 향하여 진노의 연기를 발하시나이
까"(1) 합니다.

㉠ 첫 절에서 호소하고 있는 "우리", 곧 "주의 치시는 양"이 누구들
이라고 하는가?

② "옛적부터 얻으시고 구속하사 주의 기업의 지파로 삼으신 주의 회중"(2상)이라고 말씀합니다.

㉠ 세 마디로 되어 있는데,

㉮ 택하시고 (얻으시고), ㉯ 구속하사, ㉰ 주의 백성 (기업) 삼으신 자들이라는 것입니다.

이는 바로의 노예였던 야곱의 자손들을, "너희를 구속하여 너희로 내 백성을 삼고 나는 너희 하나님이 되리니"(출 6:6-7) 하신 말씀을 상기하는 고백입니다. 그러면 무엇으로 "구속"을 하셨는가? 유월절 어린양의 피라는 점을 잊지 마시기를 바랍니다.

㉡ "주의 거하신 시온 산도 생각하소서"(2하) 합니다. 이는 성전이 세워진 예루살렘을 가리키는 말인데, 이미 불타버린 성전을 생각해 달라는 말인가? 아닙니다.

㉮ 시온은, 하나님께서 자기 이름을 두시려고 택하신 곳입니다. 그 "여호와의 이름"을 생각하시라는 말이요, ㉯ 이를 구속사라는 맥락에서 보면, "이스라엘의 구원이 시온에서 나오기를 원하도다"(14:7) 한 시온이요, ㉰ "내가 나의 왕을 내 거룩한 산 시온에 세웠다 하시리로다"(2:6) 한 시온이기 때문입니다. ㉱ 이런 맥락에서 "주의 거하신 시온 산도 생각하소서"(2하) 하는 말씀은, 아브라함과 다윗에게 세워주신 "메시아언약"을 기억하소서 하는 뜻이 되는 것입니다. 그래서 20절에서는 "언약을 돌아보소서" 하는 것입니다.

㉢ 그렇다면 다음으로 생각하게 되는 것은, "진노의 연기를 발하시나이까"(1하) 한, "진노"를 발하신 원인입니다. 그것은 분명합니다. 메시아언약을 배신하고 우상을 숭배했기 때문입니다.

③ 그 결과는 어떠한가? "주의 대적이 주의 회중에서 훤화하며 자

기 기를 세워 표적을 삼았으니"(4) 합니다. "자기 기(旗)를 세웠다"는 말은 대적이 점령하여 자기들의 지배 하에 있다는 표시로, 자기들의 기를 세웠다는 뜻입니다.

ⓐ "저희는 마치 도끼를 들어 삼림을 베는 사람 같으니이다 이제 저희가 도끼와 철퇴로 성소의 모든 조각품을 쳐서 부수고 주의 성소를 불사르며 주의 이름이 계신 곳을 더럽혀 땅에 엎었나이다"(5-7),

ⓑ "저희의 마음에 이르기를 우리가 그것을 진멸하자 하고 이 땅에 있는 하나님의 모든 회당을 불살랐나이다"(8) 합니다. "그것을 진멸하자" 하는 뜻은, 재기(再起)할 수 없도록 하자는 말인데 83:4절을 보십시오. "말하기를 가서 저희를 끊어 다시 나라가 되지 못하게 하여 이스라엘의 이름으로 다시는 기억 되지 못하게 하자 하나이다" 합니다. 이것이 대적자 사탄의 궤계입니다.

④ 이런 절망적인 상황에서 시편 기자는, "우리의 표적이 보이지 아니하며 선지자도 다시없으며 이런 일이 얼마나 오랠는지 우리 중에 아는 자도 없나이다"(9),

ⓐ "하나님이여 대적이 언제까지 훼방하겠으며 원수가 주의 이름을 영원히 능욕하리이까 주께서 어찌하여 주의 손 곧 오른손을 거두시나이까 주의 품에서 빼사 저희를 멸하소서"(10-11) 하고 탄원하는데, 과연 하나님은 저들을 버리셨고, 구원계획을 포기하셨단 말인가? 아닙니다.

㉮ "하나님이 시온을 구원하시고 유다 성읍들을 건설하시리니"(70:35), ㉯ "대저 여호와께서 시온을 건설하시고 그 영광 중에 나타나셨음이라"(102:16) 하고 대답하십니다. 이것이 "구속하신 주의 백성을 기억하소서"입니다.

둘째 단원(12-17) 하나님은 예로부터 나의 왕이시라

둘째 단원의 중심점은 "하나님은 예로부터 나의 왕이시라"는 고백에 있습니다. 절망적인 상황을 바라보면서 탄원하던 시편 기자는, 눈을 들어 자신들을 애굽에서 인도하여 내신 하나님을 바라보는 것입니다. 그리고 "예로부터", 즉 "옛적에 택하시고 구속하여주신" 일을 생각하는 것입니다. 이것이 문제 해결의 열쇠요, 여기에 소망이 있는 것입니다.

⑤ 그러므로 "하나님은 예로부터 나의 왕이시라 인간에 구원을 베푸셨나이다"(12) 하는 말은 신앙고백인 것입니다. 그래서 우리 왕이라 하지 않고 "나의 왕이시라" 하는 것입니다. 10:16절에서도 "여호와께서는 영원무궁토록 왕이시니" 합니다.

㉠ 예로부터 나의 왕이신 하나님은 우리에게 무엇을 행해주셨는가? 구약의 성도들은, "주께서 주의 능력으로 바다를 나누시고"(13상), 즉 홍해를 갈라 육지같이 건너게 해주신 "출애굽"(13-15)을 첫손에 꼽습니다. 자기 백성들은 안전하게 인도하시고 대적들은, "물 가운데 용들의 머리를 깨뜨리셨으며 악어의 머리를 파쇄하시고 그것을 사막에 거하는 자에게 식물로 주셨으며"(13하-14) 하고, 바로와 그의 군대를 파하셨음을 진술합니다.

㉡ "바위를 쪼개사 큰물을 내시며 길이 흐르는 강들을 말리우셨나이다"(15) 하고, 반석에서 생수를 내어 마시게 한 일과, 요단을 안전하게 건너게 해주셨음을 상기합니다.

⑥ 그런 후에 "낮도 주의 것이요 밤도 주의 것이라 주께서 빛과 해를 예비하셨으며"(16),

㉠ "땅의 경계를 정하시며 여름과 겨울을 이루셨나이다"(17) 하고, 창조주 하나님, 천지의 대주재자가 자신들의 하나님 되심을 진술합니다. 둘째 단원 안에는 호소나, 탄원이 한마디도 없습니다. 도리어 "왕, 구원, 능력"만이 있습니다. 그러므로 "하나님은 나의 왕이시라"는 고백이 74편의 중심축을 이루고 있는 것입니다. 절망 중에 있는 성도들에게 이처럼 용기와 소망을 주는 것이 무엇이란 말인가? 그것은 하나님께서 세워주신 영원불변의 "언약"인 것입니다.

셋째 단원(18-23) 언약을 돌아보소서

셋째 단원의 중심점은 단연 "언약을 돌아보소서"(20)에 있습니다. 시편 기자는 "언약"을 붙잡고, 언약을 내세우고 있는 것입니다. 하나님과의 관계는 언약의 관계요, 믿음이란 언약을 믿는 것입니다.

⑦ "여호와여 이것을 기억하소서 원수가 주를 비방하며 우매한 백성이 주의 이름을 능욕하였나이다"(18) 하고, 다시 탄원을 합니다.

㉠ 이점에서 74편의 구조(構造)를 보면, "하나님은 예로부터 나의 왕이시라"(12) 한, 둘째 단원의 고백을 중심으로 첫째와, 셋째 단원에서 탄원하는 구조입니다. "주의 멧비둘기의 생명을 들짐승에게 주지 마시며 주의 가난한 자의 목숨을 영영히 잊지 마소서"(19) 하고 호소합니다.

⑧ 그런 후에 "언약을 돌아보소서"(20상) 하고, 언약을 붙잡고 간구합니다. 이것이 가장 힘 있는 기도이기 때문입니다.

㉠ 그러면 붙잡고 있는 언약이 무슨 언약인가? 이점에 확고해야만 합니다. 본문에는 명시적으로 나타나 있지는 아니합니다만, "언약을

돌아보소서" 하는 "언약"은 시내 산 언약이 아니라 아브라함에게 세워주신 메시아언약인 것입니다. 이점을 강조해야만 하겠습니다.

㉮ "하나님이 미리 정하신 (아브라함) 언약을 사백 삼십 년 후에 생긴 율법이 없이 하지 못하기"(갈 3:17) 때문입니다. ㉯ 모세를 통하여 세우신 언약은, "내가 그들의 남편이 되었어도 그들이 내 언약을 파(破)하였음이라"(렘 31:32) 하고, 깨졌기 때문입니다. ㉰ 그러므로 시내 산 언약에는 "맹세"가 없으나, 아브라함에게 세워주신 언약은 폐할 수 없는 맹세로 보증하여주신 언약이기 때문입니다. ㉱ 저들이 출애굽할 수 있었던 근거가 어디에 있는가? "아브라함과 이삭과 야곱에게 세워주신 그 언약을 기억"(출 2:24)하여주셨기 때문에 가능하여진 것입니다. ㉲ 저들을 바벨론에서 돌아오게 하신 근거가 무엇인가? "주께서 옛적에 우리의 열조에게 맹세하신 대로 야곱에게 성실을 베푸시며 아브라함에게 인애를 더하시리이다"(미 7:20) 합니다. ㉳ 그러므로 갈멜산의 엘리야가 절체절명의 상황에서도, "아브라함과 이삭과 이스라엘의 하나님 여호와여"(왕상 18:36) 하고 붙잡고 있는 것이 무엇인가? 아브라함, 이삭, 야곱에게 세워주신 언약의 하나님인 것입니다.

㉡ 제가 이점을 이토록 왜 강조하는지를 말씀드려야만 하겠습니다. 어찌하여 예루살렘이 멸망을 하고, 성전이 불에 타고, 백성들이 포로로 끌려갔는가? 치명적인 원인이 우상을 숭배했기 때문이라는 점에 모두가 동의합니다.

그러면 저들이 우상을 숭배했다는 것은 무엇을 의미하는가? 메시아언약을 우상으로 바꿔치기를 했기 때문이라는 이점에 확고해야 하는 것입니다. 하나님은 그리스도를 통하여 천하 만민이 복을 받게 하시려는데, 저들은 우상을 통해서 복을 받으려 했다가 멸망을 당했다는 점을 각성시키기 위해서 강조하는 것입니다. 왜냐하면 이점이 기복주의 신앙화 되어가는 현대교회의 경종이 되기 때문입니다.

⑨ "하나님이여 일어나사 주의 원통을 푸시고 우매한 자가 종일 주를 비방하는 것을 기억하소서"(22) 합니다.

㉠ 어찌하여 "주의 원통"이라 하는가? 하나님의 거룩하신 이름을 두신 시온이 멸망하고 성전이 불에 탔다는 것은 하나님의 이름이 더럽혀졌음을 의미하기 때문입니다. 다시 말하면 자신들의 패역으로 말미암아 본문에 27번이나 등장하는 "주의 성소를 불사르며 주의 이름이 계신 곳을 더럽히고(7), 주의 이름을 능욕"(18)받으시게 한 이 일이 마음 아프고 분하고 원통해서 하는 말입니다.

㉡ "하나님이여 주께서 어찌하여 우리를 영원히 버리시나이까"(1) 하고 시작이 된 74편은, "학대 받은 자로 부끄러이 돌아가게 마시고 가난한 자와 궁핍한 자로 주의 이름을 찬송케 하소서"(21), 즉 찬양하고 영광을 돌릴 날이 속히 이르게 하소서 하는 것으로 마치고 있습니다.

㉮ 이는 자신들에게 자격이 있어서가 아니라 하나님의 주권적인 "언약"을 믿기에 하는 호소인 것입니다. 그러므로 본문에는 "기억하소서(2, 18, 22), 생각하소서(2), 잊지 마소서"(19, 23) 하는 말이 자주 등장합니다. ㉯ "하나님은 예로부터 나의 왕"이심을 믿기에 탄원하는 것입니다.

적용

이제 형제에게 묻고 싶은 말이 있습니다. 그것은 74편을 통해서 우리에게 하시고자 하는 말씀, 즉 하나님의 마음이 무엇인가 하는 점입니다. 그것은 부르짖으라는 기도가 아닙니다. 우리의 구원에 있는 것도 아닙니다. 하나님은 너를 택하시고 구속하셔서 하나님의 자녀로 삼아주셨다. 그렇다면 너는 너에게 주어진 하나님의 이름을 거룩히 여기심을 받게 하고 있느냐? 아니면 모독을 받으시게 하고 있지는 않느냐 하는 물음입니다. 형제의 대답은 무엇입니까?

묵상

㉠ 환난 중에 "옛적"에 행해주신 구속을 상기함에 대해서,

㉡ 하나님은 예로부터 나의 왕이시라는 고백에 대해서,

㉢ 고난 중에 "언약을 돌아보소서" 하고 언약을 붙잡고 있음에 대해서.

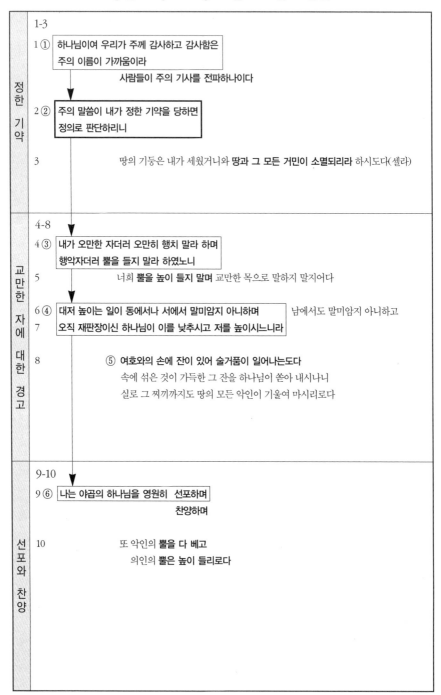

시편 75편 개관도표
정한 기약에 시행이 될 하나님의 심판

정한 기약	1-3
	1 ① 하나님이여 우리가 주께 감사하고 감사함은 주의 이름이 가까움이라
	사람들이 주의 기사를 전파하나이다
	2 ② 주의 말씀이 내가 정한 기약을 당하면 정의로 판단하리니
	3 땅의 기둥은 내가 세웠거니와 **땅과 그 모든 거민이 소멸되리라** 하시도다(셀라)

교만한 자에 대한 경고	4-8
	4 ③ 내가 오만한 자더러 오만히 행치 말라 하며 행악자더러 뿔을 들지 말라 하였노니
	5 너희 뿔을 높이 들지 말며 교만한 목으로 말하지 말지어다
	6 ④ 대저 높이는 일이 동에서나 서에서 말미암지 아니하며 남에서도 말미암지 아니하고
	7 오직 재판장이신 하나님이 이를 낮추시고 저를 높이시느니라
	8 ⑤ 여호와의 손에 잔이 있어 술거품이 일어나는도다
	속에 섞은 것이 가득한 그 잔을 하나님이 쏟아 내시나니
	실로 그 찌끼까지도 땅의 모든 악인이 기울여 마시리로다

선포와 찬양	9-10
	9 ⑥ 나는 야곱의 하나님을 영원히 선포하며
	찬양하며
	10 또 악인의 뿔을 다 베고
	의인의 뿔은 높이 들리로다

75편
정한 기약에 시행이 될 하나님의 심판

주의 말씀이 내가 정한 기약을 당하면 정의로 판단하리니(시 75:2)

75편의 중심점은 "재판장이신 하나님"에 있습니다. 75편은 마치 74편의 탄원에 대한 응답으로 주어진 것 같은 내용으로 되어 있습니다. 74편에서는 "하나님이여 대적이 언제까지 훼방하겠으며 원수가 주의 이름을 영원히 능욕하리이까 주께서 어찌하여 주의 손 곧 오른손을 거두시나이까 주의 품에서 빼사 저희를 멸하소서"(10-11) 하고 호소했는데, 75편에서는 "내가 정한 기약을 당하면 정의로 판단하리니"(2) 하고, 대답하십니다.

이 말씀을 듣고는 "하나님이여 우리가 주께 감사하고 감사함은 주의 이름이 가까움이라"(1), 즉 심판하실 날이 가까웠다고 말합니다. 그래서 "오만한 자더러 오만히 행치 말라 하며 행악 자더러 뿔을 들지 말라 하였노라"(4) 합니다. 그리하여 "악인의 뿔을 다 베고 의인의 뿔은 높이 들리로다"(10) 하는 결론에 이르게 됩니다.

첫째 단원(1-3) 정한 기약에 심판하리라
둘째 단원(4-8) 교만한 자에 대한 심판경고
셋째 단원(9-10) 하나님을 선포하며 찬양하리라

첫째 단원(1-3) 정한 기약에 심판하리라

첫째 단원의 중심점은 "내가 정한 기약을 당하면 정의로 판단하리니"(2) 하신 말씀에 있습니다. 하나님의 심판은 정한 기한에 이르러서 시행이 된다는 말씀입니다.

① "하나님이여 우리가 주께 감사하고 감사함은 주의 이름이 가까움이라"(1상) 합니다.

㉠ 74편의 첫마디는 "어찌하여 우리를 버리시나이까"(1)였는데, 75편은 "우리가 주께 감사하고 감사함은" 하고, "감사"(感謝)로 시작하고 있습니다. 그리고 "사람들이 주의 기사를 전파하나이다"(1하) 합니다. 그러면 무엇에 대한 감사이며, 전파한다는 "주의 기사"가 무엇이란 말인가?

② "주의 말씀이 내가 정한 기약을 당하면 정의로 판단하리니"(2), 즉 정한 때가 되면 심판하시겠다는 말씀인 것입니다.

㉠ "정(定)한 기약"(期約)을 하박국서에서는,

㉮ "이 묵시는 정한 때가 있나니 그 종말이 속히 이르겠고 결코 거짓되지 아니하리라", ㉯ "비록 더딜지라도 기다리라 지체되지 않고 정녕 응하리라"(합 2:3) 하십니다.

㉡ 하나님께서 하시는 일에는 임기응변이라는 것이 없으십니다. 이점을 신약성경에서는 "때가 찬 경륜"(엡 1:9)이라고 말씀합니다.

㉮ "때가 차매 하나님이 그 아들을 보내사 여자에게서 나게 하시고"(갈 4:4) 합니다. ㉯ 주님께서도 "때가 찼고 하나님 나라가 가까웠으니 회개하고 복음을 믿으라"(막 1:15) 하십니다. ㉰ 또한 주님은 때가 찬 경륜 가운데 재림하셔서, "정의로 판단하실" 것입니다.

ⓒ "땅의 기둥은 내가 세웠거니와 땅과 그 모든 거민이 소멸되리라 하시도다(셀라)" 합니다.

"세웠다는 것과 소멸되리라"는 말씀을 동시에 하고 있는데 이를 달리 표현하면, "이는 만물이 주에게서 나오고 주로 말미암고 주에게로 돌아감이라"(롬 11:36)는 말씀인 것입니다. 즉 창조주 되시는 "세우신" 하나님은 동시에, "모든 거민을 소멸"하시는 심판 주도 되신다는 말씀입니다.

그런데 무조건적으로 "모든 거민이 소멸이 된다"는 것은 아닙니다. 이점을 둘째 단원에서 보게 될 것입니다만, 시편 기자는 결론에서 "악인의 뿔은 다 베고 의인의 뿔은 높이 들리라"(10), 즉 악인은 소멸이 되고, 의인은 세우시리라 하십니다. 이것이 "정한 기약에 심판하리라"는 뜻입니다.

둘째 단원(4-8) 교만한 자에 대한 심판경고

둘째 단원은 어디에 심판이 임하게 되는가를 경고하는 내용입니다. 누가 경고하는가? 2-3절은, "내가 정한 기약이 당하면"(2상) 하고, 하나님이 친히 하시는 말씀이고, 4절 이하는 "나는 야곱의 하나님을 영원히 선포하며"(9) 한, 시편 기자의 "선포"로 보아야 할 것입니다.

③ "내가 오만한 자더러 오만히 행치 말라 하며 행악자 더러 뿔을 들지 말라 하였노니"(4),

ⓒ "너희 뿔을 높이 들지 말며 교만한 목으로 말하지 말지어다"(5) 하고 경고합니다. 4-5절에는 "오만한 자, 행악자, 교만한 목" 등이 있습니다. 이들이 누구들인가? "악인은 그 교만한 얼굴로 말하기를 여호와께서 이를 감찰치 아니하신다 하며 그 모든 사상에 하나님이 없

245

다 하나이다"(10:4) 하는, 불신자들입니다.

ⓛ 그런데 조심해야할 점은 뿔을 높이 드는 자는 교회 밖에만 있는 것이 아니라, "너희가 옆구리와 어깨로 밀뜨리고 모든 병든 자를 뿔로 받아 밖으로 흩어지게 하는도다"(겔 34:21) 하고, 교회 안에도 있다는 점입니다. 그래서 하나님께서는 출애굽을 시키신 후 광야의 길을 걷게 하신 의도가, "너를 낮추시며 너를 시험하사 네 마음이 어떠한지 그 명령을 지키는지 아니 지키는지 알려 하신"(신 8:2) 훈련 기간이었다고 말씀하십니다.

본문에는 "뿔"이라는 말이 4번(4, 5, 10, 10)이나 나오는데, "뿔"은 힘, 즉 권세를 나타냅니다. 계시록에는 "일곱 머리, 열 뿔"(계 17:12)이 등장하는데, 사탄의 진영에만 "뿔"이 있는 것은 아닙니다. 하나님은, "내가 다윗에게 뿔이 나게 할 것이라"(시 132:17) 말씀하시고, 이 예언이 "우리를 위하여 구원의 뿔을 그 종 다윗의 집에 일으키셨으니"(눅 1:69) 하고, 그리스도로 성취가 되었던 것입니다.

ⓒ 이런 맥락에서 "행악 자더러 뿔을 들지 말라 하였다"는 말은 교만하지 말라는 단순한 말이 아니라, 하나님이 세우신 "뿔" 곧 그리스도를 대적하지 말라는 뜻인 것입니다. 하나님이 보내신 자 그리스도를 배척하는 것이 최대의 오만이요 교만인 것입니다.

④ "대저 높이는 일이 동에서나 서에서 말미암지 아니하며 남에서도 말미암지 아니하고"(6),

㉠ "오직 재판장이신 하나님이 이를 낮추시고 저를 높이시느니라"(7) 말씀하는데, 75편의 사상은 사무엘상 2장에 등장하는 한나의 기도와 상통하는 바가 많습니다.

㉮ 한나는 "내 뿔이 여호와로 인하여 높아졌다"(삼상 2:1) 하고 찬

양하면서, "심히 교만한 말을 다시 하지 말 것이며 오만한 말을 너희 입에서 내지 말지어다"(3) 합니다. ㉯ 그리고 "땅의 기둥들은 여호와의 것이라 여호와께서 세계를 그 위에 세우셨도다"(8) 하고 "기둥"을 세우신 분이 하나님이심을 증거하면서, ㉰ "여호와를 대적하는 자는 산산이 깨어질 것이라, 여호와께서 땅 끝까지 심판을 베푸시고 자기 왕에게 힘을 주시며 자기의 기름 부음을 받은 자의 뿔을 높이시리로다"(삼상 2:10) 하는 내용들이 본문과 상통합니다.

⑤ "여호와의 손에 잔이 있어 술거품이 일어나는도다"(8상) 하는 표현은, 심판의 카운트다운이 이미 시작이 되었다는 긴급성을 나타냅니다.

㉠ "속에 섞은 것이 가득한 그 잔을 하나님이 쏟아 내시나니 실로 그 찌끼까지도 땅의 모든 악인이 기울여 마시리로다"(8하) 합니다.

계시록에는 "성전에서 큰 음성이 나서 일곱 천사에게 말하되 너희는 가서 하나님의 진노의 일곱 대접을 땅에 쏟으라"(계 16:1) 하시고, "그 죄는 하늘에 사무쳤으며 하나님은 그 불의한 일을 기억하신지라 그가 준 그대로 그에게 주고 그의 행위대로 갑절을 갚아주고 그의 섞은 잔에도 갑절이나 섞어 그에게 주라"(계 18:5-6) 하시는 말씀이 있습니다.

㉡ 둘째 단원을 마치기 전에 이 대목에서 그리스도인이라면 그냥 지나칠 수 없는 말씀을 언급해야만 하겠습니다. 그것은 "내 아버지여 만일 내가 마시지 않고는 이 잔이 내게서 지나갈 수 없거든 아버지의 원대로 되기를 원하나이다"(마 26:42) 하고, 주님께서 우리 대신 받으신 "심판의 잔"입니다.

어째서 저들이 진노의 잔을 받아야만 하는가? 그리스도께서 저들

대신 받으신 "잔", 즉 "주의 기사를 전파하나이다"(1) 한, 복음을 배척했기 때문입니다. 그렇다면 심판 날에 진노의 잔을 자신이 받을 수밖에는 피할 길이 없는 것입니다. 이것이 오만이요, 교만의 극치요, 자기 뿔을 높이 드는 일입니다. 이것이 "교만한 자에 대한 심판경고"입니다.

셋째 단원(9-10) 하나님을 선포하며 찬양하리라

셋째 단원은 결론인데 "하나님을 선포하며 찬양하리라"는 말입니다.

⑥ "나는 야곱의 하나님을 영원히 선포하며 찬양하며"(9) 합니다.

㉠ 어찌하여 "야곱의 하나님"이라 하는가? 야곱은 "그러나 나의 종 너 이스라엘아 나의 택한 야곱아"(사 41:8) 한 "택함 받은 자"의 대명사이기 때문입니다. 다시 말하면 나 같은 죄인을 택하여주신 (야곱의) 하나님을 영원히 선포하며 찬양하겠다는 뜻이 되는 것입니다.

그러므로 "야곱의 하나님을 영원히 선포"하겠다는 것은, 야곱에게 세워주신, "땅의 모든 족속이 너와 네 자손을 인하여 복을 얻으리라"(창 28:14) 하신 메시아언약을 선포하겠다는 뜻이 되는 것입니다.

㉡ 시편에는 "선포와 찬양"이 함께 나타나는 대목이 많이 있습니다. 구원 얻은 성도들이 행해야할 일이 많다 해도 "선포와, 찬양" 속에 다 들어있는 것입니다.

㉮ "너희는 시온에 거하신 여호와를 찬송하며 그 행사를 선포할 지어다"(9:11), ㉯ "내가 주의 이름을 형제에게 선포하고 회중에서 주를 찬송하리이다"(22:22), ㉰ "주여 내 입술을 열어주소서 내 입이 주를 찬송하여 전파하리이다"(51:15) 합니다.

그러면 찬양하고 선포해야할 제목이 무엇인가? 우리가 마셔야할 진노의 잔을 자기 아들로 대신 마시게 하고, 우리에게는 "구원의 잔"

(116:13)을 마시게 하신 복음입니다.

ⓒ 그리하여 "우리가 주께 감사하고 감사함은"(1)으로 시작된 75편의 결론은 "또 악인의 뿔을 다 베고 의인의 뿔은 높이 들리로다"(10)하는 말씀에 도달하게 되는 것입니다. 이것이 "선포하고 찬양해야할 일이요, 정한 기약에 시행이 될 하나님의 심판"입니다.

적용

다른 죄는 본인 자신이 다 알 수가 있어도 "교만"만은 알지를 못합니다. 왜냐하면 안다는 것은 이미 교만하지 않음을 나타내기 때문입니다. 그러므로 뿔을 들지 말라는 말이 신약성경에서는, "이는 아무 육체라도 하나님 앞에 자랑하지 못하게 하려 하심이라"(고전 1:29; 3:21; 엡 2:9) 하고, "자랑"으로 표현이 되어 있습니다. 교만은 멸망의 앞잡이임을 명심하십시다.

묵상

ⓐ 우리의 탄원에 대해서 하나님은 무엇이라 대답하시는가?

ⓑ 높이는 일이 사람에게서가 아니라 하나님이시라는 점에 대해서,

ⓒ 구원을 얻은 자가 선포하고 찬양해야할 제목에 대해서.

시편 76편 개관도표
나를 여호와인줄 알리라는 자기계시

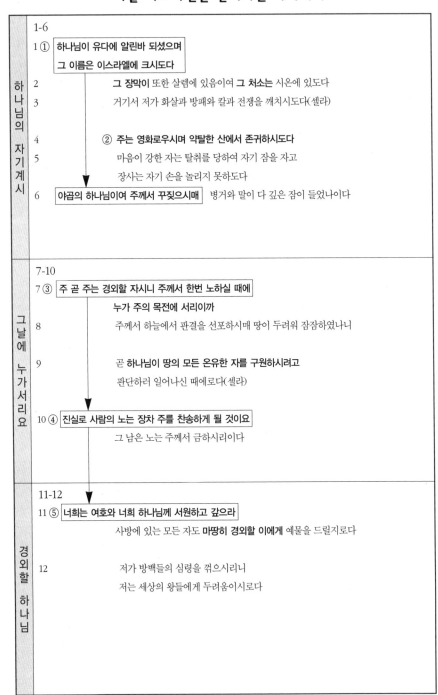

	1-6
하 나 님 의 자 기 계 시	1 ① 하나님이 유다에 알린바 되셨으며 　　그 이름은 이스라엘에 크시도다 2 　　　그 장막이 또한 살렘에 있음이여 그 처소는 시온에 있도다 3 　　　거기서 저가 화살과 방패와 칼과 전쟁을 깨치시도다(셀라) 4 　　② 주는 영화로우시며 약탈한 산에서 존귀하시도다 5 　　　마음이 강한 자는 탈취를 당하여 자기 잠을 자고 　　　장사는 자기 손을 놀리지 못하도다 6 야곱의 하나님이여 주께서 꾸짖으시매　병거와 말이 다 깊은 잠이 들었나이다

	7-10
그 날 에 누 가 서 리 요	7 ③ 주 곧 주는 경외할 자시니 주께서 한번 노하실 때에 　　　누가 주의 목전에 서리이까 8 　　　주께서 하늘에서 판결을 선포하시매 땅이 두려워 잠잠하였나니 9 　　　곧 하나님이 땅의 모든 온유한 자를 구원하시려고 　　　판단하러 일어나신 때에로다(셀라) 10 ④ 진실로 사람의 노는 장차 주를 찬송하게 될 것이요 　　　그 남은 노는 주께서 금하시리이다

	11-12
경 외 할 하 나 님	11 ⑤ 너희는 여호와 너희 하나님께 서원하고 갚으라 　　　사방에 있는 모든 자도 마땅히 경외할 이에게 예물을 드릴지로다 12 　　　저가 방백들의 심령을 꺾으시리니 　　　저는 세상의 왕들에게 두려움이시로다

76편
너희가 나를 여호와인줄 알리라

하나님이 유다에 알린바 되셨으며 그 이름은 이스라엘에 크시도다(시 76:1).

76편은 "앗수르의 시"라는 별칭으로 불리기도 하는데, 왜냐하면 앗
수르 왕 산헤립의 대군이 예루살렘을 공격하러 왔다가 "이 밤에 여호
와의 사자가 나와서 앗수르 진에서 군사 십팔만 오천을 친지라 아침
에 일찍이 일어나 보니 다 송장이 되었더라"(왕하 20:35) 한 역사적인
사실을 배경으로 하고 있기 때문입니다.

그러니까 75편의 주제가 "하나님은 재판장"(75:7)이시라면, 76편
은 "주께서 꾸짖으시매 병거와 말이 다 깊은 잠이 들었나이다"(6) 하
는, "심판을 시행하신 하나님"을 증거하고 있는 것입니다.

이를 통해서 계시하시려는 바가 무엇인가? 76편의 중심점은, "하
나님이 유다에 알린바 되셨으며 그 이름은 이스라엘에 크시도다"(1)
한, 하나님 자신을 알리신 "자기 계시"에 있습니다. 다시 말하면 심판
이란 하나님의 의로우심과 엄위하심을 알리시는 계시사건이라는 말
씀입니다.

하나님을 안다는 점이 얼마나 중요하고도 어려운 일인지, 이는 불
신자에 국한된 것이 아니라 에스겔서에서는 하나님의 백성들을 향하
여, "너희가 나를 여호와인줄 알리라"는 말씀이 무려 57번 이상이나

등장한다는 사실이 이를 말해주고 있습니다.

㉑ 어찌하여 하나님의 백성들이 바벨론에 의하여 심판을 당했는가? 하나님을 아는데 실패했기 때문입니다. ㉯ 어찌하여 불신자들이 하나님 앞에서 뿔을 높이 들면서 오만하고 교만히 행하다가 심판을 당하게 되는가? 하나님을 알지를 못하기 때문입니다.

첫째 단원(1-6) 하나님의 자기계시
둘째 단원(7-10) 누가 주의 목전에 서리요
셋째 단원(11-12) 마땅히 경외할 하나님

첫째 단원(1-6) 하나님의 자기계시

① "하나님이 유다에 알린바 되셨으며 그 이름은 이스라엘에 크시도다"(1) 합니다. 이는 76편 전체에 대한 명제라 할 수가 있습니다. 2절 이하는 하나님을 어떤 방도로 알리셨는가를 말씀하는 상론입니다.

㉠ 어디에서 알리셨는가? "그 장막이 또한 살렘에 있음이여 그 처소는 시온에 있도다"(2) 합니다. "장막, 처소"란, "내가 그들 중에 거할 성소를 지으라"(출 25:8) 하신, 하나님의 집 곧 성전을 가리키는데, 그 성전이 있는 예루살렘 곧 시온에서 알리셨다는 것입니다.

㉡ "거기서 저가 화살과 방패와 칼과 전쟁을 깨치시도다(셀라)"(3), 즉 앗수르의 대군을 대파하셨다는 말씀입니다.

② 그래서 "주는 영화로우시며 약탈한 산에서 존귀하시도다"(4) 하는 것입니다.

㉠ "약탈한 산에서"란 침략을 일삼는 앗수르를 가리키는 말로 여겨

지는데 랍사게는, "열국의 신들 중에 그 땅을 앗수르 왕의 손에서 건진 자가 있느냐"(왕하 18:33) 하고 떠벌렸던 것입니다.

ⓛ 그처럼 호언장담하던 "마음이 강한 자는 탈취를 당하여 자기 잠을 자고 장사는 자기 손을 놀리지 못하도다 야곱의 하나님이여 주께서 꾸짖으시매 병거와 말이 다 깊은 잠이 들었나이다"(5-6), 즉 "다 송장이 되었다"는 것입니다.

ⓒ 이점에서 76편을 해석하는데 있어서 사활적으로 중요한 요점은 시편 기자가 서두에서, "그 장막이 또한 살렘에 있음이여 그 처소는 시온에 있도다"(2) 하고 언급하는 의중을 인식하는 일입니다.

㉮ 첫째로 예루살렘에 있는 "그 장막(帳幕)과, 그 처소"(2)가 무엇에 대한 모형인가 하는 점입니다. 성막(聖幕)은 "말씀이 육신이 되어 우리 가운데 거하시매"(요 1:14) 할 임마누엘에 대한 모형으로 주어진 것입니다. ㉯ 그렇다면 둘째로, 76편을 통해서 말씀하려는 바가 예루살렘을 공격해온 앗수르를 파하셨다는 표면적인 이야기가 아니라, 메시아를 보내셔서 천하 만민을 구원하시려는 여호와의 구원계획을 대적하는 자를 파하셨다는 "여호와의 전쟁"이라는 말씀이 되는 것입니다.

ⓔ 이점을 앗수르가 침략해 왔던 당시에 세움을 받았던 선지자 이사야를 통해서, "내가 나와 나의 종 다윗을 위하여 이 성을 보호하여 구원하리라"(왕하 19:34) 하신 말씀에 분명히 나타납니다.

㉮ 첫째는 하나님 자신의 거룩하신 이름과 영예를 위해서요, ㉯ 둘째는 다윗에게 "네 위(位)가 영원히 견고하리라"(삼하 7:16) 하고 세워주신 메시아언약을 이루시기 위해서 이 성을 보호하여 구원하시겠다는 말씀입니다.

이런 맥락에서 76편의 승리는 종말적인 최후승리에 대한 예표가 되는 것입니다. 110편을 보십시오. "여호와께서 내 주에게 말씀하시기를 내가 네 원수로 네 발등상 되게 하기까지 너는 내 우편에 앉았으라 하셨도다"(1) 말씀하면서, "주의 우편에 계신 주께서 그 노하시는 날에 열왕을 쳐서 파하실 것이라 열방 중에 판단하여 시체로 가득하게 하시고 여러 나라의 머리를 쳐서 파하시며 길가의 시냇물을 마시고 인하여 그 머리를 드시리로다"(5-7) 하고, 승리하실 것을 말씀하십니다.

어찌하여 심판이 있어야만 하는가? "때에 사람의 말이 진실로 의인에게 갚음이 있고 진실로 땅에서 판단하시는 하나님이 계시다 하리로다"(58:11) 하는, "하나님을 알게" 하시기 위해서입니다.

만일 심판이 없다면 저들은 영영히 하나님을 알지 못하게 될 것입니다. 그래서 본 단원의 제목이 "하나님의 자기계시"가 될 수가 있습니다.

둘째 단원(7-9) 누가 주의 목전에 서리이까

둘째 단원의 중심점은 "누가 주의 목전에 서리이까"에 있다 하겠습니다.

③ "주 곧 주는 경외할 자시니 주께서 한번 노하실 때에 누가 주의 목전에 서리이까"(7) 합니다.

㉠ 이는 세 마디로 되어 있는데,

㉮ 첫째는 "주는 경외할 자"라고 말씀합니다. 이는 "두려움"을 가리키는데 폭군적인 두려움이 아니라, 거룩하시고 의로우신 분이라는 뜻이요, ㉯ 둘째는 "한 번 노하실 때에"라는 말인데, 이는 심판 날을 가리킵니다. ㉰ 그래서 셋째로 "누가 주의 목전(目前)에 서리이까" 하

는 것입니다. 누가 설 수 있는지 형제는 말해줄 수가 있습니까?

ⓛ 이에 대한 질문과 해답이 계시록에 있는데,

㉮ 땅의 모든 권세 자들이 "굴과 산 바위틈에 숨어 산과 바위에게 이르되 우리 위에 떨어져 보좌에 앉으신 이의 낯에서와 어린양의 진노에서 우리를 가리우라 그들의 진노의 큰 날이 이르렀으니 누가 능히 서리요"(계 6:15-17) 하고, 동일한 문제를 제기합니다. ㉯ 이에 대한 답변이, "아무라도 능히 셀 수 없는 큰 무리가 흰옷을 입고 손에 종려가지를 들고 보좌 앞과 어린양 앞에 서서 큰 소리로 외쳐 가로되 구원하심이 보좌에 앉으신 우리 하나님과 어린양에게 있도다"(계 7:9-10) 하고 대답합니다.

이런 맥락에서 그리스도는 두 번 강림하시는 것입니다. 먼저는 "심판"하시기 위해서가 아니라, "구원, 곧 땅의 모든 온유한 자를 구원하시려고"(9) 오시고, 두 번째로 심판 하시려오시는데, 그렇다면 누구들에게 왜 진노하시게 되는가는 분명해지는 것입니다.

④ "진실로 사람의 노는 장차 주를 찬송하게 될 것이요"(10상) 하는데 무슨 뜻인가?

㉠ 이점을 바로를 통해서 보게 되는데, "내가 이 일을 위하여 너를 세웠으니 곧 너로 말미암아 내 능력을 보이고 내 이름이 온 땅에 전파되게 하려 함이로다"(롬 9:17) 하십니다. 즉 바로의 강퍅함(사람의 노)을 통해서 하나님이 영광을 나타내시듯이, 앗수르의 강포를 통해서도 하나님으로 하여금 찬양을 받으시게 했다는 말씀입니다.

그런데 "그 남은 노는 주께서 금하시리이다"(10하) 하는 것은, 앗수르나 바벨론을 패역한 자기 백성을 징벌하시는 채찍으로 사용하셨으나, 진멸하기까지는 허용하시지 않고 "남은 자"가 있게 하셨다, 즉 한

계를 두셨다는 의미로 여겨집니다. 이것이 "누가 주의 목전에 서리이까" 입니다.

셋째 단원(11-12) 마땅히 경외할 하나님

셋째 단원은 결론입니다.

⑤ "너희는 여호와 너희 하나님께 서원하고 갚으라"(11상) 합니다.

㉠ "서원"이란 하나님의 은혜에 대한 인간의 헌신을 의미합니다. 이는 "하나님이 유다에 알린바 되셨다"는 첫 절과 결부되는 것으로 하나님이 어떤 분이시며, 우리를 위해서 무엇을 행해주셨는가를 알았다면 필연적으로 도달하게 되는 결론입니다.

㉡ 유다에 알리신바 된 하나님은,

㉮ 우리와 함께 하시는 하나님(2), ㉯ 자기 백성을 보호하시는 하나님(3), ㉰ "영화로우시며, 존귀하신 하나님"(4), ㉱ 한 번 꾸짖으시매 병거와 말을 다 잠들게 하신 하나님, ㉲ "진노하시는 하나님"(7), ㉳ "마땅히 경외할 하나님"(11)이십니다.

㉢ 그러므로 유대인들만이 아니라, "사방에 있는 모든 자도 마땅히 경외할 이에게 예물을 드릴지로다"(11하) 하면서,

㉮ "유다에 알린바 되셨다"(1)는 말씀으로 시작이 된 76편은, "저가 방백들의 심령을 꺾으시리니 저는 세상의 왕들에게 두려움이시로다"(12) 하는 경고로 마치고 있습니다. 이것이 "너희가 나를 여호와인줄 알리라"는 하나님의 자기계시요, "마땅히 경외할 하나님"입니다.

적용

"하나님의 처소가 시온에 있도다"(2) 했는데, 형제는 지금은 하나

님의 처소가 어디에 있는지 알고 있습니까? 이제는 그리스도의 구속으로 말미암아 교회가 하나님의 처소요, 형제의 몸이 하나님의 성령께서 거하시는 성전이라는 정체성에 확고해야만 합니다.

그리하여 마땅히 경외할 이에게 서원을 갚으라 하시는데, 형제의 몸으로 하나님께 영광을 돌리시게 되기를 기원합니다.

묵상

ㄱ "유다에 알리신바 되었다"는 계시가 무엇인가에 대해서,

ㄴ 76편을 통해서 말씀하시려는 중심주제가 무엇인가에 대해서,

ㄷ "누가 주의 목전에 서리이까"에 대한 답안에 대해서.

시편 77편 개관도표
지존자의 오른손의 해를 기억하고 진술함

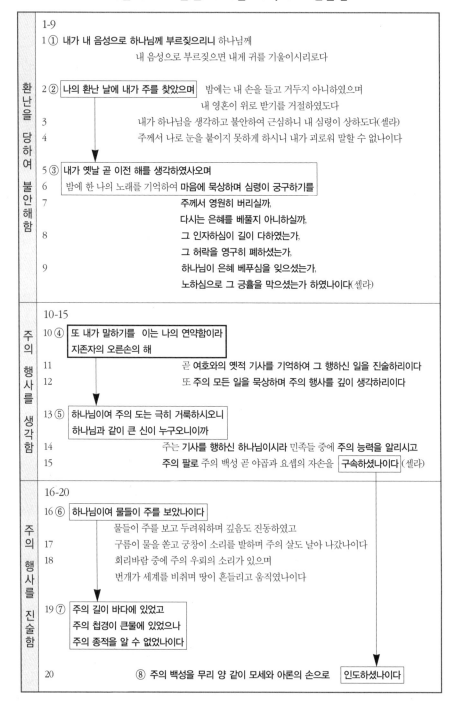

환난을 당하여 불안해함

1-9

1 ① 내가 내 음성으로 하나님께 부르짖으리니 하나님께

　　내 음성으로 부르짖으면 내게 귀를 기울이시리로다

2 ② 나의 환난 날에 내가 주를 찾았으며　밤에는 내 손을 들고 거두지 아니하였으며

　　　　　　　　　　　　　　내 영혼이 위로 받기를 거절하였도다

3　　　　　내가 하나님을 생각하고 불안하여 근심하니 내 심령이 상하도다(셀라)

4　　　　주께서 나로 눈을 붙이지 못하게 하시니 내가 괴로워 말할 수 없나이다

5 ③ 내가 옛날 곧 이전 해를 생각하였사오며

6　 밤에 한 나의 노래를 기억하여 마음에 묵상하며 심령이 궁구하기를

7　　　　　　주께서 영원히 버리실까,

　　　　　　다시는 은혜를 베풀지 아니하실까,

8　　　　　　그 인자하심이 길이 다하였는가,

　　　　　　그 허락을 영구히 폐하셨는가,

9　　　　　　하나님이 은혜 베푸심을 잊으셨는가,

　　　　　　노하심으로 그 긍휼을 막으셨는가 하였나이다(셀라)

주의 행사를 생각함

10-15

10 ④ 또 내가 말하기를　이는 나의 연약함이라

　　지존자의 오른손의 해

11　　　　　곧 여호와의 옛적 기사를 기억하여 그 행하신 일을 진술하리이다

12　　　　　또 주의 모든 일을 묵상하며 주의 행사를 깊이 생각하리이다

13 ⑤ 하나님이여 주의 도는 극히 거룩하시오니

　　하나님과 같이 큰 신이 누구오니이까

14　　　　　주는 기사를 행하신 하나님이시라 민족들 중에 주의 능력을 알리시고

15　　　　　주의 팔로 주의 백성 곧 야곱과 요셉의 자손을 구속하셨나이다(셀라)

주의 행사를 진술함

16-20

16 ⑥ 하나님이여 물들이 주를 보았나이다

　　　　물들이 주를 보고 두려워하며 깊음도 진동하였고

17　　　　구름이 물을 쏟고 궁창이 소리를 발하며 주의 살도 날아 나갔나이다

18　　　　회리바람 중에 주의 우뢰의 소리가 있으며

　　　　번개가 세계를 비취며 땅이 흔들리고 움직였나이다

19 ⑦ 주의 길이 바다에 있었고

　　주의 첩경이 큰물에 있었으나

　　주의 종적을 알 수 없었나이다

20　　　⑧ 주의 백성을 무리 양 같이 모세와 아론의 손으로　인도하셨나이다

77편
지존자의 오른손의 해를 기억하고 진술함

또 주의 모든 일을 묵상하며 주의 행사를 깊이 생각하리이다(시 77:12).

77편의 중심점은 "지존자의 오른 손의 해 곧 주의 행사를 깊이 생각하리이다" 하는 말씀에 있습니다. 시편 기자는 "환난 날"(2)을 당하여, "심령에 궁구하기를 주께서 영원히 버리실까, 다시는 은혜를 베풀지 아니하실까"(6-7) 하고, 밤잠을 이루지 못하고 괴로워하고 있습니다. 그러다가 깨닫게 된 것이 "환난"만을 바라보고, "지존자의 오른손의 해"(10), 즉 하나님께서 애굽 바로의 노예였던 자신들을 구원하여 주신 "주의 행사"를 잊고 있는 자신을 발견하게 됩니다.

그리하여 "주의 모든 일을 묵상하며 주의 행사를 깊이 생각하게"(12) 되자, "하나님과 같이 큰 신이 누구오니이까"(13) 하고, 도리어 찬양하기에 이릅니다. 이러한 77편을 우리에게 주신 것은 시련을 만났을 때에 어떻게 대처해야하는가 하는 비결을 말씀해주기 위함인 것입니다.

첫째 단원(1-9) 환난을 당하여 불안해함
둘째 단원(10-15) 주의 행사를 생각함
셋째 단원(16-20) 주의 행사를 진술함

첫째 단원(1-9) 환난을 당하여 불안해함

첫째 단원의 중심점은, "환난"(2)을 당하여, "불안하여 근심하니 내 심령이 상하도다"(3) 하는데 있습니다. 내용으로 볼 때에 환난이 개인적인 것이 아니라, 국가적인 것으로 여겨집니다.

① "내가 내 음성으로 하나님께 부르짖으리니 하나님께 내 음성으로 부르짖으면 내게 귀를 기울이시리로다"(1).

② 이를 믿기에 "나의 환난 날에 내가 주를 찾았으며 밤에는 내 손을 들고 거두지 아니하였으며"(2상) 합니다.

㉠ 그런데 "내 영혼이 위로 받기를 거절하였도다"(2하) 하는 말은 무슨 뜻인가? 인간의 위로가 아닌 하나님께로부터 오는 위로받기를 원했다는 뜻입니다. 사랑하는 아들 요셉이 짐승들에게 찢기어 죽었다는 말을 들은 야곱은, "그 모든 자녀가 위로하되 그가 그 위로를 받지 아니하여 가로되 내가 슬퍼하며 음부에 내려 내 아들에게로 가리라"(창 37:35) 하고 말하는 것을 봅니다. 환난 날에 인간의 위로는 별 도움이 되지 않는다는 말입니다.

㉡ 그리하여 "내가 하나님을 생각하고 불안하여 근심하니 내 심령이 상하도다(셀라)"(3) 합니다. "하나님을 생각하고"란, 당면한 환난이 하나님의 진노로 말미암은 것임을 생각하고는 "불안하고, 근심하고, 심령이 상했다"는 것입니다.

㉢ "주께서 나로 눈을 붙이지 못하게 하시니 내가 괴로워 말할 수 없나이다"(4) 하는데, 시편 기자는 기도를 드리면서도 불안해하고 괴로워하고 있는 것입니다. 이것이 바로 우리들의 모습이기도 합니다.

③ "내가 옛날 곧 이전 해를 생각하였사오며"(5), 즉 평안하고 형통하던 시절,

㉠ "밤에 한 나의 노래를 기억하여"(6상) 라고 말합니다. "밤에 한 나의 노래(6)와, 밤에는 내 손을 들고"(2)가 대조가 되어 있는데, 전에는 노래를 불렀으나 지금은 "밤에도 손을 들고 거두지 아니하고" 부르짖고 있다는 것입니다. 전에 즐거워서 노래를 부르던 때를 생각하면서 "마음에 묵상하며 심령이 궁구하기를"(6하), 즉 아래와 같이 궁상을 했다는 것입니다.

㉮ "주께서 영원히 버리실까?", ㉯ "다시는 은혜를 베풀지 아니하실까?"(7), ㉰ "그 인자하심이 길이 다하였는가?", ㉱ "그 허락을 영구히 폐하셨는가?"(8), ㉲ "하나님이 은혜 베푸심을 잊으셨는가?", ㉳ "노하심으로 그 긍휼을 막으셨는가?"(9) 했다는 것입니다. 어떻습니까? 형제도 이런 경험이 있으셨겠지요?

㉡ 이점에서 시편 기자가 의문을 제기하고 있는, "은혜(7), 인자(8), 허락(언약), 긍휼"(9) 등 6가지 의문들을 다시 한 번 검토해보아야만 합니다. 왜냐하면 이것이 우리들의 잘못이기도 하기 때문입니다.

㉮ 시편 기자는 "버리실까? 잊으셨는가?" 하는데 하나님은 말씀하시기를, "내가 너를 떠나지 아니하며 버리지 아니하리니"(수 1:5; 히 13:5) 하십니다. ㉯ 시편 기자는 "베풀지 아니하실까? 길이 다하였는가? 잊으셨는가? 긍휼을 막으셨는가?" 하고 궁구하고 있는데, 하나님은 말씀하시기를, "여인이 어찌 그 젖 먹는 자식을 잊겠으며 자기 태에서 난 아들을 긍휼히 여기지 않겠느냐 그들은 혹시 잊을지라도 나는 너를 잊지 아니할 것이라"(사 49:15) 하십니다. ㉰ 시편 기자는 "그 허락(약속)을 영구히 폐하셨는가"(8하) 하고 의문을 제기하고 있는데, 하나님께서 주권적으로 세워주신 메시아언약은 "맹세"하심으로 세워

261

주신 것입니다. 그러므로 폐하여져서도 안 되고, 또한 폐하여질 수도 없는 은혜언약인 것입니다.

89:33-35절을 보십시오. "그러나 나의 인자함을 그에게서 다 거두지 아니하며 나의 성실함도 폐하지 아니하며 내 언약을 파하지 아니하며 내 입술에서 낸 것도 변치 아니 하리로다 내가 나의 거룩함으로 한번 맹세하였은즉 다윗에게 거짓을 아니할 것이라" 하십니다.

하나님께서 자기 백성들을 버리시다니요? 그렇게 말하게 되는 것은 다름 아닌 하나님의 '언약'을 망각했기 때문입니다. 이것이 '환난을 당하여 불안해함'입니다.

둘째 단원(10-15) 주의 행사를 생각함

둘째 단원의 중심점은, "여호와의 옛적 기사를 기억하여 그 행하신 일을 진술하리이다"(11)에 있습니다. 본 단원 안에는 하나님이 행해 주신 것을 뜻하는, "여호와의 일들, 주께서 행하신 기이한 일(11), 주의 모든 일, 주의 행사(12), 주는 기이한 일을 행하신 하나님"(14) 하고, 하나님의 행사를 5번이나 강조하고 있습니다. 이를 "기억하고, 생각"하는데 해답이 있기 때문입니다.

④ "또 내가 말하기를 이는 나의 연약함이라"(10상) 합니다. 이를 개정역에서는 이해하기 쉽게, "나의 잘못이라" 하고 번역하고 있습니다.

㉠ 왜냐하면 "지존자의 오른손의 해"(10하)는 생각하지 않고 환난만을 바라보고 궁상하면서 불안해했기 때문입니다. 그렇다면 "지존자의 오른손의 해"란 무엇을 가리키는가? 이는 "주의 팔로, 구속하셨나이다"(15) 한, '구속'과 결부되는 말씀입니다.

모세는 홍해를 육지같이 건넌 후에 찬양하기를, "여호와여 주의 오른손이 권능으로 영광을 나타내시나이다 여호와여 주의 오른손이 원수를 부수시나이다, 주께서 오른손을 드신즉 땅이 그들을 삼켰나이다"(출 15:6, 12) 하고 찬양합니다.

ⓛ 그러므로 "지존자의 오른손의 해"란, 바로의 노예에서 자신들을 해방시켜주신 "구원의 날"을 가리킵니다. 이점이 이어지는 "곧 여호와의 옛적 기사(출애굽)를 기억하여 그 행하신 일을 진술하리이다 또 주의 모든 일을 묵상하며 주의 행사를 깊이 생각하리이다"(11-12) 하는 말씀에 나타납니다.

ⓒ 11-12절 안에는 "옛적 기사, 행하신 일, 주의 모든 일, 주의 행사"라는 말이 강조되어 있는데, 환난에 대처하는 비결이 무엇인가? 큰 것이 사실이라면 보다 작은 것은 더욱 확실하다는 원리를 붙잡는 일입니다. 다시 말하면 바로의 노예였던 자신들을 오른손의 능력과 기사로 구원하여 주신 하나님께서 지금 당면하고 있는 환난에서도 구원하여주실 것을 확신하는데 거하는 것입니다.

⑤ 그래서 "하나님이여 주의 도는 극히 거룩하시오니 하나님과 같이 큰 신이 누구오니이까"(13) 하고, 불안해하던 심령이 찬양하기에 이르는 것입니다.

ⓐ 모세도 홍해강가에서 부른 감사노래에서, "여호와여 신 중에 주와 같은 자 누구니이까 주와 같이 거룩함에 영광스러우며 찬송할만한 위엄이 있으며 기이한 일을 행하는 자 누구니이까"(출 15:11) 하고 감격해하고 있습니다.

ⓛ 그래서 둘째 단원의 결론은, "주는 기사를 행하신 하나님이시라 민족들 중에 주의 능력을 알리시고 주의 팔로 주의 백성 곧 야곱과 요셉의 자손을 구속하셨나이다(셀라)"(14-15) 하고, '구속'으로 모아지

고 있는 것입니다.

'은혜'가 무엇인가? 무가치한 자에게 베푸시는 호의입니다. 성도들에게 은혜 받게 하기를 원하는가? 하나님께서 우리를 위해서 선수적으로 행해주신 "옛적 기사, 행하신 일, 주의 모든 일, 주의 행사"(11-12)를 우선적으로 더 많이 전해주는 일입니다. 그리하여 시편 기자처럼 "환난 날"에 성도들로 하여금 "이를 기억하여, 묵상하며, 깊이 생각할 수"(11-12) 있게 해주어야만 하는 것입니다. 이것이 환난 날에 승리하는 비결입니다.

셋째 단원(16-20) 주의 행사를 진술함

셋째 단원은 묵상한 "주의 행사"를 구체적으로 진술하는 내용입니다. 중심점은 2번 강조되어 있는 "물들이 주를 보았다"(16)는데 있습니다. 이것이 무슨 뜻인가?

⑥ "하나님이여 물들이 주를 보았나이다 물들이 주를 보고 두려워하며 깊음도 진동하였고"(16) 합니다.

㉠ 이는 홍해와, 요단강을 갈라지게 하셔서 육지같이 건너게 하신 일에 대한 시적(詩的)인 표현입니다. 그런데 "보았다"는 말을 두 번(16)이나 강조하고 있습니다. 누구를 보았다고 말씀하는가? "주(主)를 보았다"는 것입니다. 이를 구속사라는 맥락에서 보면 의미심장한 것입니다.

왜냐하면 하나님께서 진군하는 대열(隊列)의 "수두(首頭)로 유다 자손 진기"(민 10:14)가 진행하라고 명하셨기 때문입니다. 그렇다면 물들이 주를 보았다는 표현은, 유다 지파를 통한 그리스도를 보았다는 것이 되는 것입니다.

ⓛ 이에 대한 감동적인 묘사가 114편에도 있습니다. "이스라엘이 애굽에서 나오며 야곱의 집이 방언이 다른 민족에게서 나올 때에", 즉 출애굽 때에 "유다는 여호와의 성소가 되고 이스라엘은 그의 영토가 되었도다"(1-2) 합니다. "유다가 성소"가 되었다는 것은 왕께서 유다 지파 안에 계셨다는 말입니다.

그리고 하는 말이 "바다는 이를 보고 도망하며 요단은 물러갔으며"(3) 합니다. 홍해와, 요단이 갈라진 것을, 왕의 행차(行次)를 보고 길을 열어드린 것으로 묘사하고 있는 것입니다. 다시 말하면 유다 지파를 통해서 오실 왕 중 왕 그리스도를 보고 길을 열어드렸다는 말씀입니다. 얼마나 감동적인 표현인가!

물들(홍해와 요단강)은 "주를 보았다"고 말씀하고 있는데, 하나님의 백성들은 주(主)는 보지를 못하고, 추격해오는 바로나 넘실대는 홍해만을 보고 근심하며 불안해하고 있다면 얼마나 부끄러운 일인가? 구약의 성도들도 이처럼 영광스러움을 보고 있는데, 복음이 밝히 드러난 후에 세움 받은 신약의 증인들이 보지 못한다는 것은 얼마나 부끄러운 일입니까?

ⓡ "구름이 물을 쏟고 궁창이 소리를 발하며 주의 살도 날아 나갔나이다 회리바람 중에 주의 우뢰의 소리가 있으며 번개가 세계를 비취며 땅이 흔들리고 움직였나이다"(17-18) 하는 것은, 하나님의 현현과 엄위에 대한 시적인 표현들입니다.

⑦ "부르짖음"(1)으로 시작한 77편은 결론에 이르러, "주의 길이 바다에 있었고 주의 첩경이 큰물에 있었으나 주의 종적을 알 수 없었나이다"(19) 하고, "길"로 마치고 있습니다.

ⓖ 근심하고 불안해하는 이유는 "길"을 모르기 때문인데, "길이 있

다"는 것입니다. 그런데 그 "길이 바다에 있었고, 큰물에 있었다"는 것입니다. 이점에서 하나님께서 자기 백성들을 홍해 길로 인도하신 의도가 어디에 있는가를 생각하게 합니다.

㉮ 이를 보고 바로는 저들이 "광야에 갇힌바 되었다", 즉 막다른 골목으로 들어갔다 하고 환호했고, ㉯ 이스라엘 백성들은 "어찌하여 우리를 이 광야에서 죽게 하느냐"(출 14:3, 11) 하고 원망을 했던 것입니다.

㉠ 그런데 홍해가 아니었다면 하나님의 백성들이 어떻게 되었을 것인가를 생각해보십시오. 말을 타고 추격해 오는 바로의 군사들에 의하여 죽거나, 다시 사로잡혀 갔을 것입니다.

그런데 본문은 홍해가 갈라졌다고 말하는 것이 아니라, "주의 길이 바다에 있었고, 주의 곧은 길이 큰물에 있었다"고 말씀하는 것이 아닌가? 즉 하나님께서 자기 백성들을 안전하게 인도하시기 위해서 깊은 바다 속에 길을 예비해놓으셨다는 뜻인 것입니다. 이를 미련한 인간이 누가 알았단 말인가?

하나님은 말씀하십니다. "여호와의 말씀에 내 생각은 너희 생각과 다르며 내 길은 너희 길과 달라서 하늘이 땅보다 높음같이 내 길은 너희 길보다 높으며 내 생각은 너희 생각보다 높으니라"(사 55:8-9). 이는 인간의 좁은 두뇌로는 하나님의 하시는 일을 측량할 길이 없다는 뜻입니다.

사도 바울도 로마서에서, 하나님께서 자기 아들을 화목제물로 삼으셔서 이루어주신 복음증거를 마무리 하면서, "깊도다 하나님의 지혜와 지식의 부요함이여, 그의 판단은 측량치 못할 것이며 그의 길은 찾지 못할 것이로다"(롬 11:33) 하고, 역시 "그 길"은 다 알 수가 없다고 고백합니다.

그래서 시편 기자도 "주의 길이 바다에 있었고 주의 첩경이 큰물에 있었으나 주의 종적을 알 수 없었나이다"(19) 하고 진술하는 것입니다. 애굽이라는 큰 세력으로부터 유월절 어린양의 피로 구원하여주셨다면 "더욱", 이 환난에서도 구원하여 주실 것을 확신할 수가 있지 않느냐는 말씀입니다.

⑧ 77편의 결론은, "주의 백성을 무리 양 같이 모세와 아론의 손으로 인도하셨나이다"(20) 하는 "인도"로 도달하게 됩니다.

㉠ "모세와 아론의 손으로 인도하셨다"는 20절은, "주의 팔로, 야곱의 자손을 구속하셨나이다" 한 15절과 결부되는 말씀입니다. 하나님은 "구속"하신 후에, 내 할일은 끝났다 하시는 분이 아니십니다. "주께서 그 구속하신 백성을 은혜로 인도하시되 주의 힘으로 그들을 주의 성결한 처소에 들어가게 하시나이다"(출 15:13) 하고, 완성하시는 하나님이시라고 말씀합니다.

㉡ 좀 더 말씀을 드려야만 하겠습니다. 신약의 성도들에게는 "길"이 어디에 있는가 하는 점입니다. 이제도 "주의 길을 바다", 즉 기사와 이적에서 찾고 있는 사람들이 있습니다.

㉮ 주님은 말씀하십니다. "내가 곧 길이요 진리요 생명이니 나로 말미암지 않고는 아버지께로 올 자가 없느니라"(요 14:6). ㉯ 그러므로 시편 기자는, "주께 힘을 얻고 그 마음에 시온의 대로가 있는 자는 복이 있나이다"(84:5) 하고, "마음"에 있다고 말씀합니다. 형제는 "길"되시는 그리스도를 마음에 영접하여 갖고 있는 것입니다.

㉢ 로마서 5장에는 우리를 위하여 그리스도께서 "죽으셨다"는 말이 3번 강조되어 있고, "더욱"이라는 말이 5번(9, 10, 15, 17, 20)이나 강조되어 있습니다. 홍해를 갈라주신 행사와, 우리를 위하여 자기 아

들을 대신 내어주신 행사 중 어느 것이 더욱 큰 행사인가를 생각하시기를 바랍니다.

"자기 아들을 아끼지 아니하시고 우리 모든 사람을 위하여 내어주신" 큰 것이 사실이라면, 보다 작은 일은 "더욱" 확실하다는 뜻입니다. 그래서 "어찌 아들과 함께 모든 것을 우리에게 은사로 주지 아니 하시겠느뇨"(롬 8:32) 하고 반문하는 것입니다. 이 말씀은 본문에 대한 정확한 적용이 됩니다.

㉣ 77편을 통해서 말씀하시려는 바는 크게 두 가지라 할 수가 있습니다.

㉮ 첫째는 환난과 시련의 날에 문제만을 볼 것이 아니라, "지존자의 오른손의 해 곧 여호와의 옛적 기사를 기억하여"(10-11) 깊이 생각하라는 것입니다. ㉯ 둘째는 이제도 우매한 인간은 인도하시는 "주의 길, 주의 첩경, 주의 종적"을 다 알지를 못해서 근심하고 불안해하고 있다는 것입니다.

믿음이란 하나님을 의뢰하고 의탁하는 것입니다. 옛적에 "모세와 아론을 통해서 인도하신 하나님"(20), 이제도 선한 목자이신 그리스도를 통해서 우리들을 인도해주고 계시는 진행형인 것입니다. 이것이 "지존자의 오른손의 해를 기억하고 진술함"입니다.

적용

형제여, 문제만을 바라본다면 해결의 실마리는 풀리지 않고 궁상만 떨게 됩니다. "지존자의 오른손의 해, 여호와의 옛적 기사, 주의 행사", 곧 "자기 아들을 아끼지 아니하시고 우리 모든 사람을 위하여 내어주신" 구속의 은총을 기억하고 깊이 생각해야 하는 것입니다.

하나님은 "그 구속하신 백성을, 은혜로 인도하시고, 주의 성결한

처소에 들어가게 하시는"(출 15:13), 시작하신 것을 완성하시는 분이
심을 믿으시기 바랍니다.

묵상

ㄱ 시편 기자와 같은 갈등이 있었는가에 대해서,

ㄴ 그가 제기한 6가지 의문에 대해서,

ㄷ 문제의 해답을 어떻게 얻게 되었는가에 대해서.

시편 78:1-35 개관도표
하나님께서 이루신 구속의 역사를 진술함

옛 비 밀 한 말 을 발 표 하 리 니	1-8
	1 ① 내 백성이여, 내 교훈을 들으며 내 입의 말에 귀를 기울일 지어다
	2 내가 입을 열고 비유를 베풀어서 옛 비밀한 말을 발표하리니
	3 이는 우리가 들은 바요 아는 바요 우리 열조가 우리에게 전한 바라
	4 우리가 이를 그 자손에게 숨기지 아니하고
	여호와의 영예와 그 능력과 기이한 사적을 후대에 전하리로다
	5 ② 여호와께서 증거를 야곱에게 세우시며 법도를 이스라엘에게 정하시고
	우리 열조에게 명하사 저희 자손에게 알게 하라 하셨으니
	6 ③ 이는 저희로 후대 곧 후생 자손에게 이를 알게 하고 그들은 일어나 그 자손에게 일러서
	7 저희로 그 소망을 하나님께 두며 하나님의 행사를 잊지 아니하고 오직 그 계명을 지켜서
	8 그 열조 곧 완고하고 패역하여 그 마음이 정직하지 못하며
	그 심령은 하나님께 충성치 아니한 세대와 같지 않게 하려 하심이로다

애 굽 에 서 구 원 하 심	9-16
	9 ④ 에브라임 자손은 병기를 갖추며 활을 가졌으나 전쟁의 날에 물러갔도다
	10 저희가 하나님의 언약을 지키지 아니하고 그 율법 준행하기를 거절하며
	11 여호와의 행하신 것과 저희에게 보이신 기사를 잊었도다
	12 ⑤ 옛적에 하나님이 애굽 땅 소안 들에서 기이한 일을 저희 열조의 목전에서 행하셨으되
	13 저가 바다를 갈라 물을 무더기 같이 서게 하시고 저희로 지나게 하셨으며
	14 낮에는 구름으로, 온 밤에는 화광으로 인도하셨으며
	15 광야에서 반석을 쪼개시고 깊은 수원에서 나는 것 같이 저희에게 물을 흡족히 마시우셨으며
	16 또 반석에서 시내를 내사 물이 강 같이 흐르게 하셨으나

인 간 의 거 짓 됨 과 하 나 님 의 신 실 하 심	17-35
	17 ⑥ 저희는 계속하여 하나님께 범죄하여 황야에서 지존자를 배반하였도다
	18 저희가 저희 탐욕대로 식물을 구하여 그 심중에 하나님을 시험하였으며
	19 그 뿐 아니라 하나님을 대적하여 말하기를 하나님이 광야에서 능히 식탁을 준비하시랴
	20 저가 반석을 쳐서 물을 내시매 시내가 넘쳤거니와
	또 능히 떡을 주시며 그 백성을 위하여 고기를 예비하시랴 하였도다
	21 ⑦ 그러므로 여호와께서 듣고 노하심이여 야곱을 향하여 노가 맹렬하며
	이스라엘을 향하여 노가 올랐으니
	22 이는 하나님을 믿지 아니하며 그 구원을 의지하지 아니한 연고로다
	23 ⑧ 그러나 저가 오히려 위의 궁창을 명하시며 하늘 문을 여시고
	24 저희에게 만나를 비같이 내려 먹이시며 하늘 양식으로 주셨나니
	25 사람이 권세 있는 자의 떡을 먹음이여 하나님이 식물을 충족히 주셨도다
	26 저가 동풍으로 하늘에서 일게 하시며 그 권능으로 남풍을 인도하시고
	27 저희에게 고기를 티끌 같이 내리시니 곧 바다 모래 같은 나는 새라
	28 그 진 중에 떨어지게 하사 그 거처에 둘리셨도다
	29 저희가 먹고 배불렀나니 하나님이 저희 소욕대로 주셨도다
	30 저희가 그 욕심에서 떠나지 아니하고 저희 식물이 아직 그 입에 있을 때에
	31 하나님이 저희를 대하여 노를 발하사 저희 중 살진 자를 죽이시며
	이스라엘의 청년을 쳐 엎드러뜨리셨도다
	32 ⑨ 그럴지라도 저희가 오히려 범죄하여 그의 기사를 믿지 아니하였으므로
	33 하나님이 저희 날을 헛되이 보내게 하시며 저희 해를 두렵게 지내게 하셨도다
	34 하나님이 저희를 죽이실 때에 저희가 그에게 구하며 돌이켜 하나님을 간절히 찾았고
	35 하나님이 저희의 반석이시요 지존하신 하나님이 저희 구속자이심을 기억하였도다

78:1-35
하나님께서 이루신 구속의 역사를 진술함

여호와께서 증거를 야곱에게 세우시며 법도를 이스라엘에게 정하시고 우리 열조
에게 명하사 저희 자손에게 알게 하라 하셨으니(시 78:5).

78편은 하나님께서 이스라엘에게 행해주신 행사를 진술하는 "역사
적인 시편"입니다. 출애굽(12)으로부터 시작하여, "또 그 종 다윗을
택하시되"(70) 하고 다윗까지의 행적을 말씀하고 있습니다. 그러니까
지금 우리가 하고 있는 대로 성경을 구속사(救贖史)라는 관점으로 보
고 있는 것입니다. 이렇게 하는 이유는 "저희로 그 소망을 하나님께
두며 하나님의 행사를 잊지 아니하고 오직 그 계명을 지켜서 완고하
고 패역한 열조"(7-8)와 같지 않게 하려는 목적(目的)에서라고 말씀합
니다.

그러므로 본문은 하나님이 행해주신 일과, 이에 대한 인간의 반응
을 대조(對照)해서 보여주고 있습니다.

㉮ "하나님은 무엇을 행해주셨는가?, ㉯ 그런데 인간은 어떻게 보
답했는가?, ㉰ 그럼에도 불구하고 하나님은 또 어떻게 행해주셨는
가?" 하는 패턴입니다.

이점을 사도 바울은 정의하기를, "사람은 다 거짓되되 오직 하나님
은 참되시다 할지어다"(롬 3:4) 하고 말씀합니다.

신약의 성도들은 한걸음 더 나아가야만 합니다. 왜냐하면 구약을 통해서 예시하신 "언약, 예언, 모형, 예표, 그림자" 등이 실체로 성취된 이후를 살아가고 있기 때문입니다. 그러므로 본문을 통해서 그림자만을 볼 것이 아니라 실체를 드러내야 하고, "저희에게 당한 이런 일이 거울이 되고 또한 말세를 만난 우리의 경계로 기록하였느니라" (고전 10:11) 한 "경계"를 받아야 마땅합니다. 모두 여섯 단원으로 나눌 수가 있는데 분량 상 두 문단(1-35, 36-72)으로 나누어 우선 세 단원만 상고하겠습니다.

첫째 단원(1-8) 옛 비밀한 말을 발표하리니
둘째 단원(9-16) 애굽에서 구원하여주심
셋째 단원(17-35) 인간의 거짓됨과 하나님의 신실하심
넷째 단원(36-42) 언약에 성실치 아니함
다섯째 단원(43-64) 출애굽에서 사울 왕까지
여섯째 단원(65-72) 택하심으로 말미암는 하나님의 은혜

첫째 단원(1-8) 옛 비밀한 일을 발표하리니

첫째 단원의 중심점은 "열조가 우리에게 전(傳)한 바를(3), 후대에 전(傳)하리로다"(4), 즉 선조가 전해준 바를 후손에게 계승시키겠다는 데 있습니다. 그러니까 복음전파는 계주와도 같은 것입니다. 무엇을 전해주겠다는 말씀인가? "여호와의 영예와 그 능력과 기이한 사적을 후대에 전하리로다"(4) 한, 구속의 역사입니다.

① "내 백성이여, 내 교훈을 들으며 내 입의 말에 귀를 기울일 지어다"(1),

㉠ "내가 입을 열고 비유를 베풀어서 옛 비밀한 말을 발표하리니 이는 우리가 들은 바요 아는 바요 우리 열조가 우리에게 전한 바라"(2-3) 합니다.

어찌하여 구속사를 "옛 비밀한 말"이라 하는가? 이는 단순한 역사 이야기가 아니라, "하나님 속에 감취었던 비밀의 경륜"(엡 3:9)이기 때문입니다. 그래서 주님께서도 비유로 말씀하시면서, "이는 선지자로 말씀하신바 내가 입을 열어 비유로 말하고 창세부터 감추인 것들을 드러내리라 함을 이루려 하심이니라"(마 13:35) 하고, 본문을 인용하셨던 것입니다.

㉡ "우리가 이를 그 자손에게 숨기지 아니하고 여호와의 영예와 그 능력과 기이한 사적을 후대에 전하리로다"(4) 합니다. 요약을 하면, "열조가 우리에게 전해준 바를(3), 후대에 전해주겠다"(4)는 말입니다. 이점에서 사활적으로 중요한 점은, 전해주어야 할 "비밀"이 무엇인가 하는 점에 확고해야 한다는 점입니다. 여기에 혼동과 착각이 있기 때문입니다.

㉢ 78편 안에는 "하나님이 행해주신 일과, 인간이 행한 일"이 있습니다. 그런데 잊지 않도록 자손 대대로 전해주어야 할 내용은 인간이 한 일(교훈)이 아니라, 하나님께서 행해주신 여호와의 행사라는 점입니다. 여호와의 행사는 그 수를 다 들어 말할 수 없을 정도로 많습니다. 많은 중에 주님께서 "내 아버지께서 이제까지 일하시니 나도 일한다"(요 5:17) 하신, "일"은 오직 한 가지입니다. 자기 아들을 보내셔서 잃어버린 자기 백성을 찾아 하나님의 나라를 회복하시려는 것입니다.

그러므로 구약의 성도들이 자손 대대로 전해주어야 할 여호와의 행사는 예표로 보여주신, "내가 애굽에서 행한 일들 곧 내가 그 가운데서 행한 표징을 네 아들과 네 자손의 귀에 전하게 하려 함이라"(출 10:2) 하신 "유월절 어린양의 피"입니다. "이 후에 너희 자녀가 묻기를 이 예식이 무슨 뜻이냐 하거든 너희는 이르기를 이는 여호와의 유월절 제사라 여호와께서 애굽 사람을 치실 때에 애굽에 있는 이스라엘 자손의 집을 넘으사 우리의 집을 구원하셨느니라 하라"(출 12:26-27) 하고 명하셨던 것입니다.

이제 신약교회가 주님 오시는 날까지 자손 대대로 잊지 않도록 계승해주어야 할 증거는, "이 잔은 내 피로 세운 새 언약이니 이것을 행하여 마실 때마다 나를 기념하라 하셨으니 너희가 이 떡을 먹으며 이 잔을 마실 때마다 주의 죽으심을 오실 때까지 전하는 것이니라"(고전 11:25-26) 한, 십자가 복음입니다.

② 그런데 본문은 출애굽보다 더 거슬러 올라가, "여호와께서 증거를 야곱에게 세우시며"(5상) 하고 말씀합니다.

㉠ 그렇다면 야곱에게 세워주신 "증거"가 무엇인가? 전통적인 해석은 율법으로 보고 있는데 자손 대대로 전해주어야 할 "옛 비밀한 말"은 시내 산 율법이 아닙니다. 그렇게 되면 구속의 역사성은 단절이 되어 아브라함, 이삭, 야곱에게 세워주신 메시아언약은 계승이 되는 것이 아니라 실종하게 되고, 실체이신 그리스도는 설 자리가 없게 됩니다.

그 결과는 라오디게아 교회에서처럼 주님은 문밖으로 쫓겨나게 되고 맙니다. 이것은 우려가 아니라 현실입니다. 그래서 사도 바울은 "내가 이것을 말하노니 하나님의 미리 정하신 언약을 사백 삼십년 후에 생긴 율법이 없이 하지 못하여 그 약속을 헛되게 하지 못하리라"(갈 3:17) 한 것입니다. 진정 메시아언약, 즉 십자가 복음을 "헛되지 않게" 하시기를 바랍니다.

ⓛ 그러므로 "여호와께서 증거를 야곱에게 세우시며" 한 증거는, 하나님께서 야곱에게 "땅의 모든 족속이 너와 네 자손을 인하여 복을 얻으리라"(창 28:14) 하고 세워주신 메시아언약을 가리키는 것으로 보아야만 합니다. 그래도 미심적다면 105:9-10절을 보시기 바랍니다.

㉮ "이것은 아브라함에게 하신 언약이며 ㉯ 이삭에게 하신 맹세며, ㉰ 야곱에게 세우신 율례 곧 이스라엘에게 하신 영원한 언약이라" 하십니다.

시내 산에서 하나님으로부터 율법을 받아 전해준 모세 자신이 죽기 전에 기록한 신명기를 보십시오. 1장에서, "여호와께서 너희의 열조 아브라함과 이삭과 야곱에게 맹세하사"(1:8)로 시작하여 마지막 34장에서, "여호와께서 그(모세)에게 이르시되 이는 내가 아브라함과 이삭과 야곱에게 맹세하여"(34:4) 하고, 열조에게 세워주신 메시아언약으로 마치고 있습니다. 모세는 신명기를 기록하는 내내 아브라함에게 세워주신 메시아언약을 놓치지 않고(1:8; 6:10; 9:5, 27; 30:20; 34:4) 있는 것입니다.

ⓒ 그러면 어찌하여 아브라함이라 하지 않고 "증거를 야곱에게 세우시며" 하고, 야곱을 말씀하는가? "법도를 이스라엘에게 정하시고 우리 열조에게 명하사 저희 자손에게 알게 하라 하셨으니"(5하) 한, "이스라엘"이라는 호칭 때문입니다. 엄밀히 말하면 아브라함은 모든 믿는 자의 조상(祖上)이고, "이스라엘"의 조상은 "네 이름을 이스라엘이라" 하신 칭호를 얻은 야곱이라 할 수가 있습니다.

ⓓ 5절 안에는, "증거와 법도"라는 말이 있습니다. 이를 굳이 구분을 한다면,

㉮ "증거"가 메시아언약을 가리키는 것이라면, ㉯ "법도를 이스라

엘에게 정하시고" 한 "법도"는, 하나님의 백성답게 살라고 주신 율법이라 할 수가 있습니다.

"증거와 법도", 이 두 가지는 떼어놓아서는 아니 되고 함께 전해주어야만 하는 것입니다. 이는 마치 사도 바울이 복음 증거의 목표를, "믿어 순종케 하나니"(롬 1:5; 16:26)에 둔 것과 같은 것입니다.

③ "이는 저희로 후대 곧 후생 자손에게 이를 알게 하고 그들은 일어나 그 자손에게 일러서"(6),

㉠ 3-6절을 통해서 언약을 계승시켜야한다는 점이 얼마나 강조되어 있는가를 다시 한번 확인하여, 경각심을 가져야만 하겠습니다. 이를 요약을 하면,

㉮ "우리 열조가 우리에게 전한 바라"(3), ㉯ "우리가 이를 자손에게 숨기지 아니하고, 전하리로다"(4), ㉰ "우리 열조에게 명하사 저희 자손에게 알게 하라 하셨으니"(5), ㉱ "이는 저희도 후대 곧 후생 자손에게 이를 알게 하고", ㉲ "그들은 일어나 그 자손에게 일러서"(6) 하고, 자자손손 대대로 계승시키라 하십니다.

㉡ 그리하여 "저희로 그 소망을 하나님께 두며 하나님의 행사를 잊지 아니하고 오직 그 계명을 지켜서 그 열조 곧 완고하고 패역하여 그 마음이 정직하지 못하며 그 심령은 하나님께 충성치 아니한 세대와 같지 않게 하려 하심이로다"(7-8) 합니다.

㉮ 7절에는 "소망, 하나님의 행사, 계명"이라는 말이 있습니다. 그런데 "소망"은, 인간이 행해야 하는 "계명"으로부터 주어지는 것이 아니라는 점입니다. 왜냐하면 "율법(계명)의 행위로는 그(하나님)의 앞에 의롭다 하심을 얻을 육체가 없기"(롬 3:20) 때문입니다. ㉯ 그러므로 "소망"은 오직 "하나님의 행사", 즉 메시아언약에 있는 것입니다.

㉰ 이점이 "그 열조 곧 완고하고 패역하여 그 마음이 정직하지 못하며 그 심령은 하나님께 충성치 아니한 세대와 같지 않게 하려 하심이로다"(8) 하는 말씀에도 나타나는데, 열조가 "완고, 패역"했다는 말은 윤리 이전에 메시아언약을 반역하고 우상을 숭배한 것을 가리키는 말이기 때문입니다.

이것이 "옛 비밀한 일을 발표하리니"의 뜻인데, 그렇다면 현대교회는 복음을 계승시키는 일이 어느 시대 어느 대(代)부터 끊어지고 잃어버린 것인가를 생각하고 회개하여 회복해야할 것입니다.

둘째 단원(9-16) 애굽에서 구원하여주심

둘째 단원의 중심점은 "옛적에 하나님이 애굽 땅 소안 들에서 기이한 일을 행하셨다"(12)는데 있습니다. "옛 비밀한 말을 발표하리니"(2) 한 시편 기자는 옛 출애굽의 행사로부터 시작하고 있는 것입니다.

④ 그런데 최우선으로, "에브라임 자손은 병기를 갖추며 활을 가졌으나 전쟁의 날에 물러갔도다"(9) 하고, "에브라임의 물러감"을 거론하는 의도가 무엇인가?

㉠ 그 의도가 분명치 않기 때문에 주경가들은 고심을 합니다. 그런데 그 의도가 이어지는, "저희가 하나님의 언약을 지키지 아니하고 그 율법 준행하기를 거절하며"(10) 한 말씀에 나타난다 하겠습니다. 이로 보건대 에브라임의 물러감은 전쟁에서 후퇴했다는 뜻 이전에, "언약"을 배반했다는 뜻이 됩니다.

언제 언약을 배반했는가? "우리가 다윗과 무슨 관계가 있느뇨 이새의 아들에게 업이 없도다 이스라엘아 너희의 장막으로 돌아가라 다윗이여 이제 너는 네 집이나 돌아보라"(왕상 12:16) 하고, 다윗 왕국을 배신하고 에브라임 출신 여로보암을 북 이스라엘의 왕으로 삼았을 때부터입니다.

ⓛ 에브라임은 막강한 군사력을 가진 지파로써 물러간 10지파를 대표하는 지파였던 것입니다. 그들에게 주신 군사력은 하나님의 나라 건설을 대적하는 자들을 물리치라고 주신 것인데 도리어 총부리를 돌려서 메시아언약을 계승한 다윗 왕국을 공격했던 것입니다. 그래서 "병기를 갖추며 활을 가졌으나 전쟁의 날에 물러갔도다"(9) 하는 것입니다.

ⓒ 그러니까 시편 기자가 78편을 기록할 당시가 이 시기였기 때문에 에브라임의 배신을 우선적으로 언급하는 것으로 볼 수가 있습니다. 이점이 78편의 마지막 부분에서, "또 요셉의 장막을 싫어 버리시며 에브라임 지파를 택하지 아니하셨다"(67) 하고 재차 언급을 하면서, "오직 유다 지파와 그 사랑하시는 시온 산을 택하시고, 그 종 다윗을 택하셨다"(68, 70) 하고, 유다 지파 다윗 왕국에 정통(正統)성이 있음을 내세우는 의도에서도 나타납니다.

ⓔ 에브라임이 배신하게 된 근본적인 원인이 어디에 있는가? "여호와의 행하신 것과 저희에게 보이신 기사를 잊었도다"(11), 그래서 전쟁의 날에 물러갔다는 것입니다. 그렇다면 "여호와의 행사"가 무엇인가? 출애굽의 행사요, 이는 영적 출애굽에 대한 예표라는 점을 잊지 마시기를 바랍니다. 어느 시대나 복음을 망각하게 되면 물러가게 되는 것입니다.

⑤ 그런 후에 "옛적에 하나님이 애굽 땅 소안 들에서 기이한 일을 저희 열조의 목전에서 행하셨으되"(12) 하고 출애굽의 행사를 진술하기 시작합니다.

㉠ 애굽 천지에 10가지 재앙을 내리신 기사는 43-51절에서 언급하고, ㉮ "저가 바다를 갈라 물을 무더기 같이 서게 하시고 저희로 지나게 하셨으며"(13) 한 홍해도하와 ㉯ "낮에는 구름으로, 온 밤에는 화광으로 인도하셨으며"(14), ㉰ "광야에서 반석을 쪼개시고 깊은 수원에서 나는 것 같이 저희에게 물을 흡족히 마시우셨으며 또 반석에서 시내를 내사 물이 강 같이 흐르게 하셨으나"(15-16) 하고 진술합니다.

㉡ 이는 역사적인 사실들입니다. 이점에서 잊어서는 아니 되는 요점이 있습니다.

㉮ 그것은 주님께서, "내 아버지께서 이제까지 일하시니 나도 일한다"(요 5:17) 하신, 하나님의 행사는 "출애굽"이 아니라는 점입니다. 하나님께서는 창세기 3:15절에서, "내가…하리라" 하고, 여자의 후손을 보내어 사탄을 정복케 하시어 사탄의 노예로 전락한 자기 백성들을 구원하시어서, "함께 거하시려는"(계 21:3) 하나님의 나라를 회복하시는 일을 하고 계시는 중입니다.

㉢ 그러므로 본문을 통해서 이스라엘의 역사만을 전하는 우를 범해서는 아니 됩니다. 왜냐하면 성경은 문제에 대한 해답입니다. 그런데 "출애굽, 시내 산 율법"으로는 원죄 하에 있는 인류가 안고 있는 문제에 대한 해답이 주어지지 않기 때문입니다. 출애굽은, 영적 출애굽에 대한 예표로 주어진 것입니다.

㉮ 유월절 어린양의 피는, 그리스도의 대속의 피를(고전 5:7), ㉯ 홍해도하는, 세례를(고전 10:2), ㉰ 반석을 침으로 솟아난 생수는, 그리스도께서 치심을 당하는 고난으로 말미암아 열리게 된 샘(슥 13:1; 고전 10:4)을 예표임을 신약성경은 증거하고 있습니다. 이것이 사도들이 우리에게 전해준 바요, 새 언약의 일꾼들이 주님 오시는 날까지 전해야할 복음인 것입니다.

셋째 단원(17-35) 인간의 거짓됨과 하나님의 신실하심

셋째 단원은, "저희는 계속하여 하나님께 범죄하여"(17) 하고 시작이 됩니다. 둘째 단원(9-16)에서 진술한 하나님의 구원행사와 능력을 목격했음에도 계속적으로 배은망덕했음을 나타냅니다. 이 불신앙에 대해서 하나님은 "그러나(23), 그럴지라도"(32), 자비하심으로 참으셨다(38) 하고 말씀합니다.

⑥ "저희는 계속하여 하나님께 범죄하여 황야에서 지존자를 배반하였도다"(17) 합니다.

㉠ 어떻게 배반했는가?

㉮ "저희가 저희 탐욕대로 식물을 구하여 그 심중에 하나님을 시험하였으며"(18) 한, "시험"함으로 범죄했고, ㉯ "그 뿐 아니라 하나님을 대적하여 말하기를 하나님이 광야에서 능히 식탁을 준비하시랴"(19) 한, "대적"함으로 범죄 했고, ㉰ "저가 반석을 쳐서 물을 내시매 시내가 넘쳤거니와, 또 능히 떡을 주시며 그 백성을 위하여 고기를 예비하시랴"(20) 하는, 불신앙으로 범죄 했다는 것입니다.

⑦ "그러므로 여호와께서 듣고 노하심이여 야곱을 향하여 노가 맹렬하며 이스라엘을 향하여 노가 올랐으니"(21) 하고 말씀하는데 무엇에 대한 진노인가?

㉠ "이는 하나님을 믿지 아니하며 그 구원을 의지하지 아니한 연고로다"(22) 하고 말씀합니다. 이점에서 유념해야할 점은 이웃과의 관계성인 윤리적인 죄가 먼저가 아니라, 하나님과의 관계성인

㉮ "하나님을 믿지 아니함"과, ㉯ "구원을 의지하지 아니함"에 하나님의 진노가 임했다는 점입니다. 하나님과의 관계성이 잘못되면 이

옷과의 관계도 잘못되게 마련입니다.

⑧ 23절은 "그러나" 하고 시작이 됩니다. 36절에서도 "그러나" 하고 반전(反轉)하는 말씀을 합니다. 이는 인간은 거짓되나 "그러나" 하나님은 참되시다는 점을 드러냅니다. 이점을 38-39절에서는, "오직 하나님은 자비하심으로 죄악을 사하사 멸하지 아니하시고 그 진노를 여러 번 돌이키시며 그분을 다 발하지 아니 하셨으니 저희는 육체뿐이라 가고 다시 오지 못하는 바람임을 기억하셨음이로다" 하고 말씀합니다.

㉠ "저가 오히려 위의 궁창을 명하시며 하늘 문을 여시고 저희에게 만나를 비같이 내려 먹이시며 하늘 양식으로 주셨나니"(23하-24) 합니다. 만나를 "하늘 양식"(24, 105:40)이라 말씀하는데 이에 대한 신령한 의미가 무엇인가?

주님은 해설해주시기를, "하늘에서 내린 떡은 모세가 준 것이 아니라 오직 내 아버지가 하늘에서 내린 참 떡을 너희에게 주시나니"(요 6:32) 하고, "참 떡"에 대한 예표임을 말씀하십니다.

만나가 처음 내린 시점도 우리에게 시사해주는 중요한 의미가 있는데, "엘림과 시내 산 사이 신 광야"(출 16:1)에서입니다. 그러니까 시내 산에서 율법을 주시기 이전에 먼저 "만나"를 주셨던 것입니다. 만나는 "나의 줄 떡은 곧 세상의 생명을 위한 내 살이로라"(요 6:51) 하신 신령한 만나에 대한 예표인데, 이점이 왜 중요하냐 하면 율법을 주시기 이전에 먼저 복음을 주셨다는 것이 되기 때문입니다. 왜 만나를 주셨는가? 애굽에서 구속하여 자기 백성으로 삼은 자들이기 때문입니다.

㉡ 그래서 "사람이 권세 있는 자의 떡을 먹음이여 하나님이 식물을

충족히 주셨도다"(25) 하는 것입니다. 이에 대해 모세는 해설하기를, "또 너도 알지 못하며 네 열조도 알지 못하던 만나를 네게 먹이신 것은 사람이 떡으로만 사는 것이 아니요 여호와의 입에서 나오는 모든 말씀으로 사는 줄을 너로 알게 하려 하심이니라"(신 8:3) 합니다.

이 구절은 사탄이, "네가 만일 하나님의 아들이어든 명하여 이 돌들이 떡덩이가 되게 하라"(마 4:3) 하고 시험하였을 때에 주님께서 인용하신 말씀인데, 율법의 대명사라 하는 모세를 통해서 이와 같은 신령한 말씀을 듣게 된다는 것은 얼마나 놀라운 일인가! 그리고 신령한 말씀보다는 "썩어질 양식"을 더욱 갈망하는 우리는 얼마나 부끄러운가?

ⓒ "저가 동풍으로 하늘에서 일게 하시며 그 권능으로 남풍을 인도하시고 저희에게 고기를 티끌 같이 내리시니 곧 바다 모래 같은 나는 새라 그 진 중에 떨어지게 하사 그 거처에 둘리셨도다 저희가 먹고 배불렀나니 하나님이 저희 소욕대로 주셨도다"(26-29) 합니다.

그런데 "고기"는 구하지 말았어야 했던 것입니다. 왜냐하면 "저희가 그 욕심에서 떠나지 아니하고 저희 식물이 아직 그 입에 있을 때에 하나님이 저희를 대하여 노를 발하사 저희 중 살진 자를 죽이시며 이스라엘의 청년을 쳐 엎드러뜨리셨도다" 하고 말씀하면서, 저들의 무덤을 "기브롯 핫다아와", 즉 "탐욕의 무덤"(30-31, 34)이라 했기 때문입니다.

이에 대한 역사적인 본문인 민수기 11장에 보면, "이스라엘 중에 섞여 사는 무리가 탐욕을 품으매 이스라엘 자손도 다시 울며 가로되 누가 우리에게 고기를 주어 먹게 할꼬 우리가 애굽에 있을 때에는 값없이 생선과 외와 수박과 부추와 파와 마늘들을 먹은 것이 생각나거늘 이제는 우리 정력이 쇠약하되 이 만나 외에는 보이는 것이 아무 것도 없도다"(민 11:4-6) 하고, 그 동기가 "탐욕"에서 비롯된 것임을 말씀합니다. 저들은 "만나"는 하찮게 여기고 "고기, 생선, 파, 마늘" 같은 기호식품을 요구했던 것입니다.

이것이 옛날이야기가 아닌 것은 성경이, "때가 이르리니 사람이 바른 교훈을 받지 아니하며 귀가 가려워서 자기의 사욕을 좇을 스승을 많이 두고 또 그 귀를 진리에서 돌이켜 허탄한 이야기를 좇으리라" (딤후 4:3-4) 하고 경계하고 있기 때문입니다. "만나"는 싫어하고 조미료를 구하고 있는 것이 현대교회가 아닌지 깊이 고민해야 할 것입니다.

⑨ "그럴지라도 저희가 오히려 범죄하여 그의 기사를 믿지 아니하였으므로 하나님이 저희 날을 헛되이 보내게 하시며 저희 해를 두렵게 지내게 하셨도다"(32-33) 합니다.

㉠ "헛되이 보내게 하셨다"는 말은, 정탐하러 갔던 10족장들이 하나님을 믿지 아니하고 악평함으로, "서로 말하되 우리가 한 장관을 세우고 애굽으로 돌아가자"(민 14:4) 한 반역사건으로 인하여 40년을 광야에서 방황하게 된 것을 가리킵니다.

㉡ 그런데 "하나님이 저희를 죽이실 때에 저희가 그에게 구하며 돌이켜 하나님을 간절히 찾았고 하나님이 저희의 반석이시요 지존하신 하나님이 저희 구속자이심을 기억하였도다"(34-35) 하는 것은, "악평하던 자들이 여호와 앞에서 재앙으로 죽자", 그제 서야 "우리가 여호와의 허락하신 곳으로 올라가리니 우리가 범죄하였음이니이다"(민 14:37, 40) 한 것을 가리킵니다. 이는 회개가 아니라 또 다른 불순종이었던 것입니다. 이것이 "인간의 거짓됨과 하나님의 신실하심"이요, "하나님께서 이루신 구속의 역사를 진술함"입니다.

적용

외치는 자 많건마는 복음이 점점 희귀하여 지고 있는 시대를 살아가고 있습니다. "열조가 우리에게 전하고, 우리는 자손에게 전하고, 저희로 후대 곧 후생 자손에게 이를 알게 하라"(6) 하셨건만, 현대교회가 복음을 잃어버리게 된 것이 누구의 책임이란 말인가? 이제부터라도 망각했던 복음을 회복하여 후대에 전해주어야만 하겠습니다. 그리하여 "저희로 그 소망을 하나님께 두며 하나님의 행사를 잊지 아니하게"(7) 해야만 하겠습니다.

묵상

㉠ 왜 성경을 구속사의 관점으로 보아야만 하는가에 대해서,

㉡ 자손 대대로 알게 하라 하신 여호와의 행사가 무엇인가에 대해서,

㉢ "그러나, 그럴지라도" 한, 인간의 거짓됨과 하나님의 신실하심에 대해서.

인간의 거짓됨과 하나님의 주권적인 은혜

언약에 성실치 아니함	**36-42**	
	36 ①	그러나 저희가 입으로 그에게 아첨하며 / 자기 혀로 그에게 거짓을 말하였으니
	37	이는 하나님께 향하는 저희 마음이 정함이 없으며
	②	그의 언약에 성실치 아니 하였음이로다
	38	오직 하나님은 자비하심으로 죄악을 사하사 멸하지 아니하시고 / 그 진노를 여러 번 돌이키시며 그분을 다 발하지 아니하셨으니
	39	저희는 육체뿐이라 가고 다시 오지 못하는 바람임을 기억하셨음이로다
	40 ③	저희가 광야에서 그를 반항하며 사막에서 그를 슬프시게 함이 몇 번인고
	41	저희가 돌이켜 하나님을 재삼 시험하며 이스라엘의 거룩한 자를 격동하였도다
	42	저희가 그의 권능을 기억지 아니하며 대적에게서 구속하신 날도 생각지 아니 하였도다

출애굽에서 사울 왕까지	**43-64**	
	43 ④	그때에 하나님이 애굽에서 그 징조를, / 소안 들에서 그 기사를 나타내사
	44	저희의 강과 시내를 피로 변하여 저희로 마실 수 없게 하시며
	45	**파리 떼**를 저희 중에 보내어 물게 하시고 **개구리**를 보내어 해하게 하셨으며
	46	저희의 토산물을 황충에게 주시며 저희의 수고한 것을 **메뚜기**에게 주셨으며
	47	저희 포도나무를 **우박**으로, 저희 뽕나무를 서리로 죽이셨으며
	48	저희 가축을 우박에, 저희 양떼를 번갯불에 붙이셨으며
	49	그 맹렬한 노와 분과 분노와 고난 곧 벌하는 사자들을 저희에게 내려 보내셨으며
	50	그 노를 위하여 치도하사 저희 혼의 사망을 면케 아니하시고 저희 생명을 **염병**에 붙이셨으며
	51 ⑤	애굽에서 모든 장자 / 곧 함의 장막에 있는 그 기력의 시작을 치셨으나
	52	**자기 백성을 양 같이 인도하여 내시고** 광야에서 양떼 같이 지도하셨도다
	53	**저희를 안전히 인도하시니** 저희는 두려움이 없었으나 저희 원수는 바다에 엄몰되었도다
	54 ⑥	저희를 그 성소의 지경 곧 그의 오른손이 취하신 산으로 인도하시고
	55	또 열방을 저희 앞에서 쫓아내시며 줄로 **저희 기업을 분배하시고** / 이스라엘 지파로 그 장막에 거하게 하셨도다
	56 ⑦	그럴지라도 저희가 지존하신 하나님을 시험하며 / 반항하여 그 증거를 지키지 아니하며
	57	저희 열조 같이 배반하고 궤사를 행하여 속이는 활 같이 빗가서
	58	**자기 산당으로 그 노를 격동하며 저희 조각한 우상으로 그를 진노케 하였으매**
	59	하나님이 들으시고 분내어 이스라엘을 크게 미워하사
	60 ⑧	실로의 성막 곧 인간에 세우신 장막을 떠나시고
	61	그 능력된 자를 포로에 붙이시며 자기 영광을 대적의 손에 붙이시고
	62	그 백성을 또 칼에 붙이사 그의 기업에게 분내셨으니
	63	저희 청년은 불에 살라지고 저희 처녀에게는 혼인 노래가 없으며
	64	**저희 제사장들은 칼에 엎드러지고** 저희 과부들은 애곡하지 못하였도다

하나님의 은혜	**65-72**	
	65 ⑨	때에 주께서 자다가 깬 자 같이, / 포도주로 인하여 외치는 용사 같이 일어나사
	66	그 대적을 쳐 물리쳐서 길이 욕되게 하시고
	67 ⑩	또 요셉의 장막을 싫어 버리시며 에브라임 지파를 택하지 아니하시고
	68	오직 유다 지파와 그 사랑하시는 시온 산을 택하시고
	69	그 성소를 산의 높음 같이, 영원히 두신 땅 같이 지으셨으며
	70 ⑪	또 그 종 다윗을 택하시되 양의 우리에서 취하시며
	71	젖양을 지키는 중에서 저희를 이끄사 그 백성인 야곱, 그 기업인 이스라엘을 기르게 하셨더니
	72	이에 저가 그 마음의 성실함으로 기르고 그 손의 공교함으로 지도하였도다

78:36-72
인간의 거짓됨과 하나님의 주권적인 은혜

또 그 종 다윗을 택하시되 양의 우리에서 취하시며(시 78:70).

78편 둘째 문단(36-72)의 중심점은, "유다 지파와 시온 산을 택하시고(68), 또 그 종 다윗을 택하셨다"(70)는데 있습니다. 왜냐하면 이 줄기를 통해서 그리스도는 오시게 되어 인류의 소망이 오직 여기에 걸려있기 때문입니다. 둘째 문단에서도 "하나님의 행사"와, 이에 대해 인간은 어떻게 보답했는가 하는 "인간의 행위"를 대조적으로 보여주고 있습니다.

인간의 거짓 중에 핵심은 "그의 언약에 성실치 아니하였다"(37)는 점입니다. 하나님과의 관계는 언약의 관계요, 언약을 믿는 믿음의 관계입니다. 그런데 언약에 성실치 못하게 되면, "너희는 그리스도에게서 끊어지고 은혜에서 떨어진 자"(갈 5:4)가 되어, 대인관계에서도 실패하게 되는 것입니다. 인간의 행위를 바라보면 예나 이제나 절망적입니다. 그러나 하나님께서 주권적으로 "택하셔서" 이루어 오셨기에 우리의 구원은 가능하여진 것입니다. 본 문단에서는 넷째부터 여섯째 단원을 상고하게 됩니다.

첫째 단원(1-8) 옛 비밀한 말을 발표하리니

둘째 단원(9-16) 애굽에서 구원하여주심

셋째 단원(17-35) 인간의 거짓됨과 하나님의 신실하심

넷째 단원(36-42) 언약에 성실치 아니함

다섯째 단원(43-64) 출애굽에서 사울 왕까지

여섯째 단원(65-72) 택하심으로 말미암는 하나님의 은혜

넷째 단원(36-42) 언약에 성실치 아니함

넷째 단원의 중심점은 "이는 하나님께 향하는 저희 마음이 정함이 없으며 그의 언약에 성실치 아니 하였음이로다"(37)에 있습니다. 모든 문제는 "언약에 성실치 아니함"에서 파생이 됩니다. 어떤 마음이 드십니까? 현대교회의 상태를 말씀하고 있는 것 같지 않습니까?

① "그러나 저희가 입으로 그에게 아첨하며 자기 혀로 그에게 거짓을 말하였으니"(36) 합니다.

㉠ "입으로 아첨, 거짓을 말함"은 출애굽의 여정에서만 그러했던 것은 아닙니다. 이사야 선지자 당시도, "이 백성이 입으로는 나를 가까이 하며 입술로는 나를 존경하나 그 마음은 내게서 멀리 떠났나니 그들이 나를 경외함은 사람의 계명으로 가르침을 받았을 뿐이라"(사 29:13) 말씀하시고, 주님 당시도 "너희는 나를 불러 주여, 주여 하면서도 어찌하여 나의 말하는 것을 행치 아니하느냐"(눅 6:46) 말씀하십니다. 그리고 오늘날이 더욱 그러하다 하겠습니다.

② 어디에 문제가 있는가? "이는 하나님께 향하는 저희 마음이 정함이 없으며 그의 언약에 성실치 아니한"(37) 여기에 근원적인 문제가 있는 것입니다.

㉠ "성실"이라고 번역된 "아만"의 어원은 믿다, 신뢰하다의 뜻입니다. 그러니까 저들은 하나님의 언약을 "믿지 않았다"는 것입니다. 믿지 못하면 행하지도 않게 되는 것입니다. 왜 출애굽 1세대들이 출애굽 하였으면서도 약속의 땅에 들어가지를 못하고 광야에서 죽었는가? 언약이 없었기 때문이 아닙니다. "듣는 자가 믿음을 화합치 아니함이라"(히 4:2), 즉 "언약을 믿지 않았기" 때문이라는 것입니다.

그러면 이점에서 믿지 않았다는 "언약"이 어느 언약을 가리키느냐 하는 문제는 사활적으로 중요합니다. 왜냐하면 많은 분들이 5절에서 말씀한 "여호와께서 증거를 야곱에게 세우시며" 한 증거와, 10절의 언약과, 본문의 언약을 시내 산 언약, 즉 율법으로 여기고 있기 때문입니다.

이렇게 주장하게 되면 어떻게 되는가? 율법을 주신 의도가 구원의 방편으로 주신 것이 되고, 많은 사람들이 착각하고 있듯이, 율법으로 하시려다가 안 되니까 복음을 주신 것인 양 되고 맙니다. 이는 성경을 구속사라는 선(線)으로 보지를 못하고, 교훈적인 점(點)으로 보기 때문입니다.

㉡ 지금 저들의 문제가 어디에 있으며, 잊고 있는 것이 무엇인가? "저희가 그 권능을 기억치 아니하며 대적에게서 구속하신 날도 생각지 아니 하였도다"(42) 한, 출애굽 사건, 즉 "구속"을 망각하고 있는 일입니다. 그런데 출애굽은 시내 산 언약에 의해서가 아닙니다. "아브라함과 이삭과 야곱에게 세운 언약"(출 2:24)에 근거한 것입니다. 78편이 결론에 이르러 "다윗을 택하시되"(70) 하고 말씀하는 의중이 무엇인가? 인류의 구원이 아브라함과 다윗에게 세워주신 메시아언약의 성취라는 구속사의 일관성(一貫性) 때문입니다.

ⓒ 그럼에도 불구하고, "오직 하나님은 자비하심으로 죄악을 사하사 멸하지 아니하시고 그 진노를 여러 번 돌이키시며 그분을 다 발하지 아니하셨다"(38) 하고 말씀합니다. 38절 안에는 "죄악, 진노, 사하심"이 있는데 이런 말씀을 대할 때에 그가 "새 언약의 일꾼"(고후 3:6)이라면 마땅히 증거해야 할 말씀이 있는 것입니다. 왜냐하면 신약성경은, "이를 인하여 그는 새 언약의 중보니 이는 첫 언약(구약시대) 때에 범한 죄를 속하려고 죽으셨다"(히 9:15) 하고 말씀하기 때문입니다.

의로우신 하나님은 "죄악에 대한 진노"를 거두실 수도, 그냥 사하실 수도 없는 분이십니다. "진노를 여러 번 돌이키셨다"는 것은 오래 참으셨다는 뜻인데 이점을 신약성경에서는, "하나님께서 길이 참으시는 중에 전에(구약시대) 지은 죄를 간과하셨다", 즉 보고도 못 보신 척하셨다는 것입니다. 언제까지 그렇게 하셨는가? "곧 이 때(자기 아들을 화목제물로 세우셨을 때)에 자기의 의로움을 나타내사"(롬 3:25-26) 하고 말씀합니다. 구약시대에 범한 모든 죄를 자기 아들에게 담당시키시고, 오래 참으셨던 진노를 그에게 쏟으셨다는 말씀입니다.

ⓓ 왜 이렇게 하셨는가? "저희는 육체뿐이라 가고 다시 오지 못하는 바람임을 기억하셨음이로다"(39) 합니다. 이는 인간의 유한성(有限性)만을 가리키는 말씀이 아닙니다. 전적타락, 전적무능으로 말미암은 자력구원(自力救援)의 불가능성을 나타내는 말씀입니다. 어찌하여 진노를 돌이키셨는가? 왜 우리의 죄를 자기 아들에게 대신 담당케 하셨는가?

율법의 행위로는 그의 앞에 의롭다함을 얻을 육체가 없기 때문입니다. 다시 말하면 자력구원의 불가능성을 아시기 때문입니다. 대속 교리란 인간이 해결할 수 있는데도 주님께서 대신행해 주셨다는 그런

교리가 아닙니다. 그 불가능성을 우리보다 하나님이 더 잘 아십니다. 회개란 이를 인정하는 것으로부터 시작이 되는데, 이를 깨닫지 못하기 때문에 복음을 옆으로 밀어놓게 되는 것입니다.

③ "저희가 광야에서 그를 반항하며 사막에서 그를 슬프시게 함이 몇 번인고"(40),

㉠ 왜 반항했는가? 하나님이 세워주신 "언약"에 성실하지 못했기 때문입니다. "저희가 돌이켜 하나님을 재삼 시험하며 이스라엘의 거룩한 자를 격동하였도다"(41), 왜 재삼 시험했는가? 율법을 행하지 않았다는 윤리적인 문제가 먼저가 아닙니다. 언약을 믿지 않았다는 신학적인 문제가 먼저임을 유념해야만 합니다.

㉡ 작은 결론은, "저희가 그의 권능을 기억치 아니하며 대적에게서 구속하신 날도 생각지 아니 하였도다"(42), 출애굽의 행사, 즉 "구속"을 망각했기 때문이라는 결론에 도달하게 되는 것입니다. 그리고 이것이 현대교회의 문제이기도 한 것입니다. 이것이 "언약에 성실치 아니함"입니다.

다섯째 단원(43-64) 출애굽부터 사울 왕까지

다섯째 단원의 내용은 "하나님이 애굽에서"(43) 하고 출애굽으로부터 시작하여, "실로의 성막을 떠나시고"(60), 즉 법궤를 블레셋에게 빼앗긴 "사무엘상"까지를 진술하는 내용입니다. 핵심은 하나님은 애굽에서 구원하여 주셨는데, 저들은 "조각한 우상으로 그를 진노케 하였다"(58)는데 있습니다.

④ "그때에 하나님이 애굽에서 그 징조를, 소안 들에서 그 기사를

나타내사"(43) 합니다.

㉠ 출애굽 사건은 이미 12절에서, "옛적에 하나님이 애굽 땅 소안 들에서 기이한 일을 저희 열조의 목전에 행하셨으되" 하고 진술한 바 입니다. 그런데 이를 또다시 언급하는 의도가 무엇인가? 이날이 이스라엘의 해방 기념일이요, 건국기념일과 같기 때문이요, 더욱 중요한 점은 영적 출애굽에 대한 예표가 되기 때문입니다.

㉡ 이점이 출애굽기 6:5-7절에 잘 나타나 있습니다. 저들은 본래,

㉮ "이스라엘의 자손"(5), 즉 야곱의 자손들입니다. ㉯ 그런데 "애굽 사람이 종을 삼은"(5) 바로의 노예였습니다. ㉰ 그런 자들을 하나님께서, "너희를 구속하여 너희로 내 백성을 삼고 나는 너희 하나님이 되리니"(6-7) 하십니다. 이 구속하심이 유월절 어린양의 피로 되어졌고, 이는 실체이신 그리스도에 대한 그림자로 주어진 것입니다. 그러므로 이스라엘 백성들은 자신들과 나라의 정체성을 일깨울 때마다 "출애굽" 사건을 상기시켰던 것입니다.

㉢ 44-50절은 "시내를 피로 변하게(44) 한 첫 재앙으로부터, 파리떼, 개구리(45), 메뚜기(46), 우박(47), 염병"(50) 등 애굽 천지에 내리셨던 재앙들을 진술하는 내용입니다.

⑤ 그런 후에 맨 마지막으로 "애굽에서 모든 장자 곧 함의 장막에 있는 그 기력의 시작을 치셨으나"(51) 하고, 장자를 심판하신 일을 언급합니다.

㉠ 이렇게 하신 의도가 무엇인가? 하나님께서 바로를 굴복시키시는데 10가지 재앙이 필요했던 것은 아닙니다. 이는 출애굽이 오직 유월절 어린양의 피로 되어졌다는 점을 극대화시켜서, 자손 대대로 잊지 않게 하시려는 의도에서였던 것입니다.

그러므로 유념해야할 점은 다른 재앙들은 "이스라엘 자손의 거한 고센 땅에는 우박이 없었더라(9:26), 광명이 있었더라"(10:23) 하고 구별이 되었었는데, 어찌하여 장자를 치는 심판만은 "그 피로 양을 먹을 집 문 좌우 설주와 인방에 바르라"(출 11:7) 하셨는가 하는 점입니다. 그것은 "구속"과 결부가 되기 때문이요, 이스라엘 백성들도 하나님 앞에서는 구속을 받아야만 살아남을 수 있는 죄인들이기 때문이라는 점을 유념해야만 합니다.

ⓛ 이점이 "자기 백성을 양 같이 인도하여 내시고 광야에서 양떼 같이 지도하셨도다"(52) 하는 "자기 백성"이라는 말씀에 함축되어 있는 것입니다. 신구약을 막론하고 사탄의 노예로 전락한 자들이 하나님의 백성, 자녀가 될 수 있는 것은 오직 "구속"으로만이 가능하여지는 것입니다. 이점을 디도서에서는, "그가 우리를 대신하여 자신을 주심은 모든 불법에서 우리를 구속하시고 우리를 깨끗하게 하사 선한 일에 열심하는 친 백성이 되게 하려 하심이니라"(딛 2:14) 하십니다.

ⓒ 또한, "저희를 안전히 인도하시니 저희는 두려움이 없었으나 저희 원수는 바다에 엄몰되었도다"(53) 하고, 홍해도하 사건을 언급합니다.

⑥ 그런 후에 "저희를 그 성소의 지경 곧 그의 오른손이 취하신 산으로 인도하시고"(54),

ⓖ "또 열방을 저희 앞에서 쫓아내시며 줄로 저희 기업을 분배하시고 이스라엘 지파로 그 장막에 거하게 하셨도다"(55) 하고, 가나안을 기업으로 주셔서 정착하게 하셨음을 진술합니다.

⑦ 그런데 배은망덕한 인간들은 "그럴지라도 저희가 지존하신 하

나님을 시험하며 반항하여 그 증거를 지키지 아니하며"(56),

ㄱ "저희 열조 같이 배반하고 궤사를 행하여 속이는 활 같이 빗가서 자기 산당(山堂)으로 그 노를 격동하며 저희 조각한 우상으로 그를 진노케 하였으매 하나님이 들으시고 분내어 이스라엘을 크게 미워하사"(57-59) 합니다.

이는 여호수아가 죽은 이후, "그 세대 사람도 다 그 열조에게로 돌아갔고 그 후에 일어난 다른 세대는 여호와를 알지 못하며 여호와께서 이스라엘을 위하여 행하신 일도 알지 못하였더라"(삿 2:10) 한, 사사시대에 대한 언급입니다. 그들은 "마침내" 가나안 사람들 가운데 "거하며, 또 그들의 신들을 섬겼더라"(삿 3:5-6) 합니다.

ㄴ 이점에서 "우상숭배"에 대한 교훈적인 의미가 아닌, 구속사적 의미를 말씀드려야만 하겠습니다. 그래야만 현대교회의 실상을 보게 되고, 경각심을 갖게 될 것이기 때문입니다. 우상숭배는 37절에서 말씀한 "언약에 성실치 아니함"과 결부가 되는 것입니다.

㋐ 구약교회는 언약에 성실치 아니하면서도 부지런히 제물은 드렸다는 점을 유념하시기를 바랍니다(50:8; 사 1:11; 말 1:10). 이사야 선지자는 메시아언약을 망각한 제사란 "우상숭배"와 다름이 없다(사 66:3) 하고 책망합니다. "너희의 무수한 제물이 내게 무엇이 유익하뇨(사 1:11), 너희가 이같이 행하였으니 내가 너희 중 하나인들 받겠느냐"(말 1:9) 하십니다. ㋑ 이처럼 예배가 우상을 숭배하듯 타락하게 되는 원인이 무엇인가? 기복신앙 때문입니다. 저들은 말하기를 우상을 숭배하던 "그때에는 우리가 식물이 풍부하며 복을 받고 재앙을 만나지 아니하였더니 우리가 하늘 여신에게 분향하고 그 앞에 제사 드리던 것을 폐한 후부터는 모든 것이 핍절하고 칼과 기근에 멸망을 당하였다"(렘 44:17) 하고 말했습니다. ㋒ 요약을 하면, 첫째는 하나님

의 나라에는 관심이 없고 철저한 자기중심이요, 둘째는 "풍부하며 복을 받고"한 기복주의 신앙입니다. 하나님께서는 아브라함과 다윗의 자손으로 그리스도를 보내셔서 천하 만민이 구원의 복을 받게 하시려는 계획을 추진해 나가시는 중인데 저들은 우상을 통해서 물질적인 복을 받으려했던 것입니다. 메시아언약을 우상으로 바꿔치기 했다는 말씀입니다.

⑧ 그리하여 "실로의 성막 곧 인간에 세우신 장막을 떠나시고"(60)합니다. 이에 대한 역사적인 배경은 사사요, 대제사장이었던 엘리 당시에 블레셋과의 싸움에서 법궤를 빼앗긴 일을 거론하는 말씀입니다.

㉠ 그 시대의 타락상은 한마디로 대제사장 "엘리의 아들들(제사장)은 불량자라 여호와를 알지 아니 하더라"(삼상 2:12) 한 말씀에 나타납니다. 하나님은 진노하사 자기 백성을 블레셋에 붙이셨습니다. 그런데 저들은 죄를 회개할 생각은 아니 하고, "여호와의 언약궤를 실로에서 우리에게로 가져다가, 그것으로 구원하게 하자"(삼상 4:3) 했다가, 법궤를 빼앗기고 말았던 것입니다. 이를 가리켜 본문에서는 빼앗긴 것이 아니라, "실로의 장막을 떠나셨다" 하는 것입니다.

㉡ 그리하여 "그 능력된 자를 포로에 붙이시며 자기 영광을 대적의 손에 붙이시고 그 백성을 또 칼에 붙이사 그의 기업에게 분내셨으니 저희 청년은 불에 살라지고 저희 처녀에게는 혼인 노래가 없으며 저희 제사장들은 칼에 엎드러지고 저희 과부들은 애곡하지 못하였도다"(61-64) 하고, 제사장 홉니와 비느하스, 그리고 군사 3만이 죽임을 당한 (삼상 4:10-11) 일을 진술합니다.

㉢ 그런데 떠나셨던 법궤가 돌아올 때에는 실로가 아닌 벧세메스(삼상 6:12)로 돌아왔다가, "시온 산", 즉 예루살렘에 안치하게 되었

던 것입니다. 여기에는 하나님의 오묘한 섭리하심이 있었던 것입니다. 가나안에 입성하여 처음으로 성막을 세운 곳은 "실로"(수 18:1)였습니다. 그런데 실로는 에브라임 지파에 분배(수 16:6)된 곳입니다. 그런데 법궤가 다시 돌아온 벧세메스와, 시온은 유다 지파에 분배(수 21:16)된 지경입니다. 그러니까 에브라임 지파 지경에 있던 법궤가 유다 지파로 돌아온 것입니다.

㉣ 다음 단원에서 보게 될 것입니다만 이를 가리켜서 본문은, "에브라임 지파를 택하지 아니하시고, 유다 지파를 택하셨다"(67-68) 하고 말씀합니다. 무슨 뜻인가? 법궤, 즉 성막으로 상징이 된 그리스도는 에브라임 지파를 통해서가 아니라, 유다 지파를 통해서 오시게 된다는 말씀입니다.

의문에 쌓여 있던 구약시대에도 이토록 하나님의 비밀을 증거하고 있다는 것은 얼마나 놀라운 일인가? 반면 복음이 밝히 드러난 신약시대를 살아가면서도 이를 깨닫지 못하고, 증거하지 않고 있는 우리들은 얼마나 부끄러운가! 이것이 "출애굽부터 사울 왕까지"입니다.

여섯째 단원(65-72) 택하심으로 말미암는 하나님의 은혜

여섯째 단원의 중심점은 3번 등장하는 "택하심"(68, 68, 70)이라는 주제에 있습니다. 하나님의 경이로운 최고의 사랑은 나 같은 죄인을 "택하셨다"는데 있습니다.

⑨ "때에 주께서 자다가 깬 자 같이, 포도주로 인하여 외치는 용사 같이 일어나사"(65) 합니다.

㉠ 이는 하나님이 주무신 때가 있었다는 뜻이 아니라, "그러나 여호와께서 기다리시나니 이는 너희에게 은혜를 베풀려 하심이요 일어

나시리니 이는 너희를 긍휼히 여기려 하심이라"(사 30:18) 한, 그런 뜻입니다. 하나님은 모든 일을 "때가 찬 경륜" 가운데 행하신다는 말씀입니다. "그 대적을 쳐 물리쳐서 길이 욕되게 하시고"(66) 말씀하는데, 대표적인 예가 다윗이 골리앗을 쳐 물리친 일을 들 수가 있습니다.

⑩ "또 요셉의 장막을 싫어 버리시며 에브라임 지파를 택하지 아니하시고"(67),

㉠ "오직 유다 지파와 그 사랑하시는 시온 산을 택하시고 그 성소를 산의 높음 같이, 영원히 두신 땅 같이 지으셨으며"(68-69) 합니다. "택하지 아니하시고, 택하시고" 하는데, 이는 하나님의 주권에 속하는 일입니다. 어떤 이론이나 논리로는 설명할 길이 없는 것입니다. 굳이 말한다면 "그 기쁘신 뜻대로 우리를 예정하사"(엡 1:5), 즉 하나님의 "기쁘신 뜻"이라고 말씀할 뿐입니다.

⑪ "또 그 종 다윗을 택하시되 양의 우리에서 취하시며"(70),

㉠ "젖양을 지키는 중에서 저희를 이끄사 그 백성인 야곱, 그 기업인 이스라엘을 기르게 하셨더니"(71) 합니다. 이처럼 구속사(救贖史)의 진술을 "다윗"까지 말씀하고 있는 것은 의미심장하다 하겠습니다. 왜냐하면 다윗은 그의 자손으로 오실 그리스도에 대한 예표의 인물이기 때문입니다.

룻기서도 "이새는 다윗을 낳았더라"(룻 4:22) 하고 "다윗"으로 끝을 맺고 있습니다. 이상하다는 생각이 들지 않습니까? 이새는 아들이 8명이나 두었고, 다윗은 막내입니다. 그런데 일곱을 뛰어넘어 "이새는 다윗을 낳았더라" 하는 것은 우리에게 깨닫게 하려는 바가 있기 때문입니다.

ⓛ 그렇습니다. 하나님은 "내가 그(이새) 아들 중에서 한 왕을 예선하였음이라"(삼상 16:1) 말씀하시고, 선지자는 "이새의 줄기에서 한 싹이 나며 그 뿌리에서 한 가지가 나서 결실할 것이라"(사 11:1) 예언하고 있습니다.

그래서 "옛 비밀한 말을 발표하리니"(2) 하고 시작이 된 78편은, "이에 저가 그 마음의 성실함으로 기르고 그 손의 공교함으로 지도하였도다"(72) 하고, 끝을 맺고 있습니다.

그런데 구속사는 끝난 것도 아니요, 완성이 된 것도 아닌 진행형이라는 점입니다. 하나님께서는 언약하신 대로 "아브라함과 다윗의 자손"으로 그리스도를 보내주셨으며, 대속 제물이 되기 위해서 오신 주님은 십자가상에서 비로소, "다 이루었다" 선언하셨고, 마지막 책 마지막 부분에 이르러 "이루었도다 나는 알파와 오메가요 처음과 나중이라"(계 21:6) 하고 완성이 되는 것입니다.

이처럼 성경을 구속사라는 관점으로 증거하는 목적이 어디에 있는가? "저희로 그 소망을 하나님께 두며 하나님의 행사를 잊지 아니하고 오직 계명을 지켜서"(7)라고 말씀하는데,

㉮ 첫째는 하나님의 행사, 즉 아브라함과 다윗의 자손으로 그리스도를 보내셔서 인류를 구원하시려는 메시아언약을 잊지 않게 하기 위함이요, ㉯ 둘째는 "계명을 지켜서" 즉, 하나님의 백성답게 살아가게 하기 위해서라고 말씀합니다. "이것이 "택하심으로 말미암는 하나님의 주권적인 은혜"요, 인간의 거짓됨에 대한 하나님의 신실하심입니다.

적용

구약성경을 상고하고 난 결론은, "사람은 다 거짓되되 하나님은 참되시다"(롬 3:4)는 말씀입니다. 인류의 시조는 하나님의 사랑을 의심

하고 말씀을 불신했습니다. 믿음이란 하나님의 언약에 대한 성실한 반응입니다. 하나님께서는 의뢰하고 의탁하는 '믿음'을 요구하십니다. 형제는 하나님의 언약에 대해서 얼마나 성실합니까?

묵상

㉠ 마음이 정함이 없고, 언약에 성실치 아니하다는 점에 대해서,

㉡ 출애굽에서 사울 왕까지의 구속사에 대해서,

㉢ 실로에 있던 법궤가 시온으로 옮겨오게 된 구속사적 의미에 대해서.

시편 79편 개관도표
주의 이름의 영광을 위하여 하소서

파괴당한 주의 기업	**1-4** 1 ① 하나님이여 열방이 ⬛ 주의 기업에 들어와서 ⬛ 주의 성전을 더럽히고 저희가 ⬛ 주의 종들의 시체를 예루살렘으로 돌무더기가 되게 하였나이다 공중의 새에게 밥으로 주며 ⬛ 주의 성도들의 육체를 땅 짐승에게 주며 3 그들의 피를 예루살렘 사면에 물 같이 흘렸으며 그들을 매장하는 자가 없었나이다 4 ② ⬛ 우리는 우리 이웃에게 비방거리가 되며 ⬛ 우리를 에운 자에게 조소와 조롱거리가 되었나이다
주의 이름을 위하여	**5-9** 5 ③ ⬛ 여호와여 어느 때까지니이까 ⬛ 영원히 노하시리이까 주의 진노가 불붙듯 하시리이까 6 주를 알지 아니하는 열방과 주의 이름을 부르지 아니하는 열국에 주의 노를 쏟으소서 7 저희가 야곱을 삼키고 그 거처를 황폐케 함이니이다 8 우리 열조의 죄악을 기억하여 우리에게 돌리지 마옵소서 우리가 심히 천하게 되었사오니 주의 긍휼하심으로 속히 우리를 영접하소서 9 ④ ⬛ 우리 구원의 하나님이여 ⬛ 주의 이름의 영광을 위하여 우리를 도우시며 ⬛ 주의 이름을 위하여 우리를 건지시며 우리 죄를 사하소서

능력으로 보존하소서	**10-13**
	10 ⑤ 어찌하여 열방으로 저희 하나님이 어디 있느냐 말하게 하리이까
	  주의 종들의 피 흘림 당한 보수를 우리 목전에 열방 중에 알리소서
	
	11 ⑥ ⬛ 갇힌 자의 탄식으로 주의 앞에 이르게 하시며
	⬛ 죽이기로 정한 자를 주의 크신 능력을 따라 보존하소서
	
	12 ⑦ 주여 우리 이웃이 **주를 훼방한 그 훼방을** 저희 품에 칠 배나 갚으소서
	13 그러하면 **주의 백성 곧 주의 기르시는 양 된 우리는**
	  영원히 주께 **감사하며** 주의 영예를 대대로 **전하리이다**

79편
주의 이름의 영광을 위하여 하소서

우리 구원의 하나님이여 주의 이름의 영광을 위하여 우리를 도우시며 주의 이름
을 위하여 우리를 건지시며 우리 죄를 사하소서(시 79:9).

79편의 역사적인 배경은, "열방이 주의 기업에 들어와서 주의 성전
을 더럽히고 예루살렘으로 돌무더기가 되게 하였나이다"(1) 하는 것
으로 보아, 바벨론에 의하여 멸망을 당한 상황으로 여겨집니다. 내용
은 자신들을 회복시켜달라는 것인데, 왜냐하면 자신들이 "주의 기업,
주의 성전, 주의 종, 주의 성도들", 즉 주의 이름이 걸려 있는 "주의 소
유된 백성들"이기 때문이라는 것입니다. 그래서 본문 안에는 "주"(主)
라는 호칭이 20번, 소유(所有)를 나타내는 "주의"라는 말도 13번이나
등장합니다.

핵심은 자신들을 위해서 돌아가게 해달라는 것이 아니라, "주의 이
름의 영광을 위하여 우리를 도우시며, 주의 이름을 위하여 우리를 건
지시며, 우리 죄를 사하소서" 하는데 있습니다. 그러면 하나님은 "주
의 이름의 영광을 위하여", 저들의 죄를 어떻게 사하시고 회복하신단
말인가? 이것이 구원계획의 관건입니다.

첫째 단원(1-4) 파괴당한 주의 기업

301

둘째 단원(5-9) 주의 이름을 위하여 구원하소서

셋째 단원(10-13) 주의 능력으로 보존하소서

첫째 단원(1-4) 파괴당한 주의 기업

첫째 단원은 "열방이 주의 기업에 들어와서"(1상) 하고, 시작이 됩니다. 이는 "열방을 저희 앞에서 쫓아내시며" 한, 78:55절과는 상반(相反)되는 말씀인데, 구속사의 맥락으로 보면 의미가 심장합니다.

왜냐하면 성경은 말씀하기를, "한 사람으로 말미암아 죄가 세상에 들어오고 죄로 말미암아(롬 5:12), 그 사람을 쫓아내셨다"(창 3:24) 말씀하고 있기 때문입니다. 그러므로 선민 이스라엘이 바벨론으로 추방을 당한 것도, "죄로 말미암아"서인 것입니다.

① "하나님이여 열방이 주의 기업에 들어와서"(1상) 하는데,

㉠ 이는 막을 힘이 없어서가 아니라, 하나님이 내어주셨기 때문입니다. 저들은 "주의 성전을 더럽히고 예루살렘으로 돌무더기가 되게 하였나이다"(1하), 탄원하고 있는데 바벨론의 군사가 더럽히기 이전에 먼저 자신들이 성전을 더럽히고, 하나님의 언약을 파하였음을 기억해야 마땅합니다.

㉡ "저희가 주의 종들의 시체를 공중의 새에게 밥으로 주며 주의 성도들의 육체를 땅 짐승에게 주며 그들의 피를 예루살렘 사면에 물 같이 흘렸으며 그들을 매장하는 자가 없었나이다"(2-3) 하는 호소는 당시의 참혹함을 말해줍니다.

② "우리는 우리 이웃에게 비방거리가 되며 우리를 에운 자에게 조소와 조롱거리가 되었나이다"(4), 말하고 있는데 이런 경우 최대의 피

해자(被害者)가 누구인지 아십니까?

㉠ "주의 기업, 주의 성전(1), 주의 종들, 주의 성도"(2)라 한, "주의 이름"입니다. 그래서 제목이 "파괴당한 주의 기업"이라 한 것입니다. 이처럼 "주의 이름"이 더럽힘을 당한 것은 이때가 처음이 아닙니다. 이런 일이 창세기 3장에서 일어났습니다.

"하나님이 보시기에 심히 좋았더라"(창 1:31) 한, "주의 나라, 주의 기업"에 죄가 침입하여, "사망, 저주, 가시덤불"이 발생함으로, "하나님 보시기에 심히 좋았더라" 하신 하나님의 나라가 손상을 당했다는 점을 기억해야만 합니다. 이것이 "파괴당한 주의 기업"입니다.

둘째 단원(5-9) 주의 이름을 위하여 구원하소서

둘째 단원의 중심점은 "우리 구원의 하나님이여"(9상) 한 말씀에 있습니다. 왜 "구원"이 필요하게 되었는가? "죄로 말미암아"입니다. 언제 구원하여주셨는가? 이점을 구속사라는 맥락에서 보면, 첫 번째는 애굽 바로의 노예에서 구원하여주셨습니다. 이제 두 번째로 바벨론 포로에서 구원하여 달라는 것입니다. 그런데 "출애굽, 출바벨론"은 예표일 뿐입니다. 근본적인 구원은, 사탄의 노예로부터 구원을 받아야 하기 때문입니다.

③ "여호와여 어느 때까지니이까 영원히 노하시리이까 주의 진노가 불붙듯 하시리이까"(5),

㉠ "주를 알지 아니하는 열방과 주의 이름을 부르지 아니하는 열국에 주의 노를 쏟으소서 저희가 야곱을 삼키고 그 거처를 황폐케 함이니이다"(6-7) 합니다.

시편에는 저주하는 시편들이 있습니다. 12절에서도 "주를 훼방한 그 훼방을 저희 품에 칠 배나 갚으소서" 합니다. 이런 저주들은 교훈적인 관점으로는 설명하기가 곤란한 것입니다. 이는 하나님을 대적하고 파괴하려는 사탄의 세력을 심판하시고, 하나님의 나라가 속히 임하게 해달라는 구속사적인 맥락에서만이 이해할 수가 있는 것입니다.

ⓛ "우리 열조의 죄악을 기억하여 우리에게 돌리지 마옵소서 우리가 심히 천하게 되었사오니 주의 긍휼하심으로 속히 우리를 영접하소서"(8) 합니다. 시편 기자는 자신들이 당하는 환난이 죄악에 대한 "징벌"임을 인식하고 있는 것입니다.

"우리 열조의 죄악"이라 말씀하고 있는데, 구약성경을 상고하면서 느끼게 되는 점은, 하나님의 언약을 보수(保守)함으로, 하나님과 바른 관계를 유지하고 있던 시기는 극히 짧은 순간뿐임을 깨닫게 됩니다. 이점은 신약교회 2천년의 역사도 예외가 아닙니다.

ⓒ 그리하여 선민인 하나님의 백성, 영광스러운 하나님의 자녀들이 마치, "맛 잃은 소금"처럼,

㉮ "심히 천하게"(8) 되어, ㉯ "주의 긍휼"을 기대할 것밖에는 달리는 소망이 없었던 것입니다.

④ "우리 구원의 하나님이여 주의 이름의 영광을 위하여 우리를 도우시며 주의 이름을 위하여 우리를 건지시며 우리 죄를 사하소서"(9) 합니다.

㉠ 이를 79편의 요절로 삼았는데 참으로 중요하고도 명심해야할 말씀입니다. 핵심은 반복적으로 강조되어 있는, "주의 이름"에 있습니다.

㉮ 애굽에서 구원하여주심도 저들에게 무슨 공로나, 그럴만한 자격이 있어서가 아니라, "주의 이름의 영광을 위해서"요, ㉯ 바벨론에

서 구원하여주심도, "이스라엘 족속아 내가 이렇게 행함은 너희를 위함이 아니요 너희가 들어간 그 열국에서 더럽힌 나의 거룩한 이름을 위함이라"(겔 36:22) 하십니다. ㉯ 주님께서 십자가를 담당하심도, "아버지여 아버지의 이름을 영광스럽게 하옵소서"(요 12:28) 하신, "주의 이름의 영광"을 위해서였던 것입니다.

ㄴ 근본적으로 하나님의 구원계획에는, "내가 나를 위하며, 내가 나를 위하여 이를 이룰 것이라 어찌 내 이름을 욕되게 하리요 내 영광을 다른 자에게 주지 아니하리라"(사 48:11) 하시는, 하나님의 이름과 영예가 걸려있다는 점을 명심해야만 합니다.

그러므로 115편에서는, "여호와여 영광을 우리에게 돌리지 마옵소서 우리에게 돌리지 마옵소서 오직 주의 인자하심과 진실하심을 인하여 주의 이름에 돌리소서"(1) 하는 것입니다. 이것이 무슨 뜻인가?

자신들을 바벨론에서 돌아가게 해달라는 것입니다. 그런데 자신들이 고생스러우니까 돌아가게 해달라는 말이 아닙니다. 자신들은 징벌을 받아 마땅하지만, 자신들로 인하여 하나님의 거룩하신 이름이 모독을 받으시게 하는, 즉 "열방으로 저희 하나님이 이제 어디 있느냐 말하게 하리이까"(115:2) 하는 이것만은 견딜 수가 없다는 것입니다. 그래서 "영광을 우리에게 돌리지 마옵소서" 하는 것입니다.

ㄷ 이것이 주님께서 "너희는 먼저 그의 나라와 그의 의를 구하라"(마 6:33) 하신 뜻인데,

㉮ 그러므로 예레미야 선지자도, "여호와여 우리의 죄악이 우리에게 대하여 증거 할지라도 주는 주의 이름을 위하여 일하소서"(렘 14:7) 탄원하고, ㉯ 다니엘도 "주여 들으소서, 주여 용서하소서, 주여 들으시고 행하소서, 지체치 마옵소서, 나의 하나님이여 주 자신을 위하여 하시옵소서 이는 주의 성과 주의 백성이 주의 이름으로 일컫는

바 됨이니이다"(단 9:19) 하고, "주의 이름"을 붙잡고 간구했던 것입니다. 이것이 "주의 이름을 위하여 구원하소서"입니다.

셋째 단원(10-13) 주의 능력으로 보존하소서

셋째 단원의 중심점은 "주의 크신 능력을 따라 보존하소서" 하는, "보전"에 있습니다.

⑤ "어찌하여 열방으로 저희 하나님이 어디 있느냐 말하게 하리이까"(10상) 하는데,

㉠ 불신자들이 어떤 경우에 성도들을 향해서 이렇게 말하는가? 하나님의 백성들, 하나님의 자녀들이 환난과 시련을 당할 때, 즉 넘어졌을 때입니다. 하나님이 계신다면 네가 왜 이런 고난을 당하는가? 하나님을 믿는다더니 이것이 무슨 꼴이냐 하고 비웃고 조롱하는 말입니다. 그래서 "주의 이름"이 모독을 당하게 되는 것입니다.

㉡ "주의 종들의 피 흘림 당한 보수를 우리 목전에 열방 중에 알리소서"(10중) 합니다. 출애굽 사건도 여호와의 능력을 "열방에 알리신" 사건이요, "앗수르 진에서 군사 십팔만 오천을 친지라 아침에 일찍이 일어나 보니 다 송장이 되었더라"(왕하 19:35) 한 사건도, 주의 이름을 "열방에 알리신" 사건입니다. 다시 한번 바벨론을 심판하시고 자신들을 돌아가게 하심으로 "열방 중에 알리소서" 하는 것입니다.

⑥ "갇힌 자의 탄식으로 주의 앞에 이르게 하시며 죽이기로 정한 자를 주의 크신 능력을 따라 보존하소서"(11) 합니다.

㉠ 구속사에 있어서 보전의 중요성을 알고 계시는지요? 만일 하나님께서 "주의 크신 능력으로 보존"하여 주심이 없었다면, 하나님의

구원계획은 오래 전에 무산되었을 것이요, 인류는 멸망하고 말았을 것입니다.

㉮ 죄악이 관영한 세상을 홍수로 심판하실 때에도, "오직 의를 전파하는 노아와 그 일곱 식구를 보존하시어"(벧후 2:5) 의의 후사가 끊어지지 않게 하셨고, ㉯ 아합과 이세벨의 암흑기에도, "그러나 내가 이스라엘 가운데 칠천 인을 남겨두었다"(왕상 19:18) 하고, 보존해주셨으며, ㉰ 바벨론의 포로 중에서도 "남은 자만 돌아오리니"(사 10:22) 하고, 남은 자를 보존하여주셨습니다. 이점을 이사야 선지자는, "밤나무 상수리나무가 베임을 당하여도 그 그루터기는 남아 있는 것같이 거룩한 씨가 이 땅의 그루터기니라"(사 6:13) 합니다.

㉡ 지금 우리는 옛날이야기를 하고 있는 것이 아니라, "그런즉 이와 같이 이제도 은혜로 택하심을 따라 남은 자가 있느니라"(롬 11:5) 한, 우리들의 이야기를 하고 있는 것입니다. 실로 "만군의 여호와께서 우리를 위하여 조금 남겨 두지 아니 하셨더면 우리가 소돔 같고 고모라 같았었으리로다"(사 1:9) 하고, 고백하게 되는 것입니다.

㉢ 그러면 어떤 처지에 있는 자들을 보존해 달라 하는가?

㉮ "갇힌 자", ㉯ "죽이기로 정한 자"라고 말씀합니다. 이점을 히브리서에서는, "또 죽기를 무서워하므로 일생에 매어 종노릇하는 모든 자"(히 2:15)라고 말씀합니다. ㉰ 이런 처지에 있는 자들을 구원하여 보존하려면, "크신 능력"(11)이 아니고는 불가능한 것입니다.

㉣ 그러므로 구원계획이란 "능력"의 대결이라는 점을 인식해야만 하는 것입니다.

㉮ "용사의 빼앗은 것을 어떻게 도로 빼앗으며 승리자에게 사로잡힌 자를 어떻게 건져낼 수 있으랴마는 나 여호와가 이같이 말하노라 용사의 포로도 빼앗을 것이요 강포자의 빼앗은 것도 건져낼 것이니

이는 내가 너를 대적하는 자를 대적하고 네 자녀를 구원할 것임이라"
(사 49:24-25) 하십니다. ㉯ 주님께서는 "강한 자가 무장을 하고 자기
집을 지킬 때에는 그 소유가 안전하되 더 강한 자가 와서 저를 이길
때에는 저의 믿던 무장을 빼앗고 저의 재물을 나누느니라"(눅 11:22)
하십니다.

㉭ 그러면 이 능력이 무슨 능력인가? 이점을 신약성경에서는, "이
복음은 모든 믿는 자에게 구원을 주시는 하나님의 능력이 됨이라"(롬
1:16) 합니다. 복음은 "갇힌 자, 죽이기로 정한 자"(11)를 구출하는 능
력이요, "허물과 죄로 죽어서 마른 뼈"와 같이 된 자를 다시 살리시는
"능력"인 것입니다. 그래서 "주의 크신 능력을 따라 보존하소서"(11)
하는 것입니다.

㉮ 그러면 복음의 능력이 어떻게 해서 발휘되었는지 형제는 말해
줄 수가 있습니까? 다시 말하면 "여자의 후손은 네 머리를 상하게 하
리니"(창 3:15) 하신 이 승리가 어떻게 해서 가능해지느냐 하는 점입
니다. ㉯ "사망으로 말미암아 사망의 세력을 잡은 자 곧 마귀를 없이
하시며"(히 2:14), 즉 죽으셨다가 다시 사심을 통해서 발휘된 것이라
고 말씀합니다. 이것이 "주의 크신 능력을 따라 보존하소서"(11) 하는
말씀 속에 함의된 뜻입니다.

⑦ "주여 우리 이웃이 주를 훼방한 그 훼방을 저희 품에 칠 배나 갚
으소서"(12),

㉠ "그러하면 주의 백성 곧 주의 기르시는 양 된 우리는 영원히 주
께 감사하며 주의 영예를 대대로 전하리이다"(13) 합니다. 이점에서
유념할 것은, "감사하고, 주의 영예를 대대로 전하리라"는 내용에는,

㉮ "칠 배나 갚으소서" 하는 심판만 있는 것이 아니라, ㉯ "갇힌 자,

죽이기로 정한 자"(11)를 구원하여주셨다는 복음도 있는 것입니다. 왜냐하면 "감사하고, 대대로 전해야" 할 소식은 구원의 기쁜 소식이기 때문입니다. 시편기자는 이렇게 기도하고 있는 셈입니다. "아버지의 이름이 거룩하게 하시며, 아버지의 나라가 오게 하시며, 아버지의 뜻이 하늘에서와 같이 땅에서도 이루어지게 하소서". 이것이 "주의 능력으로 보존하소서"요, "주의 이름의 영광을 위하여 하소서"입니다.

적용

구속사에는 "주의 이름의 영광"이 걸려 있습니다. 그러므로 반드시 이루시고야 맙니다. 문제의 중요성은 형제가 "주의 이름으로 일컬음을 받는 주의 종"이라는데 있습니다. 이 이름을 어떻게 하시겠습니까? 거룩히 여기심을 받게 할 것입니까? 아니면 모독을 받으시게 할 것입니까?

묵상

㉠ 20번이나 등장하는 "주"와 13번 등장하는 "주의"에 대해서,
㉡ 구속사의 맥락에서 본 "파괴당한 주의 기업"에 대해서,
㉢ "주의 크신 능력으로 보존하소서" 하는 "보존"에 대해서.

주의 얼굴빛을 비추사 구원하소서

목 자 와 양	**1-3** 1 ① 요셉을 양떼 같이 인도하시는 이스라엘의 (목자여) 　　귀를 기울이소서 그룹사이에 좌정하신 자여　　　**빛을 비취소서** 2 에브라임과 베냐민과 므낫세 앞에서 　　주의 용력을 내사 우리를 구원하러 오소서 3 　② 하나님이여 우리를 돌이키시고　**주의 얼굴빛을 비취사 우리로 구원을 얻게 하소서**
왕 과 백 성	**4-7** 4 ③ 만군의 하나님 여호와여 　　주의 (백성의) 기도 에 대하여 어느 때까지 노하시리이까 5 주께서 저희를 눈물 양식으로 먹이시며 다량의 눈물을 마시게 하셨나이다 6 우리로 우리 이웃에게 다툼거리가 되게 하시니 우리 원수들이 서로 웃나이다 7 　④ 만군의 하나님이여 우리를 돌이키시고　**주의 얼굴빛을 비취사 우리로 구원을 얻게 하소서**
농 부 와 포 도 나 무	**8-19** 8 ⑤ 주께서 한 포도나무를 애굽에서 가져다가 　　열방을 쫓아내시고 이를 (심으셨나이다) 9 　주께서 그 앞서 준비하셨으므로 그 뿌리가 깊이 박혀서 땅에 편만하며 10 　그 그늘이 산들을 가리우고 그 가지는 하나님의 백향목 같으며 11 　그 가지가 바다까지 뻗고 넝쿨이 강까지 미쳤거늘 12 ⑥ 주께서 어찌하여 그 담을 헐으사 길에 지나는 모든 자로 따게 하셨나이까 13 　수풀의 돼지가 상해하며 들짐승들이 먹나이다 14 　만군의 하나님이여 구하옵나니 돌이키사 　　하늘에서 굽어보시고 이 포도나무를 권고하소서 15 　주의 오른손으로 심으신 줄기요 주를 위하여 힘 있게 하신 가지니이다 16 그것이 소화되고 작벌을 당하며 주의 면책을 인하여 망하오니 17 ⑦ 주의 우편에 있는 자 곧 주를 위하여 힘 있게 하신 　　인자의 위에 주의 손을 얹으소서 18 　그러하면 우리가 주에게서 물러가지 아니 하오리니 　　우리를 소생케 하소서 우리가 주의 이름을 부르리이다 19 ⑧ 만군의 하나님 여호와여 우리를 돌이키시고　**주의 얼굴빛을 비취소서 우리가 구원을 얻으리이다**

80편
주의 얼굴빛을 비추사 구원하소서

만군의 하나님 여호와여 우리를 돌이키시고 주의 얼굴빛을 비취소서 우리가 구
원을 얻으리이다(시 80:19).

　80편의 중심점은 도표 오른 편에 표시된 대로 후렴처럼 3번 반복되
어 있는 "주의 얼굴빛을 비추소서"(3, 7, 19)에 있습니다. 내용은 역시
3번 강조되어 있는 "돌이키사, 구원을 얻게 하소서", 즉 포로에서 돌
아가게 해달라는 것입니다. 그러니까 얼굴빛을 비추셔서 구원하여 달
라는 간구입니다. 그러면 구속사에 있어서 "얼굴빛을 비추셔서 구원
하신다"는 것이 어떤 의미가 되는가?

　본문을 관찰해보면 도표에 표시된 대로, 하나님과 이스라엘의 관
계를 "목자와 양, 왕과 백성, 농부와 포도나무"의 관계로 말씀하고 있
음을 보게 됩니다. 그러니까 포로가 된 저들은 자신들의 "목자요, 왕"
이신 분이 오셔서 구원하여 주시기를 기다리고 있다는 것입니다. 이
를 교훈이 아닌, 구속사의 맥락으로 보면 어떤 의미가 되는가?

첫째 단원(1-3) 목자와 양
둘째 단원(4-7) 왕과 백성
셋째 단원(8-19) 농부와 포도나무

첫째 단원(1-3) 목자와 양

첫째 단원에서는 자신들과 하나님과의 관계를 "목자와 양"의 관계로 말씀합니다.

① "요셉을 양떼 같이 인도하시는 이스라엘의 목자여 귀를 기울이소서 그룹사이에 좌정하신 자여 빛을 비춰소서"(1) 합니다.

㉠ 이는 세 마디로 되어 있는데,

㉮ 첫째는 "요셉을 양떼 같이 인도하신다"는 뜻이 무엇인가 하는 점입니다. 역대상 5:1절에 의하면 아비의 침상을 더럽힌 르우벤 대신에 "장자의 명분이 요셉의 자손에게로 돌아갔다" 말씀하고 있습니다. 그렇다면 본문의 "요셉"이란 호칭은 이스라엘 백성 전체를 가리키는 말이 됩니다. 또한 "요셉"이라 한 것은 야곱으로부터 특별한 사랑을 받은 것을 상기했기 때문일 것입니다. ㉯ 둘째로 "그룹사이에 좌정하신 자"라는 말씀인데 이는 의미심장한 표현입니다. 왜냐하면 "그룹사이"란 대제사장이 대 속죄일에 온 백성의 죄를 속한 피를 가지고 지성소에 들어가 속죄 피를 뿌리는 곳이기 때문입니다. 하나님께서는 모세에게, "거기서 내가 너와 만나고 속죄소 위 곧 증거궤 위에 있는 두 그룹 사이에서 내가 이스라엘 자손을 위하여 네게 명할 모든 일을 네게 이르리라"(출 25:22) 말씀하셨던 것입니다. ㉰ 셋째로 거기서 "빛을 비춰소서" 하는 말씀입니다. 이는 도표에 표시된 대로 80편의 핵심이요, 구약시대의 핵심적인 주제입니다. 왜냐하면 구약시대란 하나님께서 "얼굴 빛을 가리신"(사 59:2) 시대였기 때문입니다.

그런데 가려진 휘장이 언제, 누구에 의해서 열려졌는가? 예수 그리스도께서 십자가상에서 "다 이루었다" 하고 선언하셨을 때입니다. 대속죄일에 두 그룹 사이 "속죄소"에 뿌려진 피는 이에 대한 예표였던 것입니다. 그러니까 "그룹사이에 좌정하신 자여", 그 곳에 뿌려진 속죄 피를 보시고, "빛을 비취소서"(1하), 즉 휘장을 열어주소서 하는 뜻이 됩니다.

ⓛ "에브라임과 베냐민과 므낫세 앞에서 주의 용력을 내사 우리를 구원하러 오소서"(2) 합니다. 민수기 2:18-24절에 의하면 "에브라임, 베냐민, 므낫세", 세 지파가 한 진영을 이루어 성막 뒤에 진을 쳤으며, 진군할 때에는 법궤를 멘 고핫 자손 뒤에서 호위(민 10:21-28)한 지파들입니다. 그래서 "…앞에서 주의 용력을 내사 우리를 구원하러 오소서" 하는 것입니다.

㉮ 먼저 "주의 용력"을 내사" 한 뜻입니다. "구원과, 용력", 즉 능력이 결부가 되어 있습니다. "출애굽과, 출 바벨론"도 능력이 있어야만 가능한 것입니다. 그보다 더욱 사탄의 포로에서 돌이키는 일은 "그의 힘의 강력으로 역사하심을 따라 믿는 우리에게 베푸신 능력의 지극히 크심"(엡 1:19), 즉 하나님의 최대의 능력이 아니고는 불가능하다는 점을 인식해야만 합니다. 그래서 "이 복음은 모든 믿는 자에게 구원을 주시는 하나님의 능력이 됨이라"(롬 1:16) 하고 말씀하는 것입니다.
㉯ 다음은 "구원하러 오소서"(2하) 하는 뜻입니다. 우리 주님은 "인자가 온 것은 잃어버린 자를 찾아 구원하려 함이니라(눅 19:10), 인자가 온 것은, 자기 목숨을 많은 사람의 대속물로 주려 함이니라"(마 20:28) 하십니다.

또한 "나는 선한 목자라 선한 목자는 양들을 (구원하기) 위하여 목숨을 버리거니와"(요 10:11) 하고, "목자"로 오셨습니다. 이것이 "요셉을 양떼같이 인도하시는 이스라엘의 목자여"(1) 한, "목자와 양"의 관계입니다.

② "하나님이여 우리를 돌이키시고 주의 얼굴빛을 비취사 우리로 구원을 얻게 하소서"(3) 합니다. 같은 말씀이 후렴처럼 7절과 19절에도 등장한다는 것은 그만큼 중요한 의미가 있기 때문인데 이것이 80편의 핵심적인 말씀입니다.

㉠ 이는 세 마디로 되어 있는데,

㉮ 첫째는 "우리를 돌이키시고" 합니다. 이는 돌아가게 해달라는 회복을 가리키는데, 지금 이방에 포로가 되어 있는 상태임을 나타냅니다. ㉯ 그래서 둘째는 "우리로 구원을 얻게 하소서" 하는 것입니다. ㉰ 그리고 셋째는 "주의 얼굴빛을 비추사" 하는 말씀인데, 여기에 해답이 있는 것입니다.

㉡ 왜냐하면 "비추심"이 "우리를 돌이키시고, 우리로 구원을 얻게 하소서"와 결부되어 있기 때문입니다. 그래서 첫 절에서 명제(命題)처럼 "그룹 사이에 좌정하신 자여 빛을 비취소서" 하고 말씀했던 것입니다.

㉮ 이 말씀이 1차적으로는 자신들이 포로가 된 것이 죄로 말미암아 하나님께서 얼굴을 가리신 징벌 때문이라는 점을 나타냅니다만, 그렇다고 바벨론의 포로가 귀환함으로 하나님의 나라가 회복이 되는 것은 아닌 것입니다. ㉯ 이에 대한 본질적인 문제와 해답을 계시하시기 위해서 성소 중간을 휘장으로 막으라고 명하셨던 것입니다. 다시 강조합니다만 바벨론의 포로가 귀환한다고 성소 휘장이 열려지는 것은 아니라는 말씀입니다.

㉢ 그러면 "하나님의 얼굴빛"을 비춰주는 것이 어떻게 가능하여지는가? 또다시 강조합니다만 "내가 그들 중에 거할 성소"(출 25:8)라 하신 지성소가, 구름이 해를 가리듯이 휘장으로 막히게 된 것은 바벨론으로 추방을 당한 죄 때문이 아니라, 인류의 시조가 에덴에서 범한

원죄 때문임을 명심해야만 합니다.

그러므로 80편을 통해서 말씀하려는 궁극적인 주제는 바벨론 포로에서의 귀환을 예표로 하여 사탄의 포로들이 돌아오게 되는 것이 어떻게 가능하여지는가를 말씀하려는 것입니다.

그렇습니다. 주님께서 십자가상에서 "다 이루었다"(요 19:30) 하고 선언하셨을 때에야 1500년 동안이나 하나님의 얼굴을 가리듯 하고 있던 휘장은 열려졌던 것입니다. 사도 바울은 이를 해설해주기를, "어두운 데서 빛이 비취리라 하시던 그 하나님께서 예수 그리스도의 얼굴에 있는 하나님의 영광을 아는 빛을 우리 마음에 비취셨느니라"(고후 4:6) 하고 말씀합니다. 성경 역사상 "주의 얼굴빛을 비취사 구원하여 주신" 궁극적인 구원사건은 십자가의 대속을 통한 복음인 것입니다.

㉣ 첫째 단원을 마치기 전에 기도드림에 있어서 구약시대 성도들에 비해서 신약의 성도들이 얼마나 큰 은총을 누리게 되었는가를 한 말씀 드려야만 하겠습니다.

㉮ "첫 장막이 서 있을 동안(구약시대)에 성소에 들어가는 길이 아직 나타나지 아니한 것이라"(히 9:8) 하는데, 신약의 성도들에게는 "그 길은 우리를 위하여 휘장 가운데로 열어 놓으신 새롭고 산 길이요(히 10:20), 그러므로 우리가 긍휼하심을 받고 때를 따라 돕는 은혜를 얻기 위하여 은혜의 보좌 앞에 담대히 나아갈 것이니라"(히 4:16), 즉 지성소에 들어간다고 말씀하십니다. ㉯ 구약시대에는 대제사장이라도 지성소에는 "무시로 들어오지 말아서 사망을 면하라"(레 16:2) 하셨는데, 신약의 성도들에게는 "모든 기도와 간구로 하되 무시로 성령 안에서 기도하라"(엡 6:18) 말씀하십니다.

한 가지 그리스도의 구속의 은총을 힘입어서라는 점을 잊지 마시기 바랍니다.

둘째 단원(4-7) 왕과 백성

둘째 단원은 하나님과의 관계를, "왕과 백성"의 관계로 말씀하면서 자신들을 구원하여 달라는 내용입니다.

③ "만군의 하나님 여호와여 주의 백성의 기도에 대하여 어느 때까지 노하시리이까"(4) 합니다.

㉠ 자신들을 "주의 백성"이라 하는 것은 하나님이 자신들의 왕(王)이심을 나타내는 말입니다. 그리고 "기도에 대하여 노하신다"는 말은 부르짖어도 돌아가게 해주시지 않는다는 뜻입니다. 왜 그렇습니까? "바벨론에서 칠십 년이 차면, 돌아오게 하리라"(렘 29:10) 하신 "복역의 때"(사 40:2)가 아직 끝나지 않았기 죄 때문입니다.

㉡ "주께서 저희를 눈물 양식으로 먹이시며 다량의 눈물을 마시게 하셨나이다 우리로 우리 이웃에게 다툼거리가 되게 하시니 우리 원수들이 서로 웃나이다"(5-6) 하고 탄원합니다.

㉮ 하나님께서는 대답하십니다. "나 여호와가 말하노라 너희를 향한 나의 생각은 내가 아나니 재앙이 아니라 곧 평안이요 너희 장래에 소망을 주려 하는 생각이라"(렘 29:11). ㉯ 또 말씀하시기를, "이스라엘의 하나님 여호와가 이같이 말하노라 내가 이곳에서 옮겨 갈대아인의 땅에 이르게 한 유다 포로를 이 좋은 무화과같이 보아 좋게 할 것이라"(렘 24:5), 이를 위해서는 응분의 연단을 감수해야만 했던 것입니다.

④ 그리고 둘째 단원의 결론도, "만군의 하나님이여 우리를 돌이키시고 주의 얼굴빛을 비춰사 우리로 구원을 얻게 하소서"(7) 하고 재차 간구합니다.

㉠ 그런데 여기에는 약간의 전진이 있습니다. 첫 단원에서 "하나님 이여"(3) 한 것을, 둘째 단원에서는 "만군"이란 말을 더해서 "만군의 하나님"(7)이라 부르고, 셋째 단원에서는 "여호와"를 더해서, "만군의 하나님 여호와여"(19) 하고 부르고 있습니다. 이는 무심한 것이 아니라,

㉮ 자신들이 왕 되시는 만군의 하나님의 백성들이요, ㉯ 더 나아가 "여호와", 즉 언약 백성들임을 나타내는 고백인 것입니다. 그래서 구원하여 달라는 것입니다. 이것이 "왕과 백성"의 관계입니다.

셋째 단원(8-19) 농부와 포도나무

셋째 단원은 하나님과 자신들의 관계를 "농부와 포도나무"에 비해서 말씀을 합니다.

⑤ "주께서 한 포도나무를 애굽에서 가져다가 열방을 쫓아내시고 이를 심으셨나이다"(8) 합니다.

㉠ 이는 자신들을 출애굽 시키셔서 가나안에 정착하게 하셨음을 가리키는 표현인데 아주 적절한 비유입니다. 이사야서에서는, "나의 사랑하는 자의 포도원을 노래하리라 나의 사랑하는 자에게 포도원이 있음이여 심히 기름진 산에로다 땅을 파서 돌을 제하고 극상품 포도나무를 심었었도다"(사 5:1-2) 하십니다.

㉡ 그 포도나무가 "주께서 그 앞서 준비하셨으므로 그 뿌리가 깊이 박혀서 땅에 편만하며 그 그늘이 산들을 가리우고 그 가지는 하나님의 백향목 같으며 그 가지가 바다까지 뻗고 넝쿨이 강까지 미쳤거늘"(9-11) 하는데, 이는 선민 이스라엘을 심히 창대케 하셨다는 뜻입니다.

⑥ 그런데 "주께서 어찌하여 그 담을 헐으사 길에 지나는 모든 자

로 따게 하셨나이까"(12) 합니다.

㉠ "담을 헐으사"라는 말은, 하나님의 보호하심을 거두시고 바벨론에게 내어주셨음을 나타냅니다. 그리하여 "수풀의 돼지가 상해하며 들짐승들이 먹나이다"(13) 합니다. 여기서 "돼지, 들짐승"은 하나님을 경외하지 않는 열방들을 가리킵니다.

㉡ "만군의 하나님이여 구하옵나니 돌이키사 하늘에서 굽어보시고 이 포도나무를 권고하소서 주의 오른손으로 심으신 줄기요 주를 위하여 힘 있게 하신 가지니이다 그것이 소화되고 작벌을 당하며 주의 면책을 인하여 망하오니"(14-16) 하고 탄원합니다.

⑦ 급기야 저들은, "주의 우편에 있는 자 곧 주를 위하여 힘 있게 하신 인자의 위에 주의 손을 얹으소서"(17) 하고 간구합니다.

㉠ 하나님 우편에 있는 자 곧 "인자"(人子)가 누구를 가리키는가? 1차적으로는, "두 눈을 빼고 사슬로 결박하여 바벨론으로 끌려간"(왕하 25:7) 왕을 가리키는 것이라 할 수가 있습니다. 그러나 구속사라는 넓은 문맥으로 볼 때에 "주의 우편에 있는 자"란, "내가 네 원수로 네 발등상 되게 하기까지 너는 내 우편에 앉으라 하셨도다"(110:1) 하신 그리스도를 가리키는 것이 되는 것입니다.

㉡ "그러하면 우리가 주에게서 물러가지 아니 하오리니 우리를 소생케 하소서 우리가 주의 이름을 부르리이다"(18) 합니다.

⑧ "그룹 사이에 좌정하신 자여 빛을 비취소서"(1) 하고 시작한 80편은, "만군의 하나님 여호와여 우리를 돌이키시고 주의 얼굴빛을 비취소서 우리가 구원을 얻으리이다"(19) 즉, "우리가 구원을 얻을 것을 믿습니다" 하는 소망과 확신으로 마치고 있습니다.

㉠ 다시 강조합니다만 3번이나 "돌이키셔서 구원하여 달라"는 "돌아옴과, 구원"은 애굽, 앗수르, 바벨론에서 돌아옴이 아닙니다. 궁극적으로 사탄의 포로에서 돌아와야만 하는 것입니다.

㉡ 이점이 각 단원마다 다 나타나고 있는데,

㉮ 첫째 단원에서는, 잃어버린 양떼들을 구원하러 오실 "목자"를 기다리고 있고, ㉯ 둘째 단원에서는, 자기 백성을 구원하러 오실 "왕"을 기다리고 있고, ㉰ 셋째 단원에서는, 작벌을 당한 포도나무를 보살피러 오실 "농부"를 기다리고 있는 구조로 되어 있습니다.

그러면 우리들의 "목자, 왕, 농부"는 누군가? "내 종 다윗이 그들의 왕이 되리니 그들에게 다 한 목자가 있을 것이라"(겔 37:24) 하신 그리스도이십니다. 또한 주님은 "나는 포도나무요 너희는 가지니"(요 15:5) 하십니다. 궁극적으로 80편의 중심주제도 메시아를 대망하는 데 있는 것입니다.

㉢ 그렇습니다. "우리를 구원하러 오소서"(2하) 하는 저들의 간구에 대한 응답으로, "나를 보내사 마음 상한 자를 고치며 포로 된 자에게 자유를, 갇힌 자에게 놓임을 전파하며"(사 61:1) 하고 그리스도를 보내셔서 구원하여주시겠다고 약속하십니다. 이것이 "주의 얼굴빛을 비추사 구원하소서"의 성취이기 때문입니다.

적용

신약의 성도들은 "구원을 얻게 하소서"가 아니라, 얼굴 빛을 비춰주심으로 이미 구원을 얻은 자들입니다. 그러므로 "주 예수여 어서 오시옵소서" 하고 간구해야할 것입니다. 그리고 복음의 빛이 만방에 비추게 해야 할 사명이 우리들에게 있음을 명심해야만 하겠습니다.

묵상

㉠ 하나님과의 관계에 대한 3가지 비유에 대해서,

㉡ 하나님의 얼굴을 가리심과 비추심에 대한 구속사적 의미에 대해서,

㉢ "구원하러 오소서" 한 구약의 기다림과, 우리의 기다림에 대해서.

시편 81편 개관도표
네 입을 넓게 열라 내가 채우리라 하였으나

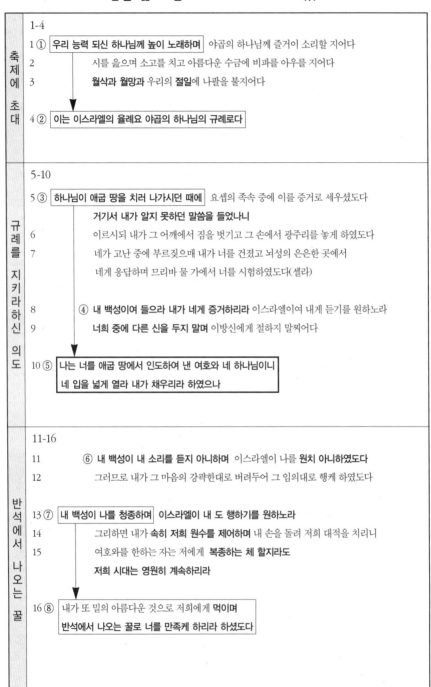

축 제 에 초 대	**1-4** 1 ① 우리 능력 되신 하나님께 높이 노래하며 야곱의 하나님께 즐거이 소리할 지어다 2 　시를 읊으며 소고를 치고 아름다운 수금에 비파를 아우를 지어다 3 　월삭과 월망과 우리의 절일에 나팔을 불지어다 4 ② 이는 이스라엘의 율례요 야곱의 하나님의 규례로다	
규 례 를 지 키 라 하 신 의 도	**5-10** 5 ③ 하나님이 애굽 땅을 치러 나가시던 때에 요셉의 족속 중에 이를 증거로 세우셨도다 　거기서 내가 알지 못하던 말씀을 들었나니 6 　이르시되 내가 그 어깨에서 짐을 벗기고 그 손에서 광주리를 놓게 하였도다 7 　네가 고난 중에 부르짖으매 내가 너를 건졌고 뇌성의 은은한 곳에서 　네게 응답하며 므리바 물 가에서 너를 시험하였도다(셀라) 8 　④ 내 백성이여 들으라 내가 네게 증거하리라 이스라엘이여 내게 듣기를 원하노라 9 　너희 중에 다른 신을 두지 말며 이방신에게 절하지 말찌어다 10 ⑤ 나는 너를 애굽 땅에서 인도하여 낸 여호와 네 하나님이니 　네 입을 넓게 열라 내가 채우리라 하였으나	
반 석 에 서 나 오 는 꿀	**11-16** 11 　⑥ 내 백성이 내 소리를 듣지 아니하며 이스라엘이 나를 원치 아니하였도다 12 　그러므로 내가 그 마음의 강퍅한대로 버려두어 그 임의대로 행케 하였도다 13 ⑦ 내 백성이 나를 청종하며 이스라엘이 내 도 행하기를 원하노라 14 　그리하면 내가 속히 저희 원수를 제어하며 내 손을 돌려 저희 대적을 치리니 15 　여호와를 한하는 자는 저에게 복종하는 체 할지라도 　저희 시대는 영원히 계속하리라 16 ⑧ 내가 또 밀의 아름다운 것으로 저희에게 먹이며 　반석에서 나오는 꿀로 너를 만족케 하리라 하셨도다	

81편
네 입을 넓게 열라 내가 채우리라 하였으나

나는 너를 애굽 땅에서 인도하여 낸 여호와 네 하나님이니 네 입을 넓게 열라 내가 채우리라 하였으나(시 81:10).

81편은 "월삭(月朔)과 월망(月望)과 우리의 절일(節日)에 나팔을 불지어다"(3) 한, 축제를 위한 시편입니다. 이스라엘에는 많은 절일이 있었는데 그 중에 하나님은, "너의 중 모든 남자는 일년에 삼차 곧 무교절(유월절)과 칠칠절(오순절)과 초막절에 네 하나님 여호와의 택하신 곳에서 여호와께 보이라"(신 16:16) 명하셨습니다. 이렇게 명하신 의도는 망각해서는 아니 될 구속사적 의미를 3대 절기를 통해서 계시하셨기 때문입니다. 이를 78편에서는 "옛 비밀한 말"(78:2)이라 했고, 81편에서는 "내가 알지 못하던 말씀을 들었다"(5) 하는 것입니다. 명심할 점은 하나님께서 절기를 지키라 하심은 우리에게서 무엇을 받으시기 위해서가 아니라, 주시기 위한 축제라는 점입니다.

그래서 "네 입을 넓게 열라 내가 채우리라 하였으나" 하시는 것입니다. 그런데 우매무지한 백성들은 어떻게 보답을 했는가?

첫째 단원(1-4) 축제에의 초대
둘째 단원(5-10) 율례와 규례를 지키라 하신 의도

셋째 단원(11-16) 반석에서 나오는 꿀로 만족

첫째 단원(1-4) 축제에의 초대

첫째 단원의 중심점은, "이는 이스라엘의 율례요 야곱의 하나님의 규례로다", 즉 "월삭, 월망, 절일" 등은 하나님께서 우리에게 명하신 지켜야할 율례요, 규례라는 것입니다.

① "우리 능력 되신 하나님께 높이 노래하며 야곱의 하나님께 즐거이 소리할 지어다"(1),

㉠ "시를 읊으며 소고를 치고 아름다운 수금에 비파를 아우를 지어다"(2) 합니다. "절일"을 지킴은 무거운 짐이 아니라, "노래하며 즐거이 소리할" 축제라는 것입니다.

㉡ 그래서 "월삭과 월망과 우리의 절일에 나팔을 불지어다"(3) 하는 것입니다. "월삭에는 수송아지 둘과 수양 하나와 일 년 되고 흠 없는 수양 일곱으로 여호와께 번제로 드리라"(민 28:11) 하십니다.

민수기 28장과 29장에는 "드리라"는 말이 각각 28번, 도합 56번이나 나옵니다. 이런 말씀을 대할 때에 하나님을 받기를 좋아하시는 분으로 여기거나, "이 일이 얼마나 번폐스러운고"(말 1:13) 하고 생각해서는 아니 됩니다. 왜냐하면 "송아지, 수양" 등을 번제로 드리라 하심은, 자기 아들을 대속제물로 "내어주실" 것에 대한 예표요, 인간의 건망증을 아시기에 메시아언약을 망각하지 않도록 우리를 위해서 마련하신 규례이기 때문입니다.

② 그래서 "이는 이스라엘의 율례요 야곱의 하나님의 규례로다"(4) 하는 것입니다.

㉠ 이점에서 힘을 주어 강조해야할 점이 있습니다. "율례요 규례라" 하는 말을 들으면 곧장 무엇을 생각하게 되는가? 시내 산에서 모세를 통하여 주신 "율법"입니다. 그러면 묻습니다. 하나님께서 시내 산에서 지키라고 주신 "율례와 규례"가 무엇인가?

㉮ 십계명이 기록된 돌비만을 주셨습니까? 만일 십계명의 돌비만을 주셨다면 구약의 성도들은 한 사람도 구원을 얻을 수가 없었을 것입니다. 왜냐하면 "율법의 행위로 그의 앞에 의롭다 하심을 얻을 육체가 없기"(롬 3:20) 때문입니다. ㉯ 이를 아시기에 또한 성막 식양(式樣)을 주신 것입니다. "여호와가 모세로 너희에게 명한 모든 것을 여호와가 명한 날부터 이후 너희의 대대로 지키지 못할" 경우 어떻게 하라 하시는가? "규례대로 그 소제와 전제를 드리고 수염소 하나를 속죄제로 드릴 것이라 제사장이 이스라엘 자손의 온 회중을 위하여 속죄하면 그들이 사(赦)함을 얻으리니"(민 15:23-25) 하십니다.

"번제단, 물두멍, 떡상, 등대, 향단" 등이 있는 성막 식양은 의문에 싸여 있는 "복음"이었던 것입니다. 이것이 지켜야할 규례입니다.

㉡ 그래서 "하나님께 높이 노래하며 즐거이 소리할 지어다 시를 읊으며 소고를 치고 아름다운 수금에 비파를 아우를 지어다"(1-2) 하는 것입니다. 만일 "월삭, 월망, 절일", 즉 3대 절기에 복음적인 요소가 없다면 그것은 무거운 짐이 되었을 것입니다.

왜 이점을 강조하는지 아십니까? "이는 이스라엘의 율례요 야곱의 하나님의 규례로다"(4) 하는 말씀에는, 인간이 지켜야할 윤리만이 있는 것이 아니라, 아브라함에게 세워주신 메시아언약을 망각하지 않게 하시려는 신학적인 교리도 들어 있다는 점을 강조하기 위해서입니다.

둘째 단원에서 더욱 확고해질 것입니다만, 그래도 미심적다면 105:9-10절을 보십시오. "이것은 아브라함에게 하신 언약이며 이삭에게 하신 맹세며 야곱에게 세우신 율례 곧 이스라엘에게 하신 영영한 언약이라" 하고, "율례와 언약"을 동일한 의미로 말씀합니다. 이것이 "축제에의 초대" 입니다.

둘째 단원(5-10) 율례와 규례를 지키라 하신 의도

둘째 단원의 중심점은, "나는 너를 애굽 땅에서 인도하여 낸 여호와 네 하나님이라"(10) 하신 말씀에 있습니다. 그냥 하나님이라고만 말씀하시지 않고 "여호와 네 하나님"이라 하시는 것은, 언약의 하나님, 언약하신 바를 지키시는 하나님이라는 뜻이 있습니다.

③ "하나님이 애굽 땅을 치러 나가시던 때에"(5상) 하고, 출애굽을 상기시킵니다.

㉠ "요셉의 족속 중에 이를 증거로 세우셨도다"(5하) 합니다. "요셉 족속"이란 말은, 80:1절에서 언급한 대로 이스라엘 전체를 가리키는 말입니다. 그러면 "이를 증거로 세우셨도다" 하는 "증거"가 무엇인가? 바로 앞 절인 4절에서 언급한 "율례와 규례"를 가리킵니다.

㉡ "거기서 내가 알지 못하던 말씀을 들었나니"(5) 하는 것은, 알아들을 수 없는 말이라는 뜻이 아니라, "옛 비밀한 말"(78:2), 즉 인간이 상상하지 못했던 하나님의 의도를 깨닫게 되었다는 뜻입니다.

㉢ 6절 이하는 "알지 못하던 말씀"을 증거하는 내용인데,

㉮ "이르시되 내가 그 어깨에서 짐을 벗기고 그 손에서 광주리를 놓게 하였도다 네가 고난 중에 부르짖으매 내가 너를 건졌고"(6-7상) 하는 것은, 유월절 양의 피로 구속하여 내신 것을 가리키고, ㉯ "뇌성의 은은한 곳에서 네게 응답하며"(7중)는, 시내 산의 현현을 나타내고, ㉰ "므리바 물가에서 너를 시험하였도다(셀라)"(7하) 하고, 반석에

서 물을 내어 마시게 하신 일을 말씀합니다.

④ 드디어 하나님께서는 시내 산에서, "내 백성이여 들으라 내가 네게 증거하리라 이스라엘이여 내게 듣기를 원하노라"(8) 하시면서,

㉠ 첫 번으로 하시는 말씀이, "너희 중에 다른 신을 두지 말며 이방 신에게 절하지 말지어다"(9) 하십니다. 이는 십계명 중 1-2계명에 해당이 되는 말씀입니다.

⑤ 그리고 "나는 너를 애굽 땅에서 인도하여 낸 여호와 네 하나님이니"(10상) 하시는데, 이는 십계명의 서문(출 20:1-2)에 해당이 되는 말씀입니다.

㉠ 그런데 "너를 애굽 땅에서 인도하여 낸 여호와"라 하심은, 나는 너희 하나님이요, 너희는 내 백성이 되었기 때문에 백성답게 살게 하기 위해서 율례와 규례를 지키라 명하신다는 말씀입니다.

다시 말씀드립니다만 하나님은 규례와 율례를 아무에게나 주신 것이 아닙니다. "내가 애굽 사람의 무거운 짐 밑에서 너희를 빼어 내며 그 고역에서 너희를 건지며 편 팔과 큰 재앙으로 너희를 구속(救贖)하여 너희로 내 백성을 삼고 나는 너희 하나님이 되리니"(출 6:6-7) 하신, 자기 백성들에게 주신 것입니다.

㉡ "네 입을 넓게 열라 내가 채우리라 하였으나"(10하) 하는 말씀은, "율례와 규례"를 주신 하나님의 의도, 마음을 한마디로 나타낸 말씀입니다. 즉 받으시기 위해서가 아니라, 모든 필요를 공급해 주시겠다는 뜻입니다. 이점을 모세는 죽기 전에 행한 설교에서, "여호와께서 우리에게 이 모든 규례를 지키라 명하셨나니 이는 우리로 우리 하나님 여호와를 경외하여 항상 복을 누리게 하기 위하심이며(6:24), 마침

내 네게 복을 주려 하심이었느니라"(8:16) 하고 말씀합니다.

"입을 넓게 열라"는 말씀을 신약성경에서는, "너희를 향하여 우리의 입이 열리고 우리의 마음이 넓었으니 너희가 우리 안에서 좁아진 것이 아니라 오직 너희 심정에서 좁아진 것이니라 내가 자녀에게 말하듯 하노니 보답하는 양으로 너희도 마음을 넓히라"(고후 6:11-13) 하십니다.

그리고 "채우리라"는 말을, "자기 아들을 아끼지 아니 하시고 우리 모든 사람을 위하여 내어주신 이가 어찌 아들과 함께 모든 것을 우리에게 은사로 주지 아니 하시겠느뇨"(롬 8:32) 하십니다.

㉢ 둘째 단원을 마치기 전에 확증해야할 말씀이 있습니다.

㉮ 첫째는 이스라엘을 선민으로 택하셔서 지키라 명하신 "율례와 규례"가 율법만을 가리키는가 하는 점입니다. 아닙니다. 지키라 명하신 "율례와 규례" 속에는 윤리만이 있는 것이 아니라, 자손 대대로 전해 주어야할, "유월절, 오순절, 초막절, 대속죄일" 등, 그리스도를 보내셔서 성취하실 신학적인 교리가 들어있는 것입니다. ㉯ 그러므로 둘째는 "너희 중에 다른 신을 두지 말며 이방신에게 절하지 말라"(9) 하신 의미입니다. 이는 하나님을 배신하지 말라는 뜻만이 아니라, 메시아언약을 우상으로 바꿔치기 하지 말라는 뜻이 있는 것입니다. 하나님은 메시아를 통해서 천하 만민에게 구원의 복을 주시려는 계획을 추진해 나가시는데, 저들은 우상을 통해서 복을 받으려 했던 것입니다. 이것이 "율례와 규례를 지키라 하신 의도"입니다.

셋째 단원(11-16) 반석에서 나오는 꿀로 만족

셋째 단원의 중심점은 "나를 청종하며, 내 도 행하기를 원하노라"

(13)에 있습니다. 둘째 단원은 "내가 채우리라" 하고 끝났는데,

⑥ "내 백성이 내 소리를 듣지 아니하며 이스라엘이 나를 원치 아니 하였도다"(11) 하십니다.

㉠ "그러므로 내가 그 마음의 강퍅한 대로 버려두어 그 임의대로 행케 하였도다"(12) 하시는데, 이는 고기를 달라 했을 때 메추라기를 주시고, 정탐꾼을 보내자 한 것 등을 허용하신 것 등을 가리키는 것으로 여겨집니다. 결과는 40년을 방황하게 되었고, 출애굽 1세대들은 약속의 땅에 들어가지 못하게 되었던 것입니다.

⑦ 그래서 "내 백성이 나를 청종하며 이스라엘이 내 도 행하기를 원하노라"(13) 하십니다.

㉠ "그리하면 내가 속히 (징벌의 막대기로 사용했던) 저희 원수를 제어하며 내 손을 돌려 저희 대적을 치리니"(14) 하십니다.

㉡ 그러시면서 "여호와를 한하는 자(불복종하는 자)는 저에게 복종(僕從)하는 체 할지라도 저희 시대는 영원히 계속하리라"(15) 하시는데, 무슨 뜻인가?

㉮ 어느 시대나 하나님의 말씀을 "듣지 아니하고, 원치 아니하는 자"(11)들은 있을 것이나, ㉯ "저희 시대는 영원히 계속하리라"(15하), 즉 하나님의 계획은 기어코 성취되고야 만다는 뜻으로 볼 수가 있습니다. 이점을 바울 사도는, "어떤 자들이 믿지 아니하였으면 어찌 하리요 그 믿지 아니함이 하나님의 미쁘심을 폐하겠느뇨 그럴 수 없느니라 사람은 다 거짓되되 오직 하나님은 참되시다 할지어다"(롬 3:3-4) 말씀합니다.

⑧ 그리하여 "축제에의 초대"로 시작된 81편은, "내가 또 밀의 아

름다운 것으로 저희에게 먹이며 반석에서 나오는 꿀로 너를 만족케 하리라 하셨도다"(16) 하고 마치고 있습니다.

㉠ "밀의 아름다운 것, 반석에서 나오는 꿀"이란 복음시대를 가리키는 구약적인 표현입니다. 신명기 32:13절에서도, "밭의 소산을 먹게 하시며 반석에서 꿀을, 굳은 반석에서 기름을 빨게 하시며" 합니다. 이것이 하나님의 도를 행하는 자들에게 주어지는 축복입니다.

하나님께서는 이제도 "네 입을 넓게 열라 내가 채우리라" 하십니다. 이점을 주님께서는 "너희 아버지께서 구하는 자에게 좋은 것으로 주시지 않겠느냐"(마 7:11) 하십니다. 그러나 현대교회 내에도 형식적으로, "여호와께 복종하는 체"(15) 하는 자들은 있는 것입니다. 이것이 "네 입을 넓게 열라 내가 채우리라 하였으나"입니다.

적용

하나님은, "내게 듣기를 원하노라(8), 네 입을 넓게 열라(10), 내 도 행하기를 원하노라"(13) 하십니다. 이 세 마디 명령을 결부시키면, 믿음은 들음에서 나고, 입을 넓게 열고 받아먹어야만, 하나님의 도를 행할 수가 있다는 것이 됩니다. 듣고 기뻐하는 자는 많으나, 도를 행함으로 하나님을 기쁘시게 하는 자는 많지가 않습니다.

묵상

㉠ 율례와 규례 속에 들어 있는 신학적인 의미에 대해서,
㉡ 율례와 규례를 지키라 하신 의도에 대해서,
㉢ 네 입을 넓게 열라 하시는 하나님의 마음에 대해서.

시편 82편 개관도표
불의한 재판관들을 판단하시는 하나님

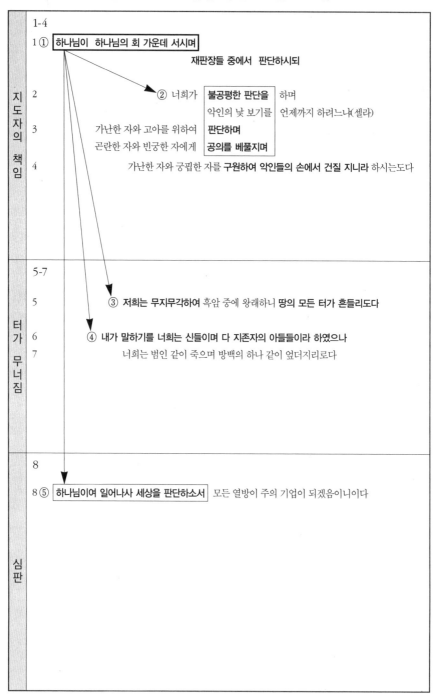

지도자의 책임	**1-4** 1 ① 하나님이 하나님의 회 가운데 서시며 재판장들 중에서 판단하시되 2 ② 너희가 불공평한 판단을 하며 악인의 낯 보기를 언제까지 하려느냐(셀라) 3 가난한 자와 고아를 위하여 판단하며 곤란한 자와 빈궁한 자에게 공의를 베풀지며 4 가난한 자와 궁핍한 자를 구원하여 악인들의 손에서 건질 지니라 하시는도다
터가 무너짐	**5-7** 5 ③ 저희는 무지무각하여 흑암 중에 왕래하니 땅의 모든 터가 흔들리도다 6 ④ 내가 말하기를 너희는 신들이며 다 지존자의 아들들이라 하였으나 7 너희는 범인 같이 죽으며 방백의 하나 같이 엎더지리로다
심판	**8** 8 ⑤ 하나님이여 일어나사 세상을 판단하소서 모든 열방이 주의 기업이 되겠음이니이다

82편
불의한 지도자들을 심판하시는 하나님

내가 말하기를 너희는 신들이며 다 지존자의 아들들이라 하였으나(시 82:6).

82편의 중심점은 하나님이, "재판장들 중에서 판단하신다"(1)는데 있습니다. 본문에는 "판단"이라는 말이 4번이나 등장하는데, 불의한 재판관들을 의로우신 재판장이신 하나님께서 심판하신다는 경고입니다. 왜냐하면 하나님께서 재판의 권한을 저들에게 위임(委任)하셨기 때문입니다. 그래서 "너희는 신들이며 다 지존자의 아들들이라"(6, 요 10:35) 하시는 것입니다.

그러므로 핵심은 도표에 표시된 대로 첫 절과, 마지막 절에 계시된 하나님의 심판이 있는 줄을 알라는 경고입니다. 이점에서 유념할 것은 구약시대 "재판장"들이란 "왕, 제사장, 선지자"와 같은 종교 지도자들이라는 점입니다. 그러므로 본문은 오늘날의 판사들에게 적용이 되는 것이 아니라 교회 지도계층에 있는 사람들, 특히 말씀을 맡은 오늘의 목회자들에게 하시는 경고라 하겠습니다.

첫째 단원(1-4) 역기능으로 행하는 지도자들
둘째 단원(5-7) 땅의 터가 흔들리도다
셋째 단원(8) 하나님의 심판이 있는 줄 알라

첫째 단원(1-4) 역기능으로 행하는 지도자들

첫째 단원의 중심점은 "불공평한 판단을 언제까지 하려느냐"(2)에 있습니다. 하나님께서 지도자들을 세우실 때에는 "공의를 베풀라"(3)고 세우셨는데 역기능(逆機能)으로 행하고 있다는 것입니다.

① "하나님이 하나님의 회 가운데 서시며 재판장들 중에서 판단하시되"(1) 합니다.

㉠ "하나님의 회"란, 모세가 "총회의 날"(신 9:10; 10:4; 18:16)이라한 것과 같은 구약교회 공동체를 가리킵니다. 그런데 "재판장들 중에서 판단하시되"(1하) 하는 것은 "선생 된 우리가 더 큰 심판받을 줄 알라"(약 3:1) 한, 지도자들의 심판을 염두에 두고 하는 말씀입니다.

② "너희가 불공평한 판단을 하며 악인의 낯 보기를 언제까지 하려느냐(셀라)"(2) 하고 책망하십니다.

㉠ 하나님께서 "왕, 제사장, 선지자"들을 세우실 때에는, "가난한 자와 고아를 위하여 판단하며 곤란한 자와 빈궁한 자에게 공의(公義)를 베풀지며 가난한 자와 궁핍한 자를 구원(救援)하여 악인들의 손에서 건지게"(3-4) 하기 위해서 세우셨다는 것입니다. 그런데 저들은 어떻게 행했는가?

㉡ 하나님께서는, "너희는 재판할 때에 불의를 행치 말며 가난한 자의 편을 들지 말며 세력 있는 자라고 두호하지 말고 공의로 사람을 재판할지며"(레 19:15) 하셨는데, 저들은 사람의 낯을 의식해서 "불공평한 판단"을 했다는 것입니다.

이점을 미가 선지자로 말씀하시기를, "그 두령은 뇌물을 위하여 재판하며 그 제사장은 삯을 위하여 교훈하며 그 선지자는 돈을 위하여 점치면서 오히려 여호와를 의뢰하여 이르기를 여호와께서 우리 중에 계시지 아니 하냐"(미 3:10), 즉 하나님의 이름을 팔아먹고 있다고 책망하십니다.

사도 바울은 로마서의 죄론에서 "순리대로 쓸 것을 바꾸어 역리로 쓴다"(롬 1:26) 하고 말씀합니다. 타락했다는 것은 "하나님이 그 지으신 모든 것을 보시니 보시기에 심히 좋았더라"(창 1:31) 하신, 창조원리가 뒤집어졌음을 의미합니다. 이것을 다시 바로잡는 것이 회복인 것입니다. 이것이 "역기능으로 행하는 지도자들"입니다.

둘째 단원(5-7) 땅의 터가 흔들리도다

둘째 단원의 중심점은 "땅의 터가 흔들리도다"(5)에 있다 하겠습니다. 무슨 뜻이냐 하면, "너희는 세상의 소금이다, 너희는 세상의 빛이라" 하신 성도들, 특히 지도자들이 타락하게 되면 암흑세상이 되고 만다는 그런 뜻이, "땅의 터가 흔들리도다"의 의미이기 때문입니다.

③ "저희는 무지(無知) 무각(無覺)하여 흑암 중에 왕래하니 땅의 모든 터가 흔들리도다"(5) 합니다.

㉠ "저희"란 누군가? 첫째 단원에서 말씀한 "재판장", 즉 지도자들을 가리킵니다. "무지 무각"하다는 말은, 알지도 못하고 깨닫지도 못한다는 뜻인데, 이점을 이사야 선지자는 "그 파수꾼들은 소경이요 다 무지하며 벙어리 개라 능히 짖지 못하며 다 꿈꾸는 자요 누운 자요 잠자기를 좋아하는 자니 이 개들은 탐욕이 심하여 족한 줄을 알지 못하는 자요 그들은 몰각(沒覺)한 목자들이라"(사 56:10-11) 합니다.

㉡ 이처럼 종교지도자들이 타락하게 되면 "땅의 모든 터가 흔들리도다", 즉 "세상의 모든 기반이 흔들린다"(현대인의 성경) 하고 말씀

합니다. 그렇습니다. 시조 아담 하와가 타락했을 때 "땅의 모든 터"가 흔들렸습니다. 그래서 "땅이 너로 인하여 저주를 받고, 땅이 네게 가시덤불과 엉겅퀴를 낼 것이라" 말씀했던 것입니다.

구약시대는 선민 이스라엘, 즉 구약교회가 중심이었고, 신약시대는 신약교회가 역사의 중심에 있는 것입니다. 이런 교회가 타락하게 되면 "땅의 모든 터가 흔들리도다" 하고 말할 수밖에 없는 것입니다.

④ "내가 말하기를 너희는 신들이며 다 지존자의 아들들이라 하였으나"(6),

㉠ 여기서 "너희"란 "왕, 제사장, 선지자"와 같은 지도자들을 가리키는데, 이들을 가리켜 "너희는 신들이라" 하신다는 것은 참으로 놀라운 말씀입니다. 다시 강조합니다만 하나님께서 누구를 "신들"이라 하셨는가? 주님은 이를 해설하시기를, "성경은 폐하지 못하나니 하나님의 말씀을 받은 사람들을 신이라 하셨거늘"(요 10:35) 하고, "하나님의 말씀을 받은 사람"이라 하셨습니다. 하나님은 모세의 입에 말씀을 주셔서 바로에게 보내시면서, "내가 너로 바로에게 신이 되게 하였다"(출 7:1) 하고 말씀하십니다.

이는 말씀을 맡은 사역자들에게 지고지선(至高至善)의 권위와 영예를 주셨음을 나타내는 말씀입니다. 이런 권위와 영예에는 이에 상응하는 책임이 따르는 법입니다. 그래서 "선생 된 우리가 더 큰 심판 받을 줄을 알고 많이 선생이 되지 말라"(약 3:1) 하는 것입니다. 즉 최대한의 책임을 묻게 되리라는 말씀입니다.

㉡ 이점이 "너희는 범인(凡人) 같이 죽으며 방백의 하나 같이 엎더지리로다"(7) 하는 말씀에 나타납니다. 호세아 선지자로 경고하시기를, "장차는 백성이나 제사장이나 일반이라 내가 그 소행대로 갚으리

라"(호 4:9) 하십니다. 즉 제사장이라고 어떤 면책특권이 주어지는 것이 아니라는 말씀입니다.

오히려 주님께서, "뱀들아 독사의 새끼들아 너희가 어떻게 지옥의 판결을 피하겠느냐"(마 23:33) 하고 책망하심을 통해서 그날의 심판의 강도를 짐작하게 합니다. 왜 이처럼 책망하시는가?

4절을 보십시오. "구원하여 악인들의 손에서 건질지니라" 하셨는데, "교인 하나를 얻기 위하여 바다와 육지를 두루 다니다가 생기면 너희보다 배나 더 지옥 자식이 되게"(마 23:15) 하기 때문입니다. 그래서 "땅의 모든 터가 흔들리도다" 하시는 것입니다.

셋째 단원(8) 하나님의 심판이 있는 줄 알라

셋째 단원은 한 절에 불과하지만 82편의 구조(構造)상 단원을 달리한 것입니다.

⑤ "하나님이여 일어나사 세상을 판단하소서 모든 열방이 주의 기업이 되겠음이니이다"(8) 합니다.

㉠ 82편은 하나님께서, "재판장들 중에서 판단하시되"(1) 하고 시작이 되었는데, "하나님이여 일어나사 세상을 판단하소서"(8) 하고 마치고 있습니다. 이는 결론이면서, 82편의 중심이 여기에 있다 하겠습니다.

㉡ 그렇습니다. 지금은 모든 사람들이,

㉮ "무지 무각하여, ㉯ 흑암 중에 왕래하니, ㉰ 땅의 모든 터가 흔들리는도다"(5) 한, 그런 처지에 있습니다.

그런데 하나님이 "일어나셔서(8상), 하나님의 회 가운데 서시며(1상), 세상을 판단하실"(8중) 날이 온다는 것입니다. 전도서에서는 "청년이여 네 어린 때를 즐거워하며 네 청년의 날을 마음에 기뻐하라"
하면서, "그러나 하나님이 이 모든 일로 인하여 너를 심판하실 줄 알
라"(전 11:9) 하고 경고합니다.

82편을 마치면서 증거할 오직 한 말씀은, "그러나 하나님이 너를
심판하실 줄 알라"는 말씀입니다.

적용

하나님은 말씀하십니다. "네가 이 일을 행하여도 내가 잠잠하였더
니 네가 나를 너와 같은 줄로 생각하였도다 그러나 내가 너를 책망하
여 네 죄를 네 목전에 차례로 베풀리라"(50:21). 야고보는 권면합니
다. "너희는 자유의 율법대로 심판받을 자처럼 말도 하고 행하기도 하
라"(약 2:12), 하나님의 심판이 있다는 한 가지만이라도 잊지를 마십
시다.

묵상

㉠ "너희는 신들이라"는 권위와 상응하는 책임에 대해서,

㉡ "땅의 터가 흔들리도다"에 대해서,

㉢ 본문의 "재판장"이 오늘의 누구로 적용이 되는가에 대해서.

시편 83편 개관도표
하나님의 목장을 취하려는 대적들

하 나 님 나 라 대 적 자 들	1-8	
	1 ①	하나님이여 침묵치 마소서 · 하나님이여 잠잠치 말고 고요치 마소서
	2	대저 주의 원수가 훤화하며 · 주를 한하는 자가 머리를 들었나이다
	3	② 저희가 주의 백성을 치려하여 간계를 꾀하며 주의 숨긴 자를 치려고 서로 의논하여
	4	말하기를 가서 저희를 끊어 다시 나라가 되지 못하게 하여
		이스라엘의 이름으로 다시는 기억되지 못하게 하자 하나이다
	5 ③	저희가 일심으로 의논하고 주를 대적하여 서로 언약하니
	6	곧 에돔의 장막과 이스마엘인과 모압과 하갈인이며
	7	그발과 암몬과 아말렉이며 블레셋과 두로 거민이요
	8	앗수르도 저희와 연합하여 롯 자손의 도움이 되었나이다(셀라)
옛 적 의 구 원 상 기	9-12	
	9	④ 주는 미디안인에게 행하신 것 같이,
		기손 시내에서 시스라와 야빈에게 행하신 것 같이 저희에게도 행하소서
	10	그들은 엔돌에서 패망하여 땅에 거름이 되었나이다
	11	저희 귀인으로 오렙과 스엡 같게 하시며
		저희 모든 방백으로 세바와 살문나와 같게 하소서
	12	⑤ 저희가 말하기를 우리가 하나님의 목장을 우리의 소유로 취하자 하였나이다
지 존 자 로 알 게 하 소 서	13-18	
	13 ⑥	나의 하나님이여 저희로 굴러가는 검불 같게 하시며 바람에 날리는 초개같게 하소서
	14	삼림을 사르는 불과 산에 붙는 화염 같이
	15	주의 광풍으로 저희를 쫓으시며 주의 폭풍으로 저희를 두렵게 하소서
	16	⑦ 여호와여 수치로 저희 얼굴에 가득케 하사 저희로 주의 이름을 찾게 하소서
	17	저희로 수치를 당하여 영원히 놀라게 하시며 낭패와 멸망을 당케 하사
	18	여호와라 이름하신 주만 온 세계의 지존자로 알게 하소서

83편
하나님의 목장을 취하려는 대적들

저희가 말하기를 우리가 하나님의 목장을 우리의 소유로 취하자 하였나이다
(시 83:12).

83편의 내용은 대적들이 연합하여 "주의 백성"을 공격해온 상황에서, 저들을 물리쳐달라는 간구입니다. 역대하 20장에 보면 여호사밧 왕 때에, "모압 자손과 암몬 자손이 몇 마온 사람과 함께 와서 여호사밧을 치고자 한 지라"(대하 20:1) 하는 말씀이 있는데, 이것이 83편의 역사적인 배경이 아닌가 여겨집니다. 이 때 여호사밧은 하나님께, "우리를 치러오는 이 큰 무리를 우리가 대적할 능력이 없고 어떻게 할 줄도 알지 못하옵고 오직 주만 바라보나이다"(12) 하고 호소했습니다. 이에 대해 하나님은, "이 전쟁이 너희에게 속한 것이 아니요 하나님께 속한 것이니라"(15) 하셨습니다.

무슨 뜻이냐 하면 이 전쟁이 육적인 전쟁이 아니라, 하나님의 이름과 영예가 걸려 있는 영적전쟁이라는 뜻입니다.

이런 맥락에서 83편의 중심점은 도표에 표시된 대로, "저희를 끊어 다시 나라가 되지 못하게 하여(4), 하나님의 목장(牧場)을 우리의 소유로 취하자"(12) 하는 말에 있다 하겠습니다. 이것이 바로 사탄의 궤계이기 때문입니다. 그러나 핵심은 "여호와라 이름 하는 주만 온 세계

의 지존자로 알게 하소서"(18) 한 결론에 있습니다.

　첫째 단원(1-8) 하나님의 나라를 파괴하려는 자들
　둘째 단원(9-12) 하나님의 옛적 구원을 상기함
　셋째 단원(13-18) 하나님만 지존자로 알게 하소서

첫째 단원(1-8) 하나님의 나라를 파괴하려는 자들

　첫째 단원의 중심점은, "원수가 훤화하며, 머리를 들었나이다"(2) 하는데 있습니다. 이는 큰소리를 지르면서 공격해왔다는 뜻입니다.

　① 그래서 "하나님이여 침묵치 마소서 하나님이여 잠잠치 말고 고요치 마소서"(1),

　㉠ "대저 주의 원수가 훤화하며 주를 한하는 자가 머리를 들었나이다"(2) 하는 것입니다. 2절에는 "주의 원수, 주를 한하는 (미워하는) 자"가 있고,

　② 3절에는 "저희가 주의 백성을 치려하여 간계를 꾀하며 주의 숨긴 자를 치려고 서로 의논하여"(3) 하고, "주의 백성, 주의 숨긴 자"가 있습니다.

　㉠ 2-3절 안에는 소유를 나타내는 "주의 원수, 주의 백성, 주의 숨긴 자"가 있습니다. 그렇다면 "이 전쟁이 너희에게 속한 것이 아니요, 하나님께 속한 것이니라"(대하 20:15)가 되는 것입니다. 즉 하나님의 이름과 영예가 걸려 있는 영적인 전쟁이라는 말씀입니다.

　㉡ 그런데 83편에는 대적이 하는 말이 두 번 나타나는데,

　㉮ 대적들은 "말하기를 가서 저희를 끊어 다시 나라가 되지 못하게

하여 이스라엘의 이름으로 다시는 기억되지 못하게 하자"(4) 하는 말과, ㉯ "저희가 말하기를 우리가 하나님의 목장을 우리의 소유로 취하자 하였나이다"(12) 한 말입니다.

㉢ 이는 "이 열왕의 때에 하늘의 하나님이 한 나라를 세우시리니"(단 2:44) 하신, 메시아왕국 건설을 무산시키고, 하나님의 기업을 찬탈하려는 사탄의 궤계인 것입니다. 이점을 2편에서는, "어찌하여 열방이 분노하며 민족들이 허사를 경영하는고 세상의 군왕들이 나서며 관원들이 서로 꾀하여 여호와와 그 기름 받은 자를 대적하며"(2:1-2) 하고 말씀합니다.

㉣ 83편의 의미문맥과 구속사라는 맥락으로 볼 때, 대적이 치려하는 "주의 숨긴 자"(3)가 누군가? "본래 하나님을 본 사람이 없으되 아버지 품속에 있는 독생 하신 하나님이 나타내셨느니라"(요 1:18) 하신, 그리스도를 상기한다는 것은 너무나 자연스러운 일입니다. 그리고 그리스도의 구속으로 말미암아,

㉠ 구약시대에는 "주의 백성", 즉 구약교회(27:5)가 "주의 숨긴 자"가 되고, ㉡ 신약시대에는, "이는 너희가 죽었고 너희 생명이 그리스도와 함께 하나님 안에 감취었음이니라"(골 3:3) 하고, 바로 형제가 "주의 숨긴 자"가 되는 것입니다.

③ 대적은 이를 파괴하기 위하여, "저희가 일심으로 의논하고 주를 대적하여 서로 언약하니"(5),

㉠ "곧 에돔의 장막과 이스마엘인과 모압과 하갈인이며 그발과 암몬과 아말렉이며 블레셋과 두로 거민이요 앗수르도 저희와 연합하여 롯 자손(모압과 암몬)의 도움이 되었나이다(셀라)"(6-8) 하는 것입니다.

여기 열거한 열 족속이 일시(一時)에 이스라엘을 공격해 온 것은

아니겠지만, 모두가 주변 국가들로서 기회만 있으면 이스라엘을 괴롭힌 자들이기 때문에 일괄적으로 거론하는 것입니다. 이것이 "하나님의 나라를 파괴하려는 자들"입니다.

둘째 단원(9-12) 하나님의 옛적 구원을 상기함

둘째 단원은 하나님이 싸워주신 옛적 구원을 들어서, 현재의 구원을 간구하는 내용입니다.

④ "주는 미디안인에게 행하신 것 같이"(9상) 란, 기드온의 적은 군사 300을 들어서 미디안의 대군을 물리치게 하신 사사기 6-7장을 상기하는 말이고,

㉠ "기손 시내에서 시스라와 야빈에게 행하신 것 같이 저희에게도 행하소서 그들은 엔돌에서 패망하여 땅에 거름이 되었나이다"(9하-10) 하는 것은, 연약한 여자 드보라 사사를 들어서 가나안 왕 야빈과 그의 군대장관 시스라를 물리치게 하신(삿 4장) 것을 상기하는 것이요.

㉡ "저희 귀인으로 오렙과 스엡 같게 하시며, 저희 모든 방백으로 세바와 살문나와 같게 하소서"(11) 하는데, 이들은 모두 기드온에게 죽임을 당한 자들(삿 7장-8장)입니다.

⑤ 이처럼 간구하는 정당성으로, "저희가 말하기를 우리가 하나님의 목장을 우리의 소유로 취하자 하였기"(12) 때문이라는 것입니다.

㉠ "하나님의 목장"이 1차적으로는 이스라엘을 가리키는 것이지만, 구속사의 맥락으로 보면 창세기로부터 시작하여 계시록에 이르기까지, 하나님의 영광을 찬탈하려는 것이 사탄의 일관된 궤계임을 알게 됩니다.

㉮ 예루살렘이 멸망하자 두로는 말하기를, "아하 좋다 만민의 문이 깨어져서 내게로 돌아왔도다 그가 황무하였으니 내가 충만함을 얻으리라"(겔 26:2) 하고, 환호하였던 것입니다. ㉯ 주님의 비유말씀 중에 "악한 농부의 비유"가 있습니다. 포도원을 만들어 농부들에게 세로 주고 타국에 갔다가 실과 때가 되어 종들을 보내매, "종들을 잡아 하나는 심히 때리고 하나는 죽이고 하나는 돌로 쳤거늘 다시 다른 종들을 처음보다 많이 보내니 저희도 그렇게 한지라"(마 21:33-36), 이는 실로 구약 역사를 요약한 말씀입니다. ㉰ 그래서 "후에 자기 아들을 보내며 가로되 저희가 내 아들은 공경하리라 하였더니 농부들이 그 아들을 보고 서로 말하되 이는 상속자니 자 죽이고 그의 유업을 차지하자"(마 21:37-38) 했다는 것입니다. 이 말씀이, "저희가 말하기를 우리가 하나님의 목장을 우리의 소유로 취하자 하였나이다"(12)에 대한 정확한 해설이 됩니다.

그래서 주님은 사탄을 가리켜, "이 세상 임금"(요 12:31; 16:11)이라 하신 것입니다. 이것이 "하나님의 옛적 구원을 상기함"입니다.

셋째 단원(13-18) 하나님만 지존자로 알게 하소서

셋째 단원의 중심점은, "저희로 주의 이름을 찾게 하소서(16), 주만 온 세계의 지존자로 알게 하소서"(18)에 있습니다. 그러니까 저들의 멸망만을 구하고 있는 것이 아니라, 대적하는 저들도 하나님을 알게 해달라고 간구하고 있는 것입니다.

⑥ "나의 하나님이여 저희로 굴러가는 검불 같게 하시며 바람에 날리는 초개같게 하소서"(13),

㉠ "삼림을 사르는 불과 산에 붙는 화염같이 주의 광풍으로 저희를

쫓으시며 주의 폭풍으로 저희를 두렵게 하소서"(14-15) 하는 말은, 대적을 몰아내 달라는 말입니다. 그러니까 대적들을 "광풍, 폭풍" 앞에 굴러가는 "검불 같게, 지푸라기 같기"해 달라, "삼림을 사르는 불과 화염같이" 해달라고 간구합니다.

⑦ 그런데 여기서 끝이고 있는 것이 아니라, "여호와여 수치로 저희 얼굴에 가득케 하사 저희로 주의 이름을 찾게 하소서"(16) 합니다. "수치"가 심판을 의미하는 것이라면, "주의 이름을 찾게" 해달라는 것은 구원을 얻게 해달라는 뜻이라 하겠습니다.

㉠ 결론 부분에서도, "저희로 수치를 당하여 영원히 놀라게 하시며 낭패와 멸망을 당케 하사 여호와라 이름 하신 주만 온 세계의 지존자로 알게 하소서"(17-18) 하고, "수치"를 당케 해달라는 말과, "지존자로 알게" 해달라는 말이 함께 등장합니다.

㉮ 하나님을 아는 데는, 회개하고 돌아옴으로 아는 길과, ㉯ 거역하다가 "심판"을 당함으로 알게 되는 두 가지 길이 있습니다.

그렇다면 이렇게 말씀하고 있는 셈입니다. "주의 숨긴 자를 치려고 서로 의론"(3)하던 간계를 버리고 "주의 이름을 찾으라(16), 그리하면 수치를 당하게 되지 아니하리라".

㉡ "침묵치 마소서"(1) 하고, 이스라엘의 구원으로 시작이 된 83편은, "주만 온 세계의 지존자로 알게 하소서"(18) 하고, "온 세계"로 확장함으로 마치고 있습니다. 시편 기자는 이스라엘의 승리만을 간구하고 있는 것이 아니라 "영원한 승리", 즉 "그의 나라와 그의 의"를 구하고 있는 것입니다.

왜냐하면 "온 세계의 지존자로 알게 하소서" 하는 말씀 속에는 복음이 온 세계로 퍼져나가게 되리라는 뜻이 암시되어 있기 때문입니다. 이것이 "하나님의 목장을 취하려는 대적들"은 수치를 당하게 되고, "여호와라 이름 하신 주만 온 세계의 지존자로 알게 하소서"(18) 하는 간구입니다.

적용

싸움은 끝난 것이 아닙니다. 저들은 "하나님의 목장"을 자신들의 소유로 삼으려는 자이나, 우리는 "그의 나라와 그의 의"가 이루어지게 하시려는 선한 싸움을 싸우고 있는 것입니다. 이점에서 누군가가 가장 부지런한 자는 "사탄의 사역자들"이라고 한 말을 명심할 필요가 있습니다.

묵상

㉠ 승리의 비결이 하나님의 옛적 구원을 상기함에 있음에 대해서,
㉡ 하나님의 목장을 자기 소유로 삼으려는 궤계에 대해서,
㉢ 하나님만 온 세계의 지존자로 알게 하소서의 의미에 대해서.

시편 84편 개관도표
하나님 앞에 나타나기를 사모함

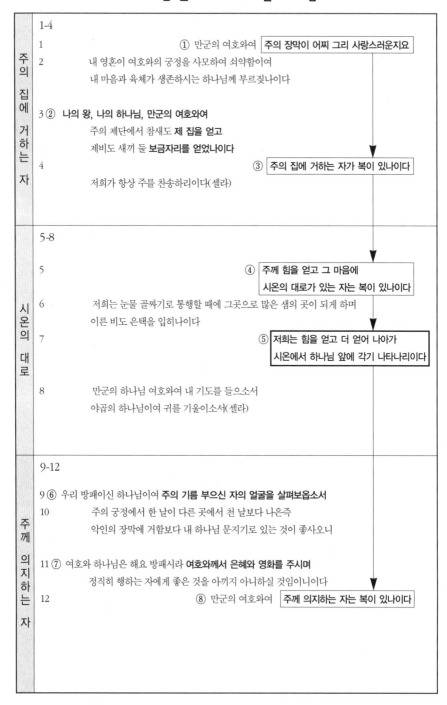

주의 집에 거하는 자

1-4

1 ① 만군의 여호와여 주의 장막이 어찌 그리 사랑스러운지요

2 내 영혼이 여호와의 궁정을 사모하여 쇠약함이여
내 마음과 육체가 생존하시는 하나님께 부르짖나이다

3 ② 나의 왕, 나의 하나님, 만군의 여호와여
주의 제단에서 참새도 제 집을 얻고
제비도 새끼 둘 보금자리를 얻었나이다

4 ③ 주의 집에 거하는 자가 복이 있나이다
저희가 항상 주를 찬송하리이다(셀라)

시온의 대로

5-8

5 ④ 주께 힘을 얻고 그 마음에
시온의 대로가 있는 자는 복이 있나이다

6 저희는 눈물 골짜기로 통행할 때에 그곳으로 많은 샘의 곳이 되게 하며
이른 비도 은택을 입히나이다

7 ⑤ 저희는 힘을 얻고 더 얻어 나아가
시온에서 하나님 앞에 각기 나타나리이다

8 만군의 하나님 여호와여 내 기도를 들으소서
야곱의 하나님이여 귀를 기울이소서(셀라)

주께 의지하는 자

9-12

9 ⑥ 우리 방패이신 하나님이여 주의 기름 부으신 자의 얼굴을 살펴보옵소서

10 주의 궁정에서 한 날이 다른 곳에서 천 날보다 나은즉
악인의 장막에 거함보다 내 하나님 문지기로 있는 것이 좋사오니

11 ⑦ 여호와 하나님은 해요 방패시라 여호와께서 은혜와 영화를 주시며
정직히 행하는 자에게 좋은 것을 아끼지 아니하실 것임이니이다

12 ⑧ 만군의 여호와여 주께 의지하는 자는 복이 있나이다

84편
하나님 앞에 나타나기를 사모함

저희는 힘을 얻고 더 얻어 나아가 시온에서 하나님 앞에 각기 나타나리이다
(시 84:7).

84편의 중심점은 "하나님 앞에 각기 나타나리이다"(7)에 있습니다. 표면적으로 보면 84편의 주제가 "주의 장막(1), 여호와의 궁전(2), 주의 제단(3), 주의 집"(4)이라한 성전(聖殿)을 사모하는 것으로 여길 수가 있습니다.

그런데 이점을 "마음에 시온의 대로가 있는 자는 복이 있나이다"(5) 한 말씀과 결부를 시키면 어떤 의미가 되는가? 하나님의 존전에서 추방을 당한 아담의 후예들의 절체절명의 소원이 무엇인가? "내가 어느 때에 나아가서 하나님 앞에 뵈올꼬"(42:2) 하는, 하나님 앞으로 돌아가는 것입니다. 그런데 인간의 행위나 자력으로는 불가능하다는데 우리의 절망이 있는 것입니다.

그러므로 본문에는 도표 우측에 표시된 대로 "복이 있는 자"가 3번 나타납니다.

㉠ 핵심은 "주의 집에 거하는 자"가 복이 있는데,

㉡ "그 마음에 시온의 대로가 있는 자는 복이 있나이다" 하는 것은 이들만이 갈 수가 있기 때문이고,

ⓒ 행위로 되는 것이 아니라 결론은, "주께 의지하는 자는 복이 있나이다"(12) 하고 "믿음"으로만이 가능하여진다고 말씀합니다.

그러므로 열쇠는 "시온의 대로"에 있는 것입니다. 이 길을 알기만한다면, 이 길을 찾기만 한다면, 하나님 앞에 나아갈 수가 있기 때문입니다. 그러므로 본문을 통해서 이 "길"을 발견할 수 있어야만 하는것입니다.

첫째 단원(1-4) 주의 집에 거하는 자의 복
둘째 단원(5-8) 마음에 시온의 대로가 있는 자의 복
셋째 단원(9-12) 주를 의지하는 자의 복

첫째 단원(1-4) 주의 집에 거하는 자의 복

첫째 단원의 중심점은, "주의 집에 거하는 자가 복이 있다"는데 있습니다. 본문을 상고하기 전에 먼저 질문을 드려야만 하겠습니다. 형제는 "의문(儀文)의 직분과 영의 직분" 중 어디에 속합니까? 본문을 강해할 때에 예수를 그리스도로 인정하지 않는 의문의 직분 자들인유대인 학자들처럼 해서는 아니 됩니다. 왜냐하면 "의문은 죽이는 것이요 영은 살리는 것임이니라"(고후 3:6-9) 하고 말씀하기 때문입니다. 즉 그런 강해로는 생명을 주지 못한다는 말씀입니다.

① "만군의 여호와여 주의 장막이 어찌 그리 사랑스러운지요"(1),

㉠ "내 영혼이 여호와의 궁정을 사모하여 쇠약함이여 내 마음과 육체가 생존하시는 하나님께 부르짖나이다"(2) 합니다. 얼마나 사모했으면 "사모하여 쇠약함이여" 하겠는가? 119:131절에 보면, "내가 주의 계명을 사모하므로 입을 열고 헐떡였나이다" 합니다.

ⓛ 그런데 본문을 관찰해보면, "주의 궁전에서 한 날이 다른 곳에서 천 날보다 났다" 하고 말하면서도, "사모하여 쇠약함이여, 부르짖나이다" 하는 것은 나아갈 수 없도록 가로막고 있는 어떤 장애(障碍)가 있음을 나타냅니다.

② 그래서 "나의 왕, 나의 하나님, 만군의 여호와여 주의 제단에서 참새도 제 집을 얻고 제비도 새끼 둘 보금자리를 얻었나이다"(3) 하고, 부러워하는 것입니다.

ⓘ 참새도, 제비도 "얻고, 얻었나이다", 그러건만 자신은 "얻지를" 못하고 있다는 탄식입니다.

③ 그리하여 "주의 집에 거하는 자가 복이 있나이다"(4상) 합니다.

ⓘ 주의 집에 거하기만을 바라는 것이 아니라, "저희가 항상 주를 찬송하리이다(셀라)"(4하), 항상 찬송하는 날이 이르기를 바라고 사모한다는 것입니다. "항상 찬송"만이 아니라 영원토록 찬양하게 되기를! 본문에 등장하는 3번의 "복 있는 자"를 보면,

㉮ "주의 집에 거하는 자가 복이 있고"(4), ㉯ "그 마음에 시온의 대로가 있는 자는 복이 있고"(5), ㉰ "주께 의지하는 자는 복이 있나이다"(12) 합니다.

이는 3가지 복이 아니라 하나님께서 아브라함에게, "또 네 씨로 말미암아 천하 만민이 복을 얻으리니"(창 22:18) 하신 하나의 복 곧 "구원의 복"인 것입니다.

ⓘ 이처럼 사모하면서도 주의 집에 나아가지 못하고 있는 시편 기자의 사정을 본문은 말씀해주고 있지 않습니다. 왜냐하면 성령께서 본문을 통해서 말씀하고자 하는 바는 개인적인 문제가 아니라, 모든

사람이 하나님 존전에 나아갈 수 있는 근본적인 방도가 무엇인가를 깨닫게 되기를 원하시기 때문입니다.

ⓛ 이에 대해 신약성경은, "성령이 이로써 (성막 식양) 보이신 것은 첫 장막이 서 있을 동안에 성소에 들어가는 길이 아직 나타나지 아니한 것이라, 예법(禮法)만 되어 개혁(改革)할 때까지 맡겨 둔 것이니라"(히 9:8, 10) 합니다. 즉 성막 식양을 통해서 말씀하시려는 바도 84편의 중심주제와 동일한,

㉮ 하나님 앞(지성소)에 나아가는 <길>이 누구의 무엇에 의하여 열려지게 되어, ㉯ "하나님 앞에 각기 나타나리이다"(7) 하는 것이 가능하여지는가 하는 점이라는 말씀입니다.

신약의 성도들은 휘장은 열려지고 모형으로 보여주셨던 것이 참 것으로 개혁된 이후 시대에 세움을 받은 새 언약의 일꾼들입니다. 그러므로 본문을 통해서 "문제와 해답", 즉 하나님께 나아가지 못하는 장애가 무엇이며, 이에 대한 해답이 어떻게 주어졌는가를, "굳세게 말해야"(딛 3:8) 하는 것입니다.

둘째 단원(5-8) 마음에 시온의 대로가 있는 자의 복

둘째 단원의 중심점은 "마음에 시온의 대로가 있는 자는 복이 있나이다" 하는 말씀에 있습니다. 이 말씀을 대하면서 형제도 놀라움을 금치 못하고 있습니까? 왜냐하면 "마음에 시온의 대로가 있는 자"라는 말은 의문(儀文)이 아니라 영에 속한 말씀이요, 복음적인 말씀이기 때문입니다.

율법의 대명사인 모세도, "너희는 마음에 할례를 행하라"(신 10:16) 하는 놀라운 말씀을 했습니다. 이는 새 언약의 일꾼인 바울이 영광스

러운 로마서에서 증거한 말씀입니다.

④ "주께 힘을 얻고 그 마음에 시온의 대로가 있는 자는 복이 있나이다"(5) 합니다.

㉠ 다시 강조합니다만 시편 기자가 사모하고 있는 것은 예루살렘에 있는 성전일터인데, "그 마음에 시온의 대로가 있는 자는 복이 있다" 하고 말씀한다는 것은 우리를 놀라게 합니다. 그리고 부끄럽게 만듭니다.

"그 마음에 시온의 대로가 있는 자"라는 표현은, 하나님 앞에 나아가는 방도가 의문에 속한 것이 아니라 마음, 즉 신령에 속한 문제임을 인식하고 하는 말씀인 것입니다.

그러므로 유념해야할 점은 우리가 하나님을 만나고, "하나님 앞에 각기 나타나리이다" 하는 곳은 불타버린 예루살렘 성전이 아니라는 점입니다. 이점을 지적하는 이유는 예루살렘 성전이 유형적으로 복원되기를 기다리는 해석이 있기 때문입니다. 성경은 말씀하기를, "그리스도께서는 참 것의 그림자인 손으로 만든 성소에 들어가지 아니하시고 오직 참 하늘에 들어가사 이제 우리를 위하여 하나님 앞에 나타나시고"(히 9:24) 합니다.

㉡ 그렇다면 형제는 어떤 사람이 "마음에 시온의 대로가 있는 자"인지 말해줄 수가 있습니까?

㉮ "내가 곧 길이다" 하신, 예수 그리스도를 마음에 영접한 사람입니다. ㉯ "나로 말미암지 않고는 아버지께로 올 자가 없느니라"(요 14:6) 하신 예수 그리스도의 구속을 믿는 자입니다. ㉰ "누구든지 그리스도의 영이 없으면 그리스도의 사람이 아니라"(롬 8:9) 한, "그리스도의 영을 모신 사람입니다.

"그리스도께서도 한 번 죄를 위하여 죽으사 의인으로서 불의한 자를 대신하셨으니 이는 우리를 하나님 앞으로 인도하려 하심이라"(벧전 3:18), 우리가 그 안에서 그를 믿음으로 말미암아 담대함과 하나님께 당당히 나아감을 얻느니라"(엡 3:12)를 확신하는 사람입니다.

ⓒ 문제는 "마음에 시온의 대로"가 있게 되는 것은 인간의 행위로나 노력으로 되어지는 것이 아닙니다. 이점이 "주께 힘을 얻고(5), 저희는 힘을 얻고 더 얻어"(7) 하는 말씀에 나타납니다. 즉 주께로 말미암아 가능해진다는 것입니다.

이점을 신약성경에서는, "그러므로 형제들아 우리가 예수의 피를 힘입어 성소에 들어갈 담력을 얻었나니, 참마음과 온전한 믿음으로 하나님께 나아가자"(히 10:19, 22) 하는 것입니다. 이를 달리 표현한 것이 "그러면 이제 우리가 그 피를 인하여 의롭다하심을 얻었으니(롬 5:9), 은혜의 보좌 앞에 담대히 나아갈 것이니라"(히 4:16) 하는 말씀입니다.

ⓓ 그런데 그냥 길이라 하지 않고 "시온의 대로"(大路)라 하십니다. 이는 두 마디로 되어 있는데,

㉮ 먼저 "시온"이라는 말입니다. 어찌하여 "시온의 대로"라 하는가? 이는 의도적으로 하는 말씀입니다. "내가 나의 왕을 내 거룩한 산 시온에 세웠다 하시리로다(2:6), 이스라엘의 구원이 시온에서 나오기를 원하도다"(14:7) 하는 말씀을 아는 성도라면 대답은 분명한 것입니다. ㉯ 다음은 "대로"라는 표현입니다. 그리스도인이라고 모두가 "마음에 대로"가 있는 것은 아닙니다. 어떤 사람에게는 희미한 "소로"(小路)가 있을 뿐입니다. 그런 사람은 "우리가 그 안에서 그를 믿음으로 말미암아 담대함과 하나님께 당당히 나아감을 얻느니라"(엡 3:12)에 확신이 없게 됩니다. 그리하여 때로는 길을 잃고 방황하기도 하는 것입니다. 그래서 "저희가 광야 사막 길에서 방황하며 거할 성을 찾지

못하고" 합니다. 그런 자들을 "또 바른 길로 인도하사 거할 성에 이르게 하셨도다 여호와의 인자하심과 인생에게 행하신 기이한 일을 인하여 그를 찬송할지로다"(107:4, 7-8) 합니다.

ⓜ "저희는 눈물 골짜기로 통행할 때에 그곳으로 많은 샘의 곳이 되게 하며 이른 비도 은택을 입히나이다"(6) 합니다. 이는 두 마디로 되어 있는데,

㉮ 첫째는 "눈물 골짜기"입니다. 23:4절에서는 "사망의 음침한 골짜기"라고 말씀합니다. "마음에 시온의 대로가 있는" 자 앞에는 평탄한 길만 있는 것은 아닙니다. 도리어 "눈물 골짜기, 사망의 음침한 골짜기"를 통과할 각오를 해야만 하는 것입니다. "제자들의 마음을 굳게 하여 이 믿음에 거하라 권하고 또 우리가 하나님의 나라에 들어가려면 많은 환난을 겪어야 할 것이라"(행 14:22) 하십니다. ㉯ 둘째는 "그곳으로 많은 샘의 곳이 되게 하며" 하십니다. "샘, 이른 비, 은택" 등은 모두가 위로부터 공급해주시는 은혜를 나타냅니다. 이점을 이사야 선지자로 말씀하시기를, "이는 광야에서 물이 솟겠고 사막에서 시내가 흐를 것임이니라 뜨거운 사막이 변하여 못이 될 것이며 메마른 땅이 변하여 원천(源泉)이 될 것이며 시랑의 눕던 곳에 풀과 갈대와 부들이 날 것이며 거기 대로가 있어 그 길을 거룩한 길이라 일컫는바 되리니"(사 35:6-8) 하십니다.

⑤ "저희는 힘을 얻고 더 얻어"(7상) 합니다.

㉠ 이는 자력으로는 불가능하다는 점을 나타내는데, "힘을 얻고, 더 얻어" 하는 것은 한 번 얻은 것으로 족한 것이 아니라, 위로부터의 계속적인 공급이 있어야 함을 타냅니다. 그리하여 드디어, "나아가 시온에서 하나님 앞에 각기 나타나리이다"(7하) 하는 것입니다. 여기가

천로역정의 목적지입니다.

계시록 7장에는 "각 나라와 족속과 백성과 방언에서 아무라도 능히 셀 수 없는 큰 무리가 흰옷을 입고 손에 종려가지를 들고 보좌 앞과 어린양 앞에 서" 있는 장면이 있습니다. 그들은 하나님 앞과 그리스도 앞에 서서 "큰 소리로 외쳐 가로되 구원하심이 보좌에 앉으신 우리 하나님과 어린양에게 있도다"(계 7:9-10) 하고 증거합니다. 본문은 이를 전망하고 있는 것입니다. 그래서 그냥 대로라 하지 않고 "시온의 대로"라 하는 것입니다.

ⓛ 이 소망은 미래에 속한 것이기에, "만군의 하나님 여호와여 내 기도를 들으소서 야곱의 하나님이여 귀를 기울이소서(셀라)"(8) 하고 간구하는 것입니다. 이것이 "마음에 시온의 대로가 있는 자의 복"입니다.

셋째 단원(9-11) 주를 의지하는 자의 복

셋째 단원의 중심점은 "주께 의지하는 자는 복이 있나이다"(12) 하는 말씀에 있습니다. "의지한다"는 말은 믿는다는 뜻입니다. 열쇠가 여기에 있는 것입니다.

⑥ "우리 방패이신 하나님이여 주의 기름 부으신 자의 얼굴을 살펴 보옵소서"(9) 합니다.

㉠ 먼저 "주의 기름 부으신 자"가 누구를 가리키는가 하는 점입니다. 이점에서 84편에 나타난 인칭대명사의 변화를 생각하게 합니다.

㉮ 첫째 단원에서는 "내 영혼이" 하고 1인칭으로 시작하여, ㉯ 둘째 단원에서는 "저희는 힘을 얻고" 하고 3인칭으로 말씀하다가, ㉰ 결론 부분에 이르러서는 "우리 방패이신 하나님이여" 하고, 모두를 포용하는 "우리"로 변하고 있습니다. 이는 시편 기자의 관심이 "나"에게

서 "우리"라는 공동체로 확대되고 있음을 나타냅니다.

ⓛ 그렇다면 "기름 부으신 자"란 1차적으로 이스라엘의 왕을 가리킨다 하겠습니다. 그런데 이를 구속사라는 넓은 맥락에서 본다면 "기름 부음을 받은 왕"은 메시아에 대한 예표의 인물인 것입니다. 그렇다면 "주의 기름 부으신 자의 얼굴을 살펴보옵소서"(9하) 하는 것은 결국 메시아를 대망하는 것이 됩니다.

ⓒ 이점이 "주의 궁정에서 한 날이 다른 곳에서 천 날보다 나은즉 악인의 장막에 거함보다 내 하나님 문지기로 있는 것이 좋사오니"(10) 하는 진술에도 암시가 되어 있습니다. 물론 이 말은 주의 궁전을 이토록 사모한다는 뜻이지만, 이 표현에는 "주의 집에 거하게"(4) 되기를 간절히 사모하는 기다림이 나타납니다. 그렇습니다. 신약의 성도들도 "사랑하는 자들아 주께는 하루가 천년 같고 천년이 하루 같은 이 한 가지를 잊지 말라"(벧후 3:8) 한 말씀과 같이, 주의 날이 임하기를 간절히 사모하는 "기다리는" 자들인 것입니다.

⑦ "여호와 하나님은 해요 방패시라 여호와께서 은혜와 영화를 주시며 정직히 행하는 자에게 좋은 것을 아끼지 아니하실 것임이니이다"(11) 합니다.

㉠ "여호와 하나님은 해요 방패시라" 하는 것은, 대적 자가 있기 때문이요,

ⓛ "여호와께서 은혜와 영화를 주시며" 하는 것은, 이상의 진술들이 전적인 하나님의 은혜요, 지금은 "은혜"로 인도해주시고, 그날에는 "영화"를 주시리라는 소망을 나타냅니다.

ⓒ "정직히 행하는 자에게 좋은 것을 아끼지 아니하실 것임이니이다" 하는 말씀은 우리를, "너희 아버지께서 구하는 자에게 좋은 것으

로 주시지 않겠느냐"(마 7:11) 하신 말씀으로 인도해줍니다.

⑧ "주의 장막이 어찌 그리 사랑스러운지요"(1) 하고 시작한 84편은, "여호와여 주께 의지하는 자는 복이 있나이다"(12) 하는 결론에 도달합니다.

㉠ 이는 결론이면서 이제까지 진술한 모든 사모함에 대한 열쇠가 되는 말씀입니다. 왜냐하면,

㉮ "그 마음에 시온의 대로"(5)를 얻게 되는 것도, "주께 의지하는 자는 복이 있나이다"로 되어지는 것이요, ㉯ "나아가 시온에서 하나님 앞에 각기 나타나리이다"(7) 하는 것도, "주께 의지하는 자는 복이 있나이다", 즉 믿음으로만이 가능하여지기 때문입니다. 이것이 "주를 의지하는 자의 복"이요, "하나님 앞에 각기 나타나는" 비결인 것입니다.

적용

형제의 마음에도 시온의 대로가 있겠지요. 주께 힘을 얻고 더 얻어 나아가 하나님 앞에 나타나기를 사모하십시다. 이것이 현재는 예배와 기도를 통해서 이루어지고, 주님 오시는 날에는 얼굴과 얼굴을 대면하게 될 것입니다.

묵상

㉠ 세 가지 복 있는 자에 대해서,
㉡ "마음에 시온의 대로가 있는 자"라는 구속사적 의미에 대해서,
㉢ "주를 의지하는 자는 복이 있다"는 결론에 대해서.

시편 85편 개관도표
의와 화평의 입맞춤을 대망함

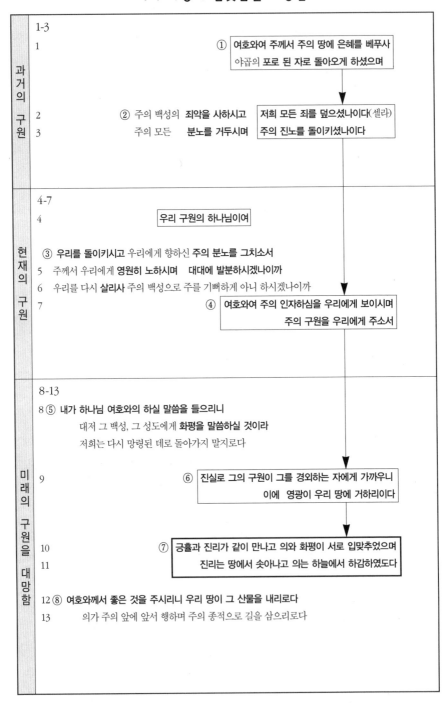

과거의 구원

1-3

1 ① 여호와여 주께서 주의 땅에 은혜를 베푸사 야곱의 포로 된 자로 돌아오게 하셨으며

2 ② 주의 백성의 죄악을 사하시고 저희 모든 죄를 덮으셨나이다(셀라)
3 주의 모든 분노를 거두시며 주의 진노를 돌이키셨나이다

현재의 구원

4-7

4 우리 구원의 하나님이여

③ 우리를 돌이키시고 우리에게 향하신 주의 분노를 그치소서
5 주께서 우리에게 영원히 노하시며 대대에 발분하시겠나이까
6 우리를 다시 살리사 주의 백성으로 주를 기뻐하게 아니 하시겠나이까
7 ④ 여호와여 주의 인자하심을 우리에게 보이시며 주의 구원을 우리에게 주소서

미래의 구원을 대망함

8-13

8 ⑤ 내가 하나님 여호와의 하실 말씀을 들으리니
대저 그 백성, 그 성도에게 화평을 말씀하실 것이라
저희는 다시 망령된 데로 돌아가지 말지로다

9 ⑥ 진실로 그의 구원이 그를 경외하는 자에게 가까우니 이에 영광이 우리 땅에 거하리이다

10 ⑦ 긍휼과 진리가 같이 만나고 의와 화평이 서로 입맞추었으며
11 진리는 땅에서 솟아나고 의는 하늘에서 하감하였도다

12 ⑧ 여호와께서 좋은 것을 주시리니 우리 땅이 그 산물을 내리로다
13 의가 주의 앞에 앞서 행하며 주의 종적으로 길을 삼으리로다

85편
의와 화평의 입맞춤을 대망함

진실로 그의 구원이 그를 경외하는 자에게 가까우니 이에 영광이 우리 땅에 거하리이다(시 85:9).

85편의 중심점은 "긍휼과 진리가 같이 만나고, 의와 화평이 서로 입맞추었으며"(10)에서 구할 수가 있습니다. 이는 사도 바울이 "이 비밀이 크도다"(엡 5:32) 한, 연합교리인 교제의 극치를 나타냅니다. 이 교제를 구속사라는 맥락으로 보면, 죄로 말미암아 하나님과 단절이 되었던 자들이 하나님과의 "만남과 입맞춤"이 회복하게 된다는 놀라운 기쁜 소식이 되는 것입니다. 그러므로 이 교제와 만남이 3번 등장하는 "구원"(4, 7, 9)과 결부가 되고 있는 것입니다. 그래서 하나님을 "우리 구원의 하나님"이라 고백합니다.

85편은 과거에 구원하여주신 행사를 들어서, 현재의 환난에서도 구원하여주시기를 간구하는 내용입니다. 그런데 현재의 구원에 머무는 것이 아니라, "진실로 그의 구원이 가까우니 이에 영광이 우리 땅에 거하리이다"(9) 하고 미래에 있을 구원까지 나아가고 있는 것입니다. 그러므로 85편의 주제는, 예표적인 구원을 들어서 미래에 있을 궁극적인 구원을 증거하는데 있습니다.

첫째 단원(1-3) 과거에 베푸신 구원

둘째 단원(4-7) 현재의 구원을 간구함

셋째 단원(8-13) 미래의 구원을 대망함

첫째 단원(1-3) 과거에 베푸신 구원

첫째 단원의 중심점은, "야곱의 포로 된 자로 돌아오게 하셨다"(1)는데 있습니다. 이는 바벨론에서의 포로 귀환으로 여겨집니다.

① "여호와여 주께서 주의 땅에 은혜를 베푸사 야곱의 포로 된 자로 돌아오게 하셨으며"(1하) 합니다. 이 진술은 9절에서 "그의 구원이, 가까우니" 하는 미래에 있을 구원과 결부가 되는 말씀입니다.

㉠ 왜냐하면 구속사의 맥락에서 보면 바벨론의 포로귀환이란, "나를 보내사, 포로 된 자에게 자유를, 갇힌 자에게 놓임을 전파하며"(사 61:1) 하신 궁극적인 구원에 대한 예표가 되기 때문입니다. 출애굽의 "구속"이 영원한 구속이 아니듯이, 바벨론의 포로귀환도 온전한 자유는 아니었던 것입니다. 이점이 이어지는 말씀에 분명히 나타납니다.

② "주의 백성의 죄악을 사하시고 저희 모든 죄를 덮으셨나이다(셀라)"(2) 합니다.

㉠ 시편 기자는 포로 된 자를 돌아오게 해주심을 "은혜를 베푸심"(1)이라 했습니다. 그런데 그 은혜가 구체적으로 어떻게 베풀어졌는가?

㉮ "백성의 죄악을 사하시고", ㉯ "저희 모든 죄를 덮으셨나이다"(2), ㉰ "주의 모든 분노를 거두시며", ㉱ "주의 진노를 돌이키셨나이다"(3), 이렇게 은혜를 베풀어 주셨다는 것입니다.

㉡ 이 말씀을 대하면서 어떤 깨달음이 있습니까? "사하시고, 덮으

시고, 거두시고, 돌이키심"은, 그냥 되어지는 것도 아니요, 그렇다고 의문으로 가능해지는 것도 아닙니다. "죄 값은 사망이라" 선언하신 하나님의 의로우심은 죄를 묵과하실 수가 없으신 것입니다.

ⓒ 이런 구속사의 관점으로, "주의 땅에 은혜를 베푸사, 백성의 죄악을 사하시고, 모든 죄를 덮으셨나이다"(1-2) 하는 말씀을 대한다면, "그는 새 언약의 중보니 이는 첫 언약 때에 범한 죄를 속하려고 죽으사"(히 9:15) 하신 그리스도의 대속(代贖)으로 인도해주는 것입니다. "우리는 다 양 같아서 그릇 행하여 각기 제 길로 갔거늘 여호와께서는 우리 무리의 죄악을 그에게 담당시키셨도다"(사 53:6) 하십니다.

만일 "백성의 죄악을 사하시고 저희 모든 죄를 덮으셨나이다"(1) 하는 말씀을 설교하면서 주께서 담당하신 대속적인 죽으심을 증거하지 않는다면, 그를 "새 언약의 일꾼"(고후 3:6)이라 말할 수는 없는 것입니다.

왜냐하면 대속적인 죽음이 없이도 "죄가 사해지는" 방도가 있는 양 말한다면 그리스도께서 "헛되이 죽으신 것으로"(갈 2:21) 만들고, 십자가 복음이 필요 없는 것으로 여기는 것이 되기 때문입니다. 한마디로 그런 사람은 그리스도의 증인이 아닌 것입니다. 포로에서 돌아오게 해주심, 이것이 "과거에 베푸신 구원"인데, 사탄의 포로에서 돌아오게 해주실 것에 대한 예표라는 점을 잊지 마시기 바랍니다.

둘째 단원(4-7) 현재의 구원을 간구함

둘째 단원의 중심점은 "주의 구원을 우리에게 주소서"(7)하는데 있습니다. 이는 현재 당면하고 있는 환난에서 구원하여 달라는 간구입니다.

③ "우리 구원의 하나님이여 우리를 돌이키시고 우리에게 향하신 주의 분노를 그치소서"(4) 합니다.

㉠ 선지서를 보면 한결같이 남은 자의 귀환을 말씀하면서, 무지개 빛과 같은 번영과 축복들을 약속합니다. 그러나 귀환 후의 상황은 선지자들의 예언과는 달리 많은 난관에 봉착하게 되었고, 저들은 급속하게 타락의 길을 걸었던 것입니다. 시편 기자는 이 모든 어려움들을 죄에 대한 "주의 분노"의 결과로 보고 있는 것입니다. 왜 분노하셨는가?

2차로 귀환한 에스라는, "나의 하나님이여 내가 부끄러워 낯이 뜨뜻하여 감히 나의 하나님을 향하여 얼굴을 들지 못하오니 이는 우리 죄악이 많아 정수리에 넘치고 우리 허물이 커서 하늘에 미침이니이다, (포로에서 귀환케 하신) 이렇게 하신 후에도 우리가 주의 계명을 배반하였사오니 이제 무슨 말씀을 하오리이까"(스 9:6, 10) 하고 자복합니다.

㉡ 그리하여 본문에서도, "주께서 우리에게 영원히 노하시며 대대에 발분하시겠나이까 우리를 다시 살리사 주의 백성으로 주를 기뻐하게 아니 하시겠나이까"(5-6) 합니다. 주목할 점은 "다시 살리사"라는 말인데 이는 "소생"을 뜻합니다. 그렇다면 포로에서 귀환한 후에도 또 죄악을 행하는 저들에게 어떻게 행해주는 것이 또다시 살리는 것인가? 이점에서 심각하게 고려해야할 점은, 홍수심판을 10번 100번을 내려도, 바벨론 포로로 10번 100번을 내어줘도 "전적타락, 전적부패"한 인간은 자력으로는 구제불능이라는 점입니다. 허물과 죄로 죽었던 자들을 "다시 살리심"이 이런 징벌로 가능하여지는 것이라면, 자기 아들을 대속제물로 내어주시지는 않으셨을 것입니다.

이를 아시기에 하나님께서는, "또 새 영을 너희 속에 두고 새 마음을 너희에게 주되 너희 육신에서 굳은 마음을 제하고 부드러운 마음을 줄 것이며"(겔 36:26) 하신 것입니다. "새 영, 새 마음"을 주신다는 것은 그리스도의 대속을 통해서만이 가능하여지는 다시 태어남, 즉 "중생, 은혜, 복음, 새 언약"을 가리킵니다. 이것이 "다시 살리심"입니다.

④ 이점이 "여호와여 주의 인자하심을 우리에게 보이시며 주의 구원을 우리에게 주소서"(7) 하는 말씀에 나타납니다.

㉠ "주의 인자와 주의 구원"이 결부되어 있음을 유념하시기를 바랍니다. "인자"는 시편의 중심적인 주제중 하나로, 하나님의 사랑, 긍휼, 은혜를 뜻합니다. 이는 "분노, 노하심, 발분"(4-5)과는 상반되는 은혜입니다. 인간의 행위로는 하나님의 "진노"를 당할 수밖에 없지만, 오직 "주의 인자"를 베푸사 우리를 구원하여 달라는 것입니다. 이것이 "현재의 구원을 간구함"입니다.

셋째 단원(8-13) 미래의 구원을 대망함

셋째 단원의 중심점은, "만나고, 입맞추었으며"(10)에서 구할 수가 있는데, 이는 교제의 회복을 나타냅니다. 여기가 85편의 중심부가 됩니다.

⑤ 셋째 단원은 "내가 하나님 여호와의 하실 말씀을 들으리니"(8 상) 하고, 시작이 됩니다.

㉠ 어떻게 "여호와의 하실 말씀"을 듣게 되었는가? 둘째 단원은, "우리 구원의 하나님이여 우리를 돌이키시고 우리에게 향하신 주의 분노를 그치소서"(4) 하고, 전부가 하나님께 드린 기도입니다. 그리하여 기도를 드린 후에 하박국 선지자가, "나의 질문에 대하여 어떻게 대답하실는지 보리라"(합 2:1) 함과 같이, "내가 하나님 여호와의 하

실 말씀을 들으리니"(8) 하는 것입니다.

ⓛ 그러면 여호와께서 시편 기자에게 하신 "말씀"이 무엇인가? "대저 그 백성, 그 성도에게 화평을 말씀하실 것이라"(8중) 한, "화평"(和平)입니다. 이는 둘째 단원에서 언급한 "주의 분노, 노하심, 발분"과는 반대되는 말씀입니다. 이를 구속사라는 맥락에서 보면 어떤 의미가 있는가?

㉮ 하나님께서는 에스겔 선지자를 통해서, "내 종 다윗이 영원히 그 왕이 되리라" 하고, 메시아 예언을 말씀하시면서, "내가 그들과 화평의 언약을 세워서 영원한 언약이 되게 하고"(겔 37:25-26) 하십니다. ㉯ 이런 맥락에서 하나님께서 세워주시겠다는 "화평의 언약"이란, "그는 우리의 화평이신지라 둘로 하나를 만드사 중간에 막힌 담을 허시고 원수 된 것 곧 의문에 속한 계명의 율법을 자기 육체로 폐하셨으니 이는 이 둘로 자기의 안에서 한 새 사람을 지어 화평하게 하시고 또 십자가로 이 둘을 한 몸으로 하나님과 화목하게 하려 하심이라"(엡 2:14-16)에서 성취될 말씀인 것입니다.

ⓒ 그래서 "저희는 다시 망령된 데로 돌아가지 말지로다"(8하) 하시는 것입니다. 무슨 뜻인가? 어찌하여 에덴에서 추방을 당했는가? 무엇이 하나님과의 사이를 불화하게 만들었는가? "망령"된 죄 때문입니다. 그래서 "망령된 데로 돌아가지 말지로다", 즉 "개가 그 토하였던 것에 돌아가고 돼지가 씻었다가 더러운 구덩이에 도로 눕는 것"(벧후 2:22)같이 하지 말라는 경계입니다.

⑥ 그러면 "화평"이 어떻게 가능하여지는가? "진실로 그의 구원이 그를 경외하는 자에게 가까우니 이에 영광(榮光)이 우리 땅에 거하리이다"(9) 하십니다.

㉠ 이는 두 마디로 되어 있는데 첫째로 주목해야할 점은,

㉮ "이에 영광이 우리 땅에 거하리이다"(9하) 한 점입니다. "우리 땅"이라 한 예루살렘은 "주의 분노"(4)를 받아 폐허가 된 땅이요, 진노 하에 있는 땅입니다. 이런 우리 땅에 "영광이 거하리이다" 하는 것은 엄청난 말씀입니다. 이것이 어떻게 가능하여진단 말인가? ㉯ 그래서 둘째는 "구원이 가깝다" 하는 것입니다.

㉡ 다시 강조합니다만 도표에 표시된 대로 7절에서는 "인자와 구원"이 결부되어 있고, 9절에는 "구원과 영광"이 결부되어 있다는 점을 주목하십시오. 구원은 주의 인자로 말미암고, 영광이 거하리라는 것은 구원의 완성입니다.

㉮ 이런 맥락에서 "구원이 가깝다와, 영광이 거하리라"를 결부시키면 이는, "말씀이 육신이 되어 우리 가운데 거하시매 우리가 그 영광을 보니 아버지의 독생자의 영광이요 은혜와 진리가 충만하더라"(요 1:14)에서 성취될 말씀임을 깨닫게 됩니다. "하나님이 우리와 함께 계시다"(마 1:23)는 임마누엘 사건보다 경이로운 일은 없고, 이 땅에 임할 더 큰 "영광"은 없는 것입니다. ㉯ 학개서에 보면 포로귀환 후 재건하는 제2성전의 초라함에 낙심하고 있는 자들을 향해서, "이 전(殿)의 나중 영광이 이전(以前) 영광(榮光)보다 크리라"(학 2:9) 하십니다. 이는 참 성전으로 오실 임마누엘을 가리키는 말씀입니다. 이것이 "진실로 그의 구원이 그를 경외하는 자에게 가까우니 이에 영광이 우리 땅에 거하리이다"(9)의 뜻입니다. 시편 기자는, "진실로 그렇게 될 것을 믿습니다" 하고 감격해 하는 것입니다.

⑦ 10-13절은, "영광이 우리 땅에 거하리이다"(9)에 대한 상론(詳論)입니다.

㉠ "긍휼과 진리가 같이 만나고 의와 화평이 서로 입맞추었으며" (10) 합니다. 먼저 고려해야할 점은 "시편"은 서술적인 표현양식이 아니라, 시적인 표현이라는 점입니다. 그러므로 문자만을 보고, 함의되어 있는 신령한 의미를 놓쳐서는 안 되는 것입니다. 죄는 분리시키고 파괴하고 죽이는 일을 하지만, 하나님의 구원계획이란 "만나고, 입 맞추고(10), 화평하게 하고(8), 다시 살리시는"(6) 역사인 것입니다.

그러면 "긍휼과 진리가 같이 만나고"(10상)란 어떤 의미인가? 이는 "만나고"에 의해서 해석이 되어야 마땅합니다. 다시 말하면 "만남"이 어떻게 해서 가능하여지게 되는가?

㉮ "긍휼"(헤세드)이 하나님께서 인간에게 베푸실 사랑, 은혜라면, "진리"는 인간의 응답이 됩니다. 그래서 "만남"이 이루어지게 되는 것입니다. 이와 반대의 경우는 "그 들은바 말씀이 저희에게 유익이 되지 못한 것은 듣는 자가 믿음을 화합치 아니함이라"(히 4:2), 즉 만남이 이루어지지 않게 된다는 것입니다. ㉯ 이점이 "진리는 땅에서 솟아나고 의는 하늘에서 하감(下鑑)하였도다" 하는, "땅에서 솟아나고" 라는 표현을 통해서 보완이 되고 있는 것입니다.

㉡ 그러면 "의와 화평이 서로 입 맞추었다"(10하)는 것은 무엇을 의미하는가? 이 말씀도 "입맞춤"에 의해서 해석이 되어야 합니다. "만남"보다, "입맞춤"은 더욱 깊은 교제를 나타내기 때문입니다. 이는 바울이 "이 비밀이 크도다 내가 그리스도와 교회에 대하여 말하노라"(엡 5:32) 한 연합을 의미하는 것입니다.

㉮ 이런 맥락에서 "만나고, 입 맞추었으며" 하는 주제를 구속사라는 넓은 지평에서 바라보면, "배역한 자식들아 돌아오라 나는 너희 남편임이니라"(렘 3:14) 하시는 부부 이미지임을 알게 됩니다. 그래서 이사야서에서는 복음시대를 가리켜, "다시는 너를 버리운 자라 칭하

지 아니하며 다시는 네 땅을 황무지라 칭하지 아니하고 오직 너를 헵시바라 하며 네 땅을 쁄라라 하리니 이는 여호와께서 너를 기뻐하실 것이며 네 땅이 결혼한 바가 될 것임이라"(사 62:4) 하시는 것입니다. ㉯ 호세아 선지자를 통해서는 보다 더 적극적으로, "내가 네게 장가들어 영원히 살되 의와 공변됨과 은총과 긍휼히 여김으로 네게 장가들며 진실함으로 네게 장가들리니 네가 여호와를 알리라"(호 2:19-20) 하십니다.

이보다 더한 영광스럽고 망극하신 말씀이란 달리는 없는 것입니다. 모든 그리스도인들이 이 영광스러움을 깨닫고 확신하는데 거하게 되기를 열망합니다. 이는 오직 "진실로 그의 구원이 그를 경외하는 자에게 가까우니 이에 영광이 우리 땅에 거하리이다"(9) 하시는, 임마누엘을 통해서만 가능하여진다는 점을 잊어서는 아니 됩니다.

⑧ "여호와께서 좋은 것을 주시리니 우리 땅이 그 산물을 내리로다"(12) 합니다.

㉠ 핵심은 "산물을 내리로다"에 있는데, 이 "산물"은 하나님께서 "좋은 것"을 주시기 때문에 산출해 낼 수가 있는 열매를 가리킵니다.

이 산물이 구약의 성도들에게는 농산물의 풍요로움을 의미할 수도 있습니다만 거기서 멈춘다면, 10절에서 말씀한, "긍휼과 진리가 같이 만나고 의와 화평이 서로 입 맞추었다"(10)는 영광스러움을 곡해했거나, 이해하지 못했다는 증거입니다.

㉡ 8절에서 "화평을 말씀하실 것이라" 하심과, 9절의 "구원이 가까우니"라는 말씀들을 상기하시기를 바랍니다. 그리고 10절에서 "긍휼과 진리가 같이 만나고, 의와 화평이 입 맞추었다"는 문맥이라면, 어떤 "산물을 내게" 될 것인가를 생각해 보시기를 바랍니다.

ⓒ 이사야 45:8절을 보십시오. "너 하늘이여 위에서부터 의로움을 비같이 듣게 할지어다 궁창이여 의를 부어내릴 지어다 땅이여 열려서 구원을 내고 의도 함께 움돋게 할지어다 나 여호와가 이 일을 창조하였느니라" 하십니다.

"산물"은 성령의 열매들입니다. "구원"입니다. "성화"입니다. 이점을 로마서에서는, "이는 (율법이라는 전 남편에 대해서는 죽고) 다른 이 곧 죽은 자 가운데서 살아나신 이에게 가서 우리로 하나님을 위하여 열매를 맺히게 하려 함이니라"(롬 7:4) 하고 말씀합니다.

ⓓ 결론은 "의(義)가 주의 앞에 앞서 행(行)하며 주의 종적으로 길을 삼으리로다" 하는 말씀으로 마치고 있는데, "의"가 앞서 가면 그 종적을 뒤따른다는 뜻인데 이를 풀어서 말하면, "자기 양을 다 내어놓은 후에 앞서 가면 양들이 그의 음성을 아는 고로 따라 온다"(요 10:4)는 그런 뜻입니다.

이점을 신약성경에서는, "이를 위하여 너희가 부르심을 입었으니 그리스도도 너희를 위하여 고난을 받으사 너희에게 본을 끼쳐 그 자취(종적)를 따라 오게 하려 하셨느니라"(벧전 2:21) 하십니다.

좀 더 보충한다면 "긍휼과 진리가 같이 만나고, 의와 화평이 서로 입 맞추었으며"(10)를 아는 자, 구원을 얻은 자, 의롭다 하심을 얻은 자, 그리스도의 신부가 된 자들은, 그를 닮기를 사모하고, 그의 자취를 따르기를 열망하게 된다는 말씀입니다. 이것이 "미래의 구원"이요, "의와 화평의 입맞춤을 대망함"입니다.

적용

신약의 성도들은 "의와 화평이 서로 입 맞추었다"는 복음시대를 살아가고 있습니다. 그런데 사탄의 포로에서 귀환한 후에도 현재적으로는 많은 문제들을 안고 있을 것입니다. 고난 너머로 "영광이 우리 땅에 거하리이다" 한, 미래에 완성이 될 영광을 바라보시기를 바랍니다. 이런 맥락에서 "그의 구원이 그를 경외하는" 우리들에게도 "가깝다" 하고 말할 수가 있습니다.

묵상

㉠ 과거에 베푸신 구원에 대해서,

㉡ 현재의 구원을 간구함에 대해서,

㉢ 미래의 구원을 대망함에 대해서.

시편 86편 개관도표
대적이 보고 부끄러워할 은총의 표징

환난 날의 간구	**1-7** 1 ① 여호와여 나는 곤고하고 궁핍하오니 〔귀를 기울여 내게 응답하소서〕 2 나는 경건하오니 〔내 영혼을 보존하소서〕 내 주 하나님이여 주를 의지하는 〔종을 구원하소서〕 3 주여 〔나를 긍휼히 여기소서〕 내가 〔종일 주께 부르짖나이다〕 4 ② 주여 내 영혼이 **주를 우러러 보오니** 주여 내 영혼을 기쁘게 하소서 5 주는 선하사 **사유하기를 즐기시며** 주께 부르짖는 자에게 **인자함이 후하심이니이다** 6 여호와여 나의 기도에 귀를 기울이시고 나의 간구하는 소리를 들으소서 7 **나의 환난 날에 내가 주께 부르짖으리니 주께서 내게 응답하시리이다**
주의 이름을 영화롭게	**8-13** 8 ③ 주여 신들 중에 **주와 같은 자 없사오며** 주의 행사와 같음도 없나이다 9 주여 주의 지으신 모든 〔열방이 와서 주의 앞에 경배하며 주의 이름에 영화를 돌리리이다〕 10 대저 주는 광대하사 기사를 행하시오니 **주만 하나님이시니이다** 11 **여호와여 주의 도로 내게 가르치소서** 내가 주의 진리에 행하오리니 일심으로 **주의 이름을 경외하게 하소서** 12 주 나의 하나님이여 내가 전심으로 주를 찬송하고 〔영영토록 주의 이름에 영화를 돌리오리니〕 13 ④ 이는 내게 향하신 주의 인자가 크사 내 영혼을 깊은 음부에서 건지셨음이니이다
은총의 표징을 주소서	**14-17** 14 ⑤ 하나님이여 교만한 자가 일어나 **나를 치고** 강포한 자의 무리가 내 혼을 찾았사오며 자기 앞에 주를 두지 아니하였나이다 15 ⑥ 〔그러나 **주여 주는 긍휼히 여기시며** 은혜를 베푸시며 **노하기를 더디하시며 인자와 진실이 풍성하신 하나님이시오니**〕 16 내게로 돌이키사 **나를 긍휼히 여기소서** 주의 종에게 힘을 주시고 주의 여종의 아들을 **구원하소서** 17 ⑦ 〔**은총의 표징을 내게 보이소서** **그러면 나를 미워하는 저희가 보고 부끄러워하오리니**〕 여호와여 주는 나를 돕고 위로하심이니이다

86편
대적이 보고 부끄러워할 은총의 표징

은총의 표징을 내게 보이소서 그러면 나를 미워하는 저희가 보고 부끄러워하오
리니 여호와여 주는 나를 돕고 위로하심이니이다(시 86:17).

　　86편에는 "다윗의 기도"라는 표제가 있습니다. 다윗은 "나의 환난
날에 내가 주께 부르짖으리니"(7) 합니다. 다윗이 당면한 환난 날이
어떤 경우인지는 확정할 수 없지만 많은 학자들은 86편이, "그는 육체
에 계실 때에 자기를 죽음에서 능히 구원하실 이에게 심한 통곡과 눈
물로 간구와 기도를 올렸고 그의 경외하심을 인하여 들으심을 얻었느
니라"(히 5:7)에 대한 예표로 보고 있습니다.
　　그렇다면 86편의 중심점은, "내가 전심으로 주를 찬송하고 영영토
록 주의 이름에 영화를 돌리오리니"(12)에 있다 하겠습니다. 왜냐하
면 주님은 십자가를 앞에 놓고, "아버지여 나를 구원하여 이 때를 면
하게 하여 주옵소서 그러나 내가 이를 위하여 이 때에 왔나이다 아버
지여 아버지의 이름을 영광스럽게 하옵소서"(요 12:27-28) 하고, 기도
하셨기 때문입니다.
　　이런 맥락으로 보면 핵심은 "은총의 표징"(17)이라 할 수가 있습니
다. 대적이 보고 부끄러워할 은총의 표징이 무엇인가? "내 영혼을 깊
은 음부에서 건지셨다"(13)는 "부활" 사건입니다. "성결의 영으로는

죽은 가운데서 부활하여 능력으로 하나님의 아들로 인정되셨으니"
(롬 1:4), 이것이 대적이 보고 부끄러워할 "은총의 표징"이었던 것입니다.

첫째 단원(1-7) 환난 날의 간구
둘째 단원(8-13) 주의 이름의 영화를 위하여
셋째 단원(14-17) 은총의 표징을 주소서

첫째 단원(1-7) 환난 날의 간구

첫째 단원의 중심점은 "나의 환난 날에 내가 주께 부르짖으리니"(7)에 있습니다.

① "여호와여 나는 곤고하고 궁핍하오니 귀를 기울여 내게 응답하소서"(1),

㉠ 시편에서 "곤고하고 궁핍하다"는 말은, "나는 경건하오니"(2상)한, 경건한 자들이 처한 상태를 나타내는 말입니다. 그래서 "내 영혼을 보존하소서 내 주 하나님이여 주를 의지하는 종을 구원하소서"(2하) 하는 것입니다. 이 말씀은 "아버지여 내 영혼을 아버지 손에 부탁하나이다"(눅 23:46) 하신 주님의 기도와 상통합니다.

㉡ "주여 나를 긍휼히 여기소서 내가 종일 주께 부르짖나이다"(3)합니다. 도표에 표시된 대로 2-3절 안에는 "내 영혼을 보존하소서, 종을 구원하소서(2), 나를 긍휼히 여기소서, 종일 주께 부르짖나이다"(3)하는 간절한 심정이 나타나 있습니다.

② "주여 내 영혼이 주를 우러러 보오니 주여 내 영혼을 기쁘게 하

소서"(4) 하는 기도는, "예수께서 이 말씀을 하시고 눈을 들어 하늘을 우러러 가라사대 아버지여 때가 이르렀사오니 아들을 영화롭게 하사 아들로 아버지를 영화롭게 하게 하옵소서"(요 17:1) 하신 말씀을 연상하게 합니다.

㉠ "주는 선하사 사유하기를 즐기시며 주께 부르짖는 자에게 인자함이 후하심이니이다 여호와여 나의 기도에 귀를 기울이시고 나의 간구하는 소리를 들으소서"(5-6),

㉡ "나의 환난 날에 내가 주께 부르짖으리니 주께서 내게 응답하시리이다"(7) 합니다. 예표의 인물 다윗은 자신의 죄로 인하여 고난을 당하지만 실체이신 그리스도께서는 우리 죄를 인하여 고난을 당하셨던 것입니다. 이것이 "환난 날의 간구"입니다.

둘째 단원(8-13) 주의 이름의 영광을 위하여

둘째 단원의 중심점은 도표 오른 쪽에 표시된 "주의 이름에 영화를 돌리리이다"(9, 12)에 있습니다. 8-13절을 유의해 보시면 전체가 하나님을 높이는 말씀인데 특히 "주의 이름"을 높이는 내용입니다.

예수 그리스도께서 십자가라는 환난을 담당하신 최우선적인 목적은 "주의 이름에 영화를 돌리기" 위해서였습니다. 또한 주님의 대속을 통해서 "모든 열방(이방인)도 주의 이름에 영화를 돌리게"(9) 되기를 원하셨기 때문입니다.

③ "주여 신들 중에 주와 같은 자 없사오며 주의 행사와 같음도 없나이다"(8) 합니다. 이는 "다른 신"이 있다는 말이 아닙니다. 10절을 보십시오. "주만 하나님이시니이다" 합니다. "없사오며, 없나이다" 하고 거듭 부정하는 것은, 하나님의 유일성을 드러내기 위해서입니다.

㉠ 그래서 "주여 주의 지으신 모든 열방이 와서 주의 앞에 경배하며 주의 이름에 영화를 돌리리이다"(9) 하는 것입니다. 열방이 하나님께로 돌아오게 되리라는 말씀은 선지서에 풍부합니다. 말라기서에서는, "만군의 여호와가 이르노라 해뜨는 곳에서부터 해 지는 곳까지 이방 민족 중에서 내 이름이 크게 될 것이라, 내 이름이 이방 민족 중에서 크게 될 것임이니라"(말 1:11) 하고, 거듭 말씀하십니다.

그런데 열방이 하나님께 돌아오는 것이 가능하여지는 것은, "그는 우리의 화평이신지라 둘로 하나를 만드사 중간에 막힌 담을 허심"(엡 2:14)으로만이 가능하여지는 것입니다.

㉡ "대저 주는 광대하사 기사를 행하시오니 주만 하나님이시니이다"(10) 하고 고백하면서,

㉮ "여호와여 주의 도로 내게 가르치소서 내가 주의 진리에 행하오리니 일심으로 주의 이름을 경외하게 하소서"(11), ㉯ "주 나의 하나님이여 내가 전심으로 주를 찬송하고 영영토록 주의 이름에 영화를 돌리오리니"(12) 하고, "주의 이름"에 영화를 돌리겠다는 말이 3번(9, 11, 12)이나 강조되어 있습니다. 이렇게 한 사람이라 다윗이라 하여도 밧세바 사건에서 보는 바대로 그는 온전하지를 못하였고, 오직 예수 그리스도만이 거룩하신 하나님 "아버지의 이름의 영화"를 위하여 십자가에 죽으시기까지 복종하셨던 것입니다.

④ "이는 내게 향하신 주의 인자가 크사 내 영혼을 깊은 음부(陰府)에서 건지셨음이니이다"(13) 합니다.

㉠ 이는 핵심적인 말씀입니다. 왜냐하면,

㉮ 첫째로 동일한 다윗의 시로 주님의 부활의 증거구절로 인정이 되고 있는, "내 영혼을 음부에 버리지 아니하시며 주의 거룩한 자로

썩지 않게 하실 것임이니이다" 한 16:10절과 동일한 뜻을 나타내는 말씀이기 때문이요, ㉰ 그러므로 둘째로 "주의 이름에 영화를 돌리오리니"(12) 한 말씀과 관련이 있기 때문입니다. 만일 주님이 죽어 음부에 버림을 당하셨다면 십자가사건이 "영영토록 주의 이름에 영화를 돌리는" 사건은 되지 못했을 것입니다.

㉡ 성경은 "죽으실 뿐 아니라 다시 살아나신 이는 그리스도 예수시니 그는 하나님 우편에 계신 자요 우리를 위하여 간구하시는 자시니라"(롬 8:34) 하고 말씀합니다. 그리고 "내 영혼을 음부에서 건지셨다"는 말씀이 우리에게는, "사망에서 생명으로 옮겼느니라"(요 5:24)로 적용이 되는 것입니다. 그러므로 우리도 "몸으로 하나님께 영광을 돌리라"(고전 6:20) 하는 것입니다. 이것이 "주의 이름에 영광을 위하여"입니다.

셋째 단원(14-17) 은총의 표징을 주소서

셋째 단원의 중심점은 "은총의 표징"에 있습니다. 하나님께 "출애굽"이라는 사명을 받은 모세는 백성들이, "여호와께서 네게 나타나지 아니하셨다 하리이다"(출 4:1) 하고 말합니다. 하나님께서는 그에게 믿을만한 두 가지 표징(출 4:8)을 주셨습니다. 그렇다면 목동 다윗이 하나님의 택함을 받은 왕이요, 나사렛 예수가 그리스도시라는 "은총의 표징"이 무엇이란 말인가? 본 단원의 중심점이 여기에 있습니다.

⑤ "하나님이여 교만한 자가 일어나 나를 치고 강포한 자의 무리가 내 혼을 찾았사오며 자기 앞에 주를 두지 아니하였나이다"(14) 합니다.

㉠ 이런 묘사는 "개들이 나를 에워쌌으며 악한 무리가 나를 둘러 내 수족을 찔렀나이다"(22:16) 한, 주님의 고난을 연상하기에 족합니다.

⑥ "그러나 주여 주는 긍휼히 여기시며 은혜를 베푸시며 노하기를 더디하시며 인자와 진실이 풍성하신 하나님이시오니"(15) 합니다.

㉠ 15절은 "그러나" 하고 시작이 됩니다. 하나님께서는 어찌하여 진노를 받아 마땅한 배은망덕한 인간에게 자기 아들을 대속제물로 내어주셨는가? 86편에는 하나님의 속성이,

㉮ "주는 선하사 사유하기를 즐기시며"(5), ㉯ "인자함이 후하신"(5, 13) 분으로, ㉰ "긍휼히 여기시며", ㉱ "은혜를 베푸시며", ㉲ "인자와 진실이 풍성하신 하나님"(15)으로 계시되어 있습니다. 이와 같은 하나님의 성품이, 자기 아들까지 아끼지 아니하시고 우리 모든 사람을 위하여 내어주신 것입니다.

㉡ 15절에 나타난 하나님의 속성은, "여호와로라 여호와로라 자비롭고 은혜롭고 노하기를 더디 하고 인자와 진실이 많은 하나님이로라"(출 34:6) 하고, 시내 산에서 계시하신 바요, 이 후로 민수기 14:18절, 역대하 30:9절, 느헤미야 9:17절, 요엘 2:13절로 계승이 되어 내려오고, 하나님께서 멸망 받아 마땅한 니느웨에게 뜻을 돌이키시자 요나가, "주께서는 은혜로우시며 자비로우시며 노하기를 더디 하시며 인애가 크시사 뜻을 돌이켜 재앙을 내리지 아니하시는 하나님"(욘 4:2)이시라고 불평한 말이기도 합니다.

㉢ 이를 믿기에 "내게로 돌이키사 나를 긍휼히 여기소서 주의 종에게 힘을 주시고 주의 여종의 아들을 구원하소서"(16) 하는 것입니다.

⑦ "여호와여 나는 곤고하고 궁핍하오니"(1)로 시작된 86편은, "은총의 표징을 내게 보이소서"(17상) 하는 것으로 마치고 있습니다.

㉡ 왜 "표징"을 요구하는가? "그러면 나를 미워하는 저희가 보고 부끄러워"(17중) 할 것이기 때문이라는 것입니다. 이방인의 도성 니

느웨가 어떻게 해서 왕으로부터 짐승에 이르기까지 금식하며 회개하게 되었는가? 니느웨의 멸망을 외치는 "요나가 삼일 삼아(三夜)를 물고기 배에 있다가"(욘 1:17) 나온 사람이라는 "표징" 때문입니다.

ⓒ 그렇다면 구속사에 있어서 가장 큰 "표징"이 무엇인가? "성결의 영으로는 죽은 가운데서 부활하여 능력으로 하나님의 아들로 인정되셨으니 곧 우리 주 예수 그리스도시니라"(롬 1:4) 하고 증거합니다. 부활하심으로 비로소 하나님의 아들이 되셨다는 뜻이 아닙니다. 죽은 자 가운데서 다시 살아나심을 통해서, "진실로 그는 하나님의 아들이었다"는 표징이요, 입증(立證)이 되었다는 말씀입니다.

㉮ 오순절 성령강림 후에 행한 베드로의 첫 설교의 초점은, "너희가 법 없는 자들의 손을 빌어 못 박아 죽였으나 하나님께서 사망의 고통을 풀어 살리셨으니 이는 그가 사망에 매여 있을 없었음이라"(행 2:23-24) 하고 부활에 맞춰져 있습니다. ㉯ 베드로는 자신의 경험에 의존하고 있는 것이 아니라, "이는 내 영혼을 음부에 버리지 아니하시며 주의 거룩한 자로 썩음을 당치 않게 하실 것임이로다"(행 2:27; 시 16:10) 하고 기록된 말씀에 근거하여 입증을 합니다. ㉰ 나면서 앉은 뱅이 된 자를 일으킨 후에도, "너희가, 생명의 주를 죽였도다 그러나 하나님이 죽은 자 가운데서 살리셨으니, 이같이 완전히 낫게 하였느니라"(행 3:15-16) 하고 증거합니다. 교만한 자와 강포자를 부끄럽게 한 이보다 더한 표징이란 달리는 없습니다. ㉱ 박해자였던 바울도, "이는 정하신 사람으로 하여금 천하를 공의로 심판할 날을 작정하시고 이에 저를 죽은 자 가운데서 다시 살리신 것으로 모든 사람에게 믿을 만한 증거(표징)를 주셨음이니라"(행 17:31) 하고 외칩니다.

㉣ 이 "은총의 표징"이라는 주제는 그리스도의 증인들이 가장 힘 있게 증거해야 할 표징인 것입니다.

㉮ 하나님께서는 유월절 어린양의 "표징을 네 아들과 네 자손의 귀에 전하게 하려 함이라"(출 10:2) 하시고, ㉯ 주님께서는 표적 보이기를 청하는 자들에게, "요나의 표적밖에는 보여 줄 표적이 없느니라"(마 16:4) 하셨습니다.

사람들이 믿지 않는 것은 "표징"이 부족해서가 아닙니다. "다만 네 고집과 회개치 아니한 마음을 따라 진노의 날 곧 하나님의 의로우신 판단이 나타나는 그날에 임할 진노를 네게 쌓는도다"(롬 2:5) 하십니다. 주 성령께서는 경건한 다윗이 무고히 환난을 당하면서 간구한 기도를 예표로 하여, 그리스도의 고난과, 죽은 자 가운데서 다시 살아나실 "은총의 표징"을 증거하게 하신 것입니다. 이것이 "대적이 보고 부끄러워할 은총의 표징"입니다.

적용

심각한 질문을 해야만 하겠습니다. 자신이 하나님의 자녀요, 그리스도인이라는 "표징"을 형제는 보여줄 수가 있습니까? 주님은 "너희가 서로 사랑하면 이로써 모든 사람이 너희가 내 제자인줄 알리라"(요 13:35) 하십니다.

묵상

㉠ 환난 날의 간구에 대해서,

㉡ "주의 이름의 영화를 위하여"에 대해서,

㉢ "은총의 표징"에 대해서.

지존자가 세우실 영광스러운 시온

기지와 문	1-3
	1 ① 그 기지가 성산에 있음이여
	2 여호와께서 야곱의 모든 거처보다 시온의 문들을 사랑하시는도다
	3 ② 하나님의 성이여 너를 가리켜 영광스럽다 말하는도다(셀라)

거듭난 자의 어머니

4-6

4 ③ 내가 라합과 바벨론을 **나를** | 아는 자 중에 있다 | 말하리라
   보라 블레셋과 두로와 구스여 이도 | 거기서 났다 | 하리로다

5 ④ 시온에 대하여 말하기를 **이 사람, 저 사람이** | 거기서 났나니

지존자가 친히 시온을 세우리라 하리로다 →

6 ⑤ 여호와께서 민족들을 등록하실 때에는
   그 수를 세시며 이 사람이 | 거기서 났다 | 하시리로다(셀라)

모든 근원

7

7 ⑥ 노래하는 자와 춤추는 자는 말하기를
   나의 모든 근원이 | 네게 있다 | 하리로다

87편
지존자가 세우실 영광스러운 시온

시온에 대하여 말하기를 이 사람, 저 사람이 거기서 났나니 지존자가 친히 시온
을 세우리라 하리로다(시 87:5).

87편의 중심점은 3번(2, 5, 5) 등장하는 "시온"에 있습니다. 이 시온
이 1차적으로는 하나님의 성전이 세워진 예루살렘을 가리킵니다. 그
런데 하나님께서는 무엇이 부족하신 것처럼 사람의 손으로 지은 성
막, 성전에 계시는 분이 아니십니다. 그러므로 "성전"은 임마누엘 하
실 그리스도의 모형으로 주어진 것입니다.

이런 맥락에서 "시온"은 87편의 중심점만이 아니라, 시편 전체의
중심이요, 구약성경의 중심이라 해도 과언이 아닙니다. 왜냐하면 "구
원"이 시온에서 나오게 될 것(2:6; 14:7; 53:6; 사 59:20; 슥 9:9)이
작정되어 있기 때문입니다. 그래서 87편의 중심점이 "지존자가 친히
시온을 세우리라"(5) 하는데 있는 것입니다.

그리고 "시온을 세우리라" 하심은 그리스도의 구속으로 말미암아
시온이 "교회"로 세워졌다는 데까지 나아가야만 합니다. 본문관찰에
서 보게 될 것입니다만 그러므로 87편의 주제는 "영광스러운 교회"
(엡 5:27)라 할 수가 있습니다.

첫째 단원(1-3) 기지와 문이 되는 시온

둘째 단원(4-6) 거듭난 자의 어머니 시온

셋째 단원(7) 모든 근원이 되는 시온

첫째 단원(1-3) 기지와 문이 되는 시온

첫째 단원의 중심점은 "기지(基址)와 문"에 있습니다.

① "그 기지가 성산에 있음이여"(1) 합니다.

㉠ 여기서 "성산"이란 시온 산을 가리키고, "기지"란, "기초, 즉 터"를 의미합니다. 그러니까 "터"가 시온 산에 있다는 것이 됩니다. 무슨 터를 말씀하시는가? 이를 구속사라는 맥락에서 추적해보면 의미심장합니다.

㉮ 하나님께서는 아브라함에게, "너는 너의 본토 친척 아비 집을 떠나 내가 네게 지시하는 땅으로 가라"(창 12:1) 명하셨는데, 그 땅이 가나안입니다. 계시는 전진하여 가나안의 넓은 땅 중에서 "내가 네게 지시하는 한 산 거기서 사랑하는 독자 이삭을 번제로 드리라"(창 22:2) 하고 "터"를 정해주셨는데 그 "한 산"이 모리아 산입니다. ㉯ 그리고 훗날 하나님은 다윗에게 "오르난의 타작마당에 여호와를 위하여 단을 쌓고, 번제를 드리라"(대상 21:18) 하고 "터"를 정해주셨는데, ㉰ 놀랍게도 솔로몬은, "예루살렘 (아브라함이 정한) 모리아산에 여호와의 전 건축하기를 시작하니 그곳은 전에 여호와께서 그 아비 다윗에게 나타나신 곳이요 여부스 사람 오르난의 타작마당에 다윗이 정한 곳이라"(대하 3:1) 하고 말씀합니다.

㉡ "그 기지가 성산에 있음이여"(1) 한 "기지"는 이를 가리킵니다. 그리고 첫 절의 "기지"는 마지막 절의 "모든 근원이 네게 있다"는 말

과 결부되는 말씀입니다. 이는 성전 터를 가리키는 물리적인 의미가 아니라, 구원의 "근원"이 오직 참 성전으로 오실 그리스도에 있다는 점을 말씀하려는 것입니다.

오늘날 어떤 자들이 주장하듯이 구원의 근거는 여기, 저기에 있는 것이 아닙니다. "천하 인간에 구원을 얻을 만한 다른 이름을 우리에게 주신 일이 없음이라"(행 4:12) 하십니다.

이점이 모세가 죽기 전에 기록한 신명기에서도 강조되어 있는데, 모세는 "유월절을 각 성에서 드리지 말고, 여호와께서 그 이름을 두시려고 택하신 곳에 가서 드리라"(신 16:5-6, 7) 하고 명합니다. 신명기 12장에는 "택하신 곳"이란 말이 6번(신 12:5, 11, 14, 18, 21, 26)이나 강조되어 있습니다. 왜 그렇게 하라고 명하시는가? 본문은 이에 대한 해답을 제공해주고 있는데 오직 구원에 이르는 "기지, 문, 근원"이 여기에 있기 때문이라는 것입니다.

ⓒ 그래서 "여호와께서 야곱의 모든 거처보다 시온의 문들을 사랑하시는도다"(22) 하는 것입니다. "야곱의 모든 거처"란 이스라엘에게 분배된 땅을 가리키는데 이는 약속의 땅 가나안의 중심(中心)이 "시온"에 있다는 뜻입니다.

이와 맥을 같이 하는 말씀이 "유다는 여호와의 성소가 되고 이스라엘은 그의 영토가 되었도다"(114:2) 하는 표현입니다. 즉 12지파의 중심이 유다 지파에 있다는 것입니다. 왜냐하면 그리스도가 유다 지파에서 오실 것이기 때문입니다. 그리고 그리스도는 "시온"에 오신다는 것입니다.

이런 맥락에서 예루살렘이 함락이 되자 대적은, "아하 좋다 만민의 문이 깨어져서 내게로 돌아왔도다 그가 황무하였으니 내가 충만함을 얻으리라"(겔 26:2) 했다는 것입니다.

㉮ 본문의 "터와 문"이 신약성경에 와서는 "이 닦아둔 것 외에 능히 다른 터를 닦아둘 자가 없으니 이 터는 곧 예수 그리스도라"(고전 3:11) 말씀하고, ㉯ 주님은 "내가 곧 문이니 누구든지 나로 말미암아 들어가면 구원을 얻고 또는 들어가며 나오며 꼴을 얻으리라"(요 10:9) 말씀하십니다.

② 그래서 3절은 첫째 단원의 결론인데, "하나님의 성이여 너를 가리켜 영광스럽다 말하는도다(셀라)"(3) 하는 것입니다.

㉠ 이점에서 유념해야할 점은 물리적인 예루살렘 "성"(城)이 영광스러운 것이 아니라, 그 성안에 있는 성전이 영광스러운 것이요, 그리고 성전을 영광스럽다 말씀하는 것은 참 성전으로 오실 임마누엘에 대한 모형이기 때문입니다.

㉡ 이점이 하나님께서 성전을 건축하는 솔로몬에게 나타나셔서 다른 신을 섬기면, "내 이름을 위하여 내가 거룩하게 구별한 이 전이라도 내 앞에서 던져 버리리니"(왕상 9:7) 하는 말씀에 나타납니다.

그리고 지금 우리는 옛날 예루살렘의 영화를 흠모하고 있는 것이 아닙니다. 그러므로 본문을 대하는 신약의 성도들은 본문을 통해서, "그 안에는 신성의 모든 충만이 육체로 거하시고" 한, 임마누엘의 영광스러움과, 그의 구속으로 말미암아 "너희도 그 안에서 충만하여졌으니"(골 2:9-10) 한 교회의 영광스러움을 볼 수 있어야만 하는 것입니다. 이것이 "기지와 문이 되는 시온"입니다.

둘째 단원(4-6) 거듭난 자의 어머니

둘째 단원의 중심점은 "거기서 났나니(5), 거기서 났다 하리로다"

하는, "났다"는데 있습니다. 이는 거기서 태어났다는 그런 뜻입니다. 형제도 "거기서 태어난" 것입니다. 그래서 사도 바울은 "계집종에게서는 육체를 따라 났고 자유하는 여자에게서는 약속으로 말미암았느니라. 오직 위에 있는 예루살렘은 자유자니 곧 우리 어머니라"(갈 4:23, 26) 하고 말씀했던 것입니다.

③ "내가 라합과 바벨론을 나를 아는 자 중에 있다 말하리라"(4상),

㉠ "보라 블레셋과 두로와 구스여 이도 거기서 났다 하리로다"(4하) 하십니다. 이는 놀라운 말씀입니다. 여기서 거론하고 있는 "라합(애굽, 사 30:7), 바벨론, 블레셋, 두로" 등은 이스라엘에게 있어서는 조상 적부터 "원수"와 같은 나라들입니다.

㉮ 그런데 애굽과 바벨론이 "나를 아는 자 중에 있다 말하리라" 하신다니, 그렇다면 이들도 구원에 참여하게 된다는 말씀이 아닌가? ㉯ 한걸음 더 나아가, "블레셋과 두로와 구스(에디오피아)여 이도 거기서 났다 하리로다", 즉 시온에서 태어난 자들이라고 말씀하게 되리라 하십니다.

㉡ 그러면 이런 일이 어떻게 해서 가능하여지는가? "그가 가라사대 네가 나의 종이 되어 야곱의 지파들을 일으키며 이스라엘 중에 보전된 자를 돌아오게 할 것은 오히려 경한 일이라 내가 또 너로 이방(異邦)의 빛을 삼아 나의 구원을 베풀어서 땅 끝까지 이르게 하리라"(사 49:6) 하신 "내 종" 곧 그리스도의 구속으로 말미암아 가능하여지는 것입니다.

㉢ "그러므로 이제부터 너희가 외인도 아니요 손도 아니요 오직 성도들과 동일한 시민이요 하나님의 권속이라, 이는 이방인들이 복음으로 말미암아 그리스도 예수 안에서 함께 후사가 되고 함께 지체가 되고 함께 약속에 참여하는 자가 됨이라"(엡 2:19; 3:6) 하는 말씀이 성

립이 되는 것입니다. 이점에 대해서 복음서는, "이는 혈통으로나 육정으로나 사람의 뜻으로 나지 아니하고 오직 하나님께로서 난 자들이니라"(요 1:13) 하십니다.

④ 그래서 "시온에 대하여 말하기를 이 사람, 저 사람이 거기서 났나니 지존자가 친히 시온을 세우리라 하리로다"(5) 하시는 것입니다. 여기에 중심점이 있습니다.

㉠ "지존자가 친히 세우시리라는 시온"이라는 뜻을 구속사라는 문맥으로 고찰해보면 이는 예루살렘을 재건하리라는 것을 예표로 한 하나님의 나라건설이라는 점을 깨닫게 됩니다.

㉮ 그러므로 "이 사람, 저 사람이 거기서 났나니" 하는 말씀과, ㉯ "지존자가 친히 시온을 세우리라 하리로다" 하는 말씀은 불가분의 관계입니다. 왜냐하면 하나님이 친히 세우시는 시온은 물질로 건설하시는 것이 아니라 "이 사람, 저 사람"이라하신 복음으로 거듭난 성도들로 세우시는 것이기 때문입니다.

㉡ 이점을 102편에서도, "대저 여호와께서 시온을 건설하시고 그 영광 중에 나타나셨음이라"(16) 말씀하면서, "이 일이 장래 세대를 위하여 기록되리니 창조함을 받을 백성이 여호와를 찬송하리로다"(18) 하고 말씀하는 것입니다.

⑤ "여호와께서 민족들을 등록하실 때에는"(6상), 즉 거듭난 자들을 생명책에 녹명하실 때에는,

㉠ "그 수를 세시며 이 사람이 거기서 났다 하시리로다"(6하) 하면서 감격해서 "셀라" 합니다.

"시온을 건설하신다"는 주제에 대해서 아모스 선지자로 말씀하시

기를, "그날에 내가 다윗의 무너진 천막을 일으키고 그 틈을 막으며 그 퇴락한 것을 일으켜서 옛적과 같이 세우고"(암 9:11) 하시면서, "내가 명령하여 이스라엘 족속을 만국 중에 체질하기를 곡식을 체질함같이 하려니와 그 한 알갱이도 땅에 떨어지지 아니하리라"(암 9:9) 말씀하시는데, 이것이 "그 수를 세시며"와 같은 의미인 것입니다. 하나님에게는 실수로 누락을 시킨다는 그런 일은 없으시다는 것입니다. 그래서 시온은 "거듭난 자의 어머니"라 할 수가 있는 것입니다.

셋째 단원(7) 모든 근원이 되는 시온

셋째 단원은 한 절에 불과하지만 그 의미의 중요성 때문에 단원을 달리 한 것입니다. 그것은,

⑥ "노래하는 자와 춤추는 자는 말하기를"(7상),

㉠ "노래하고 춤추는 자"란 둘째 단원에서 말씀한,

㋐ 시온에서 "태어난" 사람들입니다. ㋑ 생명책에 등록이 된 사람들, 하나님께서 세시는 "수" 가운데 든 사람들, 곧 구원을 얻은 자들입니다.

㉡ 그들은 혈통적으로 이스라엘 된 자들이 아니라, "거기는 헬라인과 유대인이나 할례당과 무할례당이나 야인이나 스구디아인이나 종이나 자유인이 분별이 있을 수 없나니 오직 그리스도는 만유시오 만유 안에 계시니라"(골 3:11), 즉 "애굽, 바벨론, 블레셋, 두로, 구스"인들이 참여하게 될 하나님의 권속(엡 2:19), 즉 가족들인 것입니다.

㉢ 그들이 이구동성(異口同聲)으로 하는 말이 무엇인가? "나의 모든 근원이 네게 있다"(7하) 하리라는 것입니다. "나의 모든 근원"이라 말씀합니다. 그러니까 "너희가 그 은혜를 인하여 믿음으로 말미암아

구원을 얻었나니 이것이 너희에게서 난 것이 아니요 하나님의 선물이라"(엡 2:8), 즉 "나의 나 된 것은 하나님의 은혜로 된 것이라"는 고백적인 의미인 것입니다.

이에 대한 감동적인 말씀이 계시록에는 있는데, "이 일 후에 내가 보니 각 나라와 족속과 백성과 방언에서 아무라도 능히 셀 수 없는 큰 무리가 흰옷을 입고 손에 종려가지를 들고 보좌 앞과 어린양 앞에 서서 큰 소리로 외쳐 가로되 구원하심이 보좌에 앉으신 우리 하나님과 어린양에게 있도다"(계 7:9-10) 합니다.

바로 이 장면이 "노래하는 자와 춤추는 자는 말하기를 나의 모든 근원이 네게 있다 하리로다"(7)의 뜻입니다. 형제도 "외양간에서 나온 송아지"(말 4:2) 같이 기뻐 뛰면서, "나의 모든 근원이 네게 있다" 하고 찬양하게 될 것입니다. 이것이 "지존자가 세우실 영광스러운 시온"입니다.

적용

형제도 시온에서 태어난 것을 믿으시기 바랍니다. 그리하여 하나님이 계수하시는 수 가운데 들어 있으며, 생명책에 등록이 되어 있는 것입니다. 이 정체성을 망각하지 마시기를 바랍니다. 그래야만 하나님이 기대하시는 삶을 살아갈 수가 있기 때문입니다.

묵상

㉠ 지존자가 친히 시온을 세우신다는 구속사적 의미에 대해서,

㉡ 기지, 문, 근원에 함의되어 있는 의미에 대해서,

㉢ 수를 세시며, 민족들을 등록하신다는 의미에 대해서.

시편 88편 개관도표
여호와 내 구원의 하나님이여

갇혀서 나갈 수 없는 자의 탄원

1-9

1 ① 여호와 내 구원의 하나님이여

2 내가 주야로 주의 앞에 부르짖었사오니
나의 기도로 주의 앞에 달하게 하시며
주의 귀를 나의 부르짖음에 기울이소서

3 ② 대저 나의 영혼에 곤란이 가득하며 나의 생명은 음부에 가까왔사오니
4 나는 무덤에 내려가는 자와 함께 인정되고 힘이 없는 사람과 같으며
5 사망자 중에 던지운 바 되었으며 살육을 당하여 무덤에 누운 자 같으니이다
주께서 저희를 다시 기억치 아니하시니 저희는 주의 손에서 끊어진 자니이다

6 ③ 주께서 나를 깊은 웅덩이 어두운 곳 음침한데 두셨사오며
7 주의 노가 나를 심히 누르시고 주의 모든 파도로 나를 괴롭게 하셨나이다(셀라)
8 주께서 나의 아는 자로 내게서 멀리 떠나게 하시고 나로 저희에게 가증되게 하셨사오니
④ 나는 갇혀서 나갈 수 없게 되었나이다
9 곤란으로 인하여 내 눈이 쇠하였나이다 여호와여 내가 매일 주께 부르며
주를 향하여 나의 두 손을 들었나이다

주의 인자와 성실

10-12

10 ⑤ 주께서 사망한 자에게 기사를 보이시겠나이까
유혼이 일어나 주를 찬송하리이까(셀라)

11 ⑥ 주의 인자하심을 무덤에서,
주의 성실하심을 멸망 중에서 선포할 수 있으리이까
12 흑암 중에서 주의 기사와 잊음의 땅에서
주의 의를 알수 있으리이까

주의 얼굴을 숨기심

13-18

13 ⑦ 여호와여 오직 주께 내가 부르짖었사오니 아침에 나의 기도가 주의 앞에 달하리이다
14 여호와여 어찌하여 나의 영혼을 버리시며
어찌하여 주의 얼굴을 내게 숨기시나이까
15 내가 소시부터 곤란을 당하여 죽게 되었사오며
주의 두렵게 하심을 당할 때에 황망하였나이다

16 ⑧ 주의 진노가 내게 넘치고 주의 두렵게 하심이 나를 끊었나이다
17 이런 일이 물 같이 종일 나를 에우며 함께 나를 둘렀나이다
18 주께서 나의 사랑하는 자와 친구를 내게서 멀리 떠나게 하시며
나의 아는 자를 흑암에 두셨나이다

88편
여호와 내 구원의 하나님이여

여호와 내 구원의 하나님이여 내가 주야로 주의 앞에 부르짖었사오니(시 88:1).

88편은 바늘 구멍만한 빛도 비침이 없는, 시편 중에서 가장 암담한 시로 여겨지고 있습니다. 한마디로 시편에 나타난 욥기라고 말합니다. "마할랏르안놋에 맞춘 노래"라는 표제는, "병자를 위하여 연주할 것"이라는 뜻이라고 합니다. 시편의 전형은 "부르짖음, 응답하심, 감사와 찬양", 즉 절망으로 시작하였다가도 결말에 이르러서는 소망으로 끝나는 구조입니다. 그런데 88편은 시종일관 고난의 한밤중입니다. 이러한 시편을 통해서 우리에게 말씀하시려는 바가 무엇인가?

환난을 당하게 되면 "내가 무슨 죄를 지어서 이런 고난을 당하는가?" 하고 묻게 됩니다. 시편 기자도 자신이 당하는 고난을 "주의 진노가 내게 넘치고 주의 두렵게 하심이 나를 끊었나이다"(16) 하고, 주의 "진노"(7)로 보고 있습니다. 이런 고난이 어제 오늘의 일이 아니라 "소시부터"(15) 당하는 고난이라고 말합니다.

그리하여 "나의 사랑하는 자와 친구도 내게서 멀리 떠났다"(18) 합니다. 이런 처지에 있는 그에게 이제 남은 것이 무엇이 있을까를 생각하게 합니다. 있습니다.

㉠ "구원의 하나님"(1)이 있습니다. ㉡ "주의 인자와 성실"(11)이

있습니다. ㉣ "주의 의"(12)가 있습니다. 이를 신뢰하는 "믿음"이 있습니다. 본문을 관찰하노라면 참혹한 고난이 끝도 없이 계속되는 중에서도, "여호와 내 구원의 하나님"(1)을 붙잡고, 놓치지 않고 있는 믿음을 보게 됩니다.

첫째 단원(1-9) 갇혀서 나갈 수 없는 자의 탄원
둘째 단원(10-12) 주의 인자와 성실을 생각함
셋째 단원(13-18) 어찌하여 주의 얼굴을 숨기시나이까?

첫째 단원(1-9) 갇혀서 나갈 수 없는 자의 탄원

첫째 단원 안에는 "음부(3), 무덤(4, 5), 깊은 웅덩이"(6) 등이 있는데 여기에, "나는 갇혀서 나갈 수 없게 되었다"(8) 하고 호소합니다. 그러니까 문을 찾고 있는 부르짖음인 것입니다. 70도가 되는 불가마 속에서 즐길 수 있는 것은 나갈 수 있는 문(門)이 있기 때문입니다.

① 그래서 첫 마디가 "여호와 내 구원의 하나님이여"(1상) 합니다.

㉠ 본문에 4번이나 등장하는 "여호와"(1, 9, 13, 14)라는 이름은 "언약, 구원"과 결부되는 호칭입니다. 도표에 표시된 대로 88편의 핵심이 여기에 있습니다. 탈무드에는, "앞에도, 뒤에도, 옆에도 문이 없거든 위를 보라"는 말이 있는데 하나님을, "여호와 내 구원의 하나님"이라고 부르고 있는 자는 결코 절망 중에 있는 자가 아닙니다.

㉡ 88편에는 "주"라는 말도 24번, "나"라는 말도 28번이나 등장합니다. 고난 중에 있는 "나"라는 사람이 "구원의 하나님, 주 여호와"를 간절히 찾고 있는 구조입니다. 그는 하나님께서 문이 되어주실 것을 믿고 있는 것입니다.

② 그래서 "내가 주야로 주의 앞에 부르짖었사오니 나의 기도로 주의 앞에 달하게 하시며 주의 귀를 나의 부르짖음에 기울이소서"(1하-2) 하고, 부르짖고 구하고 있는 것입니다. 이점을 주님은, "구하라 주실 것이요, 문을 두드리라 그러면 너희에게 열릴 것이니"(마 7:7) 하신 것입니다. 이것이 믿음입니다.

㉠ 88편의 "나"는 어떤 상황에 있는가?

㉮ "대저 나의 영혼에 곤란이 가득하며, ㉯ 나의 생명은 음부에 가까웠사오니, ㉰ 나는 무덤에 내려가는 자와 함께 인정되고, ㉱ 힘이 없는 사람과 같으며, ㉲ 사망자 중에 던지운 바 되었으며, ㉳ 살육을 당하여 무덤에 누운 자 같으니이다"(3-5) 합니다.

이런 상태를 육적인 상황으로만 여겨서는 아니 될 것입니다. 왜냐하면 영적으로 갇혀서 나갈 수 없는 상태가 더욱 절망적이고 비참한 상태이기 때문입니다.

"사람이 흑암과 사망의 그늘에 앉으며 곤고와 쇠사슬에 매임은 하나님의 말씀을 거역하며 지존자의 뜻을 멸시함이라"(107:10-11), 이것이 갇혀서 나갈 수 없는 영적인 상태인 것입니다.

㉡ 그런데 시편 기자의 고민은 자신이 마치, "나는 무덤에 내려가는 자와 함께 인정되고"(4), "주의 손에서 끊어진 자"(5), 즉 버림을 당한 불신자들과 같은 처지에 놓이게 된 것이 아닌가 하는데 있는 것입니다.

③ 그래서 "주께서 나를 깊은 웅덩이 어두운 곳 음침한데 두셨사오며"(6),

㉠ "주의 노가 나를 심히 누르시고 주의 모든 파도로 나를 괴롭게 하셨나이다(셀라) 주께서 나의 아는 자로 내게서 멀리 떠나게 하시고 나로 저희에게 가증되게 하셨사오니 나는 갇혀서 나갈 수 없게 되었

나이다"(7-8) 하고 탄원하는 것입니다.

④ 다시 강조합니다만 88편의 문제가 무엇인가? 고난 자체가 아니라, "갇혀서 나갈 수 없다", 즉 문이 없다는데 있는 것입니다. 유념해야할 점은 이 상태가 구약시대의 문제였다는 점입니다.

㉠ "성령이 이로써 보이신 것은 첫 장막이 서 있는 동안에 성소에 들어가는 <길>이 아직 나타나지 아니한 것이라"(히 9:8), 즉 하나님께 나아가는 "문과 길"이 아직 열리지 않았다는 것입니다. 이를 달리 표현을 하면 "매인 바 되고, 갇혀 있는 자"(갈 3:23)에게 탈출구(脫出口)가 없다는 것입니다.

㉡ 이점에서 바로 앞 87편에서 상고한 "여호와께서 야곱의 모든 거처보다 시온의 문들을 사랑하시는도다"(87:2) 한 "문"을 상기하게 됩니다. 성경은 문제에 대한 해답입니다. 88편의 문제의 해답이 어디에 있는가? "내 구원의 하나님"(1)에 있습니다.

그러면 하나님께서 어떻게 "구원의 하나님"이 되어주셨는가? 임마누엘 하셔서, "내가 문이니(요 10:9), 내가 곧 길이요"(요 14:6) 하신, "문과 길"이 되어주셨기 때문입니다. 구약시대의 문제에 대한 해답이 신약성경으로 주어졌다는 말씀입니다. 이점이 "여호와 내 구원의 하나님이여"(1) 하는 고백 속에 함의되어 있는 의미입니다.

둘째 단원(10-12) 주의 인자와 성실을 생각함

둘째 단원에서 시편 기자는, "주의 인자, 주의 성실(11) 주의 의"(12)를 거론합니다. 이는 극한적인 고난 속에서도 "주의 인자, 성실, 의"를 알고, 믿고, 붙잡고 있다는 방증(傍證)이 되는 것으로 88편의 중심부(中心部)가 된다 하겠습니다.

⑤ "주께서 사망한 자에게 기사를 보이시겠나이까 유혼이 일어나 주를 찬송하리이까(셀라)"(10) 하고 묻습니다. 저도 형제에게 묻고 싶은 말이 있습니다. 왜 건강하고 무엇을 위해서 장수하기를 원하십니까? 어디에 쓰시려고 물질 축복을 받기를 원하십니까?

㉠ "주를 찬송하기"(10) 위해서라고 대답합니다.

㉡ "주의 인자와 성실을 선포하기"(11) 위해서라고 말씀합니다.

㉢ "주의 의를 알기"(12) 위해서라는 것입니다.

⑥ 시편에 있어서 "주의 인자와 성실"은 중요한 주제 중 하나입니다.

㉠ "주의 인자"는 하나님의 사랑, 자비, 은혜 등을 가리키고, "주의 성실"은, "여호와께서 다윗에게 성실히 맹세하셨으니 변치 아니 하실지라"(132:11) 하신, 진실하심을 나타냅니다. 그러므로 시편에는 "인자와 성실"이 함께 나타나는 것이 12번 이상 등장하는데 특히 다음에 상고하게 될 89편에 집중(89:1, 2, 14, 24, 28, 33, 49)이 되어 있습니다.

기자의 호소는 자신의 건강을 회복시켜주셔야만 주의 인자와 주의 성실을 "찬송하고, 선포"할 것이 아니겠느냐는 것입니다.

㉡ 기자는 한 가지 속성을 더 붙들고 있는데, "흑암 중에서 주의 기사와 잊음의 땅에서 주의 의를 알수 있으리이까"(12) 하는, "주의 의"입니다. 주의 "의"에는 양면성이 있는데 대적에게는 심판으로 나타나지만, 그를 의지하는 자에게는 은혜로 임하게 되는 것입니다. 이것이 "주의 인자와 성실을 생각함"입니다.

셋째 단원(13-18) 어찌하여 주의 얼굴을 숨기시나이까

셋째 단원의 중심점은 "어찌하여 주의 얼굴을 숨기시나이까"에 있습니다. 고난 중에서도 스데반 집사의 경우처럼 주의 얼굴을 바라볼 수만 있다면 죽음이라도 두렵지는 않을 것입니다.

⑦ "여호와여 오직 주께 내가 부르짖었사오니 아침에 나의 기도가 주의 앞에 달하리이다"(13) 합니다.

㉠ 두 마디를 유념하게 되는데 "오직 주께와, 아침"이라는 말입니다.

㉮ "오직"은 유일하다는 말입니다. 그러니까 "소시로부터 곤란을 당하여"(15), 이제 생명이 "음부에 가깝게"(3) 된 지경에 이르러서도 "오직 주" 외에는 다른 이가 없다는 일편단심을 나타냅니다. ㉯ 그리고 "아침"이란, "여호와여 아침에 주께서 나의 소리를 들으시리니 아침에 내가 주께 기도하고 바라이이다"(5:3) 한데서 알 수가 있듯이, 다른 일을 시작하기 전 최우선적으로 하나님 앞에 기도를 드린다는 하나님 중심입니다.

⑧ "여호와여 어찌하여 나의 영혼을 버리시며 어찌하여 주의 얼굴을 내게 숨기시나이까 내가 소시부터 곤란을 당하여 죽게 되었사오며 주의 두렵게 하심을 당할 때에 황망(당황)하였나이다 주의 진노가 내게 넘치고 주의 두렵게 하심이 나를 끊었나이다"(14-16) 합니다.

㉠ 16-18절을 현대인의 성경은, "주의 무서운 분노가 나를 덮치고 주의 두려움이 나를 파멸시켰습니다. 하루 종일 이런 일이 홍수처럼 사방에서 밀어닥쳐 나를 완전히 삼켜 버렸습니다. 주는 나의 사랑하는 자들과 친구들이 나를 버리게 하셨으므로 흑암이 나의 유일한 친구가 되었습니다" 합니다.

⑨ 자, 이제 생각해 보아야만 하겠습니다. 본문의 장본인이 큰 곤란을 당하고(3) 있는 것은 분명합니다. 그리고 많은 성도들도 시편 기자와 유사한 고난을 당합니다. 그렇다면 "여호와 내 구원의 하나님"(1)께서 시편 기자를, 그리고 고난당하는 성도들을 과연, "버리시고, 얼굴을 숨기신" 것인가 하는 물음입니다.

㉠ 이점에서 먼저 생각해야할 점은 자신의 고난이 아니라, 유사 이래로 가장 참혹하고, 고독하고, 무고한 고난을 당하신 분이 계시다는 점입니다. 그분은 하나님의 아들 예수 그리스도이십니다.

㉮ 하나님의 아들이 십자가에 달리셔서, "나의 하나님, 나의 하나님, 어찌하여 나를 버리셨나이까"(마 27:46) 하고 부르짖으셨을 때, 하나님은 버리셨던 것입니다. ㉯ 그때에 "온 땅에 어둠이 임하여 제 구시까지 계속하더니", 즉 하나님은 얼굴을 가리셨던 것입니다.

본문을 상고하면서 우리 대신 버림 당하신 하나님의 아들을 생각한다는 것은 그리스도인이라면 당연한 일입니다. 도리어 생각하지 않는 것이 비정상이라 할 것입니다. 어찌하여 자기 아들을 "버리시고, 낯을 가리셨단" 말인가? 형제를 찾아 구원하시고, 형제에게 얼굴빛을 비춰주시기 위해서였다는 사실을 잊지 마시기를 바랍니다.

㉡ 그러므로 88편의 문제가 시편 기자만의 문제가 아니라는 점입니다. 이는 각 시대의 많은 성도들이 고난을 당하여 호소하는 문제요, 근원적으로는 "죽기를 무서워하므로 일생에 매여 종노릇하는 모든 자들"(히 2:15)의 문제인 것입니다. 그렇다면 이에 대한 해답이 주어져야 마땅한 것입니다.

㉮ 그런데 본문에는 "내 구원의 하나님"(1), ㉯ "주의 인자와 성실"이라는 소망으로만 나타나고 있습니다.

㉢ 그러므로 해답은 밝히 드러난 신약성경을 통해서 구해야만 합

니다. 성도들이 당하는 "고난"이라는 난제(難題)에 대해서 사도 바울은 로마서 8:17-25절을 통해서 해설을 해주고 있는데,

㉮ 첫째로 "그리스도와 함께 영광을 받기 위하여 고난도 함께 받아야 될 것이라"(17) 합니다. 먼저 생각해야할 것은 자신의 고난이 아니라, "그리스도께서 고난을 당하셨다"는 점이라고 말씀합니다. 형제는 시련을 당하였을 때에 하나님의 아들이 나의 죄 문제를 해결하시기 위해서 이 땅에 오셔서 십자가라는 극단의 고통을 당하셨다는 점을 생각해 보신 적이 있으십니까? ㉯ 둘째로 "피조물이 다 이제까지 함께 탄식하며 함께 고통하는 것을 우리가 아나니"(롬 8:22) 합니다. 형제가 고난을 당할 때에 하나님의 형상대로 지음을 받은 인간의 범죄로 말미암아 "모든 피조물이 다 이제까지 함께 탄식하고 함께 고통을 당하고 있다"는 점을 생각해보신 적이 있으십니까? ㉰ 그런 후에, "이뿐 아니라 또한 우리 곧 성령의 처음 익은 열매를 받은 우리까지도 속으로 탄식"(롬 8:23)한다고, "우리"의 고통을 말씀합니다.

㉱ 그러면 모든 환난 고통에 대한 해답이 언제 온전히 주어지는가? "이뿐 아니라, 우리까지도 속으로 탄식하여 양자될 것 곧 우리 몸의 구속을 기다리느니라"(롬 8:23) 한, 우리의 몸이 "구속"(롬 8:23)을 받게 될 때입니다.

"우리의 낮은 몸을 자기 영광의 몸의 형체와 같이 변케 하시리라"(빌 3:21) 하신 "영화"의 날에야, "모든 눈물을 그 눈에서 씻기시매 다시 사망이 없고 애통하는 것이나 곡하는 것이나 아픈 것이 다시 있지 아니하리니 처음 것들이 다 지나갔음이니라"(계 21:4) 하고, 모든 고난의 문제가 해결이 된다는 것입니다.

주님께서는 나사로의 무덤에서 "우는 것을 보시고 심령에 통분히 여기시고 민망히"(요 11:33) 여기셨다고 말씀합니다. "통분"은 하나

님의 형상대로 지음을 받은 인간을 이처럼 비참하게 타락시킨 사탄에 대한 통분이요, "민망히 여기심"은 "죽기를 무서워하므로 일생에 매여 종노릇"(히 2:15) 하는 자들을 불쌍히 여기심이었던 것입니다.

ⓜ 히브리서 12:4절에는, "너희가 죄와 싸우되 아직 피 흘리기까지는 대항치 아니하고" 하는 말씀이 있습니다. 우리 중에 십자가에 못 박히는 그런 고난을 당한 자가 있느냐는 것입니다. 그런데 어찌하여 하나님의 아들 그리스도께서 십자가라는 극한적인 고난을 당하신 것은 생각하지 않느냐? 그래서 "예수를 바라보자, 참으신 자를 생각하라"(히 12:2, 3) 하는 것입니다.

㉮ 이런 맥락에서 "구원의 하나님"은 시편 기자를 버리신 것이 아닙니다. ㉯ 그리스도인들이란 "갇혀서 나갈 수 없게 된" 자들이 아닙니다. 신자와 불신자의 다른 점이 무엇인가? 불신자는 병에 걸리나 성도는 병들지 않고, 불신자는 죽으나 성도는 죽지 않는다는 그런 것이 아닙니다. 116:15절을 보십시오. "성도의 죽는 것을 여호와께서 귀중히 보시는도다" 하십니다. 즉 "악인은 그 환난에 엎드러져도 의인은 그 죽음에도 소망이 있다"(잠 14:32)는 말씀입니다.

ⓑ 그러므로 "우리 몸의 구속을 기다리느니라" 한 바울은, "우리가 소망으로 구원을 얻었으매" 합니다. 우리가 이미 구원을 얻었으나 아직 완성된 것은 아니라는 말씀입니다. 그래서 "보이는 소망이 소망이 아니니 보는 것을 누가 바라리요 만일 우리가 보지 못하는 것을 바라면 참음으로 기다릴 지니라"(롬 8:24-25) 하는 것입니다.

㉮ "소망", 이것이 "여호와 내 구원의 하나님이여" 하고 고백하는 자에게 주시는 해답입니다. ㉯ "참음", 이것이 성도들에게 하시는 격려입니다. ㉰ 그리고 "영화", 이것이 구원의 하나님을 믿는 자에게 주어지는 구원의 완성입니다.

적용

어두움이 짙을 때에 별빛이 더욱 영롱함을 보셨습니까? 바울 사도는 "우리가 환난 중에서도 즐거워하나니 이는 환난은 인내를 인내는 연단을 연단은 소망을 이루는 줄 앎이로다"(롬 5:3-4) 합니다. 믿음은 연단을 통과하여 검증을 받아야만 합니다. 형제는 88편을 통해서 어떤 도전을 받으셨습니까?

묵상

㉠ 88편의 예표를 통한 그리스도께서 당하신 고난에 대해서,

㉡ "구원의 하나님, 주의 인자와 성실"에 함의된 의미에 대해서,

㉢ 고난에 대한 궁극적인 해답이 언제 주어지는가에 대해서.

시편 89:1-37 개관도표
인자와 성실로 세워주신 다윗언약

주의 인자와 성실	1-4			
	1	① 내가	여호와의 인자하심을	영원히 노래하며
			주의 성실하심을	내 입으로 대대에 알게 하리이다
	2	내가 말하기를	인자하심을	영원히 세우시며
			주의 성실하심을	하늘에서 견고히 하시리라 하였나이다
	3 ②	주께서 이르시되	내가 나의 택한 자와 언약을 맺으며 내 종 다윗에게 맹세하기를	
	4	내가 네 자손을	영원히 견고히 하며 네 위를 대대에 세우리라 하였다 하셨나이다 (셀라)	

복음을 아는 복받은 백성	5-18
	5 ③ 여호와여 주의 기사를 하늘이 찬양할 것이요 주의 성실도 거룩한 자의 회중에서 **찬양하리이다**
	6 대저 궁창에서 능히 여호와와 비교할 자 누구며 권능 있는 자 중에 여호와와 같은 자 누구리이까
	7 하나님은 거룩한 자의 회중에서 심히 엄위하시오며
	둘러 있는 모든 자 위에 더욱 두려워할 자시니이다
	8 여호와 만군의 하나님이여 **주와 같이 능한 자** 누구리이까
	여호와여 **주의 성실**하심이 주를 둘렀나이다
	9 ④ 주께서 바다의 흉용함을 다스리시며 그 파도가 일어날 때에 **평정케** 하시나이다
	10 주께서 라합을 살륙 당한 자 같이 **파쇄하시고** 주의 원수를 주의 능력의 팔로 **흩으셨나이다**
	11 하늘이 주의 것이요 땅도 주의 것이라 세계와 그 중에 충만한 것을 주께서 **건설하셨나이다**
	12 남북을 주께서 **창조하셨으니** 다볼과 헤르몬이 주의 이름을 인하여 즐거워하나이다
	13 주의 팔에 **능력이** 있사오며 주의 손은 **강하고** 주의 오른손은 **높으시니이다**
	14 ⑤ 의와 공의가 주의 보좌의 기초라 인자함과 진실함이 주를 앞서 행하나이다
	15 즐거운 소리를 아는 백성은 유복한 자라 여호와여 저희가 주의 얼굴빛에 다니며
	16 종일 주의 이름으로 기뻐하며 주의 의로 인하여 높아지오니
	17 주는 저희 힘의 영광이심이라 우리 뿔이 주의 은총으로 높아지오리니
	18 우리 방패는 여호와께 속하였고 우리 왕은 이스라엘의 거룩한 자에게 속하였음이니이다

영원히 견고할 다윗언약	19-37
	19 ⑥ 주께서 이상 중에 주의 성도에게 말씀하시기를
	내가 돕는 힘을 능력 있는 자에게 더하며 백성 중에서 택한 자를 높였으되
	20 ⑦ 내가 내 종 다윗을 찾아 나의 거룩한 기름으로 부었도다
	21 내 손이 저와 함께하여 견고히 하고 내 팔이 그를 힘이 있게 하리로다
	22 원수가 저에게서 강탈치 못하며 악한 자가 저를 곤고케 못하리로다
	23 내가 저의 앞에서 그 대적을 박멸하며 저를 한하는 자를 치려니와
	24 ⑧ 나의 성실함과 인자함이 저와 함께 하리니 내 이름을 인하여 **그 뿔이 높아지리로다**
	25 내가 또 그 손을 바다 위에 세우며 오른손을 강들 위에 세우리니
	26 저가 내게 부르기를 주는 **나의 아버지시요 나의 하나님이시요** 나의 구원의 바위시라 하리로다
	27 내가 또 저로 **장자를 삼고** 세계 **열왕의 으뜸이** 되게 하며
	28 ⑨ 저를 위하여 **나의 인자함을** 영구히 지키고 저로 더불어 한 **나의 언약을** 굳게 세우며
	29 또 그 후손을 영구케 하여 그 위를 하늘의 날과 같게 하리로다
	30 만일 그 자손이 내 법을 버리며 내 규례대로 행치 아니하며
	31 내 율례를 파하며 내 계명을 지키지 아니하면
	32 내가 지팡이로 저희 범과를 다스리며 채찍으로 저희 죄악을 징책하리로다
	33 ⑩ 그러나 나의 인자함을 그에게서 다 거두지 아니하며 나의 성실함도 폐하지 아니하며
	34 내 언약을 파하지 아니하며 내 입술에서 낸 것도 변치 아니하리로다
	35 내가 나의 거룩함으로 한번 맹세하였은즉 다윗에게 거짓을 아니할 것이라
	36 그 후손이 장구하고 그 위는 해 같이 내 앞에 항상 있으며
	37 또 궁창의 확실한 증인 달 같이 **영원히 견고케** 되리라 하셨도다(셀라)

89:1-37
인자와 성실로 세워주신 다윗언약

내가 나의 거룩함으로 한번 맹세하였은즉 다윗에게 거짓을 아니할 것이라
(시 89:35).

89편은 역사적인 진술입니다. 중심점은, "다윗에게 맹세하기를"(3)
하고 "다윗언약"으로 시작하여, "한번 맹세하였은즉 다윗에게 거짓을
아니할 것이라"(35) 하신 다윗언약입니다. 그런데 현재의 상황은, "그
러나 주께서 주의 기름부음 받은 자를 노하사 물리쳐 버리셨으며, 그
관을 땅에 던져 욕되게 하셨으며 저의 모든 울타리를 파괴하셨다"
(38-40), 즉 예루살렘이 바벨론에 의하여 멸망을 당한 상황임을 탄원
하는 내용입니다.

이런 경우 붙잡고 매달릴 수 있는 것이 무엇인가? 본문에는 "다윗"
이 4번(3, 20, 35, 49)이나 등장하는데 이는 다윗이 잘나서가 아니라,
하나님께서 다윗에게 세워주신 "언약"(言約), 즉 메시아언약을 붙잡
고 매달리는 것입니다.

"주여 주의 성실하심으로 다윗에게 맹세하신 이전 인자하심이 어
디 있나이까"(49) 하고, "언약"을 붙잡고 부르짖습니다. 언약을 신뢰
하는 것이 믿음이요, 언약을 붙잡고 구하는 것이 가장 힘 있는 기도입
니다. 왜냐하면 천지는 변한다 해도 하나님의 언약만은 불변의 진리

이기 때문입니다. 분량 상 두 문단(1-37, 38-52)으로 나누어, 본 문단에서는 첫째부터 셋째 단원까지를 상고하겠습니다.

첫째 단원(1-4) 주의 인자와 성실을 대대로 전함
둘째 단원(5-18) 복음을 아는 자는 유복한 자라
셋째 단원(19-37) 영원히 견고한 다윗언약
넷째 단원(38-45) 징벌을 당한 언약백성
다섯째 단원(46-52) 주의 행동을 훼방한 것이라

첫째 단원(1-4) 주의 인자와 성실을 대대로 전함

첫째 단원은 89편의 명제(命題)라 할 수가 있습니다. 핵심은 "나의 택한 자와 언약을 맺으며 내 종 다윗에게 맹세하기를"(3) 하신 다윗언약에 있습니다.

① "내가 여호와의 인자하심을 영원히 노래하며 주의 성실하심을 내 입으로 대대에 알게 하리이다"(1) 합니다.

㉠ 서론에서 언급한 대로 당면한 상황은 징벌의 날임에도 "영원히 노래하며" 하고, 찬양하는 것으로 시작을 하고 있습니다. 그리고 "대대에 알게 하리이다", 즉 전하겠다고 말합니다. 이렇게 할 수 있는 것은, "여호와의 인자와 성실"을 신뢰하기 때문입니다.

㉮ "여호와의 인자"란 다윗을 택하시고 메시아언약을 세워주신 것이 무슨 자격이나 공로가 있어서가 아니라 "여호와의 인자", 즉 하나님의 무조건적인 사랑과 은혜라는 뜻이요, ㉯ "주의 성실"이란, 언약하신 바는 반드시 지켜주신다는 뜻입니다. 그래서 "영원히 노래하며, 내 입으로 대대에 알게 하리이다" 하는 것입니다.

ⓛ 설교자의 우선적인 책임은, 하나님께서 행해주신 "여호와의 인자와 성실"을 성도들에게 전해주어 알게 하는 것입니다. 사람이 행해야하는 일이 먼저가 아닙니다. 그리하여 성도들로 하여금, 여호와의 인자와 성실을 "찬양하고, 전파"하도록 하는 일입니다.

㉮ 믿음이란 지정의(知情意)적인 전인격적인 것입니다. 그러므로 무엇을 믿는지 "앎"을 전제로 합니다. 알지 못하고 믿는 것은 맹신(盲信)입니다. 그래서 호세아 선지자는, "내 백성이 지식이 없으므로(알지 못해서) 망하는도다"(호 4:6) 하고 탄식을 한 것입니다. ㉯ 알고 믿을 때, 하나님께서 행해주신 일이 내 것이 되는 것이요, 이것이 은혜를 받는 방도입니다. 성도들이 은혜받기를 원하는가? 하나님께서 선수적으로 행해주신 일을 먼저 더 많이 전해주는 것입니다.

89편은 52절까지 있는 장편 시입니다. 그런데 이를 통해서 하시고자 하는 말씀은 한마디로 "여호와의 인자하심과 주의 성실하심"을 알게 하려는데 있습니다. 왜 찬양하고, 대대에 전하겠다 하는가?

ⓒ 주의 "인자하심을 영원히 세우시며 주의 성실하심을 하늘에서 견고히 하실 것"(2)을 믿기 때문이라는 것입니다. 다시 말하면 현재는 바벨론에 의하여 멸망을 당한 상태이지만 하나님이 다윗에게 인자함으로 세워주신 "언약"은 성실하심으로 반드시 지켜주실 것을 확신한다는 말입니다. 이것이 "세우시며, 견고히 하실 것"이라는 뜻입니다.

하나님께서도, "내가 거룩함으로 한번 맹세하였은즉 다윗에게 거짓을 아니할 것이라"(35) 하십니다. 그래서 이를 찬양하고 선포하겠다는 것입니다.

② 3절은 "주의 인자와 성실"이 어떻게 주어졌는가를 말씀함인데, "주께서 이르시되 내가 나의 택한 자와 언약을 맺으며 내 종 다윗에

게 맹세하기를"(3) 하고, "언약과 맹세"로 주어졌다는 것입니다.

㉠ 4절은 언약의 내용인데, "내가 네 자손을 영원히 견고히 하며 네 위를 대대에 세우리라 하였다 하셨나이다(셀라)" 합니다. 이는 사무엘하 7:12-16절을 통해서 세워주신 언약을 가리키는데 궁극적으로는, "보라 네가 수태하여 아들을 낳으리니 그 이름을 예수라 하라 저가 큰 자가 되고 지극히 높으신 이의 아들이라 일컬을 것이요 주 하나님께서 그 조상 다윗의 위를 저에게 주시리니 영원히 야곱의 집에 왕 노릇 하실 것이며 그 나라가 무궁하리라"(눅 1:31-33)에서 성취될 언약이었던 것입니다. 이것이 찬양하고 선포해야할 "주의 인자와 성실"로 세워주신 다윗언약입니다.

둘째 단원(5-18) 복음을 아는 자는 유복한 자라

둘째 단원은 인자와 성실로 다윗에게 언약을 세워주신 하나님의 위대하심을 찬양하는 내용입니다. 중심점은 "즐거운 소리를 아는 백성은 유복(有福)한 자라"(15)는데 있습니다. "즐거운 소리"가 무엇인가? 이를 문맥적으로 보면 다윗에게 세워주신 "메시아언약"을 가리키는 것이 됩니다.

③ 그래서 "여호와여 주의 기사를 하늘이 찬양할 것이요 주의 성실도 거룩한 자의 회중에서 찬양하리이다"(5) 합니다.

㉠ 5-8절은 다윗에게 언약을 세워주신 하나님을 찬양하는 내용인데, "대저 궁창에서 능히 여호와와 비교할 자 누구며 권능 있는 자 중에 여호와와 같은 자 누구리이까"(6) 합니다.

8절에서도 "주와 같이 능한 자 누구리이까" 합니다. 참으로 "주의 인자와 성실"을 깨달은 자는, "주와 같은 신이 어디 있으리이까"(미

7:18) 하고 감격하게 되는 것입니다.

ⓒ 그뿐만이 아니라, "하나님은 거룩한 자의 회중에서 심히 엄위하시오며 둘러 있는 모든 자 위에 더욱 두려워할 자시니이다"(7) 하고 하나님의, "엄위(嚴威)와 두려워할 자", 즉 경외심(敬畏心)을 갖게 된다는 것입니다.

그래서 사도 바울은 "그러므로 하나님의 인자와 엄위를 보라(롬 11:22), 우리가 주의 두려우심을 알므로 각 사람을 권하노니"(고후 5:11) 하고 권면했던 것입니다. 오늘날은 "좋으신 하나님, 하나님은 당신을 사랑하십니다" 하고 하나님의 인자는 말하나, "하나님의 엄위와, 경외"에는 너무나 둔감합니다.

④ 9-13절은 다윗에게 언약을 세워주신 하나님의 능력을 찬양하는 내용인데 크게 두 가지를 들어 증거합니다.

ㄱ 첫째는 "주께서 바다의 흉용함을 다스리시며 그 파도가 일어날 때에 평정케 하시나이다 주께서 라합(애굽)을 살륙 당한 자 같이 파쇄하시고 주의 원수를 주의 능력의 팔로 흩으셨나이다"(9-10) 하고, 대적을 파쇄하신 능력이고,

ㄴ 둘째는 "하늘이 주의 것이요 땅도 주의 것이라 세계와 그 중에 충만한 것을 주께서 건설하셨나이다 남북을 주께서 창조하셨으니 다볼과 헤르몬이 주의 이름을 인하여 즐거워하나이다 주의 팔에 능력이 있사오며 주의 손은 강하고 주의 오른손은 높으시니이다"(11-13) 한 창조의 능력입니다.

⑤ 14-18절은 다윗에게 언약을 세워주신 하나님의 성품(性稟)에 대한 찬양인데, 하나님은 능력의 하나님만이 아니라, "의와 공의가 주의

보좌의 기초라 인자함과 진실함이 주를 앞서 행하나이다"(14) 하고, "의와 공의, 인자와 진실" 하신 하나님이시라고 말씀합니다.

㉠ 14절 안에는 "의와 공의, 인자와 진실함"이 있는데 이는 하나님의 구원계획을 이해하는데 중요한 요소가 되는 말씀입니다.

㉮ 하나님은 우리를 구원하시되 "인자", 즉 사랑으로만 하신 것이 아니라, ㉯ "공의"로 하셨고, ㉰ 한 번 언약하신 바를 반드시 지켜주시는 "진실"하심으로 행해주셨다는 말씀입니다.

그렇습니다. 여기 "의와 공의"를 함께 언급하는데 어떻게 다른 것인가? 주님께서 우리 대신 하나님의 공의의 심판을 받아주심으로 우리는 의롭다함을 얻게 되었다고 말할 수가 있습니다.

㉡ 이점이 "즐거운 소리를 아는 백성은 유복한 자라 여호와여 저희가 주의 얼굴빛에 다니며"(15) 하는 말씀에 나타납니다. 이 말씀이 당시로는 대적으로부터의 구원, 승전했다는 소식 등을 가리킬 수가 있습니다만, 하나님께서 다윗에게 세워주신 "메시아언약"에 초점이 맞춰져 있는 본문의 문맥과, 이 언약이 성취되어 복음이 밝히 드러난 새 언약의 빛을 받아 해석한다면 어떤 의미가 되는가?

㉢ 이는 두 마디로 되어 있는데,

㉮ "즐거운 소리"란 "온 백성에게 미칠 큰 기쁨의 좋은 소식"(눅 2:10)이요, 그래서 "즐거운 소리를 아는 백성은 유복한 자라" 하는 것입니다. 이점을 18:44절에서는 "풍성(風聲)을 들은 즉시로 내게 순복함이여 이방인들이 내게 복종하리이다" 합니다. ㉯ "주의 얼굴 빛"이란 "하나님께서 예수 그리스도의 얼굴에 있는 하나님의 영광을 아는 빛을 우리 마음에 비취셨느니라"(고후 4:6) 하신 "그리스도의 영광의 복음의 광채(고후 4:4)가 되는 것입니다. 그래서 "저희는 주의 얼굴빛에 다니며" 하는 것입니다.

㉣ 그래서 "종일 주의 이름으로 기뻐하며 주의 의로 인하여 높아지오니 주는 저희 힘의 영광이심이라 우리 뿔이 주의 은총으로 높아지오리니 우리 방패는 여호와께 속하였고 우리 왕은 이스라엘의 거룩한 자에게 속하였음이니이다"(16-18) 하는 것입니다.

㉮ "종일 주의 이름으로 기뻐하며", ㉯ "주의 의로 인하여 높아지오니", ㉰ "주는 저희 힘의 영광이심이라", ㉱ "우리 뿔이 주의 은총으로 높아지오리니" 하고, 형제의 뿔이 "즐거운 소리", 즉 복음으로 인하여 높아졌다고 말씀합니다. 참으로 이 영광스러움을 일일이 증거하기에는 우리의 영성이 모자라고 시간이 부족하다 할 것입니다. 이것이 "복음을 아는 자는 유복한 자"입니다.

셋째 단원(19-37) 영원히 견고할 다윗언약

다시 상기시킵니다만 89편의 핵심적인 주제는 4번(3, 20, 35, 49) 등장하는 "다윗언약"에 있습니다. 그런데 셋째 단원의 구조는, "내 종 다윗을 찾아 나의 거룩함으로 기름을 부었도다(20), 내가 나의 거룩함으로 한번 다윗에게 맹세하였은즉 다윗에게 거짓을 아니할 것이라"(35) 하고, "다윗"으로 시작하여(20), "다윗"으로 마치는(35) 구조입니다. 그러므로 여기가 89편의 중심부입니다.

⑥ "주께서 이상 중에 주의 성도에게 말씀하시기를"(19상) 합니다.

㉠ 하나님이 "말씀하셨다"는 점이 중요합니다. 85:8절에서도 "내가 하나님 여호와의 하실 말씀을 들으리니" 합니다. 기독교는 하나님이 말씀하여주신 "계시"(啓示) 종교라는 점이 다른 종교와 다른 점입니다. 우주 만물을 창조하신 하나님께서 말씀해주시지 않는다면 하나님을 알지 못할 뿐만이 아니라, 나 자신이 누구며 무엇을 위해서 사는

가 하는 삶의 의미와 목적도 알 길이 없는 것입니다.

저는 세계 4대 생불(生佛)로 추앙받고 있다는 "숭산"의 어록인 "선의 나침판"(현각 엮음)을 읽어보았습니다. 그 책에 이런 말이 있습니다.

"나는 누구인가?라고 묻는 것이 참선 수행의 시작이자 끝이다. 이 질문을 깊이 하게 되면 모든 생각이 끊어지고 생각이 이전의 상태로 돌아오게 된다. 그리하여 <오직 모를 뿐>을 깨달아 우리 자신을 알게 되는 것이다"라고 말합니다. "오직 모를 뿐", 이것이 산스크리트에서 나온 부처(붓다), 즉 "깨달음"이라는 것입니다. 유사 이래로 인간은 자신을 알고자 사색하고 명상하고 탐구를 하였으나 "오직 모를 뿐"에 도달할 수밖에 없다는 것입니다. 그런데 주님은 "내가 길이요 진리요 생명이라" 말씀하십니다.

⑦ 그러면 하나님께서 계시로 말씀하신 바가 무엇인가? "내가 돕는 힘을 능력 있는 자에게 더하며 백성 중에서 택한 자를 높였으되 내가 내 종 다윗을 찾아 나의 거룩한 기름으로 부었도다"(19하-20) 하십니다.

㉠ 주 성령께서 본문을 통해서 말씀하시려는 바는, 다윗이 이스라엘의 가장 위대한 왕이었다는 이야기를 하려는 것이 아닙니다. 하나님은 사무엘에게, "너는 기름을 뿔에 채워 가지고 가라 내가 너를 베들레헴 사람 이새에게로 보내리니 이는 내가 그 아들 중에서 한 왕을 예선하였음이니라"(삼하 16:1) 하십니다. 그런데 사무엘은 많은 시행착오를 겪게 됩니다. 왜냐하면 이새에게는 아들이 여덟이나 있었고 하나님께서는 지명(指名)해 주시지 않으셨기 때문입니다.

어찌하여 하나님은 "다윗"이라 하시지 않고 "이새의 아들"이라 하셨는가? 이는 독자의 시선을, "이새의 줄기에서 한 싹이 나며 그 뿌리에서 한 가지가 나서 결실할 것이요"(사 11:1) 하고 예언케 하신, 이새의 줄기에서 나실 그리스도에게로 인도해주기 위해서인 것입니다.

ⓛ 21-37절까지는 "택하여 기름 부어 왕"을 삼으신 자에 대한 묘사인데, 여기서 말씀하는 요소들이 1차적으로는 다윗을 가리킨다 하여도 궁극적으로는 다윗의 자손으로 오실 그리스도를 가리키는 말씀인 것입니다. 21-28절 안에는 하나님을 가리키는 "내"가 10번, 기름 부음 받은 자를 가리키는 "저"가 10번이나 등장합니다. "저"는 어떤 자인가? ㉮ "내 손이 저와 함께하여 견고히 하고, ㉯ 내 팔이 그를 힘이 있게 하리로다(21), ㉰ 원수가 저에게서 강탈치 못하며, ㉱ 악한 자가 저를 곤고케 못하리로다(22), ㉲ 내가 저의 앞에서 그 대적을 박멸하며, ㉳ 저를 한하는 자를 치려니와"(23) 하십니다.

ⓒ 무슨 뜻인가? 하나님께서 "저"를 통하여 이루시고자 하는 구원 계획을 그 누구도 결코 좌절시킬 수가 없다는 말씀입니다.

⑧ 그래서 "나의 성실함과 인자함이 저와 함께 하리니 내 이름을 인하여 그 뿔이 높아지리로다"(24) 하시면서,

㉠ "내가 또 그(저의) 손을 바다 위에 세우며 오른손을 강들 위에 세우리니"(25) 하시는데, "뿔이 높아진다(24), 그 손을 세운다"(25)는 말은 그의 통치를 나타냅니다. 그리고 하시는 말씀이,

㉮ "저가 내게 부르기를 주는 나의 아버지시요 나의 하나님이시요 나의 구원의 바위시라 하리로다"(26), ㉯ "내가 또 저로 장자를 삼고, ㉰ 세계 열왕의 으뜸이 되게 하며"(27) 하십니다. 여기서 하나님과 기름 부음을 받은 자의 관계는, "아버지와 아들", 그것도 장자라는 것입

니다. 그리고 "열왕의 으뜸" 곧 왕 중 왕이라 하십니다. 이런 "저"가
누구란 말인가?

⑨ "저를 위하여 나의 인자함을 영구히 지키고 저로 더불어 한 나
의 언약(言約)을 굳게 세우며"(28),

㉠ "또 그 후손을 영구케 하여 그 위를 하늘의 날과 같게 하리로다
만일 그 자손이 내 법을 버리며 내 규례대로 행치 아니하며 내 율례를
파하며 내 계명을 지키지 아니하면 내가 지팡이로 저희 범과를 다스
리며 채찍으로 저희 죄악을 징책하리로다"(29-32) 하십니다.

이점을 원문(原文)인 사무엘하 7장에서는, "나는 그 아비가 되고
그는 내 아들이 되리니 저가 만일 죄를 범하면 내가 사람 막대기와 인
생 채찍으로 징계하려니와 내가 네 앞에서 폐한 사울에게서 내 은총
을 빼앗은 것같이 그에게서는 빼앗지 아니하리라"(14-15) 하십니다.

⑩ 이점을 본문에서는, "그러나 나의 인자함을 그에게서 다 거두지
아니하며 나의 성실함도 폐하지 아니하며"(33),

㉠ "내 언약을 파하지 아니하며 내 입술에서 낸 것도 변치 아니 하
리로다 내가 나의 거룩함으로 한번 맹세하였은즉 다윗에게 거짓을 아
니할 것이라"(35) 하고 말씀하십니다.

이 언약이 얼마나 견고하냐 하면, "너희가 능히 낮에 대한 나의 약
정과 밤에 대한 나의 약정을 파하여 주야로 그때를 잃게 할 수 있을진
대 내 종 다윗에게 세운 나의 언약도 파할"(렘 33:20-21) 수 있으리라
하십니다.

㉡ 이점을 본문에서도, "그 후손이 장구하고 그 위는 해 같이 내 앞
에 항상 있으며 또 궁창의 확실한 증인 달 같이 영원히 견고케 되리라

하셨도다"(36-37) 하고, "해와 달"을 들어 증거하면서 너무나 감격하여 (셀라) 하는 것입니다.

낮이 가면 밤이 오는 창조의 약정(約定)을 파할 자가 있단 말입니까? 이는 다윗 언약의 불변성을 이에 비하고 있습니다. 그래서 "내가 너희에게 영원한 언약을 세우리니 곧 다윗에게 허락한 확실한 은혜니라"(사 55:3) 하시는 것입니다.

어찌하여 본문에서 "아브라함 언약"은 언급함이 없이 다윗 언약만을 내세우고 있는가? 다음 문단(38-52)에서 보게 될 것입니다만 현재 상황이 다윗의 왕위가 폐하여진 것처럼 보이는 위태로운 상황이기 때문입니다. 그래서 결론부분에 이르러서는 "주의 성실하심으로 다윗에게 맹세하신 이전 인자하심이 어디 있나이까"(49) 하고 탄원하고 있는 것을 보게 됩니다.

77편의 사람은 "그 허락(언약)을 영구히 폐하셨는가"(8) 하고 의문을 제기했었는데, 하나님이 세워주신 메시아언약은 "내가" 하고, 하나님의 일방적이요 주권적으로 세워주신 은혜언약입니다. 이는 폐하여질 수도 없고, 폐하여져서도 아니 되는 것입니다.

ⓒ "내가 여호와의 인자하심을 영원히 노래하며 주의 성실하심을 내 입으로 대대에 알게 하리이다"(1) 하고 시작된 89편의 첫째 문단(1-37)은, 다윗에게 세워주신 언약의 불변성을 강조함으로 마치고 있습니다.

이것이 "영원히 견고할 다윗언약"입니다. 이것이 우리가 믿고 있는 복음의 견고(堅固)함인 것입니다. 이토록 다윗언약을 내세우고 있는 시편 기자의 의도를 둘째 문단(38-52)에서 보게 될 것입니다.

적용

오늘날은 "내가" 하신 하나님의 주권보다는, "우리"라는 인간중심을 앞세우고 있습니다. 우리는 "주의 인자, 주의 성실, 주의 엄위"에 대해서 얼마나 알고 있으며, 찬양하고 있으며, 이를 대대로 전하기를 얼마나 열망하고 있는가를 돌아보게 합니다.

묵상

㉠ 대대에 알게 하겠다는 "주의 인자와 성실"에 대해서,

㉡ "즐거운 소리를 아는 자와 주의 얼굴빛에 다닌다"는 구속사적 의미에 대해서,

㉢ 다윗에게 세워주신 언약이 얼마나 견고한가에 대해서.

시편 89:38-52 개관도표
주의 기름부음 받은 자에 대한 훼방

징벌을 당한 언약 백성	38-45	
	38 ①	그러나 주께서 주의 기름 부음 받은 자를 노하사 물리쳐 버리셨으며
	39	주의 종의 언약을 미워하사 그 관을 땅에 던져 욕되게 하셨으며
	40	저의 모든 울타리를 파괴하시며 그 보장을 훼파하셨으므로
	41	길로 지나는 자들에게 다 탈취를 당하며 그 이웃에게 욕을 당하나이다
	42 ②	주께서 저의 대적의 오른손을 높이시고 저희 모든 원수로 기쁘게 하셨으며
	43	저의 칼날을 둔하게 하사 저로 전장에 서지 못하게 하셨으며
	44	저의 영광을 그치게 하시고 그 위를 땅에 엎으셨으며
	45	그 소년의 날을 단촉케 하시고 저를 수치로 덮으셨나이다(셀라)
주의 원수의 훼방	46-52	
	46	③ 여호와여 언제까지니이까 스스로 영원히 숨기시리이까
		주의 노가 언제까지 불붙듯 하시겠나이까
	47	④ 나의 때가 얼마나 단촉한지 기억하소서
		주께서 모든 인생을 어찌 그리 허무하게 창조하셨는지요
	48	누가 살아서 죽음을 보지 아니하고 그 영혼을 음부의 권세에서 건지리이까(셀라)
	49 ⑤	주여 주의 성실하심으로 다윗에게 맹세하신 이전 인자하심이 어디 있나이까
	50	주는 주의 종들의 받은 훼방을 기억하소서 유력한 모든 민족의 훼방이 내 품에 있사오니
	51 ⑥	여호와여 이 훼방은 주의 원수가 주의 기름 부음 받은 자의 행동을 훼방한 것이로소이다
	52	여호와를 영원히 찬송할 지어다 아멘 아멘

89:38-52
주의 기름부음 받은 자에 대한 훼방

여호와여 이 훼방은 주의 원수가 주의 기름 부음 받은 자의 행동을 훼방한 것이
로소이다(시 89:51).

89편 둘째 문단(38-52)은 ① "그러나" 하고 시작이 됩니다. 도표를
보시면 "그러나 주께서 주의 기름부음 받은 자를 노하사 물리쳐 버리
셨다"(38) 하고 말합니다. 이는 왕이 바벨론으로 포로로 끌려갔음을
나타내는 표현입니다. 그래서 ② "주께서 저의 대적의 오른손을 높이
시고" 하는 것입니다. ③ "여호와여 언제까지니이까" 하고 호소하면
서, ⑤ "성실하심으로 다윗에게 맹세(언약)하신 이전(以前) 인자함이
어디 있나이까"(49) 하고, 언약을 붙잡고 매달립니다.

이는 앞 문단에서, "내 언약을 파하지 아니하며, 변치 아니 하리로
다"(34) 하신 말씀과는 반대 상황임을 의미합니다. 그렇다면 두 가지
물음이 제기됩니다.

㉮ 첫째는 이런 일을 당하게 된 원인이 어디에 있으며, ㉯ 둘째는
하나님은 언약을 폐하셨단 말인가?

첫째 단원(1-4) 주의 인자와 성실을 대대로 전함
둘째 단원(5-18) 복음을 아는 자는 유복한 자라

넷째 단원(38-45) 징벌을 당한 언약백성

첫째 문단(1-37)을 "영원히 견고케 되리라 하셨도다"(37) 하고 마친 기자는, 둘째 문단을 "그러나"(38) 하고 시작을 합니다. 시편 기자는 현실(現實)로 돌아와 자신들이 당면하고 있는 참상을 호소하려는 것입니다.

이 "그러나"는 자신들이 처한 현재 상황이 앞에서 진술한 것과는 정반대의 상황에 처했음을 나타냅니다. 그러므로 넷째 단원의 중심점은, "지나가는 자들에게 다 탈취를 당하며 그 이웃에게 욕을 당하였나이다"(41) 하는 말씀에서 구할 수가 있는데, 이는 하나님의 힘이 모자라서가 아니라, 하나님께서 대적에게 내어주심으로 징벌을 당하게 되었음을 나타냅니다.

유의해보셨습니까? 1-37절이나 되는 첫째 문단은 전체가 하나님께서 주권적으로 세워주신 다윗언약(言約)을 증거하고, 찬양하는 내용이었습니다. 자신들이 당하고 있는 환난에 대한 언급은 한마디도 없었습니다.

① "그러나 주께서 주의 기름 부음 받은 자를 노하사 물리쳐 버리셨으며"(38) 합니다. 여기서 말씀하는 "기름 부음 받은 자"란, "왕"을 가리키는 말입니다. 어떤 왕인가? 하나님께서 다윗에게 "네 위(位)를 영원히 견고케 하리라"(29) 하신, 다윗의 왕위인 것입니다.

㉠ 그런데 "물리쳐 버리셨다"고 말씀합니다. 이어서 진술하기를,

㉮ "주의 종의 언약을 미워하사 그 관(冠)을 땅에 던져 욕되게 하셨으며"(39), ㉯ "저의 모든 울타리를 파괴하시며 그 보장을 훼파하셨으므로"(40), ㉰ "길로 지나는 자들에게 다 탈취를 당하며 그 이웃에게 욕을 당하나이다"(41), 즉 하나님의 보호를 상징하는 "울타리, 보장"을 철회하심으로 대적에게 약탈을 당하게 되었다는 것입니다. 이렇게 진술하고 있는 시편 기자의 의중(意中)이 무엇인가? 갈등인가? 회의인가?

② 그뿐만이 아니라 "주께서 저의 대적의 오른손을 높이시고 저희 모든 원수로 기쁘게 하셨으며"(42) 합니다. 그러니까 대적을 징벌의 도구로 삼으셔서 이스라엘의 왕을 물리쳐 버리셨다는 것이 됩니다.

㉠ 그래서 이스라엘의 "칼날을 둔하게 하사 저로 전장에 서지 못하게 하셨으며 저의 영광을 그치게 하시고 그 위를 땅에 엎으셨으며 그 소년의 날을 단촉케 하시고 저를 수치로 덮으셨나이다(셀라)"(43-45) 하는 것입니다.

이점에서 유념해야할 점은, 시편 기자는 대적이 이렇게 했다고 말하는 것이 아니라, "주께서"(38, 42), 즉 하나님께서 이렇게 하셨다고 진술하고 있다는 점입니다.

빌라도는 자신에게 "놓을 권세도 있고 십자가에 못 박을 권세도 있다" 하고 말했지만 주님께서는, "위에서 주지 아니 하셨더면 나를 해할 권세가 없었으리니"(요 19:10-11) 하셨습니다. 그러면 하나님께서는 어찌하여 자기 백성을 대적의 손에 붙이셨는가?

"만일 그 자손이 내 법을 버리며 내 규례대로 행치 아니하면(30), 저희 죄악을 징책(懲責)하리로다"(32) 하신, 징벌이었던 것입니다.

㉡ 다시 제기합니다만 이렇게 호소하고 있는 시편 기자의 의중이

무엇인가 하는 점입니다. 이점에 관심을 기울이게 되는 것은 이 문제가 시련과 환난을 당할 때 우리들 속에서 일어나는 회의요 갈등이기 때문입니다. 도대체 성령께서는 무엇을 말씀하시기 위해서 89편을 기록케 하셨는가? 이점을 결론 부분인 다음 단원에서 깨닫게 될 것입니다. 이것이 "징벌을 당하는 언약백성"입니다.

다섯째 단원(46-52) 주의 행동을 훼방한 것이라

다섯째 단원의 중심점은 "이 훼방은 주의 원수가 주의 기름부음 받은 자의 행동을 훼방한 것"(51)이라는데 있습니다. 그러면 "주의 기름부음 받은 자"가 누구를 가리키는가? 1차적으로는 바벨론으로 끌려간 "왕"을 가리킵니다만, 다윗 언약에 초점을 맞추고 있는 89편의 문맥으로 보면 "메시아"를 대적한 것이라는 뜻이 됩니다. 이는 대단히 중요한 통찰력이요 각성이라 할 수가 있습니다. 저는 이 구절을 89편의 요절로 삼았는데 모든 해답이 여기에 들어있다고 보았기 때문입니다.

③ "여호와여 언제까지니이까 스스로 영원히 숨기시리이까 주의 노가 언제까지 불붙듯 하시겠나이까"(46) 하고 탄원합니다.

㉠ 연약한 인간들은 시련을 당하게 되면 공통적으로 하는 말이 있습니다.

㉮ "어찌하여, 어찌하여"(욥 3:11-12) 합니다. 내가 어찌하여 이런 고난을 당해야 하는가 하는 항변입니다. ㉯ "언제까지, 언제까지"(46) 합니다. 이런 일이 언제나 끝이 날 것이냐고 묻고 있는 것입니다.

그런데 이상한 점이 있습니다. 주의 노가 불붙듯 하다고 말하면서도 본문에는, 왕이 포로로 잡혀가고, 예루살렘이 멸망을 당한 원인에 대해서는 일언반구 언급이 없다는 점입니다. 다시 말하면 죄에 대한 언급이 없습니다. 자신들의 잘못을 모르고 있단 말인가?

④ 그런데 국가적인 환난을 탄원하다가 갑자기, "나의 때가 얼마나 단촉한지 기억하소서 주께서 모든 인생을 어찌 그리 허무하게 창조하셨는지요"(47) 하면서,

㉠ "누가 살아서 죽음을 보지 아니하고 그 영혼을 음부의 권세에서 건지리이까(셀라)"(48) 하는 것이 아닌가? 이는 하나님을 원망하는 말이 아니라 인간의 무능함, 유한함, 인생의 무상함, 무가치함을 실토하는 말입니다. 어찌하여 이 지점에 이르러 인간의 허무함을 토로하고 있는가?

⑤ 이는 "주여 주의 성실하심으로 다윗에게 맹세하신 이전 인자하심이 어디 있나이까"(49) 한 말씀과 결부시켜 생각할 때에 그 뜻을 알 수가 있습니다.

㉠ 시편 기자는 인간의 거짓됨과 배은망덕을 모르고 있는 것이 아닙니다. 인간을 바라보아야 구제불능이요, 희망이 없다는 것입니다. 그래서 사람을 바라보지 않고 오직 소망은 주의 인자와 성실하심으로 다윗에게 세워주신 "언약"에 있다는 점을 내세우고 있는 것입니다. 그래서 "주는 주의 종들의 받은 훼방을 기억하소서"(50) 하고, 하나님께만 매달리고 있는 것입니다.

㉮ 같은 역사적인 진술인 74편에서도 "주의 산비둘기의 생명을 들짐승에게 주지 마시며 주의 가난한 자의 목숨을 영영히 잊지 마소서" 하고, 인생의 무능과 무가치함을 고백하면서, "언약을 돌아보소서"(시 74:19-20) 하고 매달립니다. ㉯ 103:15-18절에서도, "인생은 그날이 풀과 같으며 그 영화가 들의 꽃과 같도다 그것은 바람이 지나면 없

어지나니 그곳이 다시 알지 못하거니와" 하고, 인간의 무능, 무상을 언급하면서, "여호와의 인자하심은 자기를 경외하는 자에게 영원부터 영원까지 이르며 그의 의는 자손의 자손에게 미치리니 곧 언약을 지키고 그 법도를 기억하여 행하는 자에게로다" 하고, 하나님께 매달립니다.

⑥ 이제 결론에 이르러서 결정적인 진술을 하고 있는데, "여호와여 이 훼방은 주의 원수가 주의 기름 부음 받은 자의 행동을 훼방한 것이로소이다"(51) 하는 진술입니다. 89편은 이 말씀을 하기 위해서 기록한 것이라 해도 과언이 아닙니다.

㉠ 그러므로 이 말씀을 통찰력을 가지고 살펴보아야만 합니다. 이는 크게 두 마디로 되어 있는데,

㉮ "여호와여 이 훼방은 주의 원수가" 합니다. "훼방과 원수"가 결부되어 있는데, 이 훼방은 자신들의 원수가 아니라, "주의 원수가 주를 훼방한 것"이라고 말씀합니다. "주의 원수가 주를 훼방"한 것이라면 문제는 심각해지는 것입니다. ㉯ 좀 더 구체적으로 주의 원수의 훼방은, "주의 기름부음 받은 자의 행동을 훼방한 것이라"고 진술합니다. 시편 기자는 원수가 자신들을 멸망시켰다고 말하고 있지 아니합니다.

㉡ 그렇다면 본 문단에 두 번(38, 51) 등장하는 "주의 기름부음 받은 자"란 누구를 가리키는가? 이에 분별력이 필요합니다.

㉮ 38절에서, "주의 기름부음 받은 자를 노하사 물리쳐 버리셨다"한 것은 하나님께서 진노하셔서 왕을 대적에게 내어주셨다는 뜻이 분명합니다. ㉯ 그런데 51절에서 "기름부음 받은 자의 행동을 훼방한 것이라"는 말은 대적이, "그리스도"를 훼방한 것이라는 뜻인 것입니다.

ⓒ 만일 51절의 "기름부음 받은 자"도 포로로 끌려간 왕으로 여긴다면, "주의 기름 받은 자를 훼방한, 주의 원수"는 하나님 자신이 되고 마는 것입니다. 왜냐하면 하나님께서 대적에게 내어주셨기(38) 때문입니다.

앞에서도 지적을 했습니다만 대부분의 시편들의 중심점이 결론 부분에 등장한다는 점을 주목하시기를 바랍니다. 그리고 그 초점은 그리스도에게 맞춰져 있다는 점입니다. 이렇게 하시는 성령의 의도는 분명합니다. 앞에서 진술한 역사적인 사실을 예표로 하여 실체이신 그리스도를 증거하기 위해서인 것입니다.

ⓒ 어찌 보면 89편에는 문제만이 있고 해답이 없는 것같이 보입니다. 그렇지가 않습니다. 89편에는 확고부동한 해답이 있는 것입니다.

㉮ 하나님께서는 "내가 나의 거룩함으로 한번 맹세하였은즉 다윗에게 거짓을 아니 할 것이라"(35) 하십니다. ㉯ "만일 그 자손이 내 법을 버리며 내 규례대로 행치 아니하면(30), 죄악을 징책하리로다"(32) 하십니다. ㉰ 그러나 "내 언약을 파하지 아니하며 내 입술에서 낸 것도 변치 아니 하리로다"(34) 하십니다. 이보다 더한 확고한 해답(解答)이 무엇이란 말인가? 지금 저들은 "징책"을 당하고 있는 중입니다.

㉱ 하나님께서는 예레미야 선지자로 말씀하십니다. "바벨론에서 70년이 차면 내가 너희를 권고하고 나의 선한 말을 너희에게 실행하여 너희를 이곳으로 돌아오게 하리라 나 여호와가 말하노라 너희를 향한 나의 생각은 내가 아나니 재앙이 아니라 곧 평안이요 너희 장래에 소망을 주려 하는 생각이라"(렘 29:10-11).

그러면 어떤 방도로 돌아오게 하시는가? "내가 이스라엘 집과 유다 집에 새 언약을 세우리라"(렘 31:31) 하신, "새 언약" 곧 예수 그리스도입니다. 여기에 해답이 있는 것입니다. 우리도 이렇게 외칠 수밖에 없습니다. "여호와를 영원히 찬송할 지어다 아멘 아멘"(52).

적용

형제는 환난과 시련을 만나게 되면 어떻게 대처합니까? 89편은 우선적으로 하나님의 언약의 확고함과 불변성(첫째 문단)을 진술합니다. 그런 후에 "그러나"(38) 하고, 당면한 문제를 제시합니다. 즉 문제에 대한 해답을 영원불변한 하나님의 언약에서 구하고 있는 것입니다.

가장 건강한 신앙이 무엇인가? 머리로는 언약을 묵상하고, 가슴에는 언약을 품고, 마음에는 언약을 믿는 믿음이 있고, 눈은 언약을 향하고, 손은 언약을 굳게 붙잡고, 발은 언약 위에 견고하게 서있는 신앙인 것입니다.

이점에서 문자적으로는 나타나 있지 않지만 언약 백성 자신들이 징벌을 당하게 된 원인도 동일하게, "주의 기름부음 받은 자", 즉 다윗에게 세워주신 메시아언약을 훼방, 거역, 배신했기 때문이라는 점이 간접적으로 드러나고 있는 것입니다. 형제여, 이것이 "오직 나의 의인은 믿음으로 살리라" 하신 믿음으로 사는 길입니다.

묵상

㉠ 당면한 시련이 무엇인가에 대해서,

㉡ 징벌을 당하게 된 원인이 무엇인가에 대해서,

㉢ 문제에 대한 해답을 어디서 구하고 있는가에 대해서.

시편 90편 개관도표
주의 행사, 주의 영광을 나타내소서

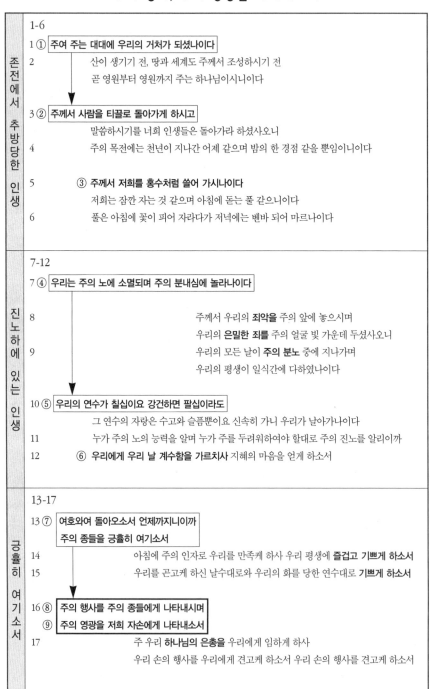

1-6

1 ① 주여 주는 대대에 우리의 거처가 되셨나이다

2　　산이 생기기 전, 땅과 세계도 주께서 조성하시기 전
　　　곧 영원부터 영원까지 주는 하나님이시니이다

3 ② 주께서 사람을 티끌로 돌아가게 하시고
　　　말씀하시기를 너희 인생들은 돌아가라 하셨사오니
4　　주의 목전에는 천년이 지나간 어제 같으며 밤의 한 경점 같을 뿐임이니이다

5　 ③ 주께서 저희를 홍수처럼 쓸어 가시나이다
　　　저희는 잠깐 자는 것 같으며 아침에 돋는 풀 같으니이다
6　　풀은 아침에 꽃이 피어 자라다가 저녁에는 벤바 되어 마르나이다

존전에서 추방당한 인생

7-12

7 ④ 우리는 주의 노에 소멸되며 주의 분내심에 놀라나이다

8　　주께서 우리의 **죄악을** 주의 앞에 놓으시며
　　　우리의 은밀한 **죄를** 주의 얼굴 빛 가운데 두셨사오니
9　　우리의 모든 날이 **주의 분노** 중에 지나가며
　　　우리의 평생이 일식간에 다하였나이다

10 ⑤ 우리의 연수가 칠십이요 강건하면 팔십이라도
　　　그 연수의 자랑은 수고와 슬픔뿐이요 신속히 가니 우리가 날아가나이다
11　　누가 주의 노의 능력을 알며 누가 주를 두려워하여야 할대로 주의 진노를 알리이까
12　 ⑥ 우리에게 우리 날 계수함을 가르치사 지혜의 마음을 얻게 하소서

진노하에 있는 인생

13-17

13 ⑦ 여호와여 돌아오소서 언제까지니이까
　　　주의 종들을 긍휼히 여기소서

14　　아침에 주의 인자로 우리를 만족케 하사 우리 평생에 **즐겁고 기쁘게 하소서**
15　　우리를 곤고케 하신 날수대로와 우리의 화를 당한 연수대로 **기쁘게 하소서**

16 ⑧ 주의 행사를 주의 종들에게 나타내시며
　　⑨ 주의 영광을 저희 자손에게 나타내소서
17　　주 우리 **하나님의 은총을** 우리에게 임하게 하사
　　　우리 손의 행사를 우리에게 견고케 하소서 우리 손의 행사를 견고케 하소서

긍휼히 여기소서

90편
주의 행사, 주의 영광을 나타내소서

주의 행사를 주의 종들에게 나타내시며 주의 영광을 저희 자손에게 나타내소서 (시 90:16).

90편은 시편 중 유일하게 "하나님의 사람 모세의 기도"라는 표제가 있는데, 이는 본문을 이해하는데 도움을 줍니다. 왜냐하면 90편의 내용이, 모세에 의하여 기록된 "모세 오경"과 상응하고 있기 때문입니다.

90편은 "주는 대대에 우리의 거처가 되셨나이다"(1) 하고 시작이 되는데, 이는 죄가 들어오기 전의 창세기 1-2장과 상응하고, "사람을 티끌로 돌아가라"(3) 하셨다는 진술은 창세기 3:19절에 대한 분명한 반영입니다. 이점에서 유념해야할 점은 성경이 복합적(複合的)인 계시(啓示)라는 점입니다.

㉠ 첫째는 본문이 기록될 당시에 어떤 의미가 있느냐 하는 점입니다. 그러므로 이 시편 안에는 약속의 땅에 들어가지 못하고 떠나야 하는 모세의 염원(念願)이 들어 있는 것입니다. ㉡ 그런데 둘째는 모든 성경은 성령의 감동으로 기록된 하나님의 말씀입니다. 그러므로 초점이 구속 주되시는 그리스도에게 맞춰져 있다는 점을 놓쳐서는 안 됩니다. ㉢ 그리고 셋째는 이 예언적인 말씀들이 중보 되시는 그리스도를 통하여 오늘의 우리에게 어떻게 적용이 되느냐 하는 점입니다. 이

세 방면을 염두에 두고 상고해야만 합니다.

첫째 단원(1-6) 하나님의 존전에서 추방당한 인생
둘째 단원(7-12) 하나님의 진노 하에 있는 인생
셋째 단원(13-17) 우리를 긍휼히 여기소서

첫째 단원(1-6) 하나님의 존전에서 추방당한 인생

첫째 단원의 중심점은 "우리의 거처(1)와, 티끌로 돌아가라"(3)에서 구할 수가 있습니다. 하나님은 대대에 우리의 거처가 되어주셨는데, 범죄로 말미암아 사망이 왔다는 뜻이 들어 있습니다.

① "주여 주는 대대에 우리의 거처가 되셨나이다"(1) 합니다.

㉠ 이 말씀은, "여호와 하나님이 동방의 에덴에 동산을 창설하시고 그 지으신 사람을 거기 두시고"(창 2:8) 한 말씀을 연상하게 합니다. "여호와는 하늘을 창조하신 하나님이시며 땅도 조성하시고 견고케 하시되 헛되이 창조치 아니하시고 사람으로 거하게 지으신 자시니라" 하십니다.

㉡ 그래서 "산이 생기기 전, 땅과 세계도 주께서 조성하시기 전 곧 영원부터 영원까지 주는 하나님이시니이다"(2) 하는 것입니다.

② 그런데 어찌하여 "주께서 사람을 티끌로 돌아가게 하시고 말씀하시기를 너희 인생들은 돌아가라"(3) 하셨는가?

㉠ 이는 분명 "너는 흙이니 흙으로 돌아갈 것이니라" 하신 창세기 3:19절을 염두에 하고 진술입니다. 그러니까 본문 2절과 3절 사이에는 인류의 시조 아담의 범죄, 타락, 추방이 끼어 있다 하겠습니다. 그

래서 "주의 목전에는 천년이 지나간 어제 같으며 밤의 한 경점 같을 뿐임이니이다"(4) 하는 것입니다.

③ "주께서 저희를 홍수처럼 쓸어 가시나이다 저희는 잠깐 자는 것 같으며 아침에 돋는 풀 같으니이다 풀은 아침에 꽃이 피어 자라다가 저녁에는 벤바 되어 마르나이다"(5-6) 하는데,

㉠ 이는 "홍수심판"을 염두에 두고 한 말씀이 아니겠는가? 홍수심판에서 "구원을 얻은 자가 몇 명뿐이니 겨우 여덟 명이라"(벧전 3:20) 말씀하는데, 그렇다면 멸망을 당한 자는 문자적으로 "쓸어 갔다"는 표현이 가능할 것입니다.

㉡ 그런데 "쓸어 감을" 당하는 일은 지금도 일어나고 있다는 것입니다. 매일 매일 지구상을 떠나는 사람의 수가 얼마나 될까요? "하나님의 존전에서 추방"을 당하였던 그들이 해답을 얻고 떠나는 것입니까? 그러므로 중요한 점은 "티끌로 돌아가게 된", 즉 하나님의 존전에서 추방을 당한 자들에게 해답이 무엇이냐 하는 점입니다. 그 원인을 둘째 단원에서 보게 되고, 이에 대한 해답을 셋째 단원에서 만나게 될 것입니다.

둘째 단원(7-12) 하나님의 진노 하에 있는 인생

둘째 단원 안에는 "주의 노, 주의 분 내심, 우리의 죄악, 은밀한 죄" 등이 강조되어 있습니다. 중심점은 "우리는 주의 노(怒)에 소멸된다"(7)는 말씀에 있는데, 이에 대한 역사적인 배경으로 민수기를 들 수가 있겠습니다. 10족장의 악평으로 말미암아 60만 명이 넘는 군사 중에, "갈렙과 여호수아 외에는 한 사람도 남지 아니하였더라"(민 26:65)

합니다. 어찌 이들뿐이겠습니까? 원죄 하에 있는 인간은 하나님의 진노 하에 있게 된 것입니다.

④ "우리는 주의 노에 소멸되며 주의 분 내심에 놀라나이다"(7) 합니다.

㉠ 하나님의 형상대로 지음을 받은 인간이 어찌하여 이처럼 진노하에 놓이게 되었는가? "주께서 우리의 죄악을 주의 앞에 놓으시며 우리의 은밀한 죄를 주의 얼굴 빛 가운데 두셨사오니"(8) 한, "죄악" 때문입니다. 이 죄악을 "주의 앞에, 주의 빛 가운데 두셨다"는 것은, "오직 만물이 우리를 상관하시는 자의 눈앞에 벌거벗은 것같이 드러나느니라"(히 4:13), "그러므로 율법의 행위로는 그(하나님)의 앞에 의롭다 하심을 얻을 육체가 없다"(롬 3:20)는 그런 뜻입니다.

㉡ 그리하여, "우리의 모든 날이 주의 분노 중에 지나가며 우리의 평생이 일식 간에 다하였나이다"(9) 하는데 이것이 허망한 인생입니다.

⑤ "우리의 연수가 칠십이요 강건하면 팔십이라도 그 연수의 자랑은 수고와 슬픔뿐이요 신속히 가니 우리가 날아가나이다"(10) 합니다.

㉠ 5절에서는 "쓸어 가나이다" 하고 말씀했는데, 10절에서는 "날아간다" 하고 말씀합니다. "허망한 인생, 진노 하에 있는 인생"이, 그나마 순식간에 지나가고 만다는 뜻입니다. 그러니까 기회는 많지가 않다는 것이 됩니다. 무엇을 말씀하려는 것일까? "누가 주의 노의 능력을 알며 누가 주를 두려워하여야 할대로 주의 진노를 알리이까"(11) 하는 말씀을 하려는 것입니다.

⑥ 그래서 둘째 단원의 결론은, "우리에게 우리 날 계수(計數)함을 가르치사 지혜의 마음을 얻게 하소서"(12) 하는 것입니다. 이런 뜻입

니다. "너는 청년의 때 곧 곤고한 날이 이르기 전, 나는 아무 낙이 없다고 할 해가 가깝기 전에 너의 창조자를 기억하라"(전 12:1)는 말씀입니다.

㉠ 어찌하여 "우리 날 계수함"이 필요한가? 순식간에 날아가는 기회를 놓치지 말라는 뜻입니다. "지혜의 마음을 얻게 하소서" 한 "지혜"가 무엇인가? "여호와를 경외하는 것이 지식의 근본이어늘 미련한 자는 지혜와 훈계를 멸시하느니라"(잠 1:7) 합니다. 이것이 "하나님의 진노 하에 있는 인생"입니다.

셋째 단원(13-17) 우리를 긍휼히 여기소서

90편의 중심부는 셋째 단원(13-17)입니다. 둘째 단원(7-12)에는 "주의 노(7, 9, 11, 11), 우리의 죄악과 죄(8), 슬픔(10) 등이 가득했는데, 셋째 단원 안에는 "긍휼(13), 인자(14), 은총(17), 즐겁고 기쁘게"(14) 등이 풍성합니다.

그런데 셋째 단원의 핵심은 두 번 간구하고 있는 "나타내소서"(16)에 있다는 점을 유념해야만 합니다. 왜냐하면 하나님의 "긍휼, 인자, 은총"을 나타내셔야만 우리가 받을 수가 있기 때문입니다. 90편은 이를 증거하기 위해서 기록이 된 것입니다.

⑦ 그래서 "여호와여 돌아오소서 언제까지니이까 주의 종들을 긍휼히 여기소서"(13) 합니다.

㉠ 이는 두 마디로 되어 있는데,

㋐ 첫째는 "여호와여 돌아오소서" 하는 말씀인데 이는, "오직 너희 죄악이 너희와 너희 하나님 사이를 내었고 너희 죄가 그 얼굴을 가리워서 너희를 듣지 않으시게 함이니"(사 59:2) 한, 하나님과의 분리, 단

절된 상태를 나타냅니다. ⓝ 둘째는, "주의 종들을 긍휼히 여기소서" (13하) 하는 말씀입니다. 범죄로 말미암아 하나님 존전에서 추방을 당한 입장에서는 하나님께서 "긍휼히 여겨주시기만"을 기대할 것밖에 다른 소망이 없는 것입니다.

ⓛ 그래서 "아침에 주의 인자로 우리를 만족케 하사 우리 평생에 즐겁고 기쁘게 하소서 우리를 곤고케 하신 날수대로와 우리의 화를 당한 연수대로 기쁘게 하소서"(14-15) 하는 것입니다.

ⓔ 모세가 "우리의 화를 당한 연수"(年數)라 함은 40년을 방황한 것을 염두에 둔 진술일 것입니다. 그런데 80평생을 방황하는 사람들도 많다는 점을 잊어서는 아니 됩니다.

㉮ 이들이 인식해야할 점은 인생 80을 산다 해도, "신속히 가니 우리가 날아가나이다"(10) 하는 점과, ㉯ 간구해야할 점은, "긍휼(13)과 인자"(14)뿐입니다. 그런데 "주의 긍휼과 주의 인자"는 나타내셔야만 우리가 받을 수가 있다는 점입니다.

⑧ 그래서 "주의 행사를 주의 종들에게 나타내시며 주의 영광을 저희 자손에게 나타내소서"(16), "나태소서" 하고 거듭 간구하는 것입니다.

㉠ 이 말씀이 1차적으로는 2세대들이 약속의 땅에 들어가 행복하게 살게 되기를 기원하는 모세의 염원일 수가 있습니다. 그런데 "너희 인생들은 돌아가라"(3) 하신 것은 그들만의 문제가 아닌 것입니다. 그러므로 이 말씀은 "진노 하에 있는" 모든 인생들을 위한 예언적인 말씀이 되는 것입니다.

⑨ 무엇을, 누구에게 나타내소서 하는가? "주의 영광을 저희 자손에게 나타내소서"(16하) 합니다.

㉠ 이는 자신의 당대에는 바랄 수 없을지라도 자손 대에 이르러 언젠가는, "내가 그들의 형제 중에 너와 같은 선지자 하나를 그들을 위하여 일으키리라"(신 18:18) 하신, 메시아가 이 땅에 나타나실 것을 바라보았다는 것이 됩니다.

㉡ 16절에는 "나타내 달라"는 말이 두 번 나오는데,

㋑ 먼저는 "주의 행사를 나타내 달라"고 말씀하는데, 이 행사가 1차적으로는 유월절 어린양의 피를 통한 출애굽으로 나타났는데, 이제 가나안 입성으로 나타나게 해달라는 것입니다. ㋡ 그런데 "주의 행사"에서, "주의 영광을, 나타내소서"(16하) 하고 전진을 하고 있는데 무슨 뜻인가? 이사야 선지자는, "외치는 자의 소리여 가로되 너희는 광야에서 여호와의 길을 예비하라" 하면서, "여호와의 영광이 나타나고 모든 육체가 그것을 보리라 대저 여호와의 입이 말씀하셨느니라"(사 40:3, 5) 하고 메시아 예언을 했는데, 이것이 "영광을 나타내심"입니다.

이점을 요한복음에서는, "말씀이 육신이 되어 우리 가운데 거하시매 우리가 그 영광을 보니 아버지의 독생자의 영광이요 은혜와 진리가 충만하더라(요 1:14), 본래 하나님을 본 사람이 없으되 아버지 품 속에 있는 독생하신 하나님이 나타내셨느니라"(요 1:18) 하고 말씀합니다.

㉢ 그러므로 구속사에 있어서 "나타내심"이라는 주제는 대단히 중요한 의미를 내포하고 있습니다. 신약성경은 복음을 정의하기를,

㋑ "하나님 속에 감취었던 지혜(고전 2:7), ㋡ 하나님 속에 감취었던 비밀의 경륜(엡 3:9), ㋡ 만세와 만대로부터 옴으로 감취었던 것"(골 1:26)이라고 말씀합니다. ㋕ 그런데 감추었던 것이 "이제는 우리 구주 그리스도 예수의 나타나심으로 말미암아 나타났으니(딤후 1:10),

이제는 그의 성도들에게 나타났다"(골 2:26하) 하고 말씀합니다.

신약의 성도들에게도 "나타내시기를" 사모하는 기다림은 있습니다. "복스러운 소망과 우리의 크신 하나님 구주 예수 그리스도의 영광이 나타나심을 기다리게 하셨으니"(딛 2:13) 한 주님의 재림입니다.

㉣ 90편은 "주 우리 하나님의 은총을 우리에게 임하게 하사 우리 손의 행사를 우리에게 견고케 하소서 우리 손의 행사를 견고케 하소서"(17) 하는 말씀으로 끝을 맺고 있습니다.

㉮ "우리 손의 행사"란 우리가 감당해야할 일을 가리킵니다. 그런데 우리에게 능력이 있어서가 아니라, "하나님의 은총을 우리에게 임하사", 즉 하나님의 공급하시는 힘으로 감당하게 해달라는 간구인 것입니다. ㉯ 그리고 두 번이나 "견고케 하소서, 견고케 하소서" 하는 것은, 인생의 연약과 무능을 알기에 하는 간구입니다.

이것이 "우리를 긍휼히 여기소서"요, "주의 행사, 주의 영광을 나타내소서"입니다.

적용

오늘의 우리들에게도 "나타내심"을 구하는 간구와 기다림이 있습니다. 그것은 "자기를 바라는 자들에게 두 번째 나타나시리라"(히 19:28) 하신 주의 재림입니다. 또한 그날에 있을 "몸의 구속"(롬 8:23)을 기다리고 있는 것입니다.

그날에는 "영광으로 영광에 이르게"(고후 3:18) 될 것입니다. "우리에게 우리 날 계수함을 가르치사 지혜의 마음을 얻게 하옵소서" 하고 구해야만 하겠습니다. 그리고 "우리 손의 행사를 우리에게 견고케 하소서 우리 손의 행사를 견고케 하소서" 하고 구해야만 하겠습니다.

묵상

㉠ 하나님의 존전에서 추방당한 인생의 무상함에 대해서,

㉡ 하나님의 진노 하에 있는 인생의 무가치함에 대해서,

㉢ 유일한 소망인 "주의 행사, 주의 영광을 나타내소서"에 대해서.

시편 91편 개관도표
지존자의 은밀한 곳에 거하는 자

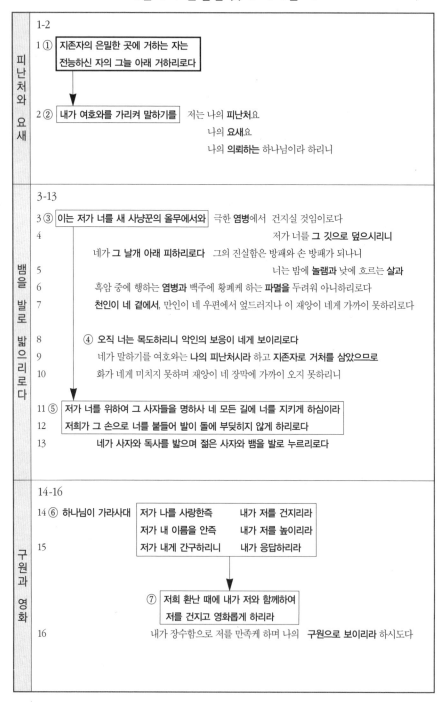

피난처와 요새

1-2

1 ① 지존자의 은밀한 곳에 거하는 자는
전능하신 자의 그늘 아래 거하리로다

2 ② 내가 여호와를 가리켜 말하기를　저는 나의 피난처요
나의 요새요
나의 의뢰하는 하나님이라 하리니

뱀을 발로 밟으리로다

3-13

3 ③ 이는 저가 너를 새 사냥꾼의 올무에서와　극한 염병에서 건지실 것임이로다
4 　　　　　　　　　　　　　저가 너를 그 깃으로 덮으시리니
네가 그 날개 아래 피하리로다　그의 진실함은 방패와 손 방패가 되나니
5 　　　　　　　　　　　　너는 밤에 놀램과 낮에 흐르는 살과
6 흑암 중에 행하는 염병과 백주에 황폐케 하는 파멸을 두려워 아니하리로다
7 천인이 네 곁에서, 만인이 네 우편에서 엎드러지나 이 재앙이 네게 가까이 못하리로다
8 ④ 오직 너는 목도하리니 악인의 보응이 네게 보이리로다
9 네가 말하기를 여호와는 나의 피난처시라 하고 지존자로 거처를 삼았으므로
10 화가 네게 미치지 못하며 재앙이 네 장막에 가까이 오지 못하리니
11 ⑤ 저가 너를 위하여 그 사자들을 명하사 네 모든 길에 너를 지키게 하심이라
12 저희가 그 손으로 너를 붙들어 발이 돌에 부딪히지 않게 하리로다
13 네가 사자와 독사를 밟으며 젊은 사자와 뱀을 발로 누르리로다

구원과 영화

14-16

14 ⑥ 하나님이 가라사대　저가 나를 사랑한즉　내가 저를 건지리라
저가 내 이름을 안즉　내가 저를 높이리라
15 저가 내게 간구하니　내가 응답하리라

⑦ 저희 환난 때에 내가 저와 함께하여
저를 건지고 영화롭게 하리라
16 내가 장수함으로 저를 만족케 하며 나의 구원으로 보이리라 하시도다

91편
지존자의 은밀한 곳에 거하는 자

지존자의 은밀한 곳에 거하는 자는 전능하신 자의 그늘 아래 거하리로다
(시 91:1).

91편의 중심점은 "지존자의 은밀한 곳에 거하는 자"(1)에 있습니다. 이 첫 절은 91편 전체의 명제(命題)가 되는 말씀입니다. 그 이하의 말씀은 이에 대한 해설이라 할 수가 있습니다. "은밀한 곳"이란 "비밀장소"를 뜻하는 것인데, "지존자의 은밀한 곳"이라 했으니 성전 중에서도 지성소를 가리키는 것이 됩니다.

3-13절 안에는 "너"라는 인칭(人稱)이 17번이나 등장하는데, 그러면 "지존자의 은밀한 곳에 거하는 너"는 누구란 말인가? 1차적으로는 대제사장을 생각할 수가 있는데 그는 예표의 인물일 뿐, 궁극적으로는 하나님 우편에 앉아 계시는 그리스도라 할 수가 있습니다.

이점에서 "저희가 그 손으로 너를 붙들어 발이 돌에 부딪히지 않게 하리로다" 한 12절은 사탄이 주님을 시험할 때에 인용(마 4:6)한 구절입니다. 그렇다면 사탄은 91편을 알고 있었으며, "네가 사자와 독사를 밟으며, 뱀을 발로 누르리로다"(13) 한 말씀을 증오하고 있었다는 것이 됩니다.

이런 맥락에서 "지존자의 은밀한 곳에 거하는 자"란 그리스도를 가

리키는 것이 되고, 그의 구속으로 말미암아 "그리스도 예수 안에" 거하게 된 성도들에게 적용이 된다 하겠습니다.

첫째 단원(1-2) 피난처와 요새가 됨
둘째 단원(3-13) 독사와 뱀을 발로 밟으리로다
셋째 단원(14-16) 구원하여 영화롭게 하리라

첫째 단원(1-2) 피난처와 요새가 됨

첫째 단원의 중심점은 2번 강조되어 있는, "거(居)함"에 있습니다. 왜냐하면 아담의 후예들은 하나님 존전에 거하지를 못하고 추방을 당했기 때문입니다.

① "지존자의 은밀한 곳에 거하는 자는 전능하신 자의 그늘 아래 거하리로다"(1) 합니다.

㉠ 서론에서 말씀드린 대로 이 말씀이 91편의 명제가 됩니다. 이는 두 마디로 되어 있는데,

㉮ 첫째로 "지존자의 은밀한 곳"(1상)은 가장 영광스러운 곳이요, 안전한 곳입니다. 우리 주님은 "본래 하나님을 본 사람이 없으되 아버지 품속에 있는 독생하신 하나님이 나타내셨나니라"(요 1:18) 하고, 지존자의 은밀한 곳에 계시던 분이십니다.

이제는 그리스도의 구속으로 말미암아 "너희 생명이 그리스도와 함께 하나님 안에 감추었음이니라"(골 3:3) 하고, 그리스도인들이 주와 함께 지존자의 은밀한 곳에 거하게 된 것입니다. 왜 "하나님의 은밀한 곳"이라 하지 않고, "지존자"(至尊者)의 은밀한 곳이라 하는가? 본질상 진노의 자식이었던 자들을 그토록 높여주셨다는 영광스러움

을 깨닫기를 원하셨기 때문일 것입니다. ⓖ 둘째로 "전능하신 자의 그늘 아래 거하리로다"(1하) 합니다. "그늘 아래"란 보호아래, 은혜 아래 있음을 의미합니다. 어찌하여 "하나님의 그늘 아래"라 하지 않고 "전능자"(全能者)의 그늘이라 하는가? 안전성을 강조하기 위해서입니다. 전능자의 그늘 아래 거하는 자를 누가 감히 건드릴 수가 있단 말인가? "저희를 주신 내 아버지는 만유보다 크시매 아무도 아버지 손에서 빼앗을 수 없음"(요 10:29)을 깨닫기를 원하셔서입니다.

ⓛ 1절 안에는 "거한다"는 말이 두 번이나 강조되어 있는데,

㉮ 홍수심판 당시 "방주 안"에 거한 자는 "전능하신 자의 그늘 아래 거한" 자들입니다. ㉯ 애굽을 심판하실 때에 유월절 어린양의 피가 뿌려진 "대문 안에" 거한 자는 "전능하신 자의 그늘 아래 거한" 자들입니다. ㉰ "그리스도 예수 안"에 거하는 자는 "전능하신 자의 그늘 아래 거하는" 자들입니다.

② 그래서 "내가 여호와를 가리켜 말하기를",

㉠ "저는 나의 피난처요,

㉡ 나의 요새요,

㉢ 나의 의뢰하는 하나님이라 하리니"(2) 하는 것입니다. "내가 말하기를", 이는 일종의 신앙고백입니다.

㉣ 그러면 묻습니다. 오늘날의 "피난처, 요새"가 무엇입니까? 요한일서 2:18-19절에는 "속(屬)하다"는 말과, "거(居)하다"는 말이 강조되어 있습니다. 모든 사람은 어느 진영(陣營)엔가 소속이 되어 있고, 그가 거하는 위치가 있는 것입니다. 우리도 전에는 사탄의 진영에 속하여, 사망에 거하던 자들입니다. 이제는 "사망에서 생명으로 옮겨진" 것입니다. "그리스도 예수 안"이 "피난처와 요새"인 것입니다.

둘째 단원(3-13) 독사와 뱀을 발로 밟으리로다

둘째 단원은 "지존자의 은밀한 곳에 거하는 자"는 구체적으로 어떤 보호를 받게 되는가를 말씀하는 내용입니다. 중심점은 결론적으로 말씀한, "네가 사자와 독사를 밟으며 젊은 사자와 뱀을 발로 누리로다"(13)에 있다 하겠습니다. 이것이 문자적인 의미이겠습니까?

이는 "평강의 하나님께서 속히 사단을 너희 발아래서 상하게 하시리라"(롬 16:20)에서 성취될 말씀입니다. 그러므로 여기에 열거된 보호하심이 다니엘과 세 친구의 경우처럼 기적적으로 나타날 수도 있지만, 신약의 성도들에게는 보다 영적인 보호로 적용이 된다 하겠습니다.

③ "이는 저가 너를 새 사냥꾼의 올무에서와 극한 염병에서 건지실 것임이로다"(3) 합니다.

㉠ "새 사냥꾼의 올무"에서 구원되리라는 것은 육적인 말이 아니라, "우리 혼이 새가 사냥꾼의 올무에서 벗어남같이 되었나니 올무가 끊어지므로 우리가 벗어났도다"(124:7) 한, 영적인 자유함을 가리키는 비유입니다.

㉡ "극한 염병"이란 흑사병과 같은 전염병을 연상하게 되는데 구약시대 사람들을 두려운 공포에 떨게 했던, "너는 밤에 놀램과 낮에 흐르는 살과 흑암 중에 행하는 염병과 백주에 황폐케 하는 파멸을 두려워 아니 하리로다 천인이 네 곁에서, 만인이 네 우편에서 엎드러지나 이 재앙이 네게 가까이 못하리로다"(5-7) 하고 표현하고 있는 것입니다.

㉢ 그러나 "저가 너를 그 깃으로 덮으시리니 네가 그 날개 아래 피하리로다 그의 진실함은 방패와 손 방패가 되나니"(4) 합니다.

여기 "날개와 방패"가 있는데, 날개란 암탉이 그 날개 아래 병아리를 품듯 하는 사랑의 보호를, "방패"는 용사가 적군으로부터 방어해주는 능력을 나타냅니다.

④ "오직 너는 목도하리니 악인의 보응이 네게 보이리로다"(8) 하는데, 목도하게 되리라는 "보응"(報應)이란 궁극적으로 종말적인 개념입니다.

㉠ 그날에 "네가 말하기를 여호와는 나의 피난처시라 하고 지존자로 거처를 삼았으므로 화가 네게 미치지 못하며 재앙이 네 장막에 가까이 오지 못하리니"(9-10) 하십니다. 결정적인 근거가 "지존자로 거처를 삼았다"는데 있습니다. 이는 첫 절에서 말씀한 "지존자의 은밀한 곳에 거하는 자"와 상응하는 말씀입니다.

㉡ 다시 강조해야만 하겠습니다. "천인이 네 곁에서, 만인이 네 우편에서 엎드러지는" 재앙의 날에 어떤 사람이 안전하다고 말씀하고 있는가?

㉮ "지존자의 은밀한 곳에 거하는 자", ㉯ "전능하신 자의 그늘 아래 거하는 자"(1), ㉰ "저는 나의 피난처요 나의 요새요 나의 의뢰하는 하나님이라고 고백하는 자"(2), ㉱ "여호와는 나의 피난처시라 하고 말하면서 지존자로 거처를 삼은 자"(9)입니다.

㉢ 이들이 누구들인가? 출애굽 당시는 유월절 어린양의 피가 뿌려진 대문, "안에 거하는 자"요, 신약시대에는 "그러므로 이제 그리스도 예수 안에 있는 자에게는 결코 정죄함이 없나니 이는 그리스도 예수 안에 있는 생명의 성령의 법이 죄와 사망의 법에서 너를 해방하였음이라"(롬 8:1-2) 한, "예수 그리스도 안에 있는 자"들입니다.

⑤ "저가 너를 위하여 그 사자들을 명하사 네 모든 길에 너를 지키게 하심이라"(11) 하십니다.

㉠ 여기 성도들을 지키라는 임무를 받은 "사자"는 천사를 가리키는 말인데 신약성경에서는, "모든 천사들은 부리는 영으로서 구원 얻을 후사들을 위하여 섬기라고 보내심이 아니뇨라"(히 1:14) 하고 말씀하십니다.

㉡ 그런데 주목해야할 점은, "저가 너를 위하여 그 사자들을 명하사 네 모든 길에 너를 지키게 하심이라 저희가 그 손으로 너를 붙들어 발이 돌에 부딪히지 않게 하리로다"(11-12) 한 이 말씀은, 사탄이 주님을 시험할 때에 인용(11-12)한 구절이라는 점입니다. 성경의 많은 말씀 중 어찌하여 이 구절을 인용하였을까를 생각하게 합니다.

㉢ 사탄이 11-12절을 알고 있었다면 이어지는, "네가 사자와 독사를 밟으며 젊은 사자와 뱀을 발로 누르리로다"(13) 한 말씀도, 그리고 그 의미도 알고 있었을 것입니다. 그렇습니다. 하나님께서 "여자의 후손은 네 머리를 상하게 할 것이요"(창 3:15) 하신 원복음은 바로 뱀 곧 사탄에게 하신 선언이었던 것입니다.

사탄은 자신이 여자의 후손에 의해서 멸망당하리라는 것을 창세기에서 이미 선고를 받은 자입니다. 그러므로 "네가 사자와 독사를 밟으며 젊은 사자와 뱀을 발로 누르리로다"(13) 한 이 말씀을 가장 증오하고 있었을 것이 분명합니다.

이점에서 본 단원에 17번이나 등장하는 "너"가 궁극적으로는 예수 그리스도에게로 귀결(歸結)이 된다는 점을 확인하게 됩니다. 그리고 "네가 말하기를 (고백하기를) 여호와는 나의 피난처시라 하고 지존자로 거처를 삼은 자"(9) 곧 예수 그리스도를 피난처요, 유일한 구원의 근거로 고백하는 모든 그리스도인들에게 적용이 되는 것입니다.

㉣ 이런 맥락에서 본문의 표현들은 구약적인 개념이라 할 수가 있습니다. 이점이 신약의 성도들에게 때로는 문자적으로도 주어지지만,

궁극적인 성취는 "용을 잡으니 곧 옛 뱀이요 마귀요 사단이라"(계 20:2) 한, 종말적인 말씀입니다. 이점이 다음 단원에 나타납니다.

셋째 단원(14-16) 구원하여 영화롭게 하리라

셋째 단원의 중심점은 "영화롭게 하리라(15), 구원으로 보이리라"(16)는 말씀에 있습니다. 어떤 자들에게 주어질 구원이요, 영화인가?

⑥ "하나님이 가라사대 저가 나를 사랑한즉 내가 저를 건지리라"(14상) 하십니다.

㉠ 첫째와 둘째 단원 안에는 "네가 말하기를" 하는 고백적인 말이 2절과 9절에 나타납니다. 이는 인간 편에서, "나는 믿습니다" 하는 그런 뜻입니다. 그런데 셋째 단원에서는 "하나님이 가라사대" 하고, 하나님 편에서 말씀을 하십니다.

㉮ "저가 나를 사랑한즉 내가 저를 건지리라"(14상), ㉯ "저가 내 이름을 안즉 내가 저를 높이리라"(14하), ㉰ "저가 내게 간구하리니 내가 응답하리라"(15상) 하십니다.

이는 "믿으면 구원을 얻으리라"는 "믿음"이라는 차원을 넘어, "네가 이 사람들보다 나를 더 사랑하느냐" 하는 "사랑"의 차원으로 진보를 보이고 있는 것입니다.

⑦ 그리고 "저희 환난 때에 내가 저와 함께하여 저를 건지고 영화롭게 하리라"(15하) 하십니다.

㉠ "지존자의 은밀한 곳에 거하는 자는"(1) 하고 시작이 된 91편은, "내가 장수함으로 저를 만족케 하며 나의 구원으로 보이리라 하시도다"(16) 하는 말씀으로 마치고 있습니다. 결론이 무엇인가? "구원과

(16) 영화"(17)입니다.

이점에서 둘째 단원에서 말씀한 "보호"가 우리에게 어떻게 적용이 되는가가 확연히 드러납니다. 그것은 "구원과 영화"인 것입니다.

"이는 그 마지막이 사망임이니라, 이 마지막은 영생이니라"(롬 6:21, 22) 한, 마지막이 다르다는 말씀입니다. 이것이 "지존자의 은밀한 곳에 거하는 자"가 받게 될 "구원과 영화"입니다.

적용

91편의 보호가 구약의 성도들에게는 육적인 개념으로 주어졌다 하여도, 신약의 성도들에게는 영적인 문제입니다. 주님은 "살리는 것은 영이니 육은 무익함이라"(요 6:63) 하십니다. 본문의 보호를 문자적으로 경험할 수도 있지만 보편적인 것은 아닙니다. 만일 육적으로 주어질 것으로 기대했다가 그런 재난이 닥쳐온다면 믿음의 근거마저 흔들리기 쉽습니다. 6절에서 "두려워 아니 하리로다" 말씀하는데 주님께서는, "몸을 죽이고 그 후에는 능히 더 못하는 자들을 두려워하지 말라"(눅 12:4) 하십니다. 형제는 하나님의 보호와 안전이 이 땅에서 임시적인 것으로 주어지는 것, 영적인 영원함으로 주어지는 것 중 어느 것을 더 원하십니까?

묵상

㉠ 피난처와 요새라는 개념이 신약에 와서 어떻게 나타났는가에 대해서,

㉡ 사탄이 주님을 시험할 때에 11-12절을 인용한 의도에 대해서,

㉢ 궁극적이고 영원한 축복인 "구원과 영화"에 대해서.

시편 92편 개관도표
의인의 흥왕과 악인의 멸망

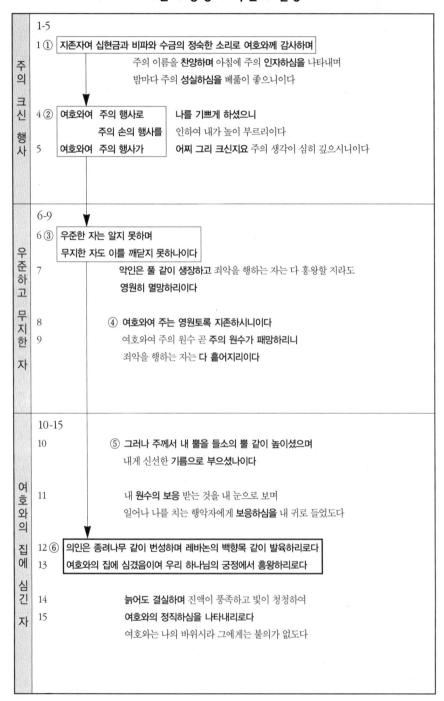

주의 크신 행사	1-5	
	1 ①	지존자여 십현금과 비파와 수금의 정숙한 소리로 여호와께 감사하며
		주의 이름을 찬양하며 아침에 주의 인자하심을 나타내며
		밤마다 주의 성실하심을 베풂이 좋으니이다
	4 ②	여호와여 주의 행사로 — 나를 기쁘게 하셨으니
		주의 손의 행사를 — 인하여 내가 높이 부르리이다
	5	여호와여 주의 행사가 — 어찌 그리 크신지요 주의 생각이 심히 깊으시니이다

우준하고 무지한 자	6-9	
	6 ③	우준한 자는 알지 못하며
		무지한 자도 이를 깨닫지 못하나이다
	7	악인은 풀 같이 생장하고 죄악을 행하는 자는 다 흥왕할 지라도
		영원히 멸망하리이다
	8	④ 여호와여 주는 영원토록 지존하시니이다
	9	여호와여 주의 원수 곧 주의 원수가 패망하리니
		죄악을 행하는 자는 다 흩어지리이다

여호와의 집에 심긴 자	10-15	
	10	⑤ 그러나 주께서 내 뿔을 들소의 뿔 같이 높이셨으며
		내게 신선한 기름으로 부으셨나이다
	11	내 원수의 보응 받는 것을 내 눈으로 보며
		일어나 나를 치는 행악자에게 보응하심을 내 귀로 들었도다
	12 ⑥	의인은 종려나무 같이 번성하며 레바논의 백향목 같이 발육하리로다
	13	여호와의 집에 심겼음이여 우리 하나님의 궁정에서 흥왕하리로다
	14	늙어도 결실하며 진액이 풍족하고 빛이 청청하여
	15	여호와의 정직하심을 나타내리로다
		여호와는 나의 바위시라 그에게는 불의가 없도다

92편
의인의 흥왕과 악인의 멸망

여호와여 주의 행사로 나를 기쁘게 하셨으니 주의 손의 행사를 인하여 내가 높이 부르리이다(시 92:4).

92편에는 "안식일의 찬송 시"라는 표제가 붙어있는데 이는 본 편을 이해하는데 도움을 줍니다. 성경은 이스라엘 백성들이 출애굽하여 가나안에 정착하게 된 것을 "안식을 주셨다"(수 21:44) 하고 말씀합니다. "고역으로 인하여 탄식하며 부르짖던"(출 2:23) 그들이 약속의 땅에 들어가 기업을 받아 누리게 되었다는 것은 분명 "안식"이었습니다. 그런데 성경은 "만일 여호수아가 저희에게 안식을 주었다면 그 후에 다른 날을 말씀하시지 아니하였으리라"(히 4:8-9) 하고, 이것은 궁극적인 안식에 대한 예표에 불과했다고 말씀합니다.

이런 맥락에서 92편이 어떤 배경에서 누구에 의하여 기록되었는지는 알 길이 없지만, 구약의 성도들은 안식일마다 앞으로 누리게 될 더 좋은 안식을 대망하면서 이 노래를 불렀을 것입니다. 그러므로 본편은 91편과 맥을 같이 하는 바가 있습니다. 91편에서 "지존자의 은밀한 곳에 거하는 자"라 한 주제가, 92편에서는 "지존자여"(1) 하면서, "여호와의 집에 심겼음이여 우리 하나님의 궁정(宮庭)에서 흥왕하리로다"(13) 합니다. 반면 "악인의 보응이 네게 보이리로다"(91:8) 한 말씀이, "내 원수의 보응 받는 것을 내 눈으로 보며"(11) 합니다.

92편의 중심점은 "악인은 풀같이(7)와, 의인은 종려나무같이"(12) 라 하는, "악인과 의인"의 대조에서 구할 수가 있습니다. 즉 악인은 흥왕한 듯 하나 풀같이 쇠패(衰敗)하게 되고, 의인은 백향목 같이 청청하리라는 말씀입니다.

핵심은 이렇게 되는 것이 인간의 자력으로 되는 것도 아니요, 또한 자격이 있어서가 아니라, 4-5절에 3번 등장하는 "주의 행사"로 말미암는다는 것입니다. 그래서 비파와 수금으로 여호와께 감사하고 찬양하겠다는 것입니다. 그러면 "주의 행사", 즉 궁극적인 안식은 언제 누구에 의해서 주어지는 것인가?

첫째 단원(1-5) 주의 크신 행사를 감사하며 찬양함
둘째 단원(6-9) 깨닫지 못하는 우준하고 무지한 자
셋째 단원(10-15) 여호와의 집에 심긴 자

첫째 단원(1-5) 주의 크신 행사를 감사하며 찬양함

첫째 단원의 중심점은 "주의 행사와 찬양"에 있습니다. 즉 주의 크신 행사를 감사하며 찬양하겠다는 것입니다. 그러므로 열쇠는 "주의 행사"가 무엇을 의미하는가 하는 점입니다.

이점에서 저는 의문에 가려있던 복음이 밝히 드러난 신약성경의 빛을 담아서 구약성경을 해석하고 있다는 점입니다. 왜냐하면 "저가 또 우리로 새 언약의 일꾼이 되기에 만족케 하셨으니 의문(儀文)으로 하지 아니하고 오직 영으로 함이니 의문은 죽이는 것이요 영은 살리는 것임이니라"(고후 3:6) 하고 말씀하기 때문입니다.

① 92편은 "지존자여 십현금과 비파와 수금의 정숙한 소리로 여호와께 감사하며 주의 이름을 찬양하며" 하고, "감사와 찬양"으로 시작이 됩니다.

㉠ 그러면 감사와 찬양의 제목(이유)이 무엇인가? "아침에 주의 인자하심을 나타내며 밤마다 주의 성실하심을 베풂이 좋으니이다" 하고, "주의 인자와 성실"이라고 말씀합니다. 앞에서도 여러 번 언급했습니다만 "인자와 성실"은 시편의 중심주제 중 하나입니다. 그런데 "나타내며 베풂이 좋다"는 말은 이를 드러내고 증거함이 마땅하다는 뜻입니다.

② 도표에 표시된 대로 4-5절 안에는 "주의 행사"라는 말이 3번이나 등장합니다. "주의 인자와, 주의 행사"는 불가분의 관계입니다. "주의 인자와, 주의 성실"은 하나님의 성품에 관한 속성인데, 이 성품을 나타내신 것이 "주의 손의 행사"이기 때문입니다. 즉 "하나님의 사랑이 우리에게 이렇게 나타난바 되었다"(요일 4:9)는 말씀입니다.

㉠ 그래서 "여호와여 주의 행사로 나를 기쁘게 하셨으니 주의 손의 행사를 인하여 내가 높이 부르리이다"(4), 즉 찬양을 하겠다고 말씀하는 것입니다. 그러면 "나를 기쁘게 하셨다"는 주의 행사가 무엇인가? 물론 "여호와의 행사"는, "내가 들어 말하고자 하나 주의 앞에 베풀 수도 없고 그 수를 셀 수도 없나이다"(40:5) 한 것이 사실입니다.

㉡ 그런 중에서도 "여호와여 주의 행사가 어찌 그리 크신지요 주의 생각이 심히 깊으시니이다"(5) 하고, 이스라엘 백성들이 첫째로 꼽고 있는 주의 대사란 "출애굽의 행사"입니다. 그리고 다음으로 꼽는 것이 "여호와께서 우리를 위하여 대사(大事)를 행하셨으니 우리는 기쁘도다"(126:3) 한, 바벨론으로부터의 포로귀환입니다.

ⓒ 그런데 구속사라는 넓은 문맥으로 보면 이는 예표일 뿐, "주의 인자와 성실", 즉 "하나님의 사랑이 우리에게 이렇게 나타난바 되었으니 하나님이 자기의 독생자를 세상에 보내심은 저로 말미암아 우리를 살리려 하심이니라"(요일 4:9)로 나타난 것입니다. 이보다 더한 대사는 전무후무한 것입니다. 이보다 더 감사하고 찬양해야할 일은 달리는 없습니다. 이점을 계속되는 말씀을 통해서 더욱 깨닫게 될 것입니다. 이것이 "주의 크신 행사를 감사하며 찬양함"입니다.

둘째 단원(6-9) 깨닫지 못하는 우준하고 무지한 자

둘째 단원의 중심점은 "우준한 자는 알지 못하며 무지(無知)한 자도 이를 깨닫지 못한다"(6)는데 있습니다.

③ "우준한 자는 알지 못하며 무지한 자도 이를 깨닫지 못하나이다"(6) 하면서,

㉠ "악인은 풀 같이 생장하고 죄악을 행하는 자는 다 흥왕할 지라도 영원히 멸망하리이다"(7) 합니다. 도표에 표시된 대로, "악인은 풀같이 생장하고"와, "의인은 종려나무같이 번성하며"(12)가 대조되어 있는데, 시편의 용예로 보면 "의인"은 경건한 자를, "악인"이란 그 마음에 이르기를 하나님이 없다 하는 불신자를 가리키는 표현입니다.

④ 그래서 "여호와여 주는 영원토록 지존하시니이다 여호와여 주의 원수 곧 주의 원수가 패망하리니 죄악을 행하는 자는 다 흩어 지리이다"(9) 하는 것입니다.

㉠ "원수"라는 말을 두 번이나 강조하면서, "패망하고, 다 흩어지리이다" 하는데, 이는 하나님의 구원행사를 대적하는 사탄의 추종 세력

을 가리키는 말입니다. 그들이 이 땅에서는 한 때 "생장(生長)하고, 흥왕(興旺)할지라도"(7) 영원히 멸망하게 된다고 말씀합니다.

이점에서 "우준한 자와 무지한 자"가 누구인가가 드러나고, 92편의 메시지가 이스라엘에 한정된 것이 아니라, "여호와의 행사"를 불신하는 모든 자를 향한 것임을 확인할 수가 있습니다.

이런 내용 문맥으로 볼 때에 92편에서 말씀하는 "주의 크신 행사"가 이스라엘에 국한 된 행사가 아님이 분명해집니다. 왜냐하면 저들이 멸망하게 되는 원인은 "출애굽, 출바벨론"의 행사를 알지 못하고 깨닫지 못하기 때문이 아니기 때문입니다. 성경은, "하나님이 세상을 이처럼 사랑하사 독생자를 주셨으니 이는 저를 믿는 자마다 멸망치 않고 영생을 얻게 하려 하심이니라"(요 3:16) 하고 말씀합니다. 그래서 "우준하고 무지한 자"라 하는 것입니다.

셋째 단원(10-15) 여호와의 집에 심긴 자

셋째 단원은 "그러나"(10상) 하고 시작이 되는데, 이는 "우준하고 무지한"(둘째 단원) 악인들과는 대조되는 "의인"의 경우를 나타냅니다. 핵심은 "여호와의 집에 심겼음이여 우리 하나님의 궁전에서 흥왕하리로다"(13)에 있습니다. 이것이 자신의 능력으로 된 것이 아니라, "여호와여 주의 행사(行事)가 어찌 그리 크신지요"(5) 한, 하나님께서 "여호와의 집 궁전"에 심어주셨기 때문이라는 것입니다.

⑤ "그러나 주께서 내 뿔을 들소의 뿔 같이 높이셨으며 내게 신선한 기름으로 부으셨나이다"(10) 합니다.

㉠ 이는 "내 원수의 보응 받는 것을 내 눈으로 보며, 행악자에게 보응하심을 내 귀로 들었도다"(11) 한 것과는 상반되는 축복인 것입니다.

㉮ 이는 "흥왕"한 듯하던 악인들에게는 보응을 하시고, ㉯ 의인, 즉 경건한 자에게는 "기름으로 부으셨다" 말씀하는데 이는 "원수의 목전에서 내게 상을 베푸시고 기름으로 내 머리에 바르셨으니 내 잔이 넘치나이다"(23:5) 함과 같이 귀빈 대접을 해주셨다는 뜻입니다.

⑥ 그리하여 "의인은 종려나무 같이 번성하며 레바논의 백향목 같이 발육하리로다"(12) 하는 것입니다. 의인을 "종려나무, 백향목"에 비유한 것은, 악인을 "풀"(7)에다 비유한 것과는 날카롭게 대조가 됩니다. 풀은 이내 시들지만 종려나무, 백향목은 상록수들로 장구한 번영을 상징합니다.

㉠ 그런 종려나무, 백향목이, "여호와의 집에 심겼음이여 우리 하나님의 궁정에서 흥왕하리로다"(13) 합니다. 이는 인간이 들을 수 있는 지고지선(至高至善)의 말씀인 것입니다.

91편에서는 "지존자의 은밀한 곳에 거하는 자"(1)라고 말씀했는데, "여호와의 집에 심겼다"는 말씀은 더욱 견고함을 나타내는 표현입니다. 왜냐하면 "은밀한 곳에 거하는 자"란 마치 자의(自意)에 의해서, 그리고 나갈 수도 있다는 여지(餘地)가 풍깁니다만, "심겼다"는 표현은 전적으로 타의(他意)에 의한 것과, 움직일 수 없다는 부동(不動)의 상태를 나타내고 있기 때문입니다.

㉡ 어디에 심겼다고 말씀하는가? "여호와의 집"입니다. 그래도 실감을 못할까보아 "하나님의 궁정"(宮庭), 즉 하나님의 궁 정원(庭園)에 심겼다고 말씀합니다. 52:8절에서도 "오직 나는 하나님의 집에 있는 푸른 감람나무 같음이여 하나님의 인자하심을 영영히 의지하리로다" 합니다.

이점을 신약성경에서는, "이기는 자는 내 하나님 성전에 기둥이 되게 하리니 그가 결코 다시 나가지 아니하리라"(계 3:12) 하십니다. "또 함께 일으키사 그리스도 예수 안에서 함께 하늘에 앉히셨다"(엡 2:6) 하고 말씀합니다. 이 말씀을 감당할 자가 누구인가? 그래도 부족합니까?

ⓒ "늙어도 결실하며 진액이 풍족하고 빛이 청청하여 여호와의 정직하심을 나타내리로다"(14-15상) 합니다. "나타내리라"는 말은 우리에게 중요한 의미를 전달해주는데 왜냐하면, "늙어도 결실하고, 빛이 청청함"을 통해서, 하나님의 "인자와 성실", 즉 영광을 드러낸다는 뜻이기 때문입니다.

이점을 주님께서는 산상수훈을 통해서, "이같이 너희 빛을 사람 앞에 비취게 하여 저희로 너희 착한 행실을 보고 하늘에 계신 너희 아버지께 영광을 돌리게 하라"(마 5:16) 하고 말씀하십니다. 그런데 우리는 반대로 모독을 돌리고 있는 것은 아닌가?

ⓓ "지존자여 십현금과 비파와 수금의 정숙한 소리로 여호와께 감사하며 주의 이름을 찬양하며 아침에 주의 인자하심을 나타내며 밤마다 주의 성실하심을 베풂이 좋으니이다"(1) 하고 시작한 92편은, "여호와는 나의 바위시라 그에게는 불의가 없도다"(15하) 하고 마치고 있습니다.

92편은 "의인의 흥왕과 악인의 멸망"을 대조해서 보여줌으로, "우준하고 무지한 자"를 향해서, "수고하고 무거운 짐 진 자들아 다 내게로 오라 내가 너희를 쉬게(안식) 하리라"(마 11:28) 하신 복음 초청인 것입니다. 이것이 "여호와의 집에 심긴 자"가 나타내고 선포해야할 사명입니다.

적용

우리가 어떻게 해서 여호와의 궁정에 심긴 백향목과 같이 되었는 가를 진정 알고 믿는다면, "여호와께 감사하며 주의 이름을 찬양하며 주의 인자하심을 나타내며 성실하심을 베풂이 좋으니이다" 하게 될 것입니다. 찬양과 영광은 입으로만 돌리는 것이 아니라, 삶을 통해서 나타내야한다는 점을 명심하십시다.

묵상

㉠ 감사하며 찬양해야할 주의 크신 행사가 무엇인가에 대해서,

㉡ 여호와의 집에 심긴 자의 영광스러움과 나타내야할 사명에 대 해서

㉢ "안식일의 찬송 시"라는 표제와 본문의 연관성에 대해서

시편 93편 개관도표
메시아왕국에 대한 비전

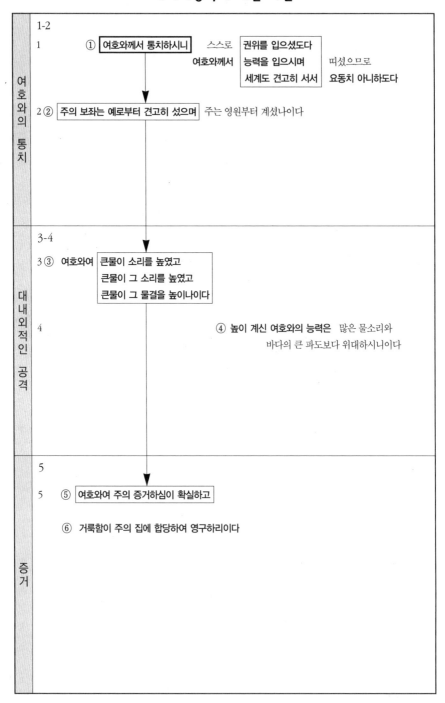

여호와의 통치	**1-2** 1　① 여호와께서 통치하시니　스스로　권위를 입으셨도다 　　　　　　　　　　　여호와께서　능력을 입으시며　띠셨으므로 　　　　　　　　　　　　　　　　세계도 견고히 서서　요동치 아니하도다 2 ② 주의 보좌는 예로부터 견고히 섰으며　주는 영원부터 계셨나이다
대내외적인 공격	**3-4** 3 ③ 여호와여　큰물이 소리를 높였고 　　　　　　큰물이 그 소리를 높였고 　　　　　　큰물이 그 물결을 높이나이다 4　　　　　　　　　④ 높이 계신 여호와의 능력은　많은 물소리와 　　　　　　　　　　　　바다의 큰 파도보다 위대하시니이다
증거	**5** 5 ⑤ 여호와여 주의 증거하심이 확실하고 ⑥ 거룩함이 주의 집에 합당하여 영구하리이다

93편
메시아왕국에 대한 비전

여호와께서 통치하시니 스스로 권위를 입으셨도다 여호와께서 능력을 입으시며
띠셨으므로 세계도 견고히 서서 요동치 아니 하도다(시 93:1).

　93편의 주제는 "여호와께서 통치하시니, 세계도 견고히 서서 요동
치 아니 한다"는데 있습니다. 시편에서는 "통치하신다"는 말이 여기
서 처음으로 등장합니다. 그래서 이 후의 시편들을 신정(神政) 시(詩)
라고 말합니다. 중심에는 "보좌"(寶座)가 있고, 핵심은 보좌에 좌정하
셔서 통치하시는 "여호와"(1, 3, 5) 하나님이십니다. 이보다 중요한 주
제란 달리 없습니다. 그러면 이것이 언제 되어질 말씀인가?

　성경 마지막 책, 마지막 부분에 이르러 "할렐루야 주 우리 하나님
곧 전능하신 이가 통치하시도다"(계 19:6) 하는 말씀함을 듣게 됩니
다. 이런 맥락에서 본문은 "이루었도다"(계 21:6) 하고 선언하실 메시
아왕국에 대한 비전이라 할 수가 있습니다. 전체가 다섯 절에 불과하
지만 의미를 분명히 드러내기 위해서 세 단원으로 상고하겠습니다.

　첫째 단원(1-2) 여호와의 통치하심
　둘째 단원(3-4) 대내외적인 공격
　셋째 단원(5) 확실한 주의 증거

첫째 단원(1-2) 여호와의 통치하심

첫째 단원의 중심점은 단연 "여호와께서 통치하신다"는데 있습니다. 하나님의 나라는 통치의 개념입니다. 하나님의 다스리심이 시행이 되는 곳이 하나님의 나라이기 때문입니다.

그러므로 신앙이란 첫째는 누구를 믿는가 하는 대상이 있습니다. 그런데 여기서 멈춘다면 그것은 한낱 지적인 승인에 불과합니다. 그러므로 둘째는 통치하심에 순복한다는데 까지 나아가야만 하는 것입니다. 현대교회 신앙의 기형적인 현상은 하나님을 믿는다하면서 그분의 다스리심에 순복하는 통치개념이 없다는 점입니다.

① "여호와께서 통치하시니 스스로 권위를 입으셨도다 여호와께서 능력을 입으시며"(1상) 합니다.

㉠ "여호와께서 통치하신다"는 말은, 하나님께서 왕 노릇하신다, 하나님의 나라가 임하였다는 뜻입니다. 그런데 왕이 통치하기 위해서는 "권위와, 능력"이 있어야 하는데, 하나님의 권위와 능력은 누구에 의해서 주어지는 것이 아니라 "스스로 입으셨도다" 합니다. "하나님이 모세에게 이르시되 나는 스스로 있는 자니라"(출 3:14) 하십니다.

㉡ 이처럼 "스스로 권위와 능력을 입으시며 띠셨으므로 세계도 견고히 서서 요동치 아니 하도다"(1하) 하는 것입니다. 그러면 묻습니다. 지금도 "세계가 견고히 서서 요동치 않는다"고 말할 수가 있는가?

이점에 있어서 하나님의 "주관(主管)하심과, 통치하심"을 구별하여 생각함이 이해에 도움이 됩니다. 앞에서 말씀드린 대로 창조주 하나님은 만물의 주관자이십니다. 그렇다고 모든 만물이 하나님의 통치하심에 복종하고 있는 것은 아니라는 사실입니다.

이점을 히브리서에서는, "만물을 그 발아래 복종케 하셨느니라 하였으니 만물로 저에게 복종케 하셨은즉 복종치 않은 것이 하나도 없으나 지금 우리가 만물이 아직 저에게 복종한 것을 보지 못하고"(히 2:8) 합니다.

② 이점에서 주의해야할 점은, "주의 보좌는 예로부터 견고히 섰으며 주는 영원부터 계셨나이다"(2) 한 말씀과 충돌을 일으켜서는 아니 된다는 점입니다.

㉠ 주님은 사탄을 가리켜 "이 세상 임금이 쫓겨나리라, 이 세상 임금이 심판을 받았음이니라"(요 12:31; 16:11) 하고, "이 세상 임금"이라고 말씀하셨습니다. 그렇다고 하나님의 보좌를 빼앗겼다고 말해서는 아니 됩니다. 하나님의 보좌는 예로부터 견고히 섰으며, 하나님은 예로부터 왕이시라는 말씀입니다.

㉡ 신앙생활에 있어서 가장 중요하고, 중요한 만치 어려운 것은 하나님의 주재권, 즉 하나님의 통치에 순복하는 일입니다. 그러므로 이 점을 근원적으로 고찰해 보기 위해서는 "선악과"에 대한 바른 인식부터 선행이 되어야만 합니다. 선악과는 왜 만드셔서, 그것도 "동산 가운데" 두셨단 말인가 하고 불확실한 사람들이 있습니다.

"나라"의 요건에는, "왕, 백성, 법"이 있어야 합니다. 왕은 백성들을 법을 통해서 통치하는 것입니다. 그러면 아담 하와가 하나님의 통치에 복종하는 여부를 무엇으로 알 수가 있단 말인가?

이런 맥락에서 선악과를 언약이었다(호 6:7) 하고 말씀하는 것입니다. 인류의 시조는 언약을 어겼습니다. 즉 하나님의 통치를 거부했다는 말씀입니다.

왜 그랬는가? "하나님과 같이 되고" 싶어서였습니다. 타락했다는 것은, 하나님중심에서 자기중심이 되었다는 뜻입니다. 그러므로 하나

461

님의 통치에 순복하지 않는 자기중심적인 신앙은 현대판 선악과를 범하는 것과 다를 바가 없는 것입니다.

주님께서는 "너희는 나를 불러 (예수여, 예수여가 아니라) 주여, 주여 (주인님, 주인님) 하면서도 어찌하여 나의 말하는 것을 행치 아니하느냐"(눅 6:46) 하셨습니다. "주여" 하면서 순복하지 않는 것은 모순 되는 말이라는 것입니다.

ⓒ 성경은 "너희는 너희의 것이 아니라 값으로 산 것이 되었으니 그런즉 너희 몸으로 하나님께 영광을 돌리라, 그런즉 너희가 먹든지 마시든지 무엇을 하든지 다 하나님의 영광을 위하여 하라"(고전 6:19-20; 10:31), "우리 중에 누구든지 자기를 위하여 사는 자가 없고 자기를 위하여 죽는 자도 없도다 우리가 살아도 주를 위하여 살고 죽어도 주를 위하여 죽나니 그러므로 사나 죽으나 우리가 주의 것이로라"(롬 14:7-8) 하고 말씀하는데, 이것이 하나님의 통치에 순복하는 삶인 것입니다.

ⓔ 이점에서 오해하지 말아야 할 점은 하나님의 통치를 노예적인 예속(隷屬)으로 생각해서는 아니 된다는 점입니다. 하나님의 통치를 받아드린다는 것은 하나님의 "은혜 아래, 보호 아래" 있음을 뜻합니다. 이는 마치 어린 자녀들이 부모 슬하에 있는 것과 같은 것입니다.

하나님께서 어찌하여 광야 40년 동안 만나와 생수를 공급해주셨는가? 자기 백성들이기 때문입니다. 어찌하여 "또 천막이 있어서 낮에는 더위를 피하는 그늘을 지으며 또 풍우를 피하여 숨는 곳이 되리라"(사 4:6) 하시는가? 구속하여 자기 백성을 삼으셨기 때문입니다. 그래도 하나님의 통치를 거부하시겠습니까? 이것이 "여호와의 통치하심"입니다.

ⓜ 이처럼 하나님의 "주관하심과 통치하심"을 구분을 해서 생각한

다는 것은 우리의 신앙을 점검하는 시금석(試金石)이 됩니다.

㉮ 하나님의 최초의 통치 영역은 에덴동산이었고, ㉯ 홍수심판 당시는 "방주 안"이었고, ㉰ 출애굽 당시는 유월절 양의 피가 뿌려진 집안이었고, ㉱ 구약시대는 "내가 땅의 모든 족속 중에 너희만 알았나니"(암 3:2) 하신, 선민 이스라엘이 하나님의 통치 영역이었습니다. ㉲ 그리고 신약시대는 "내가 이 반석 위에 내 교회를 세우리니"(마 16:18) 하신 교회, 즉 "예수 그리스도 안"이 하나님의 통치 영역입니다.

다시 말씀드립니다만 이점에 오해가 없으시기를 바랍니다. 하나님은 "대 주재(主宰)여 천지와 바다와 그 가운데 만유를 지으신 이시요"(행 4:24) 한, 만물의 주관자이십니다. 그런데 문제는 대 주재자가 되시는 하나님의 통치에 순복하는 것이 아니라, "우리가 그 맨 것을 끊고 그 결박을 벗어 버리자"(2:3) 하고, 통치를 거역하고 있다는데 있는 것입니다.

이런 거역은 인류의 시조로부터 일어났습니다. 이런 거역이 노아 홍수, 바벨탑 사건, 열 족장의 불순종 등을 유발했습니다. 심각한 것은, "예루살렘 거민 중에 반역이 있도다"(렘 11:9) 한 선민 이스라엘의 반역입니다. 급기야는 하나님께로부터 보냄을 받으신 그리스도를 십자가에 못을 박는 것으로 나타난 것입니다. 그러면 현대교회는 하나님의 통치에 순복하고 있는가 하고 묻게 됩니다. 이것이 "여호와의 통치하심"입니다.

둘째 단원(3-4) 대내외적인 공격

둘째 단원의 중심점은 "큰물이 소리를 높였고, 큰물이 그 물결을 높이고 있다"는데 있습니다. 여기서 "큰물"이란 원수의 세력 곧 대적

463

의 세력을 나타냅니다. 그러나 "높이 계신 여호와의 능력은, 바다의 큰 파도보다 위대하시다"는 것입니다.

③ "여호와여 큰물이 소리를 높였고 큰물이 그 소리를 높였고 큰물이 그 물결을 높이나이다"(3) 합니다.

㉠ 무엇에 대한 대적인가? 첫 절에서 말씀한 "여호와의 통치", 즉 하나님의 나라건설에 대한 반항인 것입니다. 계시록에서는 "내가 보니 바다에서 한 짐승이 나오는데 뿔이 열이요 머리가 일곱이라"(계 13:1) 합니다. 요동하는 바다를 사탄의 처소로 보았던 것입니다.

그런데 본문은, "큰물이 소리를 높였고 큰물이 그 소리를 높였고 큰물이 그 물결을 높이나이다"(3) 하고, 파상(波狀)적으로 공격해 오는 것으로 말씀합니다. 또한 "높였고, 높였고" 하고 과거에도 그러했고, "큰물이 그 물결을 높이나이다" 하고 현재에도 대적하고 있다는 것입니다.

이사야 선지자로 말씀하시길, "주는 포학자의 기세가 성벽에 충돌하는 폭풍과 같을 때에 빈궁한 자의 보장이 되시며 환난당한 빈핍한 자의 보장이시며 폭풍 중에 피난처시며 폭양을 피하는 그늘이 되셨사오니"(사 25:4) 하고, 대적자의 기세가 어떠한가를 말씀합니다. 신약성경에서도 "너희 대적 마귀가 우는 사자같이 두루 다니며 삼킬 자를 찾나니"(벧전 5:8) 합니다.

④ 그러나 "높이 계신 여호와의 능력은 많은 물소리와 바다의 큰 파도보다 위대하시니이다"(4) 합니다.

㉠ "여호와의 능력은 큰 파도보다 위대하시다"(4)는 것은, "바닷물이 흉용하고 뛰놀든지 그것이 넘침으로 산이 요동할지라도"(46:3), 하나님의 능력은 그보다도 더욱 크시다는 뜻입니다. 이런 맥락에서

"복음은 모든 믿는 자에게 구원을 주시는 하나님의 능력이 됨이라"
(롬 1:16) 하신 "능력"(能力)이라는 차원으로 보아야만 합니다. 복음
에 능력이 없다면 "또 죽기를 무서워하므로 일생에 매여 종노릇하는
모든 자"(히 2:15)를 어떻게 구원할 수가 있단 말인가?

그러므로 한 영혼이 사망에서 생명으로 옮겨질 때에 역사하신 능
력을, "그의 힘의 강력으로 역사하심을 따라 믿는 우리에게 베푸신 능
력의 지극히 크심"(엡 1:19), 즉 최상급의 능력이라고 말씀하십니다.

ⓛ "어찌하여 열방이 분노하며 민족들이 허사를 경영하는고 세상
의 군왕들이 나서며 관원들이 서로 꾀하여 여호와와 그 기름 받은 자
를 대적하며 우리가 그 맨 것을 끊고 그 결박을 벗어버리자 하도다 하
늘에 계신 자가 웃으심이여 주께서 저희를 비웃으시리로다"(2:1-4),
"여호와께서 열방의 도모를 폐하시며 민족들의 사상을 무효케 하시
도다 여호와의 도모는 영영히 서고 그 심사는 대대에 이르리로다"
(33:10-11), 제아무리 대적한다 해도 하나님의 나라건설은 완성하시
고야 만다는 말씀입니다. 이것이 "대적자의 파상공격"입니다.

셋째 단원(5) 확실한 주의 증거

셋째 단원의 핵심은 "주의 증거"에 있습니다. "주의 증거"란, "여호
와의 증거는 확실하여 우둔한 자를 지혜롭게 하며"(19:7) 하신, 하나
님의 말씀을 의미합니다.

⑤ "여호와여 주의 증거하심이 확실하고 거룩함이 주의 집에 합당
하여 영구하리이다"(5) 합니다. "여호와의 능력(대적 자의)은 큰 파도
보다 위대하시다"(4)는 말씀에 이어서, "주의 증거"를 언급하는 의도
가 무엇인가? 이는 두 마디로 되어 있는데,

㉠ 첫째는 "큰물이 소리를 높였고 큰물이 그 소리를 높였고 큰물이 그 물결을 높인다"(3) 하여도 하나님께서 언약하신 구원계획은 반드시 이루시고야 만다는 것을 나타냅니다. 그래서 "주의 증거하심이 확실하다" 하는 것입니다.

㉡ 하나님의 구원계획은 임기응변으로 주어진 것이 아닙니다. "이 복음은 하나님이 선지자들로 말미암아 그의 아들에 관하여 성경에 미리 약속하신 것이라"(롬 1:2) 합니다. 구약성경을 통해서 언약, 예언, 예표, 그림자, 모형 등으로 미리 말씀하셨던 것이 실체로 나타났다는 것입니다. 그래서 "주의 증거는 확실하다" 하는 것입니다. 확실한 "주의 증거"를 전해주어야만 신앙이 견고해질 수가 있습니다.

질문을 드려보겠습니다. "예수"가 그리스도시요, 나의 구주가 되심을 어디에 근거하여 믿게 되었습니까? 체험에 의해서입니까? 누구의 간증을 들었기 때문입니까? 그렇다면 당신의 신앙은 위험천만합니다. 왜냐하면 믿음의 근거가 허약하기 때문입니다.

믿음이란 "모든 육체는 풀과 같고 그 모든 영광이 풀의 꽃과 같으니 풀은 마르고 꽃은 떨어지되 오직 주의 말씀은 세세토록 있도다 하였으니 너희에게 전한 복음이 곧 이 말씀이니라"(벧전 1:24-25) 하신, "주의 증거" 위에 믿음을 건설해야만 안전한 것입니다.

⑥ 둘째는 "거룩함이 주의 집에 합당하여 영구(永久)하리이다"(5하) 하는 말씀입니다.

㉠ 여기서 "주의 집"이라 하심은 1-2절에서 말씀한, "하나님의 통치, 권위, 능력, 보좌"가 있는 곳인데, 곧 하나님의 통치 영역인 교회를 가리킵니다. 교회란 "그리스도 예수 안에서 거룩하여지고 성도라 부르심을 입은 자들"(고전 1:2)입니다.

이점에서 "큰물이 그 소리를 높였고 큰물이 그 물결을 높이나이다" (3) 한, "큰물"을 박해(迫害)로만 여겨서는 아니 됩니다. 이를 "거룩함이 주의 집에 합당하다"(5) 한, "거룩"과 결부시키면, 인본주의, 쾌락주의, 세속주의의 거센 물결로도 보아야만 하는 것입니다. 그래서 사도 바울은 "말세에 고통하는 때가 이르리니" 하면서, "경건의 모양은 있으나 경건의 능력은 부인하는 자니 이 같은 자들에게서 네가 돌아서라"(딤후 3:5) 한 것입니다.

ⓒ "여호와께서 통치하시니" 하고 시작이 된 93편은, "거룩함이 주의 집에 합당하여 영구하리이다"(5) 하는 말씀으로 마치고 있는데, 이는 불가분의 관계입니다. 왜냐하면 "주의 집" 곧 교회는 여호와 하나님의 통치 하에 있기 때문입니다.

이는 교회의 표지(標識), 즉 "여호와의 통치"가 시행이 되고 있는 여부를 점검케 하는 중요한 시금석이 됩니다.

㉮ "주의 증거"(5) 곧 하나님의 말씀이 바르게 선포되느냐 여부와, ㉯ "거룩함이 주의 집에 합당하여"(5) 한, 성별(聖別)됨입니다. 현대교회가 이 두 가지 요점을 보수하고 있다고 말할 수가 있는가?

이사야 선지자는, "그날에 유다 땅에서 이 노래를 부르리라 우리에게 견고한 성읍이 있음이여 여호와께서 구원으로 성(城)과 곽(郭)을 삼으시리로다 너희는 문들을 열고 신(信)을 지키는 의로운 나라로 들어오게 할지어다"(사 26:1-2) 하고 말씀합니다. 교회는 "신을 지키는 의로운 나라"입니다. 그러므로 세속주의와 구별이 되는 "성곽"이 튼튼해야만 하는 것입니다. 이것이 "확실한 주의 증거요, 메시아왕국의 비전"입니다.

적용

현재적으로는 여호와께서 통치하시는 하나님의 나라가 성도들의 마음, 가정, 그리고 교회에 임하여 있습니다. 과연 우리는 하나님의 통치하심에 순복하고 있는가? 심각하게 고민해야할 것입니다.

묵상

㉠ 하나님의 주관하심과 통치하심에 대해서,

㉡ "큰물이 소리를 높였다"는 세속화의 물결에 대해서,

㉢ 확실한 여호와의 증거와 거룩함이 합당하다는 두 가지 요점에 대해서.

시편 94편 개관도표
징벌 중에 의로운 심판이 있을 것을 확신함

주의 백성을 파쇄하는 악인	**1-7**	
	1① 여호와여	보수하시는 하나님이여 보수하시는 하나님이여 빛을 비춰소서
	2	세계를 판단하시는 주여 일어나사 교만한 자에게 상당한 형벌을 주소서
	3	② 여호와여 악인이 언제까지, 악인이 언제까지 개가를 부르리이까
	4	저희가 지껄이며 오만히 말을 하오며 죄악을 행하는 자가 다 자긍하나이다
	5③ 여호와여 저희가 주의 백성을 파쇄하며 주의 기업을 곤고케 하며	
	6	과부와 나그네를 죽이며 고아를 살해하며
	7	말하기를 여호와가 보지 못하며 야곱의 하나님이 생각지 못하리라 하나이다

반드시 의로운 심판이 있다	**8-15**	
	8④ 백성 중 우준한 자들아 너희는 생각하라 무지한 자들아 너희가 언제나 지혜로울꼬	
	9	귀를 지으신 자가 듣지 아니하시랴 눈을 만드신 자가 보지 아니하시랴
	10	열방을 징벌하시는 자 곧 지식으로 사람을 교훈하시는 자가 징치하지 아니하시랴
	11	여호와께서 사람의 생각이 허무함을 아시느니라
	12⑤ 여호와여 주의 징벌을 당하며 주의 법으로 교훈하심을 받는 자가 복이 있나니	
	13	이런 사람에게는 환난의 날에 벗어나게 하사 악인을 위하여 구덩이를 팔 때까지 평안을 주시리이다
	14⑥ 여호와께서는 그 백성을 버리지 아니하시며 그 기업을 떠나지 아니하시리로다	
	15	판단이 의로 돌아가리니 마음이 정직한 자가 다 좇으리로다

경험을 들어 증거함	**16-23**	
	16⑦ 누가 나를 위하여 일어나서 행악자를 치며 누가 나를 위하여 일어서서 죄악 행하는 자를 칠꼬	
	17	여호와께서 내게 도움이 되지 아니하셨더면 내 혼이 벌써 적막 중에 처하였으리로다
	18	여호와여 나의 발이 미끄러진다 말할 때에 주의 인자하심이 나를 붙드셨사오며
	19	내 속에 생각이 많을 때에 주의 위안이 내 영혼을 즐겁게 하시나이다
	20	⑧ 율례를 빙자하고 잔해를 도모하는 악한 재판장이 어찌 주와 교제하리이까
	21	저희가 모여 의인의 영혼을 치려하며 무죄 자를 정죄하여 피를 흘리려 하나
	22	⑨ 여호와는 나의 산성이시요 나의 하나님은 나의 피할 반석이시라
	23	저희 죄악을 저희에게 돌리시며 저희의 악을 인하여
	저희를 끊으시리니 여호와 우리 하나님이 저희를 끊으시리로다	

94편
징벌 중에 의로운 심판이 있을 것을 확신함

판단이 의로 돌아가리니 마음이 정직한 자가 다 좇으리로다(시 94:15).

94편의 구조(構造)는 도표에 표시된 대로 "저희가 주의 백성을 파쇄하며 주의 기업을 곤고케 하나"(5), "여호와께서는 그 백성을 버리지 아니하시며 그 기업을 떠나지 아니 하시리로다"(14) 하는 구조입니다.

역사적인 배경은 주의 백성들이 하나님께 "징벌을 당하여"(12) 대적에게 압제를 당하고 있는 상황으로 여겨집니다. 그래서 "보수하시는 하나님이여(1), 악인이 언제까지 개가를 부르리이까"(3) 하는 것입니다.

그런가 하면 "백성 중 우준한 자들아 너희는 생각하라"(8) 하고, 징벌을 자초한 대내적(對內的)인 죄악에 대해서도 책망을 합니다. 핵심은 "판단이 의로 돌아가리니"(15) 하고, 의로운 심판이 있다는데 있습니다.

첫째 단원(1-7) 주의 백성을 부서뜨리는 악인
둘째 단원(8-15) 반드시 의로운 심판이 있다
셋째 단원(16-23) 자신의 경험을 들어 증거함

첫째 단원(1-7) 주의 백성을 부서뜨리는 악인

첫째 단원의 중심점은 "주의 백성을 파쇄하며 주의 기업을 곤고케 한다"(5)는데 있습니다. 이들이 누군가에 대해서는, 바벨론과 같은 대적이라는 견해와, 이스라엘의 악한 지도자들로 보는 양론이 있는데 "주의 징벌을 당하는 자가 복이 있다"(12)는 것으로 보아 대적으로 여겨집니다.

① "여호와여 보수하시는 하나님이여 보수하시는 하나님이여 빛을 비춰소서"(1) 하고 탄원합니다. "빛을 비춰소서" 하는 것은, "이제는 너희 때요 어두움의 권세로다"(눅 22:53) 하신, 암흑의 때임을 나타냅니다.

㉠ "세계를 판단하시는 주여 일어나사 교만한 자에게 상당한 형벌을 주소서"(2) 하고, "원수 갚는 것이 내게 있으니 내가 갚으리라"(롬 12:19) 하신 심판 주되시는 하나님께 호소합니다.

② "여호와여 악인이 언제까지, 악인이 언제까지 개가를 부르리이까"(3),

㉠ "저희가 지껄이며 오만히 말을 하오며 죄악을 행하는 자가 다 자긍하나이다"(4) 합니다. "오만히 말을 하오며, 자긍한다"는 말은 하나님께 대한 교만을 나타냅니다.

③ "여호와여 저희가 주의 백성을 파쇄하며 주의 기업을 곤고케 하며"(5) 하고, "주의 백성, 주의 기업"이라고 말씀합니다.

㉠ "파쇄하며"는 부서뜨린다는 말인데 이점을 74:5절에서는, "저희는 마치 도끼를 들어 삼림을 베는 사람 같으니이다" 하고 표현합니

다. 이렇게 한 자들은 바벨론과 같은 대적임이 분명합니다.

ⓛ 6절은 저들이 부서뜨린 대상이 구체적으로 누구들인가를 말씀함인데, "과부와 나그네를 죽이며 고아를 살해하며 말하기를 여호와가 보지 못하며 야곱의 하나님이 생각지 못하리라"(6-7) 했다는 것입니다. 기자가 열거한 "과부, 나그네, 고아" 등은 파쇄 할 이유가 없는 힘이 없는 자들로, 하나님께서 특별히 권념하시는 계층들입니다. 시편 기자는 이렇게 호소하고 있는 셈입니다. 그런데도 하나님은 보시고만 계시고 "보수하시지" 않으신다는 말씀입니까? 이것이 "주의 백성을 부서뜨리는 악인"입니다.

둘째 단원(8-15) 반드시 의로운 심판이 있다

둘째 단원의 중심점은 "판단이 의로 돌아가리니"(15)에 있습니다. 이 말이 왜 필요한가? 이처럼 암담한 경우를 당하게 되면 많은 사람들이 낙망하기 때문입니다. 시편 기자도 "나의 발이 미끄러진다 말할 때에"(18) 하고, 자신도 실족할 뻔한 경우가 있었다고 말합니다.

④ 그래서 "백성 중 우준한 자들아 너희는 생각하라 무지한 자들아 너희가 언제나 지혜로울꼬"(8) 하는 것입니다.

㉠ 문제는 8절의 "백성 중 우준한 자들"이 누구를 가리키는가에 따라 해석이 갈리게 됩니다. 8-15절의 내용으로 볼 때, 환난을 당하여 낙심하면서 믿음을 잃어가고 있는 무지(無知)한 백성들을 가리키는 것으로 여겨집니다. 이들은 대적 자들이 "여호와가 보지 못하며, 야곱의 하나님이 생각지 못하리라"(7) 하고 오만 방자하게 지껄이는 말대로, 하나님이 듣지 못하시고 보지 못하시는 분으로 생각되어 낙심하고 있는 계층이라 할 수가 있습니다.

ⓛ 그래서 "귀를 지으신 자가 듣지 아니하시랴 눈을 만드신 자가 보지 아니하시랴"(9) 하는 것입니다. 이는 상식적인 말인 것 같으나 만고불변의 진리인 것입니다.

㉮ "모든 사상에 하나님이 없다" 하는 불신자들은 빅뱅설을 주장하는데, 먼저로 눈동자가 만들어졌고 뇌의 구조가 형성이 되었단 말인가? ㉯ 반면 믿는다고 하면서도 어찌하여 낙망하는가? 하나님께서 "보시지 않으시고, 듣지 못하시는 것"으로 여기기 때문입니다. ㉰ 출애굽기 3:7절에서는, "내 백성의 고통을 정녕히 보고, 부르짖음을 듣고, 그 우고를 알고" 하십니다. 그래서 "내가 내려와서 그들을 애굽인의 손에서 건져내고", 그들을 약속의 땅으로 인도하시겠다고 말씀하십니다.

ⓒ "열방을 징벌하시는 자 곧 지식으로 사람을 교훈하시는 자가 징치하지 아니하시랴"(10) 합니다. 여기 "징벌과 징치"라는 말이 있는데,

㉮ "징벌"은 주의 백성을 파쇄하는 열방에 대한 것이고, ㉯ "징치"는 하나님께 패역한 자기 백성에 대한 징계를 의미하는 것으로 볼 수가 있습니다. "보고, 듣고, 아시는" 하나님은 대적의 죄악만을 징벌하시는 하나님이 아니라, 자기 백성의 불순종도 징치하신다는 말씀입니다.

⑤ 그래서 "여호와여 주의 징벌을 당하며 주의 법으로 교훈하심을 받는 자가 복이 있나니"(12) 하는 것입니다.

㉠ 히브리서 12장은 이에 대한 좋은 해설을 제공해주고 있습니다. "내 아들아 주의 징계하심을 경히 여기지 말며 그에게 꾸지람을 받을 때에 낙심하지 말라"(히 12:5) 합니다. 징계를 당하게 되면 두 가지 반응이 나타나게 되는데,

㉮ "경(輕)히 여기는", 즉 우연히 일어난 일로 여기는 자가 있는가

하면, ㉯ "낙심하는", 즉 하나님께 버림을 당한 것처럼 낙망하는 자들이 있는 것입니다.

이들을 향해서 "주께서 사랑하시는 자들을 징계하시고 그의 받으시는 아들마다 채찍질하심이라"(히 12:6) 합니다. 지금 시편 기자는 "백성 중 우준한 자들"에게 이와 같이 권면하고 있는 셈입니다. 그래서 "징벌을 당하는 자가 복이 있다" 하는 것입니다.

㉢ "이런 사람에게는 환난의 날에 벗어나게 하사 악인을 위하여 구덩이를 팔 때까지 평안을 주시리이다"(13) 하고, 위로와 격려를 합니다.

⑥ 그리고 확신을 가지고, "여호와께서는 그 백성을 버리지 아니하시며 그 기업을 떠나지 아니 하시리로다"(14) 합니다. 이는 도표에 표시된 대로, "주의 백성을 파쇄하며, 주의 기업을 곤고케 하는"(5) 대적과는 상반된 중추적인 말씀입니다.

㉠ 그리하여 둘째 단원은 "판단이 의로 돌아가리니 마음이 정직한 자가 다 좇으리로다"(15) 하는 결론에 도달합니다. "마음이 정직한 자"란, 3-4절의 악인이나 오만한 자도 아니고, 8절의 우준하고 무지한 자도 아닙니다. 하나님을 변함없이 사랑하는 자들을 가리키는데, 다른 사람은 어찌하던지 "다 좇으리라" 하는 경건한 자들인 것입니다.

지금은 불의가 개가(凱歌)를 부르고 있는 것 같으나 결국은 의가 승리하게 되리라는 말씀입니다. 이것이 "반드시 의로운 심판이 있다"는 뜻입니다.

셋째 단원(16-23) 자신의 경험을 들어 증거함

셋째 단원의 중심점은 "나의 발이 미끄러진다 말할 때에 주의 인자하심이 나를 붙드셨사오며"(18)에서 구할 수가 있는데, 시편 기자 자신도 실족할 뻔한 때가 있었다는 것입니다. 즉 자신의 경험을 들어서 증거하는 것입니다. 그래서 인칭(人稱)이 "나"로 되어 있습니다.

⑦ "누가 나를 위하여 일어나서 행악자를 치며 누가 나를 위하여 일어서서 죄악 행하는 자를 칠꼬"(16) 하는 것은, 사람 중에는 아무도 없다는 말을 하기 위한 곡언(曲言)이라 할 수가 있습니다.

㉠ 그래서 "여호와께서 내게 도움이 되지 아니하셨다면 내 혼이 벌써 적막 중에 처하였으리로다"(17) 하는 것입니다. 환난 날에 도울 수 있는 분은 하나님 외에는 아무도 없다는 사실을 자신의 경험을 들어 간증하기를,

㉡ "여호와여 나의 발이 미끄러진다 말할 때에 주의 인자하심이 나를 붙드셨사오며 내 속에 생각이 많을 때에 주의 위안이 내 영혼을 즐겁게 하시나이다"(18-19) 합니다. 자신도 "우준한 자, 무지한 자"들처럼 생각이 많았고, 미끄러질 뻔 했다는 것입니다. 그런 나를 하나님이 "붙들어주셨다"는 것입니다. 만일 그때에 하나님이 붙들어주시지 않으셨다면 "내 혼이 벌써 적막 중에 처했을"(17) 것이라 합니다.

⑧ 그런 후에 "율례를 빙자하고 잔해를 도모하는 악한 재판장이 어찌 주와 교제하리이까"(20) 하는데, 그러면 "악한 재판장"은 누구를 가리키는가?

㉠ "율례"(律例), 즉 하나님의 말씀을 "빙자하고", 즉 구실로 삼는다는 것으로 보아 교회 내에 있는 악한 지도자들을 가리키는 것이 분명합니다. 문맥적으로 보면 "나의 발이 미끄러진다 말할 때", 즉 백성들을 붙들어주라고 세움을 받은 자들이 도리어,

㉡ "저희가 모여 의인의 영혼을 치려하며 무죄 자를 정죄하여 피를

흘리려"(21) 했다는 것입니다. 이점을 미가 선지자는, "그 두령들은 뇌물을 위하여 재판하며 그 제사장은 삯을 위하여 교훈하며 그 선지자는 돈을 위하여 점치면서 오히려 여호와를 의뢰(빙자)하여 이르기를 여호와께서 우리 중에 계시지 아니 하냐 재앙이 우리에게 임하지 아니하리라 하는도다"(미 3:11) 하고 책망을 합니다.

ⓒ "어찌 주와 교제하리이까"(20하) 하는데, 하나님의 대언자의 자격을 이미 상실했음을 나타냅니다. 그렇다면 "주의 백성들"은 밖으로는 "적그리스도"로부터의 환난을 당하고, 안으로는 "거짓선지자"의 횡포에 시달리고 있는 셈입니다. "적그리스도와, 거짓선지자"는 사탄의 오른팔, 왼팔과 같은 하수인들인 것입니다.

⑨ 그래서 "여호와는 나의 산성이시요 나의 하나님은 나의 피할 반석이시라"(22) 하고, 오직 하나님만을 바라보는 것입니다.

ⓙ 그리고 "보수하시는 하나님이여"(1) 하고 시작된 94편은, "저희 죄악을 저희에게 돌리시며 저희의 악을 인하여 저희를 끊으시리니 여호와 우리 하나님이 저희를 끊으시리로다"(23) 하고, 마치고 있습니다. 하나님이 끊으신다는 "저희" 속에는,

㉮ 오만한 대적 자들만 있는 것이 아니라, ㉯ "율례를 빙자하여 잔해를 도모하는 악한 재판장"(20)도 들어 있다는 점을 명심하십시다. 성경은 말씀하기를, "거기는 그 짐승과 거짓 선지자도 있어 세세토록 밤낮 괴로움을 받으리라"(계 20:10) 합니다. ㉰ 그리고 "나의 하나님"(22)이라 하던 시편 기자가 마지막 절에서는 "우리 하나님"(23)이라 부르고 있는데, 어느 시대나 "우리"라는 경건한 남은 자는 있는 것입니다. 이것이 "징벌 중에 의로운 심판이 있을 것을 확신함"입니다.

적용

형제도 외부의 대적 때문만이 아니라, 내부에 있는 악한 재판장으로 인해서, 속에 생각이 많았고, 발이 미끄러진다 한 경우가 있으셨겠지요. 이를 극복한 경험을 통해서 연약한 형제들을 도와주시기 바랍니다.

묵상

㉠ 주의 백성을 부서뜨리는 교회 밖의 악인에 대해서,

㉡ 백성 중 우준하고 무지한 자들에 대해서,

㉢ 잔해를 도모하는 교회 내에 있는 악한 재판장에 대해서.

시편 95편 개관도표
오늘날 그 음성 듣기를 원하노라

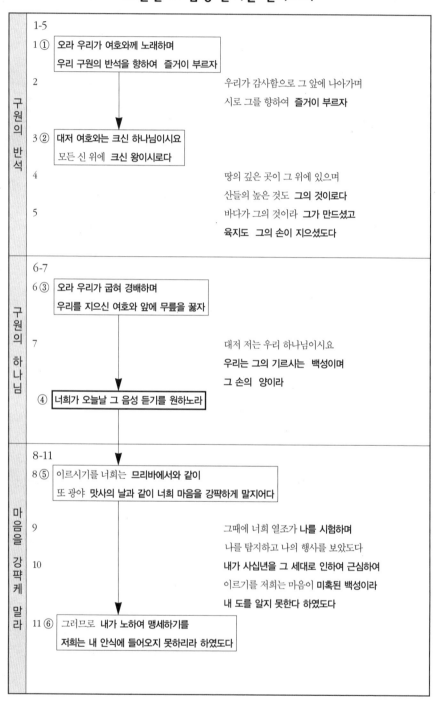

구원의 반석	**1-5**	
	1① 오라 우리가 여호와께 노래하며 우리 구원의 반석을 향하여 즐거이 부르자	
	2	우리가 감사함으로 그 앞에 나아가며 시로 그를 향하여 즐거이 부르자
	3② 대저 여호와는 크신 하나님이시요 모든 신 위에 크신 왕이시로다	
	4	땅의 깊은 곳이 그 위에 있으며 산들의 높은 것도 그의 것이로다
	5	바다가 그의 것이라 그가 만드셨고 육지도 그의 손이 지으셨도다

구원의 하나님	**6-7**	
	6③ 오라 우리가 굽혀 경배하며 우리를 지으신 여호와 앞에 무릎을 꿇자	
	7	대저 저는 우리 하나님이시요 우리는 그의 기르시는 백성이며 그 손의 양이라
	④ 너희가 오늘날 그 음성 듣기를 원하노라	

마음을 강퍅케 말라	**8-11**	
	8⑤ 이르시기를 너희는 므리바에서와 같이 또 광야 맛사의 날과 같이 너희 마음을 강퍅하게 말지어다	
	9	그때에 너희 열조가 나를 시험하며 나를 탐지하고 나의 행사를 보았도다
	10	내가 사십년을 그 세대로 인하여 근심하여 이르기를 저희는 마음이 미혹된 백성이라 내 도를 알지 못한다 하였도다
	11⑥ 그러므로 내가 노하여 맹세하기를 저희는 내 안식에 들어오지 못하리라 하였도다	

95편
오늘날 그 음성 듣기를 원하노라

대저 저는 우리 하나님이시요 우리는 그의 기르시는 백성이며 그 손의 양이라
너희가 오늘날 그 음성 듣기를 원하노래(시 95:7).

95편은 도표에 표시된 대로 하나님을

㉮ "구원의 반석(1), 크신 왕"(3)이라 하면서, ㉯ "오늘날 그 음성 듣기를 원하노라"(7) 하고, ㉰ "내 안식에 들어오지 못하리라 하였도다"(11) 하는 구조(構造)를 이루고 있습니다.

그러므로 중심점은, "너희가 오늘날 그 음성 듣기를 원하노라"(7)에 있습니다. 왜냐하면 "그 음성"을 듣지 않다가 선조들이 "내 안식에 들어오지 못하리라"(11)는 선고를 받았기 때문입니다. 그러므로 95편의 주제는 "영원한 안식에 들어가느냐? 못 들어가느냐" 하는 우리들의 문제인 것입니다.

이런 맥락에서 핵심(核心)은, "구원의 반석"(1)에 있다는 점을 놓쳐서는 아니 됩니다. 왜냐하면 영원한 안식에 들어가는 것을 가능케 하는 것은 오직 "구원의 반석"으로 말미암기 때문입니다. 그리고 95편을 통해서 말씀하려는 바는 너희도, "오늘날 그 음성"을 듣지 아니하면, "내 안식에 들어오지 못하리라"(11)는 경고인 것입니다.

첫째 단원(1-5) 오라 구원의 반석을 즐거이 부르자
둘째 단원(6-7) 오라 구원의 하나님께 경배하자
셋째 단원(8-11) 마음을 강팍하게 하지 말라

첫째 단원(1-5) 오라 구원의 반석을 즐거이 부르자

첫째 단원의 중심점은 "오라, 노래하며, 감사하며, 즐거이 부르자"
하는 예배에의 초대에 있습니다. 누구를 즐거이 부르자 하는가? 그러
므로 핵심은 "구원의 반석(1), 크신 왕"(3)에 있는 것입니다.

① "오라 우리가 여호와께 노래하며 우리 구원의 반석을 향하여 즐
거이 부르자"(1) 합니다.

㉠ 이점에서 "구원의 반석"이 누구인가 하는 점입니다. 물론 "여호
와께 노래하며 우리 구원의 반석"이라 한 하나님이십니다.

㉎ 그런데 하나님께서 임마누엘하심으로 온 인류에게 "구원의 반
석"이 되셨다는 데까지 나아가야만 하는 것입니다. 왜냐하면 이것이
구속사의 전진이요, 본문이 드러내고자 하는 주제이기 때문입니다.
㉏ 육적 출애굽 때도, "내가 내려와서 그들을 애굽인의 손에서 건져
내겠다"(출 3:8) 하고 말씀하셨습니다. 그런데 이점에 확고하지 못하
다는 것은 성경을 점이라는 교훈적으로만 보고 구속사라는 선(線)으
로 보지를 못하는 데서 오는 한계입니다.

㉡ 8절에서 언급하는 "므리바, 맛사"에서 무슨 일이 있었는가를 생
각해보시기를 바랍니다. "내가 거기서 호렙산 반석 위에 너를 대하여
서리니 너는 반석을 치라"(출 17:6) 한, "반석이 침을 당하는" 사건이
있었습니다. 왜 치라 하셨는가? "그것에서 물이 나리니 백성이 마시
리라" 하십니다.

ⓒ 하나님께서 무엇을 계시하시기 위하여 이렇게 말씀하셨는가?

㉮ "반석이, 구원의 반석"이 될 수 있는 것은 치심을 당하여, 생수를 솟아냄으로만이 가능해지는 것입니다. ㉯ 스가랴 13장에서도, "내 짝된 자를 치라, 그날에 죄와 더러움을 씻는 샘이 열리리라"(슥 13:7, 1) 하십니다. ㉰ 이점을 신약성경에서는, "다 같은 신령한 음료를 마셨으니 이는 저희를 따르는 신령한 반석으로부터 마셨으매 그 반석은 곧 그리스도시라"(고전 10:4) 하고 증거합니다.

이상의 증거를 인정하지 않는 자들이 유대인 학자들이요, 오늘의 문자주의자들입니다. 이런 자들을 향해서 사도 바울은 "오늘까지라도 구약을 읽을 때에 그 수건이 오히려 벗어지지 않고 있다"(고후 3:14) 하고 말하고, 베드로 사도는 "이런 것이 없는 자는 소경이요 원시(遠視)치 못하는"(벧후 1:9) 자들이라 합니다.

㉣ 그래서 "우리가 감사함으로 그 앞에 나아가며 시로 그를 향하여 즐거이 부르자"(2) 하는 것입니다. 1절에서는 "오라" 하고 초청을 하고, 2절에서는 "그 앞에 나아가며" 합니다.

㉮ 이사야 55:1절에는 "너희 목마른 자들아 물로 나아오라" 하시는 성부하나님의 초청이 있습니다. ㉯ 요한복음 7:37절에는 "누구든지 목마르거든 내게로 와서 마셔라" 하시는 성자 그리스도의 초청이 있습니다. ㉰ 계시록 22:17절에는 "오라 하시는도다 듣는 자도 오라 할 것이요 목마른 자도 올 것이요 원하는 자는 값없이 생명수를 받으라" 하시는 성령님의 초대가 있습니다.

② "대저 여호와는 크신 하나님이시요 모든 신 위에 크신 왕이시로다"(3) 합니다.

㉠ "크시다"는 말이 강조되어 있는데, 어찌하여 크신 하나님이라

하는가? "땅의 깊은 곳이 그 위에 있으며 산들의 높은 것도 그의 것이로다 바다가 그의 것이라 그가 만드셨고 육지도 그의 손이 지으셨도다"(4-5) 한 창조주이시기 때문입니다. 무슨 뜻인가?

㉮ 창조사역을 찬양하자는 그런 문맥이 아닙니다. 우리에게 "구원의 반석"을 주신 분이 누군지 아느냐? 창조주 하나님이시다, ㉯ 치심을 당하심으로 우리에게 "구원의 반석"이 되어주신 분이 누군지 아느냐? "그 아들 안에서 우리가 구속 곧 죄 사함을 얻었도다 그는 보이지 아니하시는 하나님의 형상이요 모든 창조물보다 먼저 나신 자니 만물이 그에게서 창조되되"(골 1:14-16), 이를 깨닫기를 원하시는 것입니다. 그래서 "오라 우리가 구원의 반석을 즐거이 부르자" 하는 것입니다.

둘째 단원(6-7) 오라 구원의 하나님께 경배하자

둘째 단원은 다시 "오라" 하는 초청으로 시작이 됩니다.

③ "오라 우리가 굽혀 경배하며 우리를 지으신 여호와 앞에 무릎을 꿇자"(6) 합니다.

㉠ "우리가 그 앞에 무릎을 꿇어, 굽혀 경배해야 할" 이유로 "우리를 지으신 여호와"이시기 때문이라는 것입니다. 그런데 "우리를 지으셨다"는 뜻을 첫 창조로만 보아서는 아니 됩니다. 이점을 이어지는 말씀을 통해서 보게 될 것입니다.

㉡ "대저 저는 우리 하나님이시오 우리는 그의 기르시는 백성이며 그 손의 양이라"(7상) 말씀합니다. 문제는 우리가 "그의 백성, 그의 양"이 되는 것이 어떻게 가능하여졌는가 하는 점입니다. 만일 하나님께서 창조하셨기 때문에 "백성"이 되었다고 말한다면, "내 백성이 아니었던 자를 향하여 이르기를 너는 내 백성이라 하리니"(호 2:23) 하

신 말씀과 상충이 되고 맙니다.

ⓒ 그러므로 이 말씀은 이어지는 "너희가 오늘날 그 음성 듣기를 원하노라"(7하) 하는 말씀과 결부되어 해석이 되어야 마땅합니다. 핵심은 "듣기를 원한다"는 말씀이 무엇인가 하는 점입니다. 이점은 죄 값에 팔린 아담의 후예들이 어떻게 해서 하나님의 "백성과, 양"이 될 수가 있는가에 대한 해답을 제공해주고 있는 것입니다.

㉮ 신구약시대를 막론하고 구원은 오직 "그리스도의 구속"을 통해서뿐이라는 점에 확고해야만 합니다. ㉯ 그러므로 구약의 성도들이 "듣기를 원하신" 본질적인 말씀은, 아브라함과 다윗에게 세워주신 메시아언약이 되는 것입니다.

이런 맥락에서 "우리를 지으신 여호와"라는 의미가 창조의 개념이 아니라, 구속의 개념임이 드러납니다. 왜냐하면 하나님께서는 "너희를 구속하여 너희로 내 백성을 삼고"(출 6:6-7) 하셨기 때문입니다. 죄 값에 팔린 우리가 하나님의 백성이 되는 것이 가능하여지는 방도는 "구속" 외에는 다른 방도가 없는 것입니다.

㉰ "백성과 왕, 양과 목자"가 짝을 이루고 있는데, 하나님께서는 "내 종 다윗이 그들의 왕이 되리니 그들에게 다 한 목자가 있을 것이라" 하시면서, "나는 그들의 하나님이 되고 그들은 내 백성이 되리라"(겔 37:24, 27) 하십니다. 죽은 지 수백 년이나 되는 다윗이 "왕과 목자"가 되리라는 말씀은 그리스도에 대한 명백한 예언인 것입니다. 주님은 "나는 선한 목자라, 네 말과 같이 내가 왕이니라" 하십니다.

그러므로 본문의

㉮ "구원의 반석(1), ㉯ 크신 왕(3), 백성과 양"(7)이라는 표현들은 모두가 그리스도를 전망하는 말씀들인 것입니다. 2절과 6절을 대조해 보십시오, 그리스도를 만난 사람들은 "그를 향하여 즐거이 부르기만"

(2) 하는 것이 아니라, "그 앞에 무릎을 꿇고 굽혀 경배하게"(6) 되는 것입니다. 이것이 "오라 우리가 구원의 하나님께 경배하자"입니다.

④ 이런 맥락에서, "너희가 오늘날 그 음성 듣기를 원하노라"(7하) 하는 것은 옛날 구약시대 이야기가 아닙니다.

㉠ "오늘날"이라고 말씀합니다. 어제는 지나가버렸고, 내일은 아직 오지 않았으며, 모든 사람은 "오늘"을 살아가고 있는 것입니다. 내일 도 가보면 "오늘"인 것입니다. 성경은 오늘날도 말씀하십니다.

㉡ 그러므로 "듣기를 원한다"는 "말씀"은, 창조사역 이야기가 아닙니다. 이점을 다음 단원에서 듣게 됩니다만, 창조주 하나님께서 우리에게 "구원의 반석"이 되시기 위해서 치심을 당하셨다는 복음인 것입니다.

㉢ "너희가 오늘날 그 음성 듣기를 원하노라" 하는 것은, 듣고 흘러버리지 말라는 뜻입니다. 이점을 신약성경에서는, "그러므로 모든 들은 것을 우리가 더욱 간절히 삼갈지니 혹 흘러 떠내려갈까 염려하노라"(히 2:1) 합니다.

㉮ 인류의 시조가 "듣고 흘려버렸기" 때문에 죄가 세상에 들어오게 되었고, ㉯ 출애굽 1세대들이 "듣고 흘려버렸기" 때문에 광야에서 엎더졌고, ㉰ 구약교회가 "듣고 흘려버렸기" 때문에 예루살렘이 멸망을 당했고, ㉱ 주님 당시의 종교 지도자들이 "듣고 흘려버렸기" 때문에 또다시 멸망을 당했고, ㉲ 그러면 오늘날 현대교회는 어떠하다고 말할 수가 있겠습니까? 대답은 형제의 몫입니다.

㉣ 그러면 누구들이 듣기를 원하시는가?

㉮ 첫째는 모세 당시의 출애굽한 사람들입니다. 그러나 그들은 마음을 강퍅하게 했다가, 약속의 땅에 들어가지를 못하였습니다. ㉯ 둘

째는 95편을 말씀하는 시편 기자 당시입니다. 그러나 그들은 듣지 않았다가, 예루살렘이 멸망하고 성전이 불에 타는 심판을 당했습니다. ㉰ 셋째는 본문을 인용하여 증거하던 히브리서를 기록할(히 3-4장) 당시입니다. 그러나 그들도 듣지 않았다가, 또다시 예루살렘이 멸망하고 성전이 불에 타는 심판을 당했습니다. ㉱ 넷째는 이 말씀을 상고하는 각 시대 사람들, 즉 우리들입니다.

셋째 단원(8-11) 너희 마음을 강팍하게 하지 말라

셋째 단원의 중심점은 두 번 등장하는 "마음"(8, 10)에 있는데 "마음을 강팍하게 말라" 하시고, 핵심은 "도"(道)에 있는데, "내 도를 알지 못한다"(10하) 하십니다. 그러므로 셋째 단원을 통해서 윤리적인 면과 신학적인 면을 함께 볼 수 있어야만 합니다. 저들의 마음이 "강팍하고, 미혹"되었다고 말씀하는데, 이는 윤리적인 면입니다.

그런데 어찌하여 마음이 "강팍하고, 미혹"하게 되는가? 하나님은 그 원인을 "내 도를 알지 못하기"(10하) 때문이라고 말씀하십니다. 이것은 신학적(神學的)인 문제입니다. 이 둘은 언제나 같이 갑니다. 그러므로 떼어놓아서는 아니 됩니다. 먼저 윤리적인 면부터 생각해 보겠습니다.

⑤ "이르시기를 너희는 므리바에서와 같이 또 광야 맛사의 날과 같이 너희 마음을 강팍하게 말지어다"(8) 합니다.

㉠ "므리바와 맛사"라는 말이 출애굽기 17:1-7절에 등장하는데, 이를 구분해서 말씀한 것은

㉮ "므리바"는 하나님께 대항한 "다툼"을 나타내고, ㉯ "맛사"는 "미혹을 당하여 하나님을 시험"했다는 의미를 드러내기 위해서인 것

입니다. 아무튼 미혹을 당하여 하나님을 원망하고 시험하는 말을 하게 되는 것은 예나 이제나 변함이 없는 경계해야할 거짓된 인간의 특성인 것입니다.

ⓒ "그때에 너희 열조가 나를 시험하며 나를 탐지하고 나의 행사를 보았도다 내가 사십년을 그 세대로 인하여 근심하여 이르기를 저희는 마음이 미혹된 백성이라"(9-10상) 하셨다는 것입니다. 이를 거울로 삼아 너희 열조와 같이,

㉮ 너희 마음을 강퍅하게 하지 말라, ㉯ 나를 시험하지 말라, ㉰ 마음이 미혹되지 말라 하고 권면합니다. 이것이 교훈적인 면입니다.

⑥ 그러면 신학적인 면이 무엇인가를 증거 해야만 합니다. 왜냐하면 윤리에는 해답이 없기 때문입니다. "내 도를 알지 못한다 하였도다"(10하) 한 "도"에 길이 있는 것입니다.

㉠ 이어서 하신 말씀이, "그러므로 내가 노하여 맹세하기를 저희는 내 안식에 들어오지 못하리라 하였도다"(11) 하십니다.

㉮ "도를 알지 못한다는 것과, 안식에 들어오지 못하리라"는 말씀이 결부(結付)되어 있다는 점을 유념하시기를 바랍니다. ㉯ 저들은 미혹을 받아 "안식에 들어가는 길"을 잃어버렸다는 뜻이 됩니다.

ⓒ 그러므로 "도를 알지 못한다"는 하심은, 하나님께서 아브라함과 다윗에게, "네 자손으로 말미암아 천하 만민이 복을 얻으리라" 하신 메시아언약, 즉 "내가 곧 길이요 진리요 생명이니 나로 말미암지 않고는 아버지께로 올 자가 없느니라"(요 14:6) 하신 복음을 잊어버렸다는 뜻입니다.

ⓒ 다시 강조합니다만 95편의 결론이 무엇인가? "내 안식에 들어오지 못하리라"(11)는 말씀입니다. 그렇다면 묻습니다. 어찌하여 들어

가지 못했고, 어떻게 하면 들어갈 수가 있는가? 여기에는 사활이 걸려 있는 우리들의 문제인 것입니다.

㉮ 이점을 히브리서는 해설하기를, "또 하나님이 누구에게 맹세하사 그의 안식에 들어오지 못하리라 하셨느뇨 곧 순종치 아니하던 자에게가 아니냐 이로 보건대 저희가 믿지 아니하므로 능히 들어가지 못한 것이라"(히 3:18-19) 합니다.

불순종에는 "믿지 못한다"는 불신앙이 있다는 점을 명심해야만 합니다. 믿음과 순종은 둘이 아니라 하나입니다. 그러므로 윤리와 신학을 떼어놓아서는 아니 됩니다. ㉯ 그래도 미심적다면 4:2절을 보시기 바랍니다. "저희와 같이 우리도 복음 전함을 받은 자이나 그러나 그들은바 말씀이 저희에게 유익되지 못한 것은 듣는 자가 믿음을 화합치 아니함이라" 하고, 저들이나 우리가 들은 것이 "복음"이라고 말씀합니다. 이제 확실합니까? ㉰ 이점을 본문에서는 "내 도를 알지 못한다"(10) 하고 말씀합니다. 미혹을 당하여 복음을 잃어버렸기 때문이라는 것입니다.

왜 이처럼 강조하는지 아십니까? 오늘날 교회가 복음을 잃어버려 가고 있기 때문입니다. 성경은 문제에 대한 해답입니다. 그렇다면 므리바에서의 문제가 무엇인가? "목마름"입니다. 저들은 헐떡이면서 "우리와 우리 자녀와 우리 생축으로 목말라 죽게 하느냐"(출 17:3) 하고 비명을 질렀습니다. 이는 옛이야기가 아니라 현대교회의 비명이라는 점을 인식해야 합니다. 이에 대한 해답이 어떻게 주어졌는가? "반석을 치라 그것에서 물이 나리니 백성이 마시리라"(출 17:6) 하십니다.

어찌하여 반석으로 상징이 된 그리스도(고전 10:4)께서 치심을 당해야만 하셨는가? "내가 주는 물을 먹는 자는 영원히 목마르지 아니하리니 나의 주는 물은 그 속에서 영생하도록 솟아나는 샘물이 되리라"(요 4:14)를 위해서였습니다. 이것이 신학적인 문제입니다.

본문에는 "마음을 강퍅하게 하지 말라(8), 나를 시험하여(9), 마음이 미혹이 된 백성"(10)이라는 말씀이 있습니다. 혼동하지 마시기 바랍니다. "마음을 강퍅하게 하지 않고, 시험하지 않고, 미혹되지 않으면" 안식, 즉 구원을 얻게 되는 것이 아닙니다. "내가 길이다, 나로 말미암지 않고는 아버지께로 올 자가 없느니라" 한 "길, 진리, 생명", 즉 복음으로만이 구원에 이를 수가 있는 것입니다.

참으로 복음을 진정으로 아는 자라면, 그리하여 믿는 사람은 마음을 강퍅하게 하지 않습니다. 하나님을 시험하지 않습니다. 결코 미혹을 당하지 않습니다. 형제가 그렇게 되시기를 기원합니다. 이것이 "오늘날 그 음성 듣기를 원하노라"입니다.

적용

성경을 기록케 하신 성령께서는 오늘날도 성경을 통해서 말씀하십니다. 형제는 하나님이 약속하신 도(道)를 알고 믿으십니까? 들은 말씀을 믿음으로 화합하지 않는다면 유익이 없습니다. 순종하지 않는다는 것은 믿지 않는다는 증거이기 때문입니다.

묵상

㉠ 하나님이 구원의 반석이 되셨다는 점에 대해서,

㉡ 그 음성 듣기를 원하는 네 방면에 대해서,

㉢ 안식에 들어가지 못한 윤리적인 면과 신학적인 면에 대해서.

시편 96편 개관도표
여호와의 통치에 대한 찬양과 선포

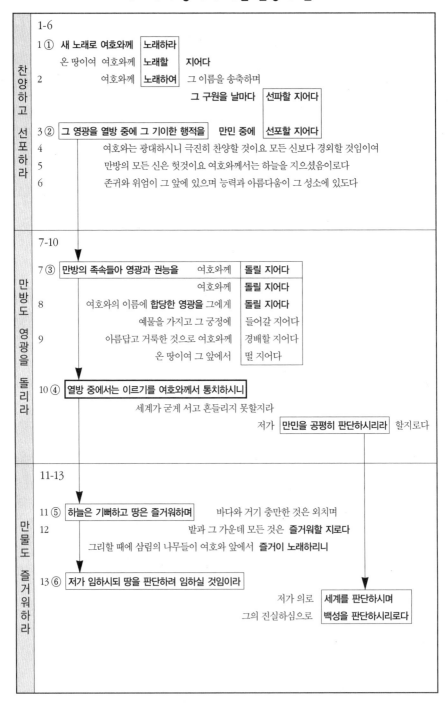

찬양하고 선포하라

1-6

1 ① 새 노래로 여호와께 노래하라
   온 땅이여 여호와께 노래할 지어다
2   여호와께 노래하여 그 이름을 송축하며
                        그 구원을 날마다 선파할 지어다

3 ② 그 영광을 열방 중에 그 기이한 행적을 만민 중에 선포할 지어다
4   여호와는 광대하시니 극진히 찬양할 것이요 모든 신보다 경외할 것임이여
5   만방의 모든 신은 헛것이요 여호와께서는 하늘을 지으셨음이로다
6   존귀와 위엄이 그 앞에 있으며 능력과 아름다움이 그 성소에 있도다

만방도 영광을 돌리라

7-10

7 ③ 만방의 족속들아 영광과 권능을 여호와께 돌릴 지어다
                        여호와께 돌릴 지어다
8   여호와의 이름에 합당한 영광을 그에게 돌릴 지어다
        예물을 가지고 그 궁정에 들어갈 지어다
9   아름답고 거룩한 것으로 여호와께 경배할 지어다
        온 땅이여 그 앞에서 떨 지어다

10 ④ 열방 중에서는 이르기를 여호와께서 통치하시니
        세계가 굳게 서고 흔들리지 못할지라
                        저가 만민을 공평히 판단하시리라 할지로다

만물도 즐거워하라

11-13

11 ⑤ 하늘은 기뻐하고 땅은 즐거워하며 바다와 거기 충만한 것은 외치며
12   밭과 그 가운데 모든 것은 즐거워할 지로다
        그리할 때에 삼림의 나무들이 여호와 앞에서 즐거이 노래하리니

13 ⑥ 저가 임하시되 땅을 판단하려 임하실 것임이라
                        저가 의로 세계를 판단하시며
                        그의 진실하심으로 백성을 판단하시리로다

96편
여호와의 통치에 대한 찬양과 선포

> 열방 중에서는 이르기를 여호와께서 통치하시니 세계가 굳게 서고 흔들리지 못
> 할지라 저가 만민을 공평히 판단하시리라 할지로다(시 96:10).

96편의 중심점도 "여호와께서 통치하시니"(10)에 있습니다. 앞에서 언급한 대로 하나님의 "통치와 주관하심"을 구분을 해서 생각해야만 의미가 분명해집니다. 하나님의 나라 건설이란 하나님의 통치하심을 가리킵니다. 그러므로 본문도 메시아왕국에 대한 비전입니다.

96편은 역대상 16:23-33절에도 수록되어 있는데, 그 역사적인 배경을 아는 것이 본문을 이해하는 열쇠가 됩니다. 다윗이 법궤를 운반하여 예루살렘에 안치한 후에 하나님께 감사하며 찬양하기 위해서 아삽에게 준 시 가운데 본문이 들어 있습니다. 법궤가 예루살렘으로 옮겨 오게 된 것을 하나님의 입성(入城)과 통치하심으로 보았던 것입니다.

그러면 법궤가 누구에 대한 모형인가? 이는 마치 주님께서 예루살렘에 입성하실 때에 무리들이 "호산나, 호산나" 한 것과 맥을 같이 합니다. 그리고 이는 주님이 재림하심으로 완성이 될 메시아왕국에 대한 비전인 것입니다.

그래서 "새 노래로 노래하라(1), 여호와의 이름에 합당한 영광을 돌리라(8), 만방의 족속들아 영광과 권능을 여호와께 돌릴 지어다(7),

하늘은 기뻐하고 땅은 즐거워하라"(11) 하는 것입니다. 이는 우주적인 통치임을 나타냅니다.

첫째 단원(1-6) 기이한 행적을 찬양하고 선포하라
둘째 단원(7-10) 만방의 족속도 영광을 돌리라
셋째 단원(11-13) 모든 만물도 즐거워하라

첫째 단원(1-6) 기이한 행적을 찬양하고 선포하라

첫째 단원의 중심점은 "노래와 선포"에 있습니다. "노래하라"는 뜻이 6번, "선포하라"는 말이 2번 등장합니다. 무엇을 찬양하고 선포하라는 것인가? 기이한 행적 곧 구원을 날마다 선파할 지어다(2) 합니다. 구원 얻은 자가 행해야 할 일은 찬양과 전파입니다.

① 첫마디가 "새 노래로 여호와께 노래하라 온 땅이여 여호와께 노래할 지어다"(1) 합니다.

㉠ 첫 절에는 "노래하라"는 말이 3번이나 강조되어 있습니다. 그런데 그냥 노래가 아니라 "새 노래로 여호와께 노래하라" 합니다. "새 노래"로 찬양하라는 말이 98:1, 144:9, 149:1절에도 나오는데, 그러면 "새 노래"란 무엇을 가리키는가?

계속되는 말씀을 보면, "여호와께 노래하여 그 이름을 송축하며 그 구원을 날마다 선파할 지어다"(2) 하고 "구원"을 얻은 자가 부르는 찬양인 것입니다. 그렇습니다. 새 노래는 구원에 대한 감사요, 그 구원은 출애굽의 구원이 아니라 새 언약에 근거한 구원인 것입니다. 그래서 "새 노래"라 하는 것입니다.

㉡ 이점에서 역대상에는 "새 노래로 여호와께 노래하라" 한 1절이

없다는 점을 주목하게 됩니다. 다윗은 언약궤를 안치한 후에 "번제와 화목제를 하나님 앞에 드리니라"(대상 16:1) 합니다. 이는 짐승의 피로 드린 옛 언약의 제사요, 그러므로 아삽이 부른 노래는 "새 노래"가 될 수가 없었던 것입니다.

ⓒ "새 노래"란 "이 잔은 내 피로 세우는 새 언약이니"(눅 22:20) 하신 새 언약의 감격으로 부르는 찬양인 것입니다. 그러므로 계시록에서는 "저희가 보좌와 네 생물과 장로들 앞에서 새 노래를 부르니 땅에서 구속함을 얻은 십사만 사천 인밖에는 능히 이 노래를 배울 자가 없더라"(계 14:3) 하는 것입니다.

② 이점이 "그 영광을 열방 중에, 그 기이한 행적을 만민 중에 선포할 지어다"(3) 하는 말씀에 함의되어 있습니다.

㉠ 시편 기자는 "만민(3), 만방(7), 열방"(10)에게 "기이한 행적"을 선포하고, 합당한 영광을 돌리라고 촉구하고 있는데 그렇다면 만민에게 선포해야할 "기이한 행적"이, 출애굽이나, 출 바벨론이란 말인가?

㉮ 그것은 "그 구원을 날마다 선파할 지어다"(2) 한 "복음"인 것입니다. ㉯ 98:1절에서도 "새 노래로 여호와께 찬송하라 대저 기이한 일을 행하사 그 오른손과 거룩한 팔로 자기를 위하여 구원을 베푸셨도다" 하고, "기이한 일이, 구원"과 결부가 되어 있습니다.

만민에게 선포해야할 "기이한 행적"이란 옛 언약이 아니라 새 언약에 근거한 구원인 것입니다. 그렇습니다. "죄인을 위해서, 원수를 대신하여" 자기 아들을 죽는데 내어주신 이보다 "기이한 일"이 달리 무엇이 있겠습니까?

ⓛ 4-6절은 "기이한 일"을 행해주신 분이 어떠한 분이신가를 말씀하는 내용입니다. "여호와는 광대하시니 극진히 찬양할 것이요 모든

신보다 경외할 것임이여 만방의 모든 신은 헛것이요 여호와께서는 하늘을 지으셨음이로다 존귀와 위엄이 그 앞에 있으며 능력과 아름다움이 그 성소에 있도다"(4-6) 하고, 광대(廣大)하신 창조주 하나님이 그렇게 행해주셨다는 것입니다.

ⓒ 첫째 단원은 "능력과 아름다움이 그 성소에 있도다"(6하) 하고, "성소"(聖所)로 마치고 있는데, 어떤 의미인가? 1차적으로는 다윗이 법궤를 메어다가 안치한 장막(대상 16:1), 즉 성소를 가리킵니다. 그런데 그 법궤가 어떤 경로로 시온으로 옮겨오게 되었는가를 추적해볼 때에 그 의미가 분명하게 드러나는 것입니다.

가나안에 입성한 후 법궤는 최초로 에브라임 지파에 분배된 실로에 있었습니다. 그런데 성경은 "요셉의 장막을 싫어버리시며 에브라임 지파를 택하지 아니하시고 오직 유다 지파와 그 사랑하시는 시온산을 택하시고, 그 종 다윗을 택하셨다"(79:67-70) 하고 말씀합니다.

이는 성소의 실체(實體)가 되시는 그리스도께서 유다 지파 다윗의 자손으로 오시게 될 것을 증거하는 강력한 계시인 것입니다. 이 기이한 행적을 아는 자라면 "능력과 아름다움이 그 성소에 있도다" 하고, 찬양하고 선포하지 않을 수가 없는 것입니다.

둘째 단원(7-10) 만방의 족속도 영광을 돌리라

둘째 단원의 중심점은 "만방의 족속도 영광을 돌리라"(7)는데 있습니다. 첫째 단원에서는 "그 기이한 행적을 만민 중에 선포할 지어다"(3) 했는데, 이제 "만방의 족속도 영광을 돌리라"(7) 하고 촉구한다면 이는 "기이한 행적", 즉 복음이 "만방, 만민"에게까지 전파됨을 나타냅니다.

③ "만방의 족속들아 영광과 권능을 여호와께 돌릴 지어다 여호와께 돌릴 지어다"(7),

㉠ "여호와의 이름에 합당한 영광을 그에게 돌릴 지어다"(8) 합니다. 7-9절은 도표에 표시된 대로 "기이한 일"을 행해주신 하나님께 "합당한 영광", 즉 합당한 예배를 드리라는 촉구입니다.

㉮ "영광과 권능을 여호와께 돌릴 지어다"(7). ㉯ "여호와의 이름에 합당한 영광을 돌리라"(8상). ㉰ "예물을 가지고 그 궁정에 들어갈 지어다"(8하). ㉱ "아름답고 거룩한 것으로 여호와께 경배할 지어다"(9상), ㉲ 한마디로 "온 땅이여 그 앞에서 떨 지어다"(9하) 합니다.

이사야 6장에는 "스랍들이 모셔 섰는데 각기 여섯 날개가 있어 그 둘로는 그 얼굴을 가리었고 그 둘로는 발을 가리었고 그 둘로는 날며, 거룩하다 거룩하다 거룩하다 만군의 여호와여 그 영광이 온 땅에 충만하도다"(사 6:2-3) 하고 찬양하는 장면이 있고, 계시록 4장에는 자신들이 쓰고 있던 면류관을 보좌 앞에 드리며, "우리 주 하나님이여 영광과 존귀와 능력을 받으시는 것이 합당하오니"(계 4:10) 하는 장면이 있습니다. 이것이 "여호와의 이름에 합당한 영광을 돌리는"(8) 일입니다. "새 노래"로 찬양하는 우리는 과연 이처럼 여호와 하나님의 이름에 합당한 예배를 드리고 있는가 묻지 않을 수가 없습니다.

④ 그런 후에, "열방 중에서는 이르기를 여호와께서 통치하시니 세계가 굳게 서고 흔들리지 못할지라"(10상) 하고, "통치하신다"는 중심적인 주제가 등장합니다.

㉠ 애굽에서 하나님의 통치는 유월절 어린양의 피가 뿌려진 "대문 안"이었습니다. 오늘날은 "그리스도 예수 안에" 있는 자가 하나님의 통치 하에 있는 자들입니다. 그런데 "저가 만민을 공평히 판단하시리

라 할지로다"(10하) 하고, "통치와, 판단"이 함께 나타나고 있는데,

㉠ "통치"는 구원과 결부가 되고, ㉡ "공평한 판단"은 심판과 결부되는 종말적(終末的)인 의미가 되는 것입니다.

그러니까 하나님의 "통치"를 거부하는 자에게는 "판단", 즉 심판을 당하게 된다는 말씀입니다. 이점을 마지막 절에서는 "저가 임하시되 땅을 판단하려 임하실 것이라"(13하) 하고 말씀합니다. 그래서 "만방의 족속도 영광을 돌리라" 하고 촉구하는 것입니다.

셋째 단원(11-13) 모든 만물도 즐거워하라

셋째 단원 안에는 "하늘, 땅, 바다, 밭, 삼림"(7-8) 등이 있습니다. 이들보고도 "기뻐하고 즐거워하라" 함은, "또 내가 새 하늘과 새 땅을 보니 처음 하늘과 처음 땅이 없어졌고 바다도 다시 있지 않더라"(계 21:1) 한 신천 신지가 도래하였음을 나타냅니다.

⑤ "하늘은 기뻐하고 땅은 즐거워하며 바다와 거기 충만한 것은 외치며"(11),

㉠ "밭과 그 가운데 모든 것은 즐거워할 지로다 그리할 때에 삼림의 나무들이 여호와 앞에서 즐거이 노래하리니"(12) 합니다. 이 구조(構造)는 계시록 5장에서,

㉠ 네 생물과 24장로들의 새 노래와, ㉡ 만만이요 천천인 천사들의 합창에 이어서, ㉢ "내가 또 들으니 하늘 위에와 땅 위에와 바다 위에와 또 가운데 모든 만물이 가로되 보좌에 앉으신 어린양에게 찬송과 존귀와 영광과 능력을 세세토록 돌릴 지어다"(계 5:8-13) 하는 것과 상응하는 구조입니다.

⑥ 이는 "저가 임하시되 땅을 판단하려 임하실 것임이라"(13상) 하십니다.

㉠ "판단하려 임하신다" 하고 말씀합니다. 그리하여 "새 노래로 여호와께 노래하라"(1) 하고 시작이 된 96편은, "저가 의(義)로 세계를 판단하시며 그의 진실하심으로 백성을 판단하시리로다"(13하) 하는 "판단", 즉 심판으로 마치고 있습니다.

이런 맥락에서 "여호와의 통치하심과 판단"은 그리스도의 재림으로 임하게 될 하나님의 나라인 것입니다. 그날에는 "모든 만물도 즐거워하는" 날이 될 것입니다.

㉮ 요약을 하면, "기이한 행적을 만민 중에 선포할 지어다"(3) 하는 복음 전파가 있고, ㉯ "여호와께 합당한 영광을 돌리라"(8)는 경배가 있고, ㉰ "여호와께서 통치하시니 세계가 굳게 서고" 한, "통치하심"이 있고, ㉱ "저가 땅을 판단하려 임하실 것이라"(13) 하는, 심판 주로 오심이 있습니다. "이것이 "여호와의 통치에 대한 찬양과 선포"입니다.

적용

성도들이 힘써야 할 일은 새 노래의 감격으로 찬양하는 것과, 기이한 일을 만민에게 선포하는 일로 집약이 됩니다. 이는 입으로만 하는 것이 아니라, 삶을 통해서 이루어져야 한다는 점을 심하십시다.

묵상

㉠ 찬양하고 선포하라는 기이한 행적에 대해서,

㉡ 만민, 만방의 족속들도 영광을 돌리라는 복음의 확장에 대해서,

㉢ 통치하시고, 판단하려 임하실 것이라는 종말적인 말씀에 대해서.

시편 97편 개관도표
의를 나타내시고 이루신 의로운 통치

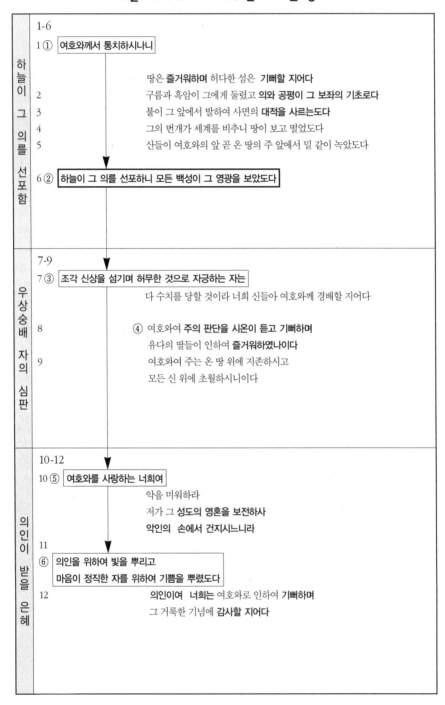

하늘이 그 의를 선포함

1-6

1 ① 여호와께서 통치하시나니

땅은 즐거워하며 허다한 섬은 기뻐할 지어다
2 구름과 흑암이 그에게 둘렸고 의와 공평이 그 보좌의 기초로다
3 불이 그 앞에서 발하여 사면의 대적을 사르는도다
4 그의 번개가 세계를 비추니 땅이 보고 떨었도다
5 산들이 여호와의 앞 곧 온 땅의 주 앞에서 밀 같이 녹았도다

6 ② 하늘이 그 의를 선포하니 모든 백성이 그 영광을 보았도다

우상숭배자의 심판

7-9

7 ③ 조각 신상을 섬기며 허무한 것으로 자긍하는 자는

다 수치를 당할 것이라 너희 신들아 여호와께 경배할 지어다

8 ④ 여호와여 주의 판단을 시온이 듣고 기뻐하며
유다의 딸들이 인하여 즐거워하였나이다
9 여호와여 주는 온 땅 위에 지존하시고
모든 신 위에 초월하시니이다

의인이 받을 은혜

10-12

10 ⑤ 여호와를 사랑하는 너희여

악을 미워하라
저가 그 성도의 영혼을 보전하사
악인의 손에서 건지시느니라

11 ⑥ 의인을 위하여 빛을 뿌리고
마음이 정직한 자를 위하여 기쁨을 뿌렸도다
12 의인이여 너희는 여호와로 인하여 기뻐하며
그 거룩한 기념에 감사할 지어다

97편
의를 나타내시고 이루신 의로운 통치

여호와께서 통치하시나니 땅은 즐거워하며 허다한 섬은 기뻐할 지어다(시 97:1).

97편의 중심점도, "여호와께서 통치하신다"(1)는데 있습니다.

㉮ 93편의 통치는 "큰물이 소리를 높였고"(3) 한 적대세력과 결부가 되어 있고, ㉯ 96편의 통치는 "그 구원을 날마다 선파할 지어다"(2) 하는 구원과 결부가 되어 있는 반면, ㉰ 97편의 통치는 "조각 신상을 섬기며 허무한 것으로 자긍하는 자는 다 수치를 당할 것이라"(7) 하고, 심판(審判)과 결부가 되어 있는 것이 다른 점입니다.

그러므로 97편에는, "조각 신상을 섬기는 자(7)와 여호와를 사랑하는 자(10), 악인(10)과 의인"(11)의 대조가 나타납니다. 열쇠는 "의인을 위하여 빛을 뿌리고 마음이 정직한 자를 위하여 기쁨을 뿌렸도다"(11) 하는, "빛과 기쁨"을 무엇으로 보느냐에 있습니다.

첫째 단원(1-6) 하늘이 그 의를 선포함
둘째 단원(7-9) 우상숭배자의 허무와 심판
셋째 단원(10-12) 의인이 받아 누리게 될 축복

첫째 단원(1-6) 하늘이 그 의를 선포함

첫째 단원의 중심점은 "하늘이 그 의를 선포하니"(6)에 있습니다.

① "여호와께서 통치하시나니 땅은 즐거워하며 허다한 섬은 기뻐할 지어다"(1),

㉠ "구름과 흑암이 그에게 둘렸고 의와 공평이 그 보좌의 기초로다"(2) 합니다. 89:14절에서도 "의와 공의가 주의 보좌의 기초라" 합니다. 이는 하나님의 통치원리를 가리키는데, "의와 공평"이 메시아 왕국의 통치원리이기도 합니다.

이사야 선지자는 "한 아기가 우리에게 났는데, 다윗의 위에 앉아서 그 나라를 굳게 세우고 지금 이후 영원토록 공평(公平)과 정의(正義)로 그것을 보존하실 것이라"(사 9:6, 7) 하고 예언합니다.

㉡ 3-5절은 통치하시기 위해서 임하시는 하나님의 현현에 대한 묘사인데,

㉮ "불이 그 앞에서 발하여 사면의 대적을 사르는도다"(3) 하는 말씀은, "이제 하늘과 땅은 그 동일한 말씀으로 불사르기 위하여 간수한 바 되어 경건치 아니한 사람들의 심판과 멸망의 날까지 보존하여 두신 것이니라"(벧후 3:7)와 상통하고, ㉯ "그의 번개가 세계를 비추니 땅이 보고 떨었도다"(4) 하는 말씀은, "번개가 동편에서 나서 서편까지 번쩍임같이 인자의 임함도 그러하리라"(마 24:27) 하신 말씀을 연상케 하고, ㉰ "산들이 여호와의 앞 곧 온 땅의 주 앞에서 밀 같이 녹았도다"(5) 한 말씀은, "그날에는 하늘이 큰소리로 떠나가고 체질이 뜨거운 불에 풀어지고 땅과 그 중에 있는 모든 일이 드러나리로다"(벧후 3:10) 한 말씀과 상통합니다.

②6절은 첫째 단원의 결론인데, "하늘이 그 의를 선포하니 모든 백성이 그 영광을 보았도다"(6) 합니다. "선포한다"는 말은, 알게 하기 위해서 나타내심을 가리킵니다. 그래서 98:2절에서는 "그 의를 열방의 목전에 명백히 나타내셨도다" 합니다.

㉠ 그러면 "하늘이 그 의를 나타낸다"는 "의"가 무엇인가? 구속사에 있어서 "하늘이 의를 선포하는" 일이 두 번 나타나게 되는데,

㉮ 첫 번째는 하나님께서 자기 아들을 대속 제물로 십자가에 세우실 때인데, "곧 이 때에 자기의 의로우심을 나타내사 자기도 의로우시며 또한 예수 믿는 자를 의롭다 하려 하심이니라"(롬 3:26) 하고 말씀합니다. ㉯ 두 번째는 그리스도의 재림 때에 나타나게 될 의인데 이는 공의로 심판하심을 가리킵니다.

그러므로 하나님께서 심판하시는 공의를 나타내시기 전에, 먼저 우리를 대신하여 자기 아들에게 심판하시는 "의를 나타내셨다"는 점을 명심해야만 합니다. 구약시대란 저들의 죄에 대해 길이 참으신 기간이었다(롬 3:25)는 것입니다. 즉 "하늘이 그 의를 나타내지"(6) 않은 시대였다는 말씀입니다.

만일 "하나님의 의"를 나타내셨다면 홍수심판이나 소돔 고모라 때처럼 멸절이 되고 말았을 것입니다. 길이 참고 계시던 하나님께서 "곧 이 때에", 즉 자기 아들을 화목제물로 세우셨을 때에 "하늘이 그 의를 나타내셔서", 인류가 범한 모든 죄에 대한 진노를 아들에게 부으셨던 것입니다. 그리하여 하나님께서 우리를 구원하심은, "하늘이 그 의를 선포하고" 이루신 정정당당한 의로우신 행사였던 것입니다.

㉡ 이렇게 하신 후에, "하늘이 그 공의를 선포하리니 하나님 그는 심판장이심이로다"(50:6) 하는, 심판의 날이 있게 되는데, 최후심판은 "하늘이 그 의를 선포하는" 날인 것입니다. "때에 사람의 말이 진

실로 의인에게 갚음이 있고 진실로 땅에서 판단하시는 하나님이 게시다"(58:11) 하게 되는 것입니다.

ⓒ 만일 하나님의 의를 우리에게 한 번만 나타내셨다고 가정을 하면 어떻게 되겠는가? 멸망입니다. 구원을 얻을 자는 한 사람도 없게 되는 것입니다. 그리하여 그리스도께서는 두 번 나타나시게 되는데 심판주로 오시기 전에, 먼저 대속물이 되시기 위해서 오셨습니다. 하나님은 최후심판을 시행하시기 전에, 먼저 구원의 길을 열어주셨습니다.

계시록에서는 일곱 대접심판을 말씀하면서, "주여 누가 주의 이름을 두려워하지 아니하며 영화롭게 하지 아니 하오리이까 오직 주만 거룩하시니이다 주의 의로우신 일이 나타났으매 만국이 와서 주께 경배하리이다"(계 15:4) 합니다.

ⓔ 그러므로 본문에는 "대적을 사르도다"(3) 한 불사름과, 그 영광을 보았도다"(6) 한 "영광"이 대조되어 있음을 주목하시기를 바랍니다.

㉮ 대적이 불사름을 당하게 되는 날은, ㉯ 영광이 나타나는 날이기도 합니다.

어찌하여 불사름을 당하게 되는가? 먼저 우리를 대신하여 자기 아들에게 "나타내신 의"를 받아드리지 않고 배척했기 때문입니다. 이점이 다음 단원에서는 "우상숭배"로 나타납니다. 이것이 "하늘이 그 의를 선포함"입니다.

둘째 단원(7-9) 우상숭배자의 허무와 심판

둘째 단원의 중심점은 "조각 신상을 섬기며"(7) 한 우상숭배에 있는데, 이를 구속사라는 맥락에서 보면 어떤 의미가 되는가?

③ "조각 신상을 섬기며 허무한 것으로 자긍하는 자는"(7상) 합니다.

㉠ "조각 신상"이라 표현함이 무심한 것이 아닙니다. "저희 우상은 은과 금이요 사람의 수공물이라 입이 있어도 말하지 못하며 눈이 있어도 보지 못하며 귀가 있어도 듣지 못하며 코가 있어도 맡지 못하며 손이 있어도 만지지 못하며 목구멍으로 소리도 못하느니라"(115:4-7), 이것이 조각 신상인데, 하나님의 형상대로 지음을 받은 자들이 그 앞에 절을 하며 섬긴다는 것이 얼마나 "허무"한 것인가를 드러내기 위해서입니다.

㉡ 그래서 "다 수치를 당할 것이라 너희 신들아 여호와께 경배할지어다"(7하) 하는 것입니다. 최후적이고, 최종적인 "수치"(羞恥)는, "땅의 티끌 가운데서 자는 자 중에 많이 깨어 영생을 얻는 자도 있겠고 수욕을 받아서 무궁히 부끄러움을 입을 자도 있을 것이며"(단 12:2) 한 멸망입니다.

그러면 조각 신상을 섬기는 자들이 누구들인가? 이방인들만이 아닙니다. 예루살렘이 멸망당한 결정적인 죄가 우상숭배의 죄였던 것입니다. 그러면 우상숭배의 죄가 어찌하여 그토록 치명적인가? 메시아 언약을 배신하는 죄이기 때문입니다.

㉢ 하나님께서는 아브라함과 다윗의 자손으로 그리스도를 보내셔서 천하 만민으로 복을 받게 하시려는 구원계획을 이루어나가시는데, 저들은 이방이 섬기는 우상을 통해서, 열강들처럼 복을 받으려 했던 것입니다. 메시아언약을 우상으로 바꿔치기 했다는 말씀입니다.

명심하십시다. 윤리적인 죄 때문이 아니라, 신학적인 죄, 즉 복음을 배척한 죄로 말미암아 멸망을 당했다는 사실을!

그러므로 복음을 옆으로 밀어놓고 있는 현대교회도 우상숭배에서 결코 자유로울 수가 없는 것입니다. 골로새서 3:5절에서, "그러므로 땅에 있는 지체를 죽이라 곧 음란과 부정과 사욕과 악한 정욕과 탐심이니 탐심(貪心)은 우상숭배니라" 하고 말씀함을 음미해보시기를 바랍니다.

④ 주님의 재림의 날은 "구원의 날임과 동시에 심판의 날"이기도 합니다. 그래서 "여호와여 주의 판단(判斷)을 시온이 듣고 기뻐하며 유다의 딸들이 인하여 즐거워하였나이다"(8) 하는 것입니다.

㉠ 9절은 둘째 단원의 결론이라 할 수 있는데, "여호와여 주는 온 땅 위에 지존(至尊)하시고 모든 신 위에 초월하시니이다" 합니다. "지존하시다"와 "모든 신"이 대조가 되어 있습니다. 이는 다른 신을 인정하는 말이 아니라, "모든 신"을 섬기는 자들을 향하여, "다른 이로서는 구원을 얻을 수 없나니 천하 인간에 구원을 얻을 만한 다른 이름을 우리에게 주신 일이 없다"(행 4:12) 하고 말하는 그런 뜻입니다. 이것이 "우상숭배자의 허무와 심판"입니다.

셋째 단원(10-12) 의인이 받아 누리게 될 축복

셋째 단원의 중심점은 "악인(10)과 의인"(11)의 대조에서 구할 수가 있습니다. "악인", 즉 불신자에 대해서는 둘째 단원에서 말씀했고, 마지막 단원에서는 의인들이 받아 누리게 될 축복에 초점을 맞추고 있습니다.

⑤ "여호와를 사랑하는 너희여 악을 미워하라"(10상) 합니다.

㉠ "여호와를 사랑하는 너희여"라는 말은, "조각 신상을 섬기며"(7) 한 것과 날카롭게 대조가 됩니다. "여호와를 사랑하는 너희"라는 표현은, "믿으면 구원을 얻으리라" 한 차원을 뛰어넘는, 성숙한 신앙을 나타냅니다.

ⓛ 그들에게 하는 말이 "악을 미워하라"는 말씀입니다. 이 말씀을 교훈적으로만 여겨서는 아니 됩니다. 왜냐하면 "미워함"이라는 주제를 더듬어 올라가면 그 근원을, "내가 너로 여자와 원수가 되게 하고"(창 3:15) 하신 선언을 만나게 되기 때문입니다. 다윗은 "여호와여 내가 주를 미워하는 자를 미워하지 아니하오며 주를 치러 일어나는 자를 한하지 아니 하나이까 내가 저희를 심히 미워하니 저희는 나의 원수니이다"(139:21-22), 즉 하나님의 원수가 곧 자기 원수라고 말합니다.

오늘날 교회가 이처럼 무기력하게 된 원인은 "악을 미워하는", 즉 사탄에 대한 적개심을 잃어버렸기 때문이라 해도 과언이 아닙니다. 그런 정신 상태로는 "그의 나라와 그의 의를 위한" 주의 군사가 될 수 없을 뿐만이 아니라, "선한 싸움"은 실종을 하고 맙니다.

ⓒ "저가 그 성도의 영혼을 보전하사 악인의 손에서 건지시느니라"(10하) 합니다. 이는 육적인 말이 아니라 궁극적으로는, "우는 사자같이 두루 다니며 삼킬 자를 찾는"(벧전 5:8) 사탄의 세력으로부터의 보전을 가리킵니다.

⑥ 하나님은 우리를 위하여 어떻게 행해주셨는가? "의인을 위하여 빛을 뿌리고 마음이 정직한 자를 위하여 기쁨을 뿌렸도다"(11) 하십니다.

㉠ "악을 미워하라"는 말씀이 교훈적인 뜻만이 아니듯이, "빛을 뿌리고"라는 말씀에도 신학적인 의미가 먼저인 것입니다. 이사야 선지자로 말씀하시기를, "내가 붙드는 나의 종 내 마음에 기뻐하는 나의 택한 사람(메시아)을 보라, 너를 세워 백성의 언약(言約)과 이방의 빛이 되게 하리니"(사 42:1, 6) 하십니다. 이사야 49:6절에서도 "내가 또

너로 이방의 빛을 삼아 나의 구원을 베풀어서 땅 끝까지 이르게 하리라" 하십니다.

ⓛ "빛을 뿌리고, 기쁨을 뿌린다" 하고, "뿌린다" 하심을 유념하시기를 바랍니다. 이는 씨를 뿌리는 것과 같은 개념입니다. 어떻게 해서 "여호와를 사랑하는 자"라는 열매가 맺게 되는가? 하나님께서 "빛을 뿌려" 주셨기 때문입니다. 어디에 뿌려주셨는가? "어두운 데서 빛이 비취리라 하시던 하나님께서 예수 그리스도의 얼굴에 있는 하나님의 영광을 아는 빛을 우리 마음에 비취셨느니라"(고후 4:6) 합니다.

ⓒ 예레미야 선지자를 통해서는 "새 언약을 세우리라"는 문맥에서, "여호와께서 가라사대 보라 내가 사람의 씨와 짐승의 씨를 이스라엘 집과 유다 집에 뿌릴 날이 이르리니"(렘 31:27, 31) 하십니다.

㉮ 예루살렘을 심판하시고, 백성들을 포로로 내어주신 것을 "뽑는" 것에, ㉯ 그들을 "돌아오게" 하심을 "씨를 뿌리는 것"(렘 31:28)에 비유해서 말씀하셨던 것입니다.

ⓓ 결론은 "의인이여 너희는 여호와로 인하여 기뻐하며 그 거룩한 기념(이름)에 감사할 지어다"(12) 합니다. 이 말씀은, "여호와께서 통치하시나니 땅은 즐거워하며 허다한 섬은 기뻐할 지어다"(1) 한 첫 절과 결부가 되는 말씀입니다.

"하늘이 그 의를 선포하는" 날은, 기뻐하며 즐거워할 날이면서 동시에, "슬퍼 울며 이를 가는" 날이라는 점을 명심하십시오. 이것이 "의인이 받아 누리게 될 축복"이요, "의를 나타내시고 이루신 의로운 통치"입니다.

적용

우리의 몸을 성전으로 삼으셨다는 것은 하나님의 "보좌"를 삼으셨다는 뜻이요, 하나님의 영이 거하신다는 것은 하나님께서 "통치"하신다는 뜻입니다. 그러므로 주님을 영접했다는 말은 나의 통치자로 모셔 들였다는 뜻입니다.

형제는 먼지까지도 빛을 받으면 빛나는 것을 보셨습니까? 빛을 받은 형제는 빛의 아들이요, 세상의 빛입니다. "일어나라 빛을 발하라"(사 60:1) 하십니다.

묵상

㉠ 두 번 나타나게 될 "하늘이 그 의를 선포함"에 대해서,

㉡ 구속사의 관점으로 본 우상숭배의 의미에 대해서,

㉢ 빛을 뿌리고, 기쁨을 뿌리신다는 의미에 대해서.

시편 98편 개관도표
열방의 목전에 명백히 나타내신 하나님의 의

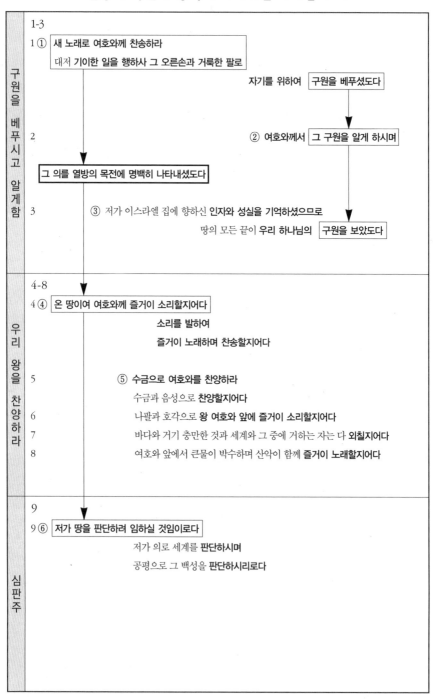

구원을 베푸시고 알게함

1-3

1 ① 새 노래로 여호와께 찬송하라

대저 기이한 일을 행하사 그 오른손과 거룩한 팔로

자기를 위하여 구원을 베푸셨도다

2 ② 여호와께서 그 구원을 알게 하시며

그 의를 열방의 목전에 명백히 나타내셨도다

3 ③ 저가 이스라엘 집에 향하신 인자와 성실을 기억하셨으므로

땅의 모든 끝이 우리 하나님의 구원을 보았도다

우리 왕을 찬양하라

4-8

4 ④ 온 땅이여 여호와께 즐거이 소리할지어다

소리를 발하여

즐거이 노래하며 찬송할지어다

5 ⑤ 수금으로 여호와를 찬양하라

수금과 음성으로 **찬양할지어다**

6 나팔과 호각으로 왕 여호와 앞에 즐거이 소리할지어다

7 바다와 거기 충만한 것과 세계와 그 중에 거하는 자는 다 **외칠지어다**

8 여호와 앞에서 큰물이 박수하며 산악이 함께 즐거이 **노래할지어다**

심판주

9

9 ⑥ 저가 땅을 판단하려 임하실 것임이로다

저가 의로 세계를 **판단하시며**

공평으로 그 백성을 **판단하시리로다**

98편
열방의 목전에 명백히 나타내신 하나님의 의

여호와께서 그 구원을 알게 하시며 그 의를 열방의 목전에 명백히 나타내셨도다
(시 98:2).

98편의 중심점은, "그 구원을 알게 하시며 그 의를 열방의 목전에 명백히 나타내셨도다"(2) 하는데 있습니다. 97편에서도, "하늘이 그 의를 선포하니 모든 백성이 그 영광을 보았도다"(6) 말씀했는데, 나타내신 "의와 구원"이 결부되었다면 이는, "모든 사람에게 구원을 주시는 하나님의 은혜가 나타나"(딛 2:11) 한, 그리스도의 초림(初臨)을 가리키는 것이 됩니다.

그런데 마지막 절에서 "저가 땅을 판단하려 임하실 것임이로다"(9) 하는 나타나심은, "우리의 크신 하나님 구주 예수 그리스도의 영광이 나타나심을 기다리게 하셨으니"(딛 2:13) 한, 두 번째 나타나심 곧 재림을 가리키는 것이 됩니다. 이 주제는 97편에서도 말씀한 메시아왕국에 대한 비전입니다.

첫째 단원(1-3) 구원을 베푸시고 알게 하심

둘째 단원(4-8) 우리 왕을 찬양하라

셋째 단원(9) 심판주로 임하실 것이라

첫째 단원(1-3) 구원을 베푸시고 알게 하심

첫째 단원의 중심점은 도표에 표시된 대로 "구원을 베푸시고(1), 알게 하시고(2), 그래서 구원을 보았다"(3)는 결부에서 구할 수가 있습니다. 여호와께서 그리스도를 통해서 구원을 베풀어 주시고, 성령을 통해서 알게 해주셨기 때문에, 비로소 우리가 구원을 얻게 되었던 것입니다.

① 그래서 "새 노래로 여호와께 찬송하라"(1상) 하고 촉구합니다.

㉠ "새 노래와, 기이한 일"에 관해서는 96편에서 상고(1, 3)했습니다만 다시 한번, "새 노래"가 무엇과 결부되어 있는가를 보십시오. "대저 기이한 일을 행하사 그 오른손과 거룩한 팔로 자기를 위하여 구원을 베푸셨도다"(1하) 한, "기이한 일, 구원"과 결부가 되어 있는 것입니다. 그렇다면 새 노래란 새 언약이라는 기이한 일을 통해서 구원을 얻은 자들이 부르는 노래라는 것이 됩니다.

㉡ "오른손"으로 구원을 베푸셨다고 말씀하는데, 이스라엘 백성들이 유월절 어린양의 피로 출애굽하게 하심을, "지존자의 오른손의 해"(77:10)라고 말하고 있다면, 자기 아들의 피로 구속하여 주신 일은 더욱더 "그 오른손과 거룩한 팔로" 행해주신 구원행사인 것입니다.

㉢ 그런데 "자기를 위하여 구원을 베푸셨다" 하고 말씀한다는 점입니다. "우리를 위하여" 구원을 베푸신 것이 아닙니까? 그렇습니다.

㉮ "우리를 사랑하사 그의 피로 우리 죄에서 우리를 해방하여"(계 1:5) 주셨습니다. 그러나 이것이 먼저도 전부도 아니라는 점입니다. ㉯ "그 아버지 하나님을 위하여 우리를 나라와 제사장으로 삼으신 그에게 영광과 능력을 세세토록 있기를 원하노라 아멘"(계 1:6) 합니다.

하나님은 말씀하십니다. "내가 이렇게 행함은 너희를 위함이 아니요 너희가 들어간 그 열국에서 더럽힌 나의 거룩한 이름을 위함이라 열국 가운데서 더럽힘을 받은 이름 곧 나의 큰 이름을 내가 거룩하게 할지라"(겔 36:22-23) 하십니다. 또 말씀하시기를, "내가 나를 위하며 내가 나를 위하여 이를 이룰 것이라 어찌 내 이름을 욕되게 하리요 내 영광을 다른 자에게 주지 아니하리라"(사 48:11).

하나님이 보시기에 심히 좋았더라 하신, 하나님의 나라에 죄가 침입을 해서 사망과 저주가 임하게 한 일은 하나님의 이름과 영예를 모독한 일이었던 것입니다. 그러므로 구원계획에는 하나님의 거룩하신 이름과 명예가 걸려 있다는 점을 인식하고 명심한다는 것은 중요한 요점이 됩니다.

우리가 애송하는 23편을 보십시오. "내 영혼을 소생시키시고 자기 이름을 위하여 의의 길로 인도하시는도다"(23:3) 합니다. 그래서 주님은 "너희는 먼저 그의 나라와 그의 의를 구하라" 하신 것입니다.

② 2-3절은 구원을 베푸신 방도(方途)를 말씀함인데, "여호와께서 그 구원을 알게 하시며 그 의를 열방의 목전에 명백히 나타내셨도다"(2) 합니다.

㉠ 이 말씀을 98편의 요절로 삼았는데 그만치 중요한 의미가 내포되어 있기 때문입니다. "나타내신 의와, 구원"이 결부되어 있음을 주목하시기를 바랍니다. 우리의 구원은 하나님의 의로우심에 손상을 입으시면서 주어진 것이 아닙니다.

우리 "죄를 인하여 자기 아들을 죄 있는 육신의 모양으로 보내어 육신에 죄를 정하시고"(롬 8:3) 행해주신, 의로우심을 나타내시고 행해주신 의로운 행사였던 것입니다. 그래서 "그 의를 열방의 목전(目前)에 명백(明白)히 나타내셨도다" 하는 것입니다.

③ 3절은 왜 이렇게 행해주셨는가를 말씀함인데, "저가 이스라엘 집에 향하신 인자와 성실을 기억하셨기"(3상) 때문이라는 것입니다. 무슨 뜻인가?

㉠ 이에 대한 해답이 출애굽기 2:24-25절에 있습니다. "하나님이 그 고통 소리를 들으시고 아브라함과 이삭과 야곱에게 세운 그 언약을 기억하사 이스라엘 자손을 권념하셨더라" 하십니다. 아브라함, 이삭, 야곱에게 메시아언약을 세우주신 것은 무슨 자격이 있어서가 아니라, 이것이 하나님의 "인자"요, 한 번 언약하신 바를 반드신 지켜주시는 것이기에 "성실"인 것입니다.

㉡ 이렇게 행해주심으로 "땅의 모든 끝이 우리 하나님의 구원을 보았도다"(3하) 합니다. 이스라엘만이 아니라, "땅의 모든 끝", 즉 천하 만민이 하나님의 구원을 보게 되었다고 말씀합니다. 이는 일찍이 아브라함에게 "네 씨로 말미암아 천하 만민이 복을 얻으리니"(창 22:18) 하신 언약과 상통합니다.

우리는 이 언약이 성취된 이후 시대를 살아가고 있습니다. 그러므로 구약성경에 "언약, 예언, 예표, 그림자" 등으로 주어진 말씀들을, 밝히 드러난 복음의 빛을 받아 해석해야만 영광스러움을 볼 수가 있고, 그리스도를 만날 수가 있는 것입니다. 이것이 "구원을 베푸시고 알게 하심"입니다.

둘째 단원(4-8) 우리 왕을 찬양하라

둘째 단원의 중심점은 도표에 표시된 대로, "찬양하라"는 말씀에 있습니다. 다섯 절 안에 찬양을 촉구하는 말이 8번이나 나옵니다. 하나님께서, "그 의를 열방의 목전에서 명백히 나타내심으로(2) 우리 하나님의 구원을 보았도다"(3)에 대한 찬양인 것입니다.

④ "온 땅이여 여호와께 즐거이 소리할지어다 소리를 발하여 즐거이 노래하며 찬송할지어다"(4) 합니다.

㉠ 첫째 단원에서는,

㉮ "…하셨도다" 하고, 하나님께서 행해주신 행사를 말씀했는데, ㉯ 둘째 단원에서는 "…할지어다" 하고, 인간이 행해야할 응답을 요청합니다.

그것은 한마디로 "찬양"입니다. 이점을 신약성경에서는, "이는 그의 사랑하시는 자 안에서 우리에게 거저 주시는 바 그의 은혜의 영광을 찬미하게 하려는 것이라"(엡 1:6) 하고 말씀합니다.

㉡ 누구더러 찬양하라 하는가? 주목하게 되는 것은 "온 땅이여"(4 상) 하고, 만민에게 찬양하라고 촉구하고 있다는 점입니다. 이는 "땅의 모든 끝이 우리 하나님의 구원을 보았도다" 한, 3절과 결부되는 말씀입니다. 그래서 7절에서는 "바다와 거기 충만한 것과 세계와 그 중에 거하는 자는 다 외칠지어다" 하는 것입니다.

113편에서는 "이제부터 영원까지 여호와의 이름을 찬송할지로다 해 돋는 데서부터 해 지는 데까지 여호와의 이름이 찬양을 받으시리로다"(113:2-3) 합니다.

⑤ 5-8절은 모든 것을 동원하여 찬양하라는 말씀인데, "수금으로 여호와를 찬양하라 수금과 음성으로 찬양할지어다"(5),

㉡ "나팔과 호각으로 왕 여호와 앞에 즐거이 소리할지어다 여호와 앞에서 큰물이 박수하며 산악이 함께 즐거이 노래할지어다"(6, 8) 합니다. 왜 이렇게 찬양하라 하시는가?

㉮ "구원을 베푸셨고(1), ㉯ 구원을 알게 하시고(2), ㉰ 구원을 보았

기"(3) 때문인데, ㉣ 이렇게 행해주신 분을 우리의, "왕"이라고 말씀합니다. 이것이 "우리 왕을 찬양하라"입니다.

셋째 단원(9) 심판주로 임하실 것이라

셋째 단원은 한 절에 불과하지만 의미를 분명하게 드러내기 위해서 단원을 달리한 것입니다. 중심점은 한 절 속에 3번이나 나타나는 "판단", 즉 심판입니다. 그런데 "…하시리로다" 하고, 미래시제로 장차 이루어질 예언적인 말씀인 것입니다.

⑥ "저가 땅을 판단하려 임하실 것임이로다"(9상) 합니다.

㉠ "판단하려 임하신다"는 것을 히브리서 9:28절에서는, "자기를 바라는 자들에게 두 번째 나타나시리라", 즉 재림(再臨)하신다고 말씀합니다. 그러므로 땅을 판단하러 임하시는 것이 두 번째 나타나심이라면, "구원을 알게 하시며 그 의를 열방의 목전에 명백히 나타내셨도다" 한, 2절의 나타내심은 대속제물이 되시기 위해서 임하신 첫 번째 나타나심이 되는 것입니다. 얼마나 분명한가?

㉡ "새 노래로 여호와께 찬송하라"(1상) 하고 시작이 된 98편은, "저가 의로 세계를 판단하시며 공평으로 그 백성을 판단하시리로다"(9하) 하는, "심판"으로 마치고 있습니다.

㉮ 심판을 하시되 "의와 공평"으로 판단하신다고 말씀합니다. ㉯ 그런데 우리를 대신 하여 자기 아들에게, "그 의를 열방의 목전에 명백히 나타내셨다"는 십자가 사건이 먼저였다는 점을 잊어서는 아니 됩니다.

㉢ "열방의 목전에 명백히 나타내시고" 베풀어주신 복음을 배척한다면, 그날에 자기 죄에 대한 책임을 자신이 질 수밖에는 다른 방도는

없는 것입니다.

㉮ 98편은 첫째 단원의 "구원(초림)과, ㉯ 둘째 단원의 찬양(전파)과, ㉰ 셋째 단원의 심판"(재림)으로 되어 있는 구원여정의 완벽한 메시지를 전달해주고 있습니다. 이것이 "그 의를 열방의 목전에 명백히 나타내심"으로 이루실 하나님 나라 건설입니다.

적용

명백히 나타내신 여호와의 의를 통해서 구원을 얻게 됨을, 명백히 아셨습니까? 구원 얻은 우리가 우선적으로 해야 할 일은 즐거워하며 찬양하는 일입니다. 입으로만이 아니라 삶을 통해서 찬양을 돌려야만 합니다. 입으로는 찬양하나 행위로는 부인하는 가증한 자(딛 1:16)가 되어서는 아니 되기 때문입니다.

묵상

㉠ 열방의 목전에 명백히 나타내신 의에 대해서,

㉡ 온 땅이여 즐거이 소리할지어다 하는 찬양할 이유에 대해서,

㉢ "저가 땅을 판단하려 임하실 것이라" 한 재림과 완성에 대해서.

시편 99편 개관도표
통치하시는 여호와는 거룩하시도다

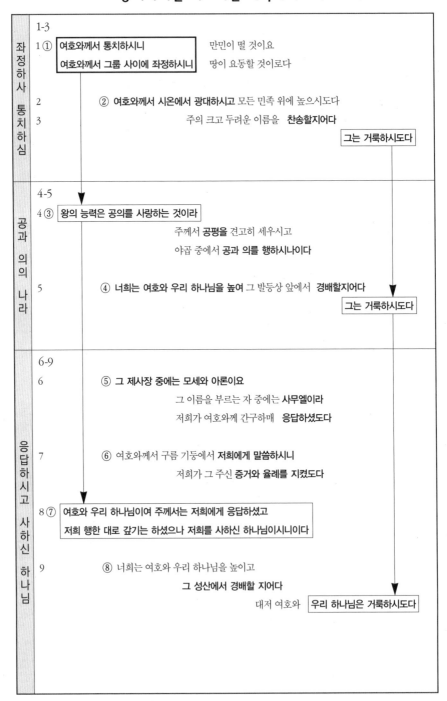

좌정하사 통치하심

1-3

1 ① 여호와께서 통치하시니   만민이 떨 것이요

여호와께서 그룹 사이에 좌정하시니   땅이 요동할 것이로다

2   ② 여호와께서 시온에서 광대하시고 모든 민족 위에 높으시도다

3   주의 크고 두려운 이름을 **찬송할지어다**

그는 거룩하시도다

공과 의의 나라

4-5

4 ③ 왕의 능력은 공의를 사랑하는 것이라

주께서 **공평**을 견고히 세우시고

야곱 중에서 **공과 의를 행하시나이다**

5   ④ 너희는 여호와 우리 하나님을 높여 그 발등상 앞에서 **경배할지어다**

그는 거룩하시도다

응답하시고 사하신 하나님

6-9

6   ⑤ 그 제사장 중에는 모세와 아론이요

그 이름을 부르는 자 중에는 **사무엘이라**

저희가 여호와께 간구하매 **응답하셨도다**

7   ⑥ 여호와께서 구름 기둥에서 **저희에게 말씀하시니**

저희가 그 주신 증거와 율례를 지켰도다

8 ⑦ 여호와 우리 하나님이여 주께서는 저희에게 응답하셨고

저희 행한 대로 갚기는 하셨으나 저희를 사하신 하나님이시니이다

9   ⑧ 너희는 여호와 우리 하나님을 높이고

그 성산에서 경배할 지어다

대저 여호와 우리 하나님은 거룩하시도다

99편
통치하시는 여호와는 거룩하시도다

여호와께서 통치하시니 만민이 떨 것이요 여호와께서 그룹사이에 좌정하시니 땅이 요동할 것이로다(시 99:1).

99편도 메시아왕국을 전망하는 신정(神政)시입니다. 중심점은 "여호와께서 통치하시니"(1)에 있습니다. 하나님은 이를 이루어 나가고 계시는 것이며, 우리는 이 나라가 임하기를 대망하고 있는 것입니다.

성경 마지막 책 마지막 부분에 이르러서 "할렐루야 주 우리 하나님 곧 전능하신 이가 통치하시도다(계 19:6), 이루었도다"(계 21:6) 하고 선언하시는 말씀을 듣게 되는데, 하나님의 나라는 임기응변으로 되어지는 것이 아닙니다. 구약성경을 통해서 예시(豫示)하시고, 그리스도의 초림의 구속과, 재림의 심판을 통해서 완성이 되는 것입니다. 이점이 짧은 아홉 절속에 함의되어 있습니다.

또한 본문에는 도표에 표시된 대로, "그는 거룩하시도다" 하는 송영이 3번(3, 5, 9) 등장하는데, 이를 통해서 구속사역을 계획하시고(성부), 성취하시고(성자), 적용(성령)해 나가시는 거룩하신 삼위 하나님을 바라보게 합니다.

첫째 단원(1-3) 좌정하사 통치하시는 하나님

둘째 단원(4-5) 공과 의를 견고히 세우심

셋째 단원(6-9) 응답하시고 사하신 하나님

첫째 단원(1-3) 좌정하사 통치하시는 하나님

첫째 단원의 중심점은 "좌정과 통치하신다"(1)는 말씀에서 구할 수
가 있습니다. 보좌에 좌정하시어 통치하신다는 뜻입니다. 그러므로
이는 미래에 되어질 일입니다.

① "여호와께서 통치하시니 만민이 떨 것이요 여호와께서 그룹사
이에 좌정하시니 땅이 요동할 것이로다"(1) 합니다.

㉠ "그룹 사이에 좌정"하신다는 문자적인 의미는, 법궤 위 두 그룹
사이에 앉으셔서 통치하신다는 말인데 이는 의미심장한 표현입니다.
93편이나 97편에서는 그냥 "보좌에 앉으셔서 통치하시는 것"(2)으로
말씀했습니다. 103:19절에서도 "여호와께서 그 보좌를 하늘에 세우
시고 그 정권으로 만유를 통치하시도다" 합니다. 그런데 본문에서는
특별하게 "그룹 사이에 좌정"하시는 것으로 말씀하고 있습니다.

㉡ "그룹 사이"란 바로 속죄소(贖罪所)를 가리키는 말입니다. 대제
사장이 대속죄일에 가지고 들어간 속죄의 피를 뿌리는 곳이 두 그룹
사이 속죄소(레 16:15)인데, 하나님께서는, "거기서 내가 너와 만나고
네게 명할 모든 일을 네게 고하리라"(출 25:22) 하고 말씀하셨습니다.
이런 맥락에서 "여호와께서 두 그룹 사이에 좌정하셔서서" 통치하신다
고 말씀하는 것은,

㉮ 첫째로 통치하시게 된 근거가 그곳에 뿌려진 속죄 피, 즉 그리스
도의 구속으로 말미암는다는 점과, ㉯ 둘째로 그곳에서 "너와 만나고
네게 명할 모든 일을 네게 고하리라" 하신, 말씀을 통해서 통치하신다

는 뜻이 되는 것입니다.

그러므로 "나를 불러 주여 주여 하면서도 어찌하여 나의 말하는 것을 행치 아니하느냐"(눅 6:46) 하신다면, 이는 변명의 여지가 없는 하나님의 통치(統治)를 거역하는 처서인 것입니다.

② "여호와께서 시온에서 광대하시고 모든 민족 위에 높으시도다"(2) 합니다. 어찌하여 "시온에서 광대하시다" 하는가?

㉠ "시온"은 하나님이 택하신 곳으로, "내가 나의 왕을 내 거룩한 산 시온에 세웠다 하시리로다"(2:6) 하신 시온이요, "또 내가 보니 보라 어린양이 시온 산에 섰고 그와 함께 십사만 사천이 섰는데"(계 14:1) 한 시온입니다. 무슨 뜻이냐 하면, 주님의 초림과 재림이 겹쳐져 있는 이미지가 "시온"이라는 말씀입니다.

다시 말하면 주님께서 우리 죄를 대속하신 곳이 시온이요, 우리를 영접하러 오실 곳도 시온이라는 말씀입니다. 그래서 "시온에서 광대하시고 모든 민족 위에 높으시도다" 하는 것입니다.

㉡ 이를 알았다면, "주의 크고 두려운 이름을 찬송할지어다" 하고 찬양하지 않을 수가 없는 것입니다. 그런 후에 "그는 거룩하시도다"(3) 하고, 첫 번째 송영이 나옵니다.

이 송영이 "좌정하사, 통치하신다"는 말씀과 결부가 되어 있는데, 그렇다면 우리도 "좌정하사 통치하시는 하나님" 앞에 "거룩, 거룩, 거룩"하고 찬양해야할 것입니다.

둘째 단원(4-5) 공과 의를 견고히 세우심

둘째 단원의 중심점은 "왕의 능력은 공의를 사랑하는 것이라"(4)

하는, "왕과 공의"에 있습니다. 그러므로 이는 현재적인 개념입니다.

③ "왕의 능력은 공의를 사랑하는 것이라 주께서 공평을 견고히 세우시고 야곱 중에서 공과 의를 행하시나이다"(4) 합니다.

㉠ 여기서 말씀하는 "왕"은, "여호와께서 통치하시니"(1) 한 하나님이시지만, 구속사라는 지평으로 보면 임마누엘 하실 그리스도를 가리키는 것이 됩니다. "왕의 능력"은, 폭군의 능력과 달라서 "공의(公義)를 사랑하는 능력"이라는 것입니다. 그리하여 4절 안에는 "공의, 공평, 공과 의"가 들어 있습니다. 메시아는 "지금 이후 영원토록 공평과 정의로"(사 9:7) 나라를 다스리실 것이라고 예언이 되어 있습니다.

㉡ 그런데 하나님은 공의를 사랑하시는 것만이 아니라, "공평을 견고(堅固)히 세우시고, 공과 의를 행(行)하시는"(4) 하나님이시라고 말씀합니다. 공의를 얼마나 견고히 세우셨는가 하면, 우리 죄를 사하시되 자기 아들에게 대신 정죄하시고야 우리를 용납하실 수가 있으신, 그토록 견고히 세우신 하나님이십니다.

④ 이를 알았다면, "너희는 여호와 우리 하나님을 높여 그 발등상 앞에서 경배할 지어다 그는 거룩하시도다"(5) 하고, 두 번째로 "거룩하시도다" 하는 송영을 돌리게 되는 것입니다.

㉠ 이 송영을 둘째 단원의 주제와 결부시키면, "공의로 통치하시는 왕"에게 돌리는 것이 됩니다. 그렇다면 우리들도 "발등상 앞에" 엎드리어 "거룩하시도다" 하고 송영을 돌려야 할 것입니다.

셋째 단원(6-9) 응답하시고 사하시는 하나님

셋째 단원의 중심점은 "응답하셨고, 사하신 하나님"(8)이라는 말씀에서 구할 수가 있습니다. 백성들이 범죄할 때마다 "모세, 아론, 사무엘"과 같은 중보자들은 하나님께 간구를 했습니다. 그때마다 하나님은 징계를 하셨으나, 뜻을 돌이키사 "사하신 하나님"이십니다. 그러므로 이는 과거적(過去的)인 개념입니다.

⑤ "그 제사장 중에는 모세와 아론이요 그 이름을 부르는 자 중에는 사무엘이라"(6상) 합니다.

㉠ 어찌하여 "모세, 아론, 사무엘"을 거론하는가? 이들은 모두 제사장(대상 6:16-30) 지파인 레위 족속들로, 백성들을 위하여 중보기도를 드린 인물들입니다. 그래서 "저희가 여호와께 간구하매 응답하셨도다"(6하) 하는 것입니다.

⑥ "여호와께서 구름 기둥에서 저희에게 말씀하시니 저희가 그 주신 증거와 율례를 지켰도다"(7) 합니다.

㉠ 앞에서도 언급했습니다만 저희가 지켰다는 "증거와 율례"가 무엇인가 하는 점입니다. 이를 쉽게 "율법"이라 말해서는 아니 됩니다. 왜냐하면 "증거와 율례" 안에는 십계명을 기록한 돌비만이 있는 것이 아니라, 성막 식양(式樣), 즉 제사제도도 들어 있다는 점을 유념해야만 합니다.

아론의 두 아들 제사장들이, "여호와의 명하시지 않은 다른 불"로 분향했다가 죽임을 당한 것은, 십계명을 범했기 때문이 아닙니다. 제사제도라는 예표를 통해서 계시하신 복음을 변개시키려 했기 때문입니다. 사무엘도 제사장이 아닌 사울이 번제를 드린 것을, "왕이 망령되이 행하였도다"(삼상 13:13) 하고 책망합니다. 이처럼 모세, 아론, 사무엘은 "증거와 율례"를 보수(保守)한 자들이었던 것입니다.

㉡ 이런 맥락에서 모세, 아론, 사무엘은 두 번 등장하는 "응답하셨

다"(6, 8)와 결부된 중보 기도자였던 것입니다. 모세와 아론은 물론이 거니와 사무엘도, "나는 너희를 위하여 기도하기를 쉬는 죄를 여호와 앞에 결단코 범치 아니 하겠다"(삼상 12:23) 하고 말씀하는 것을 보게 됩니다.

⑦ 그리하여 "여호와 우리 하나님이여 주께서는 저희에게 응답하셨고 저희 행한 대로 갚기는 하셨으나 저희를 사하신 하나님이시니이다"(8) 합니다.

㉠ 이는 참으로 절묘한 말씀입니다. 이에 대한 계시가 출애굽기 34장에 나오는데, "인자를 천대까지 베푸시며 악과 과실과 죄를 용서하시나 형벌 받을 자는 결단코 면죄하지 않으신다"(출 34:7) 하고 말씀하십니다.

㉮ "저희 행한 대로 갚기는 하셨으나" 하는데, 어디에 근거해서 처벌하셨는가? 돌비에 기록하신 하나님의 법에 의해서입니다. 그런데 여기서 멈추는 것이 아니라, ㉯ "저희를 사하신 하나님"이라고 말씀하는데, 이것이 어떻게 가능하여졌는가? 번제단에서 드려지는 속죄제를 통해서입니다.

㉡ 그러므로 하나님께서는 시내 산에서 돌비만을 주신 것이 아니라, 성막 식양도 주셨다는 점을 인식한다는 것은 참으로 중요한 요점이 됩니다. 율법을 통해서 죄를 깨닫고는 번제단에 가서 속죄제를 드림으로 사함을 받을 수 있는 방도를 마련해주셨기 때문입니다. 그러므로 성막 식양은 의문(儀文)에 싸여 있는 복음이었던 것입니다.

만일 십계명만을 주시고 성막 식양을 주시지 않았다면, 구약의 성도들은 한 사람도 구원 얻을 수가 없었다는 논리가 성립이 되는 것입니다.

㉮ 열 족장들의 악평으로 말미암아, "우리가 한 장관을 세우고 애굽으로 돌아가자"(민 14:4) 하고 반역했을 때에도 저들을 징벌하셨으나, 그리스도가 탄생할 선민 됨을 철회하시지는 않으셨습니다. ㉯ 솔로몬이 우상을 숭배하는 데까지 타락하였을 때에도 다 빼앗지 아니하시고 한 지파를 남겨주셨습니다. 이것이 "저희 행한 대로 갚기는 하셨으나 저희를 사하신 하나님이시니이다"(8하)의 뜻입니다.

ⓒ 이런 맥락에서 "제사장(6)과 사하심"(8)을 통해서 누구를 만나게 되는가? "염소와 송아지의 피로 아니 하고 오직 자기 피로 영원한 속죄를 이루사 단번에 성소에 들어가셨느니라"(히 9:12) 하는 그리스도입니다. 모세, 아론 등은 참 "중보자"되시는 그리스도에 대한 예표의 인물들이요, 구약의 제사 제도는 단 번에 이루실 속죄사역에 대한 그림자로 주어진 것입니다. 그래서 "그룹 사이에 좌정하신"(1) 하나님으로 계시하시는 것입니다.

⑧ 이렇게 말씀한 후에, "너희는 여호와 우리 하나님을 높이고 그 성산에서 경배할지어다" 합니다.

㉠ 그리고 "대저 여호와 우리 하나님은 거룩하시도다"(9) 하고, 세 번째로 "거룩하시다"는 송영이 발하여 지는 것입니다. 그러면 신약의 성도들이 경배드릴 "성산"은 어디에 있는가? 주님은 말씀하십니다. "내 말을 믿으라 이 산에서도 말고 예루살렘에서도 말고 너희가 아버지께 예배할 때가 이르리라, 아버지께 참으로 예배하는 자들은 신령과 진정으로 예배할 때가 오나니 곧 이 때라 아버지께서는 이렇게 자기에게 예배하는 자들을 찾으시느니라"(요 4:21, 23). 이것이 "응답하시고 사하시는 하나님"이요, "통치하시는 여호와는 거룩하시도다"입니다.

적용

"오직 너희를 부르신 거룩한 자처럼 너희도 모든 행실에 거룩한 자가 되라"(벧전 1:15) 하십니다. 또 명심할 점은, 돌비와 성막을 주신 하나님은, "행한 대로 갚으시는 하나님"이심과 동시에, 그리스도의 구속을 믿는 자를 "사하시는 하나님"이시라는 점입니다.

묵상

㉠ 그룹 사이에 좌정하셨다는 구속사적 의미에 대해서,

㉡ 공과 의를 견고히 세우시고 행하신다는 구속사적 의미에 대해서,

㉢ 모세, 아론, 사무엘의 중보사역을 거론하시는 의도에 대해서.

온 땅이여 여호와께 즐거이 부를지어다

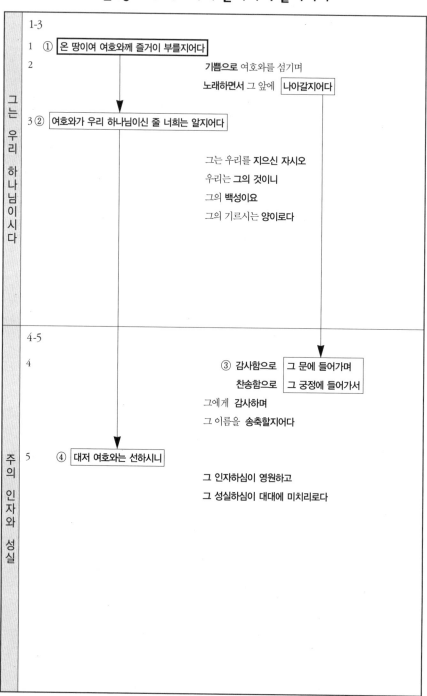

그는 우리 하나님이시다

1-3

1 ① 온 땅이여 여호와께 즐거이 부를지어다

2 　　　　　　　　　　　　　기쁨으로 여호와를 섬기며

　　　　　　　　　　　노래하면서 그 앞에 나아갈지어다

3 ② 여호와가 우리 하나님이신 줄 너희는 알지어다

　　　　　　　　그는 우리를 지으신 자시오
　　　　　　　　우리는 그의 것이니
　　　　　　　　그의 백성이요
　　　　　　　　그의 기르시는 양이로다

4-5

4 　　　　　　　③ 감사함으로 그 문에 들어가며
　　　　　　　　 찬송함으로 그 궁정에 들어가서
　　　　　　그에게 감사하며
　　　　　　그 이름을 송축할지어다

주의 인자와 성실

5 ④ 대저 여호와는 선하시니

　　　　　　그 인자하심이 영원하고
　　　　　　그 성실하심이 대대에 미치리로다

100편
온 땅이여 여호와께 즐거이 부를지어다

여호와가 우리 하나님이신 줄 너희는 알지어다 그는 우리를 지으신 자시오 우리
는 그의 것이니 그의 백성이요 그의 기르시는 양이로다(시 100:3).

100편은 메시아왕국을 전망하는 신정(神政) 시(詩)의 결론부분에
해당이 됩니다. 그러므로 신정 시 전체에 대한 요약이라 할 수가 있습
니다. 중심점은, "온 땅이여 여호와께 즐거이 부를지어다" 하고, "온
땅"을 예배에 초대하는데 있습니다. "그 궁정에 들어가서 그에게 감
사하며 그 이름을 송축할지어다"(4) 합니다. 너무나 합당한 귀결이라
하겠습니다.

문제는 "온 땅", 즉 만방이 그 궁전에 들어가서 예배하는 것이 어떻
게 가능하여지느냐 하는 점입니다. 그러므로 핵심은 "영원한 인자와
대대에 미칠 성실"(5)에 있습니다.

첫째 단원(1-3) 여호와는 우리 하나님이시다
둘째 단원(4-5) 영원한 주의 인자와 성실

첫째 단원(1-3) 여호와는 우리 하나님이시다

첫째 단원의 중심점은, "여호와가 우리 하나님이신 줄 너희는 알지어다"에 있습니다. 이는 평범한 말씀 같지만 중요한 의미가 들어 있습니다.

① "온 땅이여 여호와께 즐거이 부를지어다"(1) 합니다.

㉠ 100편 안에는 하나님께 간구하는 기도나, 우리가 지켜야할 교훈 같은 것이 전연 없습니다. 전체가 하나님의 궁전에 들어가서 기쁨으로 찬양하고 감사하라는 예배에의 초청입니다. 그러면 누구들을 향하여 이러한 초청을 하고 있는가? 이스라엘이라는 벽을 뛰어넘어, "온 땅이여" 하고, 만국 백성들을 향해서입니다.

㉡ 이는 96편에서 이미 "영광을 열방 중에 그 기이한 행적을 만민 중에 선포할지어다"(96:3) 하고 말씀한 바입니다. 그렇다면 이는, "이제는 전에 멀리 있던 너희가 그리스도 예수 안에서 그리스도의 피로 가까워졌느니라 그는 우리의 화평이신지라 둘로 하나를 만드사 중간에 막힌 담을 허시고"(엡 2:13-14) 한, 복음시대를 전망하는 예언적인 말씀이 되는 것입니다.

㉢ "기쁨으로 여호와를 섬기며 노래하면서 그 앞에 나아갈지어다"(2) 합니다. 이점도 이미 98편에서, "온 땅이여 여호와께 즐거이 소리할지어다 소리를 발하여 즐거이 노래하며 찬송할지어다"(98:4) 하고 말씀한 바입니다.

② 이처럼 예배에 초청을 한 후에, "여호와가 우리 하나님이신 줄 너희는 알지어다"(3상) 합니다.

㉠ 여기에는 두 가지 물음이 제기 될 수가 있는데,

㉮ 첫째는 여호와가 우리 "하나님"이시라면, 우리는 하나님의 "백성"이라는 것인데, "온 땅", 즉 이방인들이 하나님의 백성이 되는 것이 어떻게 가능해지는가 하는 점이고, ㉯ 둘째는 "여호와가 우리 하나님이신 줄 너희는 알지어다" 하는데, "여호와와 하나님"이 어떻게 다른 의미를 전달해주고 있는가 하는 점입니다.

㉡ 죄 값에 팔리어 사탄의 노예로 전락한 자들이 하나님의 백성이 될 수 있는 것은, 신구약 시대를 막론하고 "구속하여 내 백성을 삼고"(출 6:6; 딛 2:14) 하신 "구속"을 통해서만이 가능하여진다는 것입니다.

그러므로 "하나님"이란 호칭은 창조와 결부가 되는 호칭인데, 창세기 1장은 전부가 "하나님"으로 되어 있습니다. 그러나 "여호와"라는 호칭은, "언약, 구원"과 결부되는 호칭입니다.

㉢ 그러니까 이방인들이 하나님의 백성이 될 수 있는 것은 하나님께서 아브라함에게, "네 씨로 말미암아 천하 만민이 복을 얻으리니"(창 22:18) 하신 언약에 근거하여 가능하여진다는 의미가 있는 것입니다.

이점이 신약의 성도들에게는 더욱 친밀하게, "은밀한 중에 계신 네 아버지께 기도하라 은밀한 중에 보시는 네 아버지께서 갚으시리라"(마 6:6) 하고, 여호와 하나님이 "네 아버지시라"고 가르쳐주셨던 것입니다. 그리고 "들풀도 하나님이 이렇게 입히시거든 하물며 너희일까 보냐 믿음이 적은 자들아"(마 6:30) 하시는 것입니다.

㉣ 본문에서도, "그는 우리를 지으신 자시오 우리는 그의 것이니 그의 백성이요 그의 기르시는 양이로다"(3하) 합니다.

㉮ "우리를 지으신 자시오" 하는 표현에는 하나님은 창조주시오 우리는 그의 피조물이라는 뜻보다는 신정(神政) 시라는 문맥으로 볼 때

에, "우리는 그의 만드신 바라 그리스도 예수 안에서 선한 일을 위하여 지으심을 받은 자라"(엡 2:10)는 재창조에 더욱 무게가 실려 있다 하겠습니다. 102:18절을 보십시오. "이 일이 장래 세대를 위하여 기록되리니 창조함을 받을 백성이 여호와를 찬송하리로다" 하고 말씀합니다. ㉯ 그래서 "우리는 그의 것이니 그의 백성이요 그의 기르시는 양이로다" 하는 것입니다. 하나님과의 관계를, "왕과 백성, 목자와 양"의 관계로 묘사하는 것도 95:7에서, "대저 저는 우리 하나님이시오 우리는 기르시는 백성이며 그 손의 양이라" 하고 말씀한 바입니다. ㉰ "우리는 그의 것이니" 한 말씀도, 구약시대에는 선민 이스라엘이, "내 소유가 되겠고, 제사장 나라가 되며, 거룩한 백성이 되리라"(출 19:5-6) 하셨으나, 복음시대에는 "오직 너희는 택하신 족속이요 왕 같은 제사장들이요 거룩한 나라요 그의 소유된 백성"(벧전 2:9)이라고 말씀하십니다.

㉱ 이처럼 100편은 앞에서 진술한 신정시들을 요약해주면서 결론적으로, "온 땅이여 여호와께 즐거이 부를지어다"(1) 하고, 예배에 초청을 하고 있는 구조입니다.

둘째 단원(4-5) 영원한 주의 인자와 성실

둘째 단원의 중심점은 "인자와 성실"에 있습니다. 이는 여호와가 "우리 하나님"이 되어주심이 어떻게 가능하여졌는가를 말씀해주고 있습니다.

③ "감사함으로 그 문에 들어가며 찬송함으로 그 궁정에 들어가서"(4상) 합니다.

㉠ 100편에는 도표 오른편에 표시된 대로 "그 앞에 나아갈지어다

(2), 그 문에 들어가며, 그 궁전에 들어가서"(4) 하고, "들어감"이 강조가 되어 있는데, 하나님의 존전에서 추방을 당한 아담의 후예들의 가장 절실한 소원이 무엇인가? "내가 어느 때에 나아가서 하나님 앞에 뵈올꼬"(42:2) 하는 것입니다.

㉡ 그렇다면 "감사함으로 그 문에 들어가며 찬송함으로 그 궁정에 들어가는"(4) 것이 어떻게 가능하여지는가 하는 점입니다. 이 "들어감"의 주제를 역설(力說)을 해야만 안전할 것입니다.

㉮ 하나님께서 성막 식양을 말씀하시면서 중간을 막으라 하심은, "오직 너희 죄악이 너희와 너희 하나님 사이를 내었다"(사 59:2)는 점을 사실적(事實的)으로 보여주기 위해서였던 것입니다. ㉯ 그런데 "성령이 이로써 보이신 것은 첫 장막이 서 있을 동안(구약시대)에 성소에 들어가는 길이 아직 나타나지 아니한 것이라"(히 9:8) 합니다. 즉 짐승의 속죄제로는 열리지가 않았다는 것입니다. 그러면 그 길이 언제 열렸는가? ㉰ "그러므로 형제들아 우리가 예수의 피를 힘입어 성소에 들어갈 담력을 얻었나니 그 길은 우리를 위하여 휘장 가운데로 열어 놓으신 새롭고 산 길이요 휘장은 곧 저의 육체니라"(히 10:19-20) 합니다. 즉 주님께서 십자가상에서 "다 이루었다" 하고 선언하셨을 때에야 하나님의 앞으로 나아가는 길이 열렸다는 말씀입니다. ㉱ 그러면 "예수의 피를 힘입어 성소에 들어갈 담력을 얻었다"는 구체적인 의미가 무엇인가? "이제 우리가 그 피를 인하여 의롭다 하심을 얻었은즉"(롬 5:9) 한, "의롭다함을 얻었다"는 뜻입니다. ㉲ 성경은 죄를 범한 상태를 "내가 벗었으므로 두려워하여 숨었나이다"(창 3:10) 하고, "벌거벗은" 것으로 말씀합니다. 벌거벗은 몸으로는 하나님 앞에 나아갈 수가 없는 것입니다. 그러므로 "의롭다함을 얻었다"는 것은, 하나님께서 우리의 벌거벗은 수치를 의의 옷으로 가려주셨다는 뜻인

것입니다. ⑭ 그렇다면 "감사함으로 그 문에 들어가며 찬송함으로 그 궁정에 들어가서"(4상) 하는 것은, 벌거벗은 상태로가 아니라 의의 옷을 입고 들어간다는 것이 됩니다. 이 영광스러움을 아시겠습니까? 그래서 "그에게 감사하며 그 이름을 송축할 지어다"(4하) 하는 것입니다.

④ "온 땅이여 여호와께 즐거이 부를지어다"(1) 하고 시작한 100편은, "대저 여호와는 선하시니 그 인자하심이 영원하고 그 성실하심이 대대에 미치리로다"(5) 하고, 앞에서 여러 번 강조한 바 있는, "인자와 성실"로 마치고 있습니다. 여기에 100편의 중심점이 있는 것입니다.

㉠ 이는 하나님께서 나 같은 죄인에게 왜 이렇게 행해주셨는가 하는 이유를 말씀함인데,

㉮ 그것은 여호와의 "인자하심", 즉 우리를 사랑하시고 불쌍히 여기심과, ㉯ "성실하심", 즉 아브라함, 이삭, 야곱에게 언약하신 바를 지키시기 위해서라는 말씀입니다. ㉰ 하나님의 "인자"하심은 변함이 없으신 영원한 것이기에 "대대에 미치리로다" 하는 것입니다.

㉡ 그러니까 하나님 우리 아버지의 "인자하심과 성실하심"은 오늘에도 임하고, "나의 평생에 선하심과 인자하심이 정녕 나를 따르리니 내가 여호와의 집에 영원히 거하리로다"(23:6), 즉 영원토록 임한다는 말씀입니다.

㉢ 여호와의 "성실하심"은 하나 남은 약속, "내가 다시 와서 너희를 내게로 영접하여 나 있는 곳에 너희도 있게 하리라"(요 14:3) 하신 재림의 약속도 반드시 지켜주실 것을 확신할 수가 있는 것입니다.

형제여, 이 "들어감"이, 이 땅에서 나그네로 살아가는 동안에는, 기도를 통해서 들어갑니다. 그리고 100편에서 초청하는 예배를 통해서 들어가는 것입니다.

이것이 "영원한 주의 인자와 성실"이요, "온 땅이여 여호와께 즐거이 부를지어다" 하는 예배에의 초청입니다.

적용

하나님께 예배를 드리려 나아갈 때에 100편에서 상고한 바를 묵상하며 나아가시기를 바랍니다. 본문의 예배초청과 오늘 우리의 예배드림이 어떻게 다른가와, 그 원인을 깊이 성찰해야 할 것입니다.

묵상

㉠ 예배에 누구들을 초청하고 있으며, 이것이 어떻게 가능하여지는가에 대해서,

㉡ "들어감"의 주제에 대한 중요성과 영광스러움에 대해서,

㉢ "기뻐하며, 감사하며, 찬양하라"는 당위성에 대해서.